河北省和谐文化研究会
和文化国际传播中心 主办

# 中国和学年鉴编辑委员会

# 目 录

## 专 论

栏目主编 寿杨宾



## 文 选

栏目主编 徐 诚



## 和文化研究

栏目主编 修建军

## 和文化社会动态

**栏目主编 涂可国**

## 和文化论著选介

栏目主编　杨亚利

## 和文化机构团体及其活动

**栏目主编 草 舒**

## 和文化在港澳台

栏目主编 杨硌堂



## 和谐家园

栏目主编 张瑞强

## 大事纪略

**栏目主编 草 舒**

# 专论

# 论中华"和"文化在建设"文化强国"战略中的作用

吴 光

## 一、"文化强国"战略提出的时代背景与思想背景

2011年10月,党的十七届六中全会通过了题为《关于深化文化体制改革的决定》的决议,明确提出了"建设社会主义文化强国"的战略目标。这项战略的提出并非党和国家领导人的心血来潮,而是有其深刻的国内外时代背景与文化背景的。

首先在国际上,全球化、现代化的潮流已经席卷世界各个角落。在当今世界,无论哪个国家、哪个民族、或是何种文化形态,也无论你是欢迎还是抗拒,都不可避免地受到了全球化、现

代化的冲击。这个全球化、现代化潮流的主要标志,就是经济贸易体制的市场化、自由化,政治体制的民主化与多极化,社会管理体制的法治化与人文化,文化交流的网络化与价值观念的趋同化。一些普世性的价值观念,诸如民主、自由、人权、法治、博爱、科学等等,正在日益深入人心,成为全人类普遍接受的观念与理想。这个潮流汹涌澎湃,诚如孙中山所说:“世界潮流,浩浩荡荡,顺之者昌,逆之者亡。”例如中东国家某些极权腐败的统治者,在民主化的潮流面前陆续垮台、身败名裂,被民主化的历史车轮碾得粉碎。那么,在面对全球化、现代化的潮流面前,我们中国何以自处?又拿什么去与世界现代文明进行对话?这是摆在中国人和中国文化面前极为严峻的机遇与挑战。

其次,中国自1978年从以往的政治挂帅、不断革命转入以经济建设为中心、实行改革开放以来,经历了三十年的高速发展,到2010年的国家经济总量超过日本、占据了世界第二位,从而正式进入了“和平崛起”新阶段。然而,伴随着经济发展、物质富裕所带来的问题是贫富分化、吏治腐败、环境污染、道德滑坡等社会问题的涌现和人民对政府信任度的递减。古人云:“仓廪实而知礼节,衣食足而知荣辱”,国家的发展已经到了迫切需要提出正确的文化战略、迫切需要提升国家的文化软实力以解决各种社会问题和道德危机的时候了。

其三,从文化背景而言,在改革开放以前毛泽东极左政治路线占统治地位的时期,中国传统文化及其价值理念长期处在被批判否定的地位,人们往往将中国落后的原因都归咎于以儒家文化为代表的中华传统文化身上。然而,自上世纪60年代开始的东亚现代化与80年代开始的中国现代化进程的实践证明,以儒学为代表的中华传统文化不仅没有阻碍中国以及东亚国家与地区(指日本、韩国、新加坡与中国台湾、香港地区)现代化的进程,反而在激励人心、稳定社会、导正社会风气等方面起到了积极作用,中华传统文化的仁爱、礼义、诚信、和谐、中庸等核心价值观念也被证明是具有现代性与普世性的价值理念。在这一背景下,儒学与中国传统文化愈来愈受到人们的重视并成为建设现代中国精神文明的重要思想资源。特别是进入新世纪以后,一个儒学与国学的复兴运动开始在中国悄然兴起。人们开始从国家发展战略的角度审视与论述儒学与中华传统文化价值观在现代化中的积极作用。尤其是中国传统文化中的和文化资源特别受到人们的青睐,以至党和国家领导人向全党全民提出了建设“和谐社会”、“和谐世界”的号召。儒家文化及其核心价值观的论述,逐渐成为国家发展战略的重要组成部分。

这就是“文化强国”战略提出的时代背景与思想背景。诚如党的十七届六中全会的决议所说:“当今世界正处在大发展大变革大调整时期……各种思想文化交流交融交锋更加频繁,文化在综合国力竞争中的地位和作用更加凸显,维护国家文化安全任务更加艰巨,增强国家文化软实力、中华文化国际影响力要求更加紧迫。当代中国进入了全面建设小康社会的关键时期和深化改革开放、加快转变经济发展方式的攻坚时期,文化越来越成为民族凝聚力和创造力的重要源泉、越来越成为综合国力竞争的重要因素、越来越成为经济社会发展的重要支撑。”正因为文化在未来世界变革中的作用日益重要,所以建设“文化强国”战略的提出就刻不容缓了。

## 二、中华“和”文化的思想资源

在中华文化思想宝库中,有着非常丰富的“和”文化资源。无论是儒家还是墨家、道家或佛教,都提倡人与自然的和,人与人的和以及全社会、全世界的和,从而形成了有别于法家专制主义、西方征服主义及斗争哲学传统的和文化传统①。

儒家的和文化观包括三个层次:第一层次是讲人与自然、人与宇宙万物的整体之和。其典型的范畴与命题即张载所概括的“天人合一”、“民胞物与”②思想,以及程、朱强调的“万物一体”思想③。第二层次是讲人与社会、人与人的群体之和。《尚书·尧典》所谓“百姓昭明,协和万邦”的思想,宣扬的是邦国之间、族群之间的群体和谐,而《礼记·礼运》中描述的“天下为公,选贤与能,讲信修睦”的“大同”社会理想,实质上是提倡保持“多元和谐”的“大和”(即最高境界的和谐)社会理想。第三层次是讲个人身心的道德之和。儒家一向把“和”与“中”作为保持人际关系和谐相处的崇高道德观念。《礼记·中庸》说:“喜怒哀乐之未发谓之中,发而皆中节谓之和。”这是将个人的喜怒哀乐自然情感升华到致中达和的道德理性。该篇又引孔子所谓“君子中庸,小人反中庸”之言,把“中庸之德”作为判别君子、小人的道德标准。《论语》中记孔子讲“君子和而不同,小人同而不和”(《子路》),记有子讲“礼之用,和为贵”(《学而》),这都是强调个人道德和谐的明证。

概言之,儒家的和文化观,是整体和谐、群体和谐与道德和谐的辩证和谐观,是以承认“不同”为前提而以“太和”为最高境界的多元和谐观。而儒家多元和谐观的基本价值观,则是以仁、和为核心、以义、礼、智、信、忠、敬、廉、耻为主要范畴的道德人文主义思想体系。

古代墨家的基本主张也是追求社会和谐与人际关系和谐的。在墨家的“尚贤”、“兼爱”、“非攻”、“节用”、“节葬”、“非乐”、“非命”等思想主张里,有着丰富的民本思想与和谐思想。墨家认为,天下之所以产生祸乱、篡夺与怨恨情仇,是由于“不相爱”的缘故,而救治乱世的根本办法,即在于“兼相爱、交相利”。《墨子·兼爱上》说:“兼相爱、交相利”之法是“圣王之法,天下之治道也,不可不务为也”,“若使天下兼相爱,国与国不相攻,家与家不相乱,盗贼无有,君臣父子皆能孝慈,若此则天下治。”又说:“故天下兼相爱则治,交相恶则乱。”墨家理想的天下大治标准是:人与人相亲相爱,国与国和平共处,家庭和睦,社会安定,君臣父子各守道德名分——这样的社会理想,正是一幅和谐社会蓝图,与儒家“小康”社会理想殊途同归。因此,我们可以将墨家的和文化观概括为以“兼爱”为中心的“社会和谐”观。

如果说儒家与墨家的和文化观是一种积极有为的“道德和谐”观的话,那么道家的和文化观可以说是一种主张“和气生物”的“自然和谐”观。这个“自然和谐”观的典型话语,就是道家原始经典《老子》中的三句话。其一曰:“人法地,地法天,天法道,道法自然。”(第二十五章)这是说人道的法则效法天地运行之道,天地之道的法则自然而然,所以人道也是自然而然的。其二曰:“道生一,一生二,二生三,三生万物。万物负阴而抱阳,中气以为和。”(第四十二章)这是道家的宇宙生成论。“道”是世界本原。“一”指“宇宙”(天地),宇宙由道而生;“二”指阴、阳二气,二气生于天地;“三”指阴阴二气相互作用产生的“和气”,和气化生万物。其三曰:

① 对于中华和文化传统,学界有“和文化”、“中和文化”、“和谐文化”、“和合文化”等多种概括,尤以张立文先生所著《和合学概论——21世纪文化战略的构想》一书所论“和合学”影响较大。笔者认为,“和合”概念虽然古已有之,但不能等同、也不能取代儒家的“中和”、“协和”、“和而不同”等概念。中华和文化传统所强调的,是“执两用中”的“和”,是以承认不同(相异)为前提而崇尚协调的“和”,而非合并多元为一的“合”。

② “天人合一”的思想在我国先秦时期的儒家和道家那里已经出现,但作为一个明确的哲学范畴则是由张载在其解《易》名著《正蒙·乾称篇》中提出的。文曰:“儒者则因明致诚,因诚致明,故天人合一,致学而可以成圣,得天而未始遗人。”“民胞物与”之说也出自《乾称篇》,文曰:“乾称父,坤称母。予兹藐焉,乃混然中处。故天地之塞,吾其体;天地之帅,吾其性。民吾同胞,物吾与也。”其思想源自《周易》与《礼记》。

③ 北宋大儒程颢在《识仁篇》提出了“仁者浑然与物同体”的命题(在《二程遗书》卷二上),南宋大儒朱熹则更为明确地提出了“仁者与天地万物为一体”的命题(见《<论语·雍也篇>答问》,载《朱子语类》卷三十二)。

“知和曰常，知常曰明。”（第五十五章）这是说，了解“和”的境界才算懂得根本之道，懂得根本之道才算得上聪明。这三句话，说明了道家的和文化观，是崇尚自然的“自然和谐”观。

佛教在本质上是一种陶冶心性、倡导平等和谐的和平主义宗教，尤其是中国化的佛教，更是吸收了儒家仁爱和谐与道家自然和谐的思想资源，形成了一套和平和谐理论。在传统佛教的规仪中有所谓“六和敬”，即教徒生活的六大准则，其内容为：身和同住，语和无诤，意和同悦，戒和同修，利和同均，见和同解。这个“六和敬”，既可以视为教内保持和谐境界的清规戒律，也可以视为佛教徒处世接物的人生态度，而其核心的价值观念是“和”。无独有偶，2006年年4月，在南天佛国普陀山举行的首届“世界佛教论坛”发表了言简意赅的《普陀山宣言》，宣言提出了当代佛教界的“新六和”理念，即“人心和善、家庭和乐、人际和顺、社会和睦、文明和谐、世界和平”。这个“新六和”理念，正是当代佛教价值观的生动表述，其核心的价值观念同样是“和”。这充分体现了中国宗教界的济世爱民情怀。

综上所述，在中华传统文化中，无论是儒家、墨家还是道家或佛教，都有丰富的“和”文化资源，都十分重视“和”的协调作用。

## 三、弘扬“和”文化的现实意义

中华和文化传统在中华文明发展史上，起了十分重要的积极作用。它有利于统治阶级赢得民心、稳定社会、巩固政权，有利于发展经济、繁荣文化，有利于促进多民族之间的文化交融、维系多民族的团结和国家的统一。西汉的“文景之治”，唐初的“贞观之治”，明初的“洪武之治”，都是天下大乱之后统治者采取“以民为本，以和为贵”的儒道兼有的民本思想和德治政策所收到的政治成效。

毋庸置疑，在建设文化强国的伟大实践中，大力弘扬和文化具有极其重要的现实意义和深远的历史意义，其意义主要有三点：

第一，弘扬和文化，是促进社会和谐、实现国家长治久安的需要。中国人民自20世纪80年代以来，在中国共产党的实事求是思想路线以及中国特色社会主义理论的指引下，实现了“以经济建设为中心”的战略转型，开启了以“改革开放”为特色的社会主义现代化建设新时代。进入21世纪以来，中国人民在科学发展观指引下，迈入了“和平崛起，全面建设小康社会”的新时期。但在大好形势和光明前景面前，还存在祥和气象下的阴霾，和谐格局中的不和谐因素。例如，商业欺诈、假冒伪劣食品、药品危害人民健康问题、过度开发资源造成生态失衡、环境污染贻害子孙的问题，某些党政官员贪污腐败、滥用职权所暴露的政治体制的严重弊端和干部队伍的道德堕落问题，某些政府机构与企事业单位铺张浪费、奢华无度、挥霍国家财富、损害公民权益问题，如此等等，都隐藏着不和谐、不安定的因素，需要认真对待、妥善解决。老子说“六亲不和，焉有孝慈；邦家昏乱，焉有贞臣”（《老子》第18章），是颇有些辩证思维的。正是因为有许多不和谐因素存在，我们才更需要大力弘扬和谐文化，以提高干部群众的文化自觉与道德自觉，实现国家长治久安的宏伟目标。

第二，弘扬和文化是台海两岸人民实现“和平统一、互利双赢”的需要。自1949年中华人民共和国建立以来，海峡两岸的人民至今仍处于分治状态，但这丝毫改变不了台湾与大陆同属一个中国的基本事实。近二十多年来，台海两岸人民经济文化的交往日益密切，同胞情谊日益加深，希望祖国早日和平统一的愿望也日益强烈。但少数台独分子挑拨族群关系和两岸关系、顽固坚持其分裂国家的台独立场，国际上也有一股反华势力支持台独分裂势力，企图推行其“两个中国”、“一中一台”的分裂阴谋，因此，我们在发展两岸关系、促进祖国统一大业的进程中必须坚决揭露、打击台独分裂阴谋。但发展两岸关系的战略重点还是应当坚持“一国两制,和平统一"的方针,坚持两岸人民"平等协商、互利双赢"的原则。而中华和文化是台海两岸人民共同拥有的精神财富,我们通过对和文化传统的弘扬与传承,能使两岸人民理性了解"和为贵"、"和而不同"的大道理,明白台海两岸"和则两利,分则两伤"的利害关系。我们相信,中华和文化传统将在推进祖国和平统一事业中日益显示其思想的威力。

第三,弘扬和文化、普及多元和谐价值观,是扩大国际合作、维护世界和平的需要。自上世纪70年代末中国改革开放以来,中国在经济、社会、文化等各个领域取得了长足的进步,现在的经济总量已经超过日本而成为世界第二大经济体。中国不仅成了亚洲经济增长的火车头,而且成了全球经济增长的发动机,这大大增强了中国的综合国力,也扩大了中国在国际事务中的影响力和发言权。对此,世界大多数国家是持肯定、欢迎态度的,但也有些持偏见的国家表示忧虑,国际上的右翼反华势力或西方文明中心主义者趁机大肆散布"中国威胁论",企图遏制与分裂中国。国内也有一些"国粹主义"者被中国的发展冲昏头脑,在那里鼓吹"中国世纪论"或"中国文化世纪论",认为21世纪将是西方文化全面衰落、中国文化(或东方文化)"占统治地位的世纪"。这种"中国世纪论"表面上似乎鼓舞人心,但实际上只是一厢情愿的空想,在实践上是非常有害的,因为其思维方式还停留在冷战时期一方压倒另一方、一方统治另一方的斗争哲学模式上,实质上是在文化理论上授人以柄,容易被人利用来作为"文明冲突论"和"中国威胁论"张目的理论素材,也是与中华和文化传统及"文化强国"战略思维格格不入的。这也更加凸现出在全球化的时代潮流中弘扬和文化的重要意义。我们就应当看到,西方文化在21世纪的多元文化格局中,尽管不可能再像20世纪那样强势,但并没有出现所谓"全面衰落"的迹象,且不说由西方发达国家工业化所带动的科技文明正在日新月异地造福于人类,单就人文社会科学领域中以自由、民主、人权、法治为核心理念的价值观正日益显示其普世性而成为全人类共同精神财富这一点而言,也可以证明西方文明在现代世界中没有也不至于全面衰落,而东方文化尽管正伴随着中国、印度等国家的经济崛起而走向全面复兴,但以中华儒家文化和印度佛教文化为代表的东方文明,就其本质特性而言是一种和谐、和平的文化,即便在21世纪取得与西方文化平等对话的地位,但决不会去谋求压倒西方、统治世界的文化霸权。因此,我们实施"文化强国"战略中,既要摈弃西方文明中心论,也要拒绝东方文明中心论,而应坚持多元文化兼容并蓄、交流互补、共存并进的文化和谐主义。

## 四、如何发挥和文化在"文化强国"战略中的作用

如上所述,弘扬中华和文化对于中国与世界的和平发展具有极其重要的现实意义和深远的历史意义,那么在当前,如何深入发掘、充实与弘扬和文化传统以服务于建设文化强国的战略呢?笔者认为,当务之急是要提出一项与时俱进、适合全球化时代需要的文化发展战略,大幅提升中华文化的软实力。

在文化发展战略上,我们应当承认,过去的"百花齐放,百家争鸣"文化战略方针在发展文艺事业方面曾经起了积极的历史作用,但由于极左思潮和斗争哲学的干扰,"双百"方针并没有得到彻底的贯彻。在经历文革之后拨乱反正、解放思想、实事求是的思想启蒙与30多年改革开放、建设中国特色社会主义的伟大实践以后,中国的社会面貌与人们的思想观念都发生了极大变化,因而,在阶级斗争年代里提出的"双百"方针已经不能完全满足新时代文化发展的战略需要,很有必要提出一个与时俱进的新文化战略。我认为,这个新文化战略的根本点,就在于坚持"一元主导,多元和谐;会通古今,兼融中西"的多元和谐文化观。所谓"一元主导,

多元和谐”,就是确立中国特色社会主义文化的主导地位,同时承认中国传统文化与包括现代西方文化在内的各种外来文化的多元存在与竞争和谐、共存共荣的格局,吸取多元文化的精华,以为中国社会主义现代化、民主化的大局服务;所谓“会通古今,兼融中西”,就是深入发掘、融会贯通古今中外一切优秀文化的有益知识及其人文精神,达到多元文化的和谐共处与兼融互摄,以创建富有时代精神的社会主义新文化,为提升中华文化软实力、建设社会主义文化强国的宏伟战略服务。当然,在弘扬中华和文化传统以服务于建设文化强国战略的实践中,我们也要看到传统文化的理论局限,例如,竞争精神的不足、功利意识的淡薄、法治传统的缺乏,制度建设的忽略,等等。因此,我们必须学习、借鉴和融摄其他异质文化的积极因素,所谓“他山之石,可以攻玉”,就是这个道理。

在我看来,要充分发挥和文化在“文化强国”战略中的作用,必须在“一元主导,多元和谐;会通古今,兼融中西”的多元和谐文化观的总体战略指导下,从以下三个方面积极努力,以求全面提升中华文化软实力:

一是重塑中华文化核心价值观,提升全体国民的文化自觉。

在实现“文化强国”战略中,中心的任务就是提升国家的文化软实力。而提升国家文化软实力的根本点就在于深入发掘与重塑中华文化的核心价值观,因为核心价值观是最能集中反映一个民族、一种文化传统的根本精神和创造力的。

历经数千年文明发展的洗礼,中华文化形成了一整套具有道德人文主义特色的核心价值体系。这套核心价值体系中包含着30多个价值范畴,如仁、义、礼、智、信,中、和、恭、敬、敏,孝、悌、忠、勇、爱,强、恕、敢、助、惠,温、良、谦、让、顺,节、俭、勤、坚、韧,清、正、廉、耻、洁等等,都是中华民族核心价值体系中不可或缺的环节。但在这个核心价值体系中的各个德目,并非都是可以等量齐观的,而是有体用之分,有根本之德,有常用之德,也有关键之德。所谓体用之分,就是根本之德与常用之德的区分,根本之德是道之体,常用之德是道体之用。所谓关键之德,就是这个价值体系中起关键作用的价值范畴。

那么,在中华文化核心价值体系中,根本之德是什么?常用之德有哪些?关键之德又是什么?在我看来,根本之德是“仁”,常用之德是义、礼、智、信、忠、廉、和、敬,关键之德是“和”。

儒家创始人孔子虽然提出了20多个道德价值概念,但讲得最多的是“仁”。“仁”是孔子学说中最根本、最具普遍意义的价值理念,是具有核心地位与主导作用的道德范畴。孔子说“仁者人也”、“仁者爱人”,就是对人之所以为人的价值的确立。孟子说:“孔子曰:‘道二:仁与不仁而已矣。’”(《孟子·离娄上》)天下之道只有两类,一类是仁道,一类是不仁之道。这是对孔子核心理念的最精辟概括。

“仁”是什么?其基本涵义有三:一是人,即所谓“仁者人也”,即人之所以为人的道理所在;二是德,孔子所谓“仁者爱人”的基本涵义,就是有道者的根本之德在于爱一切人;三是根本之道,诚如孔子所云“为政在人,取人以身,修身以道,修道以仁”(《中庸·礼记》),意谓政治的要义在于以人为本,衡量人的标准看他本身的道德修养,道德修养的根本原则在于实践仁道。从其特质而言,“仁”是内在于人的心理自觉,即道德自觉。孔子说:“我欲仁,斯仁至矣”(《论语·述而》),“己欲立而立人,己欲达而达人”(《论语·雍也》),就揭示了“仁”的这种特质。但这种道德自觉,并非先天具备,而是后天修养而成的。所谓“克己复礼为仁”,就指明了“仁”是通过自我修养回归礼义最终达到“仁道”境界的道路。

以“仁”为中华文化根本之德的理论主张,突出了中华传统文化“以德为体,以人为本”的道德人文主义特质。坚持以人为本,就必须承认人的生存权与发展权,就必须承认人民在国家政治生活中的主宰权,就必须承认统治者的权力来自人民。其逻辑的发展必然是从民本走向民主。中国思想史上,从孔子的"仁者人也"到孟子的"民贵君轻"再到明清之际的黄宗羲提出"天下为主,君为客"(《明夷待访录·原君》)的命题,正是体现了从人本、民本到民主的思想发展逻辑。

那么,"仁"与其他德目的关系又是怎样的呢?对这个问题,先儒其实早已作出明确回答。例如,宋儒程颢说:"仁、义、礼、智、信五者,性也。仁者,全体。四者,四支。仁,体也。义,宜也;礼,别也;智,知也;信,实也。"又说:"学者须先识仁。仁者浑然与物同体。义、礼、智、信皆仁也。"(《二程集》,第14、16页)可见,在先儒看来,仁与其他德目并非并列关系,而是体用关系,是本质与现象的关系。仁是道之体,义、礼、智、信是道之用;仁是道德的核心,其他德目是仁的表现形式。因此,将"仁"作为中华传统文化最核心的理念,是符合中华文化基本特质的。

在中华文化核心价值体系中,除了"仁"为根本之德外,常见常用的德目是义、礼、智、信、忠、廉、和、敬八大理念。"义者宜也","义"就是合理、适当、公平、公义。"礼者序也","礼"就是适度、有序、守礼、守法。"智"是指知识的积累、认知的能力与智慧的运用。"信"即诚信,其基本涵义是诚实、守信、践诺、守法,尊重客观实际,坚持实事求是。"忠"在古代主要是指臣忠于君的为臣之道,也引申为忠于国家社稷、忠于人事。今天,"忠"的涵义更加广大,包含了忠于祖国、忠于人民、忠于事业等多重涵义,是中华文化核心价值体系中体现爱国主义精神的重要理念。"廉"的基本涵义是廉洁奉公。《周礼·天官冢宰》就已提出从廉善、廉能、廉敬、廉正、廉法、廉辨六个方面考核官吏的廉德,称为"六计"。《管子·牧民》篇提出了"礼义廉耻,国之四维"的核心价值体系的论述,可见廉德的重要。"和"是中道,其基本涵义是执两用中,和而不同。"敬"有敬天、敬祖、敬父母、敬师长、敬朋友,敬业等多重涵义。《周易》讲"君子敬以直内,义以方外"。孔子论"孝"以"敬"为人兽之别。宋明儒家主张"涵养须用敬,进学在致知",都把"敬"列为常用大德。

那么,为什么又以"和"为关键之德呢?因为"和"在中华文化核心价值体系中,是起综合、协调作用的范畴,儒家所谓"和为贵"、"和而不同"、道家所谓"和生万物"、释家所谓"体道用和",都表明了"和"范畴的综合性特色,说明"和"是综合诸德的关键性范畴。

总之,我们在讨论和文化在建设"文化强国"实践中的作用时,应当把提炼与重塑中华文化核心价值观放在首位,要使全体国民都认识到中华文化核心价值观的内涵及其现代性与普世性,从而提高每个公民的文化自觉。

二是深层次改革现行文化体制,使国家文化体制适应全球化、现代化、民主化的潮流发展的需要。

应当承认,从中华人民共和国建立的那天起,我国的文化体制是与高度集权的政治经济体制相辅相成的。高度集权的政治经济体制来自于两大传统,一是大一统的君主专制的政治制度和国家强力主导、干预的农业为基础的经济发展模式,二是来自于"苏联老大哥"的列宁、斯大林式的一党专政的政治制度和国家工业化、农业合作化的计划经济制度,与此相适应的文化战略是由国家集权(实际上是一党集权)的、独尊斗争哲学的思想文化专制体制。这一文化体制经历了20世纪50年代的批判电影《武训传》运动、反胡风运动、知识分子思想改造运动、反右派运动和60至70年代的大批判运动与文化大革命运动,达到了思想文化专制的顶峰,从而造就了一个极其僵化的、扼杀文化创新的文化体制。这个文化体制的最大弊端就是思想文化的话语权和生杀予夺大权都掌握在一党甚至是一人手中,批判与否定了中国几千年文明发展史所积淀、传承下来的思想精华与优秀文化传统,堵塞或封杀了思想文化的多元化存在与竞争共荣的道路。尤其是在反右派运动以后,中国思想界、文化界出现了一家獨鸣、一花独放、万马齐喑的沉闷局面,以至在文化大革命中只有样板戏和语录歌“唱红天下”的荒唐情景。这种僵化专制的文化体制直到1976年粉碎四人帮、1978年以后实行解放思想、实事求是的思想政治路线和改革开放的基本国策以后才有改观。此后开始了思想上的拨乱反正与文化上的反思创新，逐步清除了怀疑、打倒一切的极左政治思潮和全盘反传统思潮，逐渐恢复了以儒家为主导的中华优秀传统文化的道德权威。然而正像“文革”中流行的一句口头禅所说的，“千百万人的习惯势力是最可怕的势力”，长期以来危害中国的极左政治路线虽然在改革开放实践中得到初步清算，但文化专制体制的运转惯性及与之相呼应的极左思潮的思想惯性并未能彻底清除，而是在现实生活中继续发挥作用，例如，社会上流行的官本位、权本位的思维方式与择业取向、电视连续剧《河殇》所代表的西方文明中心论对中华传统文明的批判否定、互联网站“乌有之乡”所代表的极左派对极左政治的崇拜与神往、近年来在重庆等城市死灰复燃的“唱红”文化、史学界某些名家对儒学复兴与国学复兴趋势的怀疑与批判等等，实际上都是文化旧体制、旧观念的习惯势力在作祟。这都说明了进行深层次文化体制改革的必要性。其实，现阶段的文化体制改革，实质上就是改革几十年来的文化官有制，改革由各级文化部门的主管领导垄断文化政策和文化事业的僵化体制，而鼓励文化走向民众、建设文化民有的新体制。例如新闻出版体制的改革，就应该向自由化、产业化、民营化的方向前进。

三是振兴、繁荣中华文化事业，大力发展中国印记的文化产业。

中华民族的复兴必须有文化的复兴才是真正的复兴，中国国家实力的强大必须有文化软实力的强大才是真正的强大。正如温家宝总理2011年9月6日在中央文史研究馆成立60周年座谈会上的讲话所说：“文化是一个民族的灵魂”、“一个民族的觉醒，首先是文化的觉醒……只有当全世界都公认中华文化真正繁荣起来、在世界上具有重要影响力的时候，才是我国真正强大的时候。”现阶段的中国已经处在崛起于世界民族之林的和平发展新阶段，在这样的形势下，我们拿什么去与世界文明对话？又该如何融入全球化、现代化、民主化的世界大潮流？除了必须继续进行深刻的社会变革走向政治民主化、社会法治化、经济市场化、科技现代化之外，我们必须有文化的繁荣发展与之呼应。而进一步繁荣公益性文化事业，大力发展新兴文化产业，正是提升文化软实力、贯彻“文化强国”战略的两大支柱。然而，尽管我们拥有世界上历史最悠久的古老文明，拥有影响了世界上最大族群的核心价值体系，但我们必须承认的是，历史的辉煌不等于现实的辉煌，中国经历了几十年的“阶级斗争”和“革命大批判”的折腾之后，中华民族的优秀传统文化已经命悬一线，中华文化的核心价值体系也被打乱打散，搞得七零八落，以至当代许多中国人都不了解中国优秀传统文化优在哪儿，秀在何处，不懂得中华文化的根本精神与核心价值之所在，更不懂得中华文化核心价值观念的普世性与现代性。因此我们现在必须抓住中国经济、社会发展的大好机遇，大力振兴中华文化事业，大力发展中国印记的文化产业。我们要保持传播中华文化的高度自觉，使我们的文化产品承载着中华和文化“以人为本，以德为体，以和为贵”的根本精神与仁爱、正义、诚信、和谐、恭敬、廉洁等普世性价值理念，使之成为中国与世界进行文明对话的友好使者，以促进和谐世界新秩序的建立。倘能如此，则中华和文化的精神与理念必将在建设文化强国和推动建立和谐世界的伟大实践中发挥其日益巨大的作用！

2012年6月15日草成于澳洲悉尼

2012年8月24日改定于中国杭州

（作者系浙江省儒学学会执行会长、中国人民大学国学院特聘教授）

# 文选

[**编者按**]《青岛科技大学学报》(社会科学版)2009 年第 1 期,开辟了《和文化研究》专栏,由青岛科技大学和文化研究院常务副院长徐诚教授主持,2011 年被评为全国理工农医院校社科学报特色专栏。今特选登该专栏 2011 年所刊和文化研究论文 6 篇,以飨读者。

## 和谐与社会:关于孔子及其乌托邦的沉思

沃尔夫冈·顾彬　王祖哲译

每当我不得不谈论哲学问题的时候,我就查阅我最喜欢的那部词典,名曰《哲学的历史词典》,以此开始我的工作。在我开始准备这篇文章的时候,我就想,在这部词典中,"和谐"会有

一个突出的位置。但我错了。在由 13 厚册构成的这部巨大的词典中,你会发现只有一个非常小的词条,好像“和谐”在欧洲思想中并不发挥重要作用似的。那么,“和谐”的反义词“矛盾”,怎么样呢?这个词条大得多;但是,尽管它的篇幅是“和谐”的篇幅的三倍长,但仍然无法与该词典中的任何较长的词条相提并论。在古今的欧洲,和谐与斗争果真扮演一个微不足道的角色吗?

## 一

然而,从古代到现代(Neuzeit)的欧洲哲学家们,却真的对乌托邦这个观念倾注了一些注意;而乌托邦当然意味着和谐的想法。你只要先想想柏拉图(Plato,427-347),最后想想莱布尼兹(GottfriedWilhelmLeibniz,1646-1716)就可以了。柏拉图在他关于美、真理与秩序的框架内发展了他的和谐观念。莱布尼兹,通过单子论(单子之间的那种建设性的相互作用是由上帝定的),形成了他关于“预定和谐”的观念。但是,事情似乎是这样:在温克尔曼(Johann Joachim Winckelmann,1717-1768)之后,作为一个一般的术语,“和谐”不再引起欧洲哲学家的广泛兴趣,在现代则尤其如此,其时 19 世纪和 20 世纪的思想家的意见是:矛盾而非和谐将推动社会前进。对马克思主义者而言,这说法尤其对。但是,即便在保守的思想家中,你也能发现,比方说,像亨廷顿(Samuel P. Huntington,1927-2008)这样的政治科学家谈的是“文明冲突”(1993)。那么,从一种西方视角来看,“和谐”是不是一个过时了的模型呢?如果是,我们如何理解孔子(551-479)的《论语》呢?如何理解其中的那句常被引用的话“和为贵”(I.12)呢?我们如何从如下方面来理解胡锦涛发展出来的“三个和谐的理论”(2005)呢:在世界上寻求和平、与台湾寻求和解,以及在中国社会中建设和谐?无论是胡锦涛还是孔子,没有人真的能够怀疑他们的(政治)债券的票面价值。

## 二

因此,让我们首先问这么一个问题:我们是否真能拿得准,从一种西方视角来看的“和谐”,真的与中国关于“和”的观念丝丝相扣吗?为了回答这个问题,我们必得首先转向英语词 harmony 与汉语词“和”的词源学。英语词 harmony 有希腊语的起源,在许多欧洲语言(德语、法语和意大利语等等)中也可以见到这个起源的相似形式。尽管“和谐”的历史也与音乐和医药有关系,但希腊词 αρμοντα 首先是一个哲学术语,意思是被看作完整之物的某种事物的多样性中的统一性:σμπνοιαπντα,sympnoiapanta(万物一致)。

在这个方面,希腊的和谐观念似乎与孔子的“和而不同”的看法很近似(LunyuXIII.13)。打从开始,在古希腊文化和中国古代文化中,统一性这个观念都是由音乐展示的;音乐把不同的声音联合而成为一种和谐(和声或者和弦)。在甲骨文或者金文中,“和”这个字也写作“盉”或者“龢”,这是大家都知道的事。这个字的意思,或是音乐的和谐,或是食物的平衡料理,或是宗庙中调制用来祭奠或者崇拜的酒所用的器皿。这为这个字赋予了一种深厚的政治背景(即便不能说是宗教背景),而且肯定赋予了一种务实的背景。

然而,如果我们相信“和”这个字的晚近写法,如美国学者成中英就如此相信,那么“和谐”就有一个非常务实的方面:他说,“和”由两个部分构成:“禾”与“口”。这意思是说:在一个人吃饭的时候,这个人就处于和谐之中。与什么处于和谐之中?与自己、与家人、与邻居、与社会、与国家、与民族？你可以这么看这个问题，而且情不自禁地想起中国大陆的领导人在最近几年常常宣布的那个说法：能让一个人吃得饱，必须被视为（中国式的）人权。因此，在“文革”（1966－1976）末期，有人反反复复告诉我们这些在北京学汉语的欧洲人说，解放（1949）前后的差别是“吃不饱”和“吃得饱”的差别，任何人都不应该为此惊讶。

在这个非常务实的方面，毋宁说“和”与“协调”（Concordia, concord）这个政治术语来得接近；这个词在许多欧洲语言中有许多等同的写法。“协调”意思宽泛，包括家庭、国家、民族、宗教甚至一个人的平和或者均衡。

## 三

至于和谐在孔子思想中的重要性，你会设想：在《论语》中，“和”这个字被提到和讨论了许多次。然而，在《论语》中，这个字只用在五处。有两处（I. 12；XIII. 23），“和”被用了两次。“和”字一共用了七次，但它的意思并不总是“和谐”。比方说，在 VII. 32 中，它的意思是“用自己的声音伴随着某人唱”（“而后和之”），“和”读第四声。

与欧洲的“协调”（concord）这个概念非常相似的，是孔子描绘的在圣人统治者的正确统治下的人民的那种状态。在 XIX. 25 中，我们读到：

Were our Master in the position of the ruler of a State or the chief of a Family, we should find verified the description which has been given of a sage's rule:

– he would plant the people, and forthwith they would be established; he would lead them on, and forthwith they would follow him; he would make them happy, and forthwith multitudes would resort to his dominions; he would stimulate them, and forthwith they would be harmonious.

夫子之得邦家者，所谓立之斯立，道之斯行，绥之斯来，动之斯和。

按照《颂诗》（Odes）的说法，使人“动”以达成人中间的“和”的，是圣人。与此相似的一个观念见诸孔子的一个说法；他曾经用如下言辞来描述一个理想的社会（XVI. 1）：

I have heard that rulers of States and chiefs of families are not troubled lest their people should be few, but are troubled lest they should not keep their several places; that they are not troubled with fears of poverty, but are troubled with fears of want of contented repose among the people in their several places. For when the people keep their several places, there will be no poverty; when harmony prevails, there will be no scarcity of people; and when there is such a contented repose, there will be no rebellious upsettings.

闻有国家者，不患寡，而患不均，不患贫，而患不安，盖均无贫，和无寡，安无倾。

如果我们按照上述译者的这种意思来理解“均”这个字，那么，在每个人都安分守己、各尽义务的时候，“和”（harmony/concord）就可以达到。

The philosopher You said, " In practising the rules of propriety, a natural ease is to be prized. In the ways prescribed by the ancient kings, this is the excellent quality, and in things small and great we follow them. Yet it is not observed in all cases. If one knowing, how such ease should be prized, manifests it, without regulating it by the rules of propriety, this likewise is not to be done. "

有子曰：“礼之用，和为贵，先王之道，斯为美，小大由之。有所不行，知和而和，不以礼节之，已不可行也。”

英格兰传教士苏慧廉（WilliamEdward-

Soothill,1861 - 1935)把这一段翻译得有一点不同:

The philosopher You said:"In the usages of Decorum it is naturalness that is of value. In the regulations of the ancient kings this was the admirable feature, both small and great arising there from. But there is a naturalness that is not permissible; for to know to be natural, and yet to be so beyond the restraints of Decorum, is also not permissible."

两位翻译家都把"和"翻译为"naturalease"(随和安逸)或者"naturalness"(恬淡自然)。在老辈的翻译家当中,只有德国的传教士卫礼贤(RichardWilhelm,1873 - 1930)把"和"理解为"(inner)harmony"("内在的"和谐),意思是单个的人的和谐。18 就算有这三者译法吧,"和"也不干脆就是人们之间的"和谐"或者"和睦",不干脆就是民族之间的"和解"(如在"和谐是最宝贵的"这个如今司空见惯的说法中的那种意思)。按照这三位翻译家的理解,"和"这个说法所表达的,毋宁说是"先王"的模式,一种帮助人把形式("礼")与内容("和")统一于一个人自身的模式。

尽管这段著名的话并非出自孔子之口,但从他的一位弟子有子那里,我们却可以设想:这段话仍然可以代表他老师思想的风貌。在此留给我们的问题,或许因此就是:仅仅能为人所"知"而"不以礼节之"的那种"和",究竟是哪一类"和谐"?我们不得而知。我们能够说的,是:通过能提供"礼"的力量的规矩的那种"和",丢失了其"私人或者亲切的"品格,并且成了"公共的"。

"和"是一种必须与一个人的态度相关的德性,而与社会的状态无关,此说在 XIII. 23 又见得清楚:

The Master said,"The superior man is affable, but not adulatory; the mean man is adulatory, but not affable."

子曰:"君子和而不同,小人同而不和。"

在这里,"和"与"同"有什么区别?"同"的意思是在一个社会里没有阶级,因此人人相同。然而,《论语》所"宣扬"的东西,却是上下之别的必要性。只有一个人安分守己,社会才能有一个优良的面貌,因为每个人都在某个地方、某个时间做他或她被希望做的事情。为了把统治者与臣民之间的差异搞得清楚,"礼"就是必要的。"礼"把人分为君主和农夫、男人和女人、父亲与孩子等等。无论谁的行为是"和"的,他或她就承认必定有某种事情是"不同的"。但是,所有想与别人相同的人,或者是无能于"遵纪守法",或者是不情愿"遵纪守法"。

照此看来,和谐需要差异,并且和谐不意味着各种事情都是平等的和相同的这么一种事态。只要我们把这一点牢记在心,我们就能防止不要把"和而不同"翻译或理解得过于理想化,不要以为"和"的君子的那种能力是能接受任何不同的意见和世界观。

## 四

从形式上看,孔子心里的那个观念,或许类似于莱布尼兹在发展他的"全和"(universal harmony)这个理论的时候所表达的那些观念。"和谐是多样性中的统一性。"或者:"和谐是多样性中的相似性,或者说,和谐是被等同性补偿了的多样性。"或者:"完整性或者和谐不意味着全部的心灵都完全是相同的。"在莱布尼兹的著作中,像这样的说法是屡见不鲜的。就这种理解而言,我们或许可以把"和而不同"翻译为一种允许多样性的和谐。

我们知道,通过与耶稣会会士的信件往来,也通过阅读中国书籍的译本,莱布尼兹受到了中国哲学和语言的影响对他而言,和谐是一种道德和政治义务，正如对孔子而言也是如此。莱布尼兹留给我们2000封关于中国的信件。其中的三分之一同时被从拉丁语或者法语翻译为德语。有朝一日我们或许会发现，在莱布尼兹勾勒他关于无所不包的和谐论的时候，他也受到了孔子的影响；发现这一点，可能仅仅是一个时间的问题。

在德国哲学史上，莱布尼兹是最“中国式的”哲学家。在这个方面，从荷马与赫拉克利特以来，被如今所谓“喜欢斗争的文明”（“Streit-kultur”）所打造的欧洲思想方式而言，他是相当不典型的。“西方需要斗争”如今是一个普遍的认识。但是，为什么？因为正是通过斗争，欧洲思想才发现了自己，才发现了其身份。欧洲思想偏得在它自己和“他者”之间制造一个区别，就我们讨论的事情而言，偏得在西方和中国之间制造一个区别，原因正在于此。

古代中国也曾一度培养了某种喜欢斗争的文明。但是，随着皇权统治与儒家取得了胜利，持有不同思想的“百家”几乎全部销声匿迹。倒有例外的一些时段，但佛教和道家也太弱，难以成为儒家思想方式的劲敌；到末了，儒家思想方式喜欢把任何与之不同的东西，都吞并掉或者毁灭掉。因此，为了找到一个人自己的命运，不存在什么斗争的必要。在英国的战舰用武力打开中国的大门之前，身份从来不是一个问题。直到国门被打开了，和谐论才成了具有统一之功的纽带，把中国凝聚为一体；在外人看来，中国显得是“永恒的中国”。

鸦片战争（1840－1842）以来，为免于注定的衰落，中国不得不学会与西方斗争。与此同时，中国已经站起来了，把“文化大革命”（1966－1976）这个最残酷的斗争阶段抛在了身后。现在中国发展出了“三个和谐的理论”，似乎是要告诉大家：中国回归了她的传统。你只能希望，这是出于为她自己的好处，也是为世界的好处。

（作者沃尔夫冈·顾彬系德国波恩大学教授
王祖哲系山东大学文艺美学研究中心教授）

# “天地万物与人原为一体”

## ——王阳明的物我和谐观

陈　奇　陈　瑜

王阳明继承中国古代“天人合一”理念，“一宗程氏仁者浑然与天地万物同体之旨”，提出“天地万物与人原为一体”（王阳明《传习录下》）的命题，以为天地万物、鸟兽虫鱼、沙石草木皆源自于心、统一于心，人与万物“一体”具有内在的根柢与依据；心的本质在于良知，在于仁

爱，以仁爱之心待人，以仁爱之心待物，视我同万物，视万物同我，人与万物"一体"具有内在的道义根源与依据，人与自然的协调共处乃宇宙间的自有之义、本有之义、自觉之义。王阳明的"天地万物与人原为一体"命题强调物我即人与自然的协调共处的必要性，更强调这种协调共处的内在可能性，这对于面临巨大生态危机的当代人类来说，无疑可以起到提升信念的作用。

## 一、从"天命观"、"天人合一"到"天地万物与人原为一体"

中国上古先民，在长期的生产生活实践中，就已经意识到天地万物对人类的巨大威力，意识到人类对天地万物的巨大依赖性。太阳给人类带来了光明，但也会带来干旱；河流带来滋润，也会带来洪涝；烈焰带来温暖，也会带来火灾；电闪雷鸣，天崩地裂，更让人感到奇异、恐惧。自然界在赐给人类以幸福的同时，也会给人类带来巨大的灾难。在无法对自然力做出科学解释的情况下，他们就用自身类比的方法，将日、月、山、水、风、火等具有巨大力量的自然物想象为各种各样的自然神，进而在众多自然神之中抽象出一个统一至上神——天神，将自然物人格化，变成超自然的神灵；将自然力人格化，变成超自然的神力——"天命"。他们用神灵崇拜、神灵祭祀即畏惧、顺从、祈求的方式求得人与自然的和谐共处。这个时期的人与自然的对立博弈中，自然物处于至上的、绝对的支配地位，人类处于极端被动而无奈的状态。万物有灵论及多神崇拜、天命观及天神崇拜，就是人类这种极端被动而无奈心态的反映。

西周以降，人们应对自然力的信念有所萌生，产生了"天命有德"及"以德配天"论，以为天固然是至尊至上、主宰一切的，但天在做出有关人事的决定时，也要考虑人间的意愿。只有有德亦即能保民的王，天才会把治理人间的权力交给他，否则就会授予别人。换句话说，人在自然力面前开始有些许话语权，可以多少影响天，不再是完全无所作为的奴隶。西汉董仲舒将"以德配天"发展为"天人感应"、"天人合一"，谓："天人之际，合而为一"。（王阳明《传习录下》）其一，人与天不仅仅是对立、屈从，而且应当是一个整体，和谐共处，"合而为一"。其二，人与天相处的方式是感应，即心灵的沟通，而不是单方的、粗暴的强制。其三，天人感应的表象为符瑞灾异，降下吉祥的自然物或自然现象以表示赞赏，降下怪异的甚至灾难性的自然物或自然现象以表示谴告。传达神旨，充当天、人之间信使的不再是跳神、请神、通神的巫师，而是符瑞灾异。符瑞灾异的诠释虽然有牵强附会、虚妄迷信之处，但符瑞灾异毕竟属于自然物或自然现象，可触可摸，可感可觉，较之诡秘的请神通神，是一大进步。这表明，人类应对自然力的信心有所增强，人与天是可以努力做到和谐相处的。

宋明理学的产生，使"天人合一"思想发生了重大转变。王阳明和诸多理学家们，继承古代思想家"天人感应"、"天人合一"理念，进而将神秘化了的天神请下了神坛，还原为物；将神秘化了的天意、天命请下了神坛，还原为一种意识。在王阳明那里，天不再是一个人格化了的天神，而是自然物，万物中之一物，相对于大地之一物，高悬于大地之上的茫茫星辰宇宙，万物中最高之物。天意、天命不再是一种人格化了的自然力，而是宇宙间的一种意识。王阳明把这种意识称之为"天理"——一个在宇宙万物之先就存在的、化生宇宙万物的精神本体。这里的"天"，乃先天、本源之意，不再是天神、天命。他进而把这个"天理"称之为"心"，将作为宇宙万物本源的理说成是先天地存在于人的，是人生而具有的。尽管这依然是一种颠倒了的认识，但是，它毕竟将神秘化的天神还原成为了意识,一种在宇宙间真实存在的精神现象,一种人人都可以实实在在的感知的宇宙现象。天神揭去了它的神秘面纱,从天上降落到了人间,不再是高不可攀、遥不可及的神。人与天,或者说人与自然之间,不再需要由符瑞灾异现象来充当中介,更不需要由巫师来充当中介。人类可以直接面对自然,通过自己的思维活动、意识活动、精神活动,思考人与天地万物的关系,寻求人与自然协调共处的路径。人们在天人关系的认识与协调方面又前进了一大步。

王阳明反复强调,以“天地万物为一体”,是大人之心、圣人之心、仁者之心、仁人之心:

“大人者,以天地万物为一体者也。”

“大人者,以天地万物为一体也,夫然后能以天地万物为一体。”

“夫圣人之心,以天地万物为一体”。

“仁者以天地万物为一体”。

“仁人之心,以天地万物为一体,訢合和畅,原无间隔。”

“真能以天地万物为一体,实康济得天下,挽回三代之治,方是不负”。

“天地万物为一体”,天乃在上者,茫茫星辰太空,地乃在下者,辽阔寰宇九州,物乃禽兽草木,山川土石,一言以蔽之,为自然,为生态。体者,身体,天、地、万物,犹如人体的躯干、四肢各个部分,共同构成为一个如同身体的整体,一个密切合作、相互依赖、不可分割的整体。在王阳明那里,构成为“一体”的,必须成为“一体”的,当然不仅仅是天、地、万物,不仅仅是自然物,更重要的是人,是人与天地万物的一体。在与湛若水论学中,王阳明明确揭示:“天地万物与人原是一体,其发窍之最精处,是人心一点灵明。”风雨露雷,日月星辰,禽兽草木,山川土石,即天地万物,“与人原只一体。”故五谷禽兽之类,皆可以养人;药石之类,皆可以疗疾。“只为同此一气,故能相通耳。”湛若水《阳明先生墓志铭》亦谓,王阳明“一宗程氏仁者浑然与天地万物同体之旨”。不仅天地万物相互依赖、不可分割,更重要的是人类、人类社会与天地万物相互依赖、不可分割,人与自然协调共处,物我和谐。

## 二、心:人与天地万物之源

自然赐福人类,也肆虐人类;人类仰赖自然,也损毁自然。生存、欲求推动开发,开发的盲目、过度造成自然的失序、毁损。物我之间的矛盾对立,从人类诞生的那一天就出现,伴随人类的蔓衍而趋紧张。既要开发,又要保护,既要对抗,又要妥协,维系物我之间的平衡协调,与天地万物为一体,的确如王阳明所云,是“大人”、“圣人”、“仁者”、“仁人”必须思考的头等大事。

人与天、我与物、人与自然能和谐相处吗?王阳明的答案是鲜明的、肯定的、斩钉截铁的。在他看来,人与天地万物本自一源,本为同源,和谐相处有其内在的根柢与依据。“人者,天地万物之心也;心者,天地万物之主也。”“天下之事虽千变万化,而皆不出于此心之一理,然后知殊途而同归、百虑而一致。”人心、我心乃天地万物的本源,推而广之,心乃人与天地万物的本源,乃宇宙的本源、总根源、唯一的起源:“夫在物为理,处物为义,在性为善,因所指而异其名,实皆吾之心也。心外无物,心外无事,心外无理,心外无义,心外无善”。

王阳明进而认为,心的本体为良知:“良知者,心之本体”。“吾心之良知,即所谓天理也。”推而言之,良知也就是人与天地万物的本源,也就是宇宙的本源、总根源、唯一的起源,天地万物都是由良知化生出来的:“良知之虚,便是天之太虚,良知之无,便是太虚之无形。日月风雷,山川名物,凡有貌像形色,皆在太虚无形中发用流行,未尝作得天的障碍……天地万物俱在我良知的发用流行中,何尝又有一物超于良知之外”。纵然是神妙莫测的鬼神上帝，也是由良知化生的：“良知是造化的精灵，这些精灵，生天生地，成鬼成帝，皆从此出，真是与物无对。”良知是“天下之大本……致是良知而行，则天地以位，万物以育”。

心也好，良知也好，实质上是人的意识。既然天地万物都是由良知化生的，都是由良知而出的，那么，人与天地万物自然应当是同一的、同源的，彼此相依，不可或缺。天地万物仰赖人而存在：“人的良知，就是草木瓦石的良知。若草木瓦石无人的良知，不可以为草木瓦石矣。岂惟草木瓦石为然，天地无人的良知，亦不可为天地矣。”“我的灵明，便是天地鬼神的主宰。天没有我的灵明，谁去仰他高？地没有我的灵明，谁去俯他深？鬼神没有我的灵明，谁去辨他吉凶灾祥？天地鬼神万物离却我的灵明，便没有天地鬼神万物了”。反之，人亦仰赖天地万物而存在：“目无体，以万物之色为体；耳无体，以万物之声为体；身无体，以万物之臭为体；口无体，以万物之味为体；心无体，以天地万物感应之是非为体。”“我的灵明离却天地鬼神万物，亦没有我的灵明。”

心为人及天地万物的本体、根源，这种说法固然不科学，但它却道出了世界的统一性这一真谛。世界是统一的，这种统一性于它的物质性。天地万物都是由物质构成的，人也是由物质构成的，也是天地万物中之一物。从世界的统一性这个意义上讲，王阳明的心学是科学的。近现代生命科学、化学、物理学的成果都为此提供了佐证。地球诞生于约46亿年前，原本没有生命，只有无机物。经过了漫长的演化，36亿多年前，才诞生了最简单的生命——蛋白质，其后，才渐次演化出有机物、生物、动物。大约300多万年前，动物中的类人猿才进化为最早的人类——猿人，人类自身就是自然的产物。人体由水、蛋白质、脂类、糖类等自然物质组成，其中水占55～65%，蛋白质、脂类、糖类、无机盐占30%以上。这5类基本物质加上维生素，构成为生命活动的物质基础。这些物质的化学成份主要为氧、碳、氢、氮、钙、钠、镁、铁、磷、钾、硫、铀、氯、碘等，此外还有微量的氟、硅、锰、锌、铜、铝、砷。其中，氧占65%，碳占18%，氢占10%、氮占3%、钙占1.5%，、磷占1%。从物理学的角度而言，则一切物质都由原子构成，天地万物如此，人也如此，无一例外。人与天地万物同出一源，同出于自然，毁灭了自然，毁灭了物，也就是毁灭了自己，毁灭了自身。

人与物既相互对抗，又相互依存。这种依存不是可有可无，其程度之深，以至于“天地鬼神万物离却我的灵明，便没有天地鬼神万物了”；“我的灵明离却天地鬼神万物，亦没有我的灵明。”对抗只会两败俱伤，乃至两败俱亡。破解的办法，就只有化解对抗，寻求沟通、合作，万物一体，“天人合一”。正是基于人与天地万物同出一源的认识，人类才意识到，人与天、我与物、人与自然必须和谐相处。通过心或良知，人与天地万物得以同一、沟通，相互感应，融为一体，人类社会与自然界的矛盾、对立，都经由心或良知而得以和解。物我和谐有其内在的根柢与依据。

## 三、以仁爱之心待人待物，视我同万物，视万物同我

人与天地万物同出于心，同出于良知，良知的精髓是仁爱。人与天地万物一体，就应以仁爱之心待人，特别是以仁爱之心待天地万物。“君臣也，夫妇也，朋友也，以至于山川草木鬼神鸟兽也，莫不实有以亲之，以达我一体之仁，然后吾之明德始无不明，而真能以天地万物为一体矣”。以仁爱之心待己之父，进而推广到他人之父，则“天下之父子莫不亲”；以仁爱之心待己之兄，进而推广到他人之兄，则“天下之兄弟莫

不亲”；将仁爱之心“推而至于鸟兽草木也，而皆有以亲之……夫然后能以天地万物为一体。”仁爱之心就是将心比心，推己及人，己所不欲，勿施于人，己欲立而立人，己欲达而达人；亦即同情之心，怜悯之心，不忍之心。“见孺子之入井，而必有怵惕恻隐之心焉，是其仁之与孺子而为一体也”；“见鸟兽之哀鸣觳觫，而必有不忍之心焉，是其仁之与鸟兽而为一体也”；“见瓦石之毁坏而必有顾惜之心焉，是其仁之与瓦石而为一体也”。以仁爱之心待物，视我同万物，视万物同我，善待万物，人与万物“一体”具有内在的道义根源与依据，人与自然的协调共处乃宇宙间的自有之义、本有之义、自觉之义。“大人之能以天地万物为一体也，非意之也，其心之仁本若是，其与天地万物而为一也”。以仁爱之心待物，“民胞物与”，是王阳明天地

万物与人一体命题的核心，是其化解物我矛盾，实现物我和谐共处的不二法门。

对天地万物“达我一体之仁”，是王阳明对中国古代“天人合一”思想的重要发展与贡献。北宋张载提出：“民，吾同胞，物，吾与也”，主张如同对待同胞手足一样对待万物。王阳明明确提出，这种待天地万物如同兄弟手足一样的感情，就是仁爱之情。他进而把这种仁爱之情上升到人类生而具有的、至高至尊的地位，强调对天地万物“达我一体之仁”的至为重要性。仁爱是人类特有的思维、情感，张扬仁爱、良知、心性，并把它提高到宇宙本体的高度，是对人的肯定与颂扬，是对生命的肯定与颂扬。王阳明肯定人，颂扬人，但是，他没有把这种肯定、颂扬局限于人，局限于社会，他把对生命的关爱，把仁爱、良知、人性的张扬进而扩大到天地万物，把人类社会的仁爱伦理扩大为自然伦理、世界伦理、宇宙伦理，将天地万物视为如同人一样的鲜活生命，视为整个生命体系的一个部分。上古及中古之初，在强大的自然力面前，无力而又无奈的人类，也曾把自然物人格化，把自然物想象为如同人一样有思想、有感情的生命体，称之为神、天神，顶礼膜拜。那是一种盲目的信仰，盲目的崇拜。王阳明还原了天神的自然物本来面目，意识到人与自然物的相互依赖性，密不可分性，重新赋予自然物以生命：“人的良知，就是草木瓦石的良知。若草木瓦石无人的良知，不可以为草木瓦石”。这不是简单的重复、轮回，而是理性的回归，是由自发走向自觉的螺旋型上升。毁灭了自然，也就毁灭了人类自身的生存条件，也就毁灭了自己。正是在这个意义上，天地万物是生命密不可分的一个部分，“天地万物与人原为一体”，人与自然的协调共处乃人类的自有之义、本有之义、自觉之义，人与万物“一体”具有内在的道义根源与依据。

## 四、物我和谐——至善人格的最高境界

古代社会，人与自然的博弈中，人类处于弱势地位。生产力及科学技术的落后，使人类不仅在自然灾害面前显得很无助，而且在利用自然解决基本生存欲求方面也显得很艰难。另一方面，自然也因为人类的开发而开始受到破坏；不过，也正由于生产力及科学技术的落后，自然的破坏还不至于如同现代那样达于灾难性的程度。

18 世纪欧洲率先开始的启蒙运动以及以蒸汽机、电动机、计算机使用为主要标志的三次产业革命，极大地提升了人的尊严、价值、地位，极大地提升了科学技术与生产力水平。人类在自然力面前信心倍增，不仅一改远古先民在自然力面前畏惧、顺从、无所作为的心态，而且树立了人类中心及科学理性工具决定论，以为人类完全可以凭借科学工具，征服自然，从自然取得人类幸福所需要的一切产品。两个多世纪的工业化进程，物质财富奇迹般地涌现出来，人类的

物质文明发生了前所未有的富足，人类在与自然的博弈中转而取得了强势地位。

然而，资源的破坏、生态环境的恶化及地球家园的生存危机，同时也在对物质的无限追求及对自然的疯狂征服中愈演愈烈。土地、森林、矿产、水资源的过度开发，工业合成品的滥用，二氧化碳排放的急剧增长导致的全球气候变暖，使平原变成了沙漠，青山变成了石漠，绿水变成了浊水，空气倍受污染；气候异常，洪灾、旱灾、雪灾、海啸频频发生，癌症、沙斯、禽流感、猪流感肆虐；氟利昂、哈龙等氟氯碳化物废气的排放导致的地球臭氧层的洞开，更直接威胁到了人类的生命。

面对地球家园的生态灾难，猛回首，人类才意识到先人天人合一、天人和谐相处思想的深邃及智慧，意识到王阳明人与天地万物"原为一体"、人当对天地万物"达我一体之仁"思想的前瞻性及博大的胸怀。王阳明以至善人格的养成自许，以修身、齐家、治国、平天下自期，不仅追求身心的和谐、人际的和谐、社会的和谐，而且把目光视野扩大到天地万物，"达我一体之仁"于天地万物，"致吾心之良知于事事物物"，使"事事物物皆得"吾心之良知，追求物我和谐、人与自然的和谐、整个宇宙的和谐，实现人道与天道的融合，超越自己、超越家庭、超越国家、超越"人类中心主义"。杜维明《文明的冲突与对话》指出，"当关注中心移向天人合一的时候，便超越了世俗的人本主义这一启蒙精神的带有明显的人类中心说特色的形式。这一整合……可能很适合作为一种新的全球伦理学说达到起点。"物我和谐是生命的真正的、全部的含义，是至善人格追求的最高境界。

自然有肆虐人类的一面，人类必须抵抗自然，改造自然；人类要生存、发展，要改造自然，要让自然为自己所用。但人又出自自然，仰赖自然，毁灭了自然，毁灭了物，也就毁灭了自己，毁灭了自身，因而要顺从自然。在自然面前，人类是不能为所欲为的，人类的行为必须顺应自然固有的规律，尊重自然规律；违背了这种规律，就会遭受自然的惩罚、"报应"。从这个意义上讲，"天命"是至高无上的，"天命"是不可违背的，人类必须对"天"常怀敬畏之心。这不是原始的、盲目的天神崇拜，而是在新的高度的理性认识。

人与自然的关系是极为复杂的，实现人与自然的协调融合是一个至为复杂的系统工程。自然规律是不可违抗的，自然资源是有限的，但人口的增加以及人追求更好生活的欲望同样是难以抗拒的，开发与保护之间抉择艰难，困难重重，矛盾尖锐。王阳明关于心为"天地万物之主"、天地万物俱为我良知的"发用流行"的论断，在强调人与天地万物"一体"的同时，更在于激励人们在自然面前的勇气和信心，这对于面临巨大生态危机的当代人类来说，无疑可以起到提升信念的作用。

（作者陈奇系贵州师范大学历史与政治学院教授；
陈瑜系杭州师范大学钱江学院教授）

# 和合管理学与人文精神

张立文

中国传统文化因心性善恶推定与行政管理作为未能科学化、技术化地连锁融合,所以,管理科学理论和管理实践均十分落后,但也有许多值得继承的管理举措、管理思想、管理原理和原则。

## 一、和合管理学原理

人的行为和人性善恶,对管理的影响和作用均很重要。然而管理有其自身的原则和原理。它是管理对象自身的必然性的所以然的呈现,是管理者在管理活动过程中的活动依据。

(一)整体与部分原理

系统的管理方式包括系统与外部环境的双向关系管理,以及系统与内部各组成部分之间的双向关系管理。描述这后一种双向关系的管理,是管理学中整体与部分的关系。整体是系统的最基本的特征。整体并不是各部分相加之和,各部分的特征和功能之和也不就是整体的特性和功能。整体所获得的特征和功能,是各部分作为各自单独存在时的特性和功能所不具备的。因此,整体的特性和功能是一种新生,它犹如和合学的各元素、要素冲突融合而和合新生。

管理系统的整体与部分,是各管理活动从而实现载体,离开整体与部分,管理活动亦无从进行;整体与部分亦是各种管理活动的依托,是实现最优化目标的必具的形式。比如现代管理的整体组织系统是由各相互联系、相互作用子系统组织部门、环节、单位组成的有机整体。包括物的生产和为了物的生产所需要技术手段,以及经营管理部门、服务部门、情报部门等。前者可称为"硬件",后者可称为"软件",是"物"与"事"的融突组合为企业管理系统。

行政的、企业的各种管理系统都具有投入产出功能。虽然各管理系统的性质差分,如国家机构、工业企业、商业贸易、学校医院、法院军队等等,管理组织需有不同的投入与产出,但从其相同方面来观,亦具有一些共性。

整体的投入产出功能,是整体与部分关系协调、优化的表征。只有管理者在管理活动中从整体的最佳化出发,促使管理系统发挥最大的整体功能,即目的性、集合性、相关性、适应性等功能。

管理系统的整体与部分原理,可称谓"桶形原理"。古代的桶是由多块木板围成的,假设木板有长有短,所容水的高度不是依最长的木板,而是依最短木板。这一原理要求构成整体的各部分都要发挥最佳状态，才能使整体进入最佳状态。当然，部分优化，不等于整体优化；反之亦然。二个和尚比一个和尚要优，但一个和尚挑水吃比三个和尚相互推诿无水吃要优。这就要求管理者在处理整体与部分的相互关系时必须关注其双向运动的管理关系。

（二）差分与融合原理

动态的整体管理系统，可看作“太极”，太极即整体之一。太极分为两仪，即阴阳，又分为四象、八卦、六十四卦等等，这便是不断的差分。这种分，既指分工，亦指分层，管理组织工作无分工，就无责任。只有合理分工，才能责任明确，而发挥其主动性、积极性。在管理组织系统中，分为子组织系统，子组织系统下又有各级部门。西蒙认为：“复杂系统的组成差不多普遍存在着分层现象”。之所以需要分层级，是因为分层结构的各部分都是稳定系统；分层等级系统各部分之间所需要的信息传输量要比其他类型系统少；从分层等级结构来看，一个组织的夏杂性，从组织中任一特定位置来观，几乎与其总规模无关。管理者即使能力、精力都很强，但总是有限度的。当他直接领导和协调的下属组织机构与人员超过一定的限度或数量，就需要分层级管理。

管理系统中的这两种差分，都需要在整体目标所要求的范围内，为了整体目标最佳化的实现而进行差分。离开了统一的、整体的目标以及为实现自标的差分（分工、分层级），就是盲目的、不合理的差分。它会使组织分工不明、职责不清，多头领导、层级重叠和混乱，使整体管理组织系统离散或破坏。这种整体管理系统统一目标下的分工、分层级，可称谓为融合而差分，即合而分。

分必有合，差分需要融合。融合就是把分工、分层级的各部门、各层级、各人之间的关系相互协调、融合起来，使其间的种种冲突、磨擦、矛盾，不要变为相互牵制、消耗、内讧的因素。差分不免要出现冲突、磨擦、不协调，这就必须通过融合手段，把握整体、明确目标，分工协作，融为一体，以实现目标。

（三）开放与封闭原理

任何社会有机体的社会组织或管理组织都是一种开放系统，这个系统内部与外部环境存在着物质、能量和信息的交换，假如一个管理系统与外部环境的相互联系、交换、作用关系中断了，这个管理系统就无法生存下去，管理系统的生命就要终止。任何管理系统要生存、要生命，就必须不断输入材料、人力、能量、信息、货币等，以及输出产品、劳务、货币、废物等。这种双向的物质、能量、信息交换，使管理系统具有充足的生命力。就此而言，管理系统是一个开放的系统。封闭自己与外部环境的相互联系，就等于扼杀自己的生命。这是开放性原理。

就管理系统内部的内信息而言，又具有相对的封闭性。指令信息和监督反馈信息使管理系统构成相对连续的封闭回路，以形成有效的管理活动。这是相对封闭性原理。

管理系统一般可分为指挥中心、执行机构、监督机构、反馈机构。指挥中心发出指令信息，在执行机构、监督机构的中介作用下，反馈机构将信息反馈给指挥中心。反馈机构对信息处理、比较效果（实施效果）与指令的情况，反馈信息返回指挥中心，指挥中心分析综合各种信息，而作出新指令，构成管理系统相对的封闭回路。管理活动在封闭回路中不断振荡、冲突、融合，使管理系统在运动中，不断趋向完善。

管理系统封闭回路之听以不可或缺，是由于信息反馈的需要和管理机构运行的相互制约、促进的需要。这两种需要是封闭回路的依据。实现依据的可能成立，就要创造使可能性变为现实性的条件：(1)独立性。管理组织系统相对独立性，实现管理组织的自主性，对人、财、物等必要资源具有调节运筹的权利和改组机构内部设置的自主权；(2)环形性。管理组织设置环形运动方向，使相互之间具有制约、促进的关系；(3)完善性。管理组织系统能及时传递信息，灵敏地捕捉信息，使信息纯度提高。信息准确化的高效能分析系统是使信息放大并强化输出的放大器。

管理组织的封闭回路的封闭性表现在：一是指管理的目标、计划、组织、控制及规章制度等等，具有相对的独立权限，以保证管理指令的畅通无阻的下达；二是不允许、不接受干扰、破坏管理活动的正常运动内在因素存在，否则就不能保证有效的信息反馈。

管理系统的开放性与封闭性，既冲突又融合。就与外部环境和系统的投入产出的关系而言，开放是保证管理系统的生存、生命所必需；就管理系统内部的运行机制而言，封闭是保证管理系统不受外界各种影响、干扰，而能进行正常运动所必需。因此两者相对相成、不离不杂。

(四)弹性与动力原理

弹性原理是指管理系统在外部环境影响、作用下，为实现预定目标的应变、变常的能力。这种应变、变常的含义，相当于中国传统管理学中的“权”与“变”的概念，而与“经”与“常”的概念相对称，即“经常”与“权变”相对应。“管理者了悟‘经权’之道，便可以永远适合时代的需要，所以中国管理以及中国管理现代化，都是以“经权’为主要精神，都可以正名为‘中国的经权管理’”。在儒家管理学中，推己及人的忠恕之道是“一以贯之”的基本原理。因此，正心诚意，成己成人，修齐治平，便是儒家管理学的根本精神，即是“经”。

“权”，孟子解释说：“男女授受不亲，礼也；嫂溺，援之以手者，权也”(《孟子集注》卷七《离娄上》)。中国古代的礼教是，男女之间不能亲手递接，这是恒常的礼的规范，嫂嫂掉在河水里，伸手去拉他，这是权变、变通。这就是说在实行男女授受不亲这一礼制时，必须依据具体时间、地点、对象、状况，有一定弹性。如果人在处理嫂溺这一具体问题时，完全照搬礼制，而丝毫不变通，一点没有弹性，那么，正如孟子所说“嫂溺不援，是豺狼也”(《孟子集注》卷七《离娄上》)。只有变通、弹性，才是合乎人道的。

管理活动的弹性、权变性原理，包括局部弹性和整体弹性。它是指：(1)管理活动自身与其所处的环境涉及多种多样的因素，各因素均有机联系，相互作用于管理活动，管理者不可能完全掌握，而作出十分完善的决策，这就需要留有余地，具有弹性；(2)管理活动是一个复杂的、活生生的现实活动，是各种因素的融突和合的力量，需要综合平衡，但管理活动的实践难于达到最佳平衡，需留有协调的弹性；(3)管理是动态过程，内外各种因素都处在瞬息万变中，发生意料以外的突然变化。若不留有余地，具有弹性的权变，就不能应付突变的情况，以至功败垂成；(4)管理系统是综合学科，需要不断学习提高过程，特别是管理对象包括人，包括竞争对手，在一定意义上说管理是一动态的博弈，只有弹性管理，才能成功。

弹性原押，是为管理争取活动空间。动力原理是寻求管理活动的生存活力。活力是管理的能源，也是制约因素。按照管理活动的管理者与管理对象的融突结构，其动力主要有物质动力、精神动力和信息动力。

物质动力既是对个人的物质刺激，也是组织的经济效益。经济效益需要对参与管理活动的投入、产出各方利益都有所兼顾，使在管理活动中所作的贡献与其所获得的利益紧密结合、合理获得。这样，管理经营组织的经济效益便成为企业生存和发展的动力。

精神动力是指管理系统及其成员的观念、

信仰、理想等。譬如中国和合精神，日本的团队精神，美国的权力契约团体精神，中国《周易》的高度冲突融合的"保合太和"精神，协调各方面的关系，是推动中国社会管理、经济管理长期有序发展的动力。第二次世界大战后，日本掀起效法美国管理的热潮，并没有使日本企业管理有所进步。他们发现美国企业文化中的价值观是以个人为本位的能力主义，这与日本传统的团队主义相悖。于是日本在企北的组织、人事、雇佣、作风等管理软件上保留日本自己的传统特色，形成日本自己的管理精神或企业精神。20世纪80年代美国企业界学习日本企业管理时，主要是学习其企业文化，特别是团队精神，但美国亦没有照搬日本式的家族主义的团队精神，而是依据美国的传统精神，重建美国式的团队精神，其基本内涵是保障个人权力，满足个人需要和个人实现的机遇。因此美国的企业团体可称为权力契约团队精神。在现代管理活动中，精神动力愈来愈受到重视。

信息动力是指信息传递所钩成的反馈对管理活动的生存和发展的动力。它超越物质的、精神的动力，对管理活动起着全面的、整体的推进作用。在信息冲击下，在世界竞争大潮中，信息网络不通畅，就会成为落伍者、失败者，信息的压力可以转换成竞争，企业转生的动力。

这三种动力不可或缺，由于各有差异，而往往会产生冲突。因此需要依据和合学"融突论"的原理，使三方面的动力求得协调，在同一管理系统中随时间、地点、条件、内容的变易，三动力比重亦异。随时协调、调整此三动力，使之有机组合。并要正确处理个休动力与团体动力以及刺激量的适度，即与它所承担的使命相适应。

管理原理是使管理活动有所依据和遵循，使管理活动成为管理者与被管理者的自觉的活动，避免盲目性和偏执性，更有效地实现管理目标。

## 二、控制理论与管理信息系统

科学化的管理模式及其模拟技术，是西方近现代管理革命的产物，特别是信息技术和计算机技术在管理方面的推广和应用。办公室自动化系统，以及各种专门系统，譬如中国的CIMS系统(Computer Integrated Manufacturing System)，即计算机集成制造系统。它将计算机的软硬件、网络、数据库等信息高科技运用于企业管理，使企业的经营、计划、产品设计、加工制造、销售、服务等环节和人力、财力、设备等资源集成起来，既能充分发挥自动化的高效率、高质量，又具有充分的灵活性，以利于经营、管理和工程人员发挥智能。它可以根据激烈变化的市场需求及企业经营环境，灵活地、及时地改变企业的产品结钩和人力、物力、财力等生产要素的配置，实现全局优化，从而提高企业在激烈全球竞争中的生存能力，并赢得稳定的高效益。

如果管理学作为用科学的方法研究如何做到系统化、整体化、调配化、决策化及效绩化的学问，那么，它不仅是工商企业的发展学、政府机构的行政学，也是现代人生活的组织学。这种所谓科学的方法，中国主要是经验的方法。经验以历史承传的方式，积累了丰富的管物理财、治国经邦、人事组织、战争艺术等方面的管理经验。

这种经验的承传与血缘宗法制相结合，便发展出"祖宗之法不可变"，往圣道统必须继。因而讲简易、变易之学的《周易》，也加上"不易"的涵义，以不变应万变，这样具有讲变的文化传统的国家，却面临"变法"难，"维新"要付出血的代价的严酷事实。意义标准上以"守成"、"稳定"、"太平无事"为尺度。单从管理理论上讲，商鞅、王安石、"六君子"之功不可没。

但对于现代管理学而言,又是过去了的历史。

祖宗之法,先圣道统之所以不可守成,不能沿袭因陈,原因在于管理是依天、地、人多种制约因素而权变的社会和合控制。生物控制论研究表明:生物、生命有机体的控制都是信息反馈,随机选择的控制系统。社会和合是高度复杂的类有机体,具有比生命过程和生物活动更复杂的过程,更高级的机制和更随机的行为。

从社会管理系统来看,控制是管理活动的重要环节和职能。所谓控制是指通过信息传递,对控制对象施加有目的的作用行为,使系统的特征和变化维持在规定的限度内活动。管理控制是控制理论在管理中的运用,是指按照企业经营的计划目标,对其经营活动和成果实行监督,以促进目标实现的管理活动。从社会有机体的管理而言,它是社会主体(包括个体与团体)通过一定的协调机制,在改造对象过程中实现自身某种月标的管理实践活动。

控制,简言之,是一种行为,是一种施控者施诸于受控者的有目的的行为,并导致受控者发生合乎目的变化的行为。社会主体的行为,受控者的行为是多样的,控制就是在多种多样的可能中进行选择,即施控者选择其中最有效的手段,以作用于受控者,使受控者的行为合乎施控者目的的变化。

施控者对最有效手段的选择,实际上具有随机性。譬如飞行中的飞机,随时间变化的气流状态是系统(飞机)的一种随机性输入作用,它听引起的机翼应力变化,是一种随机性输出变量。这些随机因素是飞机设计者和操作者(施控者)必须注意选择的。各种随机因素使系统(飞机)运行具有统计不定性,针对这种不定性作出最佳化的选择,便是随机选择;依据这种不定性所作的设计和操作系统的控制器,便是随机控制。这种随机选择和随机控制随着高科技的信息公路的发展,会愈来愈显其重要性。

从社会控制来分析,社会和合管理过程,是不断选择行为规则,校准价值尺度,更正意义标准的随机控制过程。要实现因天时而制宜、因地利而制宜、因人和而制义的随机选择,就必须重视管理信息,完善信息技术手段。

管理创造价值,因而,社会和合管理是使社会生活感受最真实化,价值最完善化,意义最优美化的价值增益工程,即价值融突和合工程。

管理之所以能够增益价值,其中的道理,主要在于管理信息系统是管理的心灵。它通过高效、高速处理信息,使社会的各种正性效益指标都达到最大值,各种负性耗损指标均趋于最小值。信息的价值在于它能够参与创造,并使价值融突和合工程最优化。

信息,从各个角度都可以给信息以定义。一般地说,是把信息作为给人带来新知识的消息、情报、资料、数据等来理解。中国唐朝李中在《碧云集·暮春怀故人》中有"梦断美人沉信息,目穿长路倚楼台"句,信息有消息之意。从某一侧面描述了信息的特点和功能。如C·E·申农:《通讯的数学理论》认为信息是用以消除随机不定性的东西,把信息度量归结为对消除了不定性的度量,信息度量可以用被消除了的不定性的大小程度来衡量。维纳:《人有人的用处》认为,信息可以提高系统组织程度,正如熵是组织解体的度量,消息集合所具有的信息,则是该集合组织性的度量。

从社会和合管理视野来探讨信息,是指自然、社会中一切事物的状态、特性及其相互间关系的表征或标志。一切事物都是作为信息源而存在。考古学发现的化石,传递着上古时代物类存在、分布、进化程度的信息;柳芽桃花,带来春天来临的信息。除这种自然物的信息外,还有人工信息。信息传递必须借助于一定的中介。语言的出现,促使信息处理器官大脑的发展;文字的发明,突破了信息传递的时空的局限;电磁波的利用发展,为信息时代的到来奠定基础,现代的信息网络使地球成为一个村。

信息具有可识别性。自然、社会所携带的各种信息的信号,直接、间接地刺激人的感官,使神经冲动,由而转化为神经脉冲信号,神经脉冲信号沿着神经通道把信息传递给大脑,大脑对信息进行分析综合加工处理,而形成认知。所谓认知是对客观的反映,实是获得和处理信息的过程。此其一;其二,信息具有可存贮性。人类从结绳记事——文字记录——留声机录音——电影的声像——电脑中心,信息的存贮技术以及取用技术愈来愈进步;其三,信息的共享性。它与其他物品不同,不因分享人数多寡而使各自得到的信息量有增减,在传递中不遵从守恒定律,反而由合作而趋强。现在全球最大信息资源网——互联网络(Internet)已经把全世界150多个国家的近500万台计算机主机和1000万个用户紧密地连在一起,使用户之间互通信息,共享计算机和各种信息资源,它已成为进行科学研究、工商业管理活动和共享信息资源的重要手段,已然成为"信息高速公路"。

管理活动过程,就是接收、加工和传输信息的过程。管理信息是指以计划、指标、命令的形式传递给决策执行者,促进执行者进行有目的和协调的行动,以实现管理目标。它是一种有自身特性的信息。譬如它产生于社会管理活动之中。这就是说,管理信息是信息在管理活功领域的展现。它是人与人之间传递社会各种信息、以输出者和接受者共同理解的数据、文字、符号等形式,标示管理对象和管理过程的各个方面。管理信息作为媒介协调着人与自然、社会、管理与环境之间的相互关系,使管理活动有序地进行。

管理信息活动是主体自觉的活动。信息的输出和接收都是一种人为自觉活动,这种活动具有目的性。它表现在明确地标志管理活动的变化特征,直接、间接地为管理目的服务,它具有智能功能、技术功能和管理功能。

信息的目的在于应用,其价值在于把各方面、各种信息迅速传递给社会管理、工商企业管理者,以便及时地、灵活地调整各种关系,作出决策,获得目标的实现。因而,信息具有时效性、时机性。失去时效、时机,便失去价值。所以,管理者要善于捕捉先兆性的信息,即顶示发展趋势的信息,便是既重要又反映管理者全面素质的问题。

总之,管理信息系统以电子计算机为枢纽,以智能技术为支柱,以数据处理、图像模拟为手段,使社会和合管理达到自动化、信息化和智能化。

## 三、和合管理学企业文化精神

管理信息系统,是指对管理信息进行收集、加工和传递的总和。它是由各种各样的管理信息加工处理过程构成的有机整体。管理信息系统的价值目标是增益化、最优化、科学化。

不断增益各种价值量,提高管理行为的效益,使社会和合体全局最优化。因此,管理信息系统具有效益价值的管理加和效应(+)。

但管理信息系统毕竟是管理的工具与手段,若管理者素质不高,人——机功能不能和合匹配,那么,管理信息系统将会反其增益之道而行,反向演变为管理减差效应(-)。软件系统一条指令的语法错误或操作系统一次键入行为失误,就有可能毁掉耗资十几亿美元的航天发射试验。

反之,若管理者素质高,不断创造新的、更高效的硬件系统,不断完善软件系统,提高接口技术水平,那么,同数的资源,可创造出倍积的社会效益和价值数量。这是管理乘积效应

(×)。

管理的整体和合效应,可加和、或减差,亦可乘积。究竟实现那种效应,主要看社会和合系统的管理目标是否协调,是否适应社会完善和发展的目标和合要求。

目标管理是管理信息系统的最高职责。只有目标系统内在协调,和合相适,社会和合系统的管理才达到了自己的目标。

系统理论及系统科学技术,是管理目标系统和系统管理工程的理论依托。现代管理系统论是管理学的理论前沿,亦是中国管理系统走向现代的必经之路。

中国传统管理系统如何走向现代管理之路,除以开放的、无偏执的态度,积极、认真、严肃地吸收东西方各国先进的管理理论、方法、技术,以改进中国的社会管理系统、工农商学兵等企事业的管理系统外,必须与中国传统的人文管理精神相结合,才能形成自己的管理理论、方法。照搬西方管理的某些理论、方法、技术是能够做到的,但照搬西方管理精神是很难做到的。正如第二次世界战后日本学习美国企业管理义化和80年代后美国企业学习日本企业管理文化的的情况一样,都不能照搬,而只能根据本国的企业管理文化的人文精神,吸收东西方企业管理文化中的优质成分,融突而和合,建构中国自己的社会、企事业管理文化精神。笔者提出和合管理学或和合管理文化精神。

如果说日本的企业管理的文化精神是家族主义的团队精神,美国是个人为本位的能力主义精神,那么,中国是整体本位的“保合太和”精神,即整体主义的和合精神。这就是三国企业管理的文化人文精神的差分,亦是其企事化文化的价值和意义。其实这也是三国社会管理,以及其他方面组织管理系统文化精神的差分。

中国整体主义的和合精神作为社会有机体的管理,工农商学兵企事业管理的文化精神,包括这样一些内涵:

(一)融突而和合精神

中国管理文化精神是以人为管理核心,追求人与自然、社会、人与人的冲突融合,从而达到整体的和谐、协调,即和合,以使企事业生生不息。任何事物均有差分,然后有冲突,譬如人r自然之间有阴与阳的冲突,人与社会之间有刚与柔等冲突,人与人之间有仁与义等等的冲突。有冲突然后有融合,这便是听谓“天人合一”、“理事无碍”、“天人合德”、“知行合一”、“情境圆融”、“经权合一”等。陈述了管理主体与对象、管理道德与行为、管理理性与感性、管理人性与管理方式、管理知识与素质等之间融突关系,由融突而达到“和合”的管理系统的最优化境界。

(二)整体与个体的相依相存精神

天地间的一切事物都生存在相互关系之中,并在这种关系中获得自己的本质,以及其价值和意义,由关系才构成了整体与个体。换言之,整体与个体只不过是关系存在的一种形态。任何关系都有分有合,犹如管理组织系统的合的整体性和分的子系统的个体性。分是为了合的整体管理系统,合是为了分的责任和实现目标的合力。太极而有阴阳,是分;阴阳合气,而为太极,又是合。分中有合,合中有分,整体中有个体,个体中有整体,如阴中有阳,阳中有阴。这便是一种整体与个体、合与分、冲突与融合的相依相存精神。

未来管理模式、形式,可千变万化。譬如我们必须重新思考组织契约的问题,包括企业组织的定义,我们对企业的企望,以及我们打算为组织付出什么?社会整体再也不能指望新型公司与旧企业一样,提供每个个体生活和生计所需一切,或指望支付退休金;办公室、工厂不再是每个个体每日离家前往的固定整体工作场所;生活的意义不再是由组织内顺着职位阶梯往上爬;一个个体也不再期望自己把一生十万个小时卖给同一个整体机构;个体不仅是企业组织的"雇佣者"。也是"组织者"等等,随着现时代高科技的发展,将变动不居。但整体与个体相依相存的和合精神,可以延续承传下去。

(三)无为与无不为的互补互济精神

无为是无,无不为是为、是有。"为无为,则无不治"(《老子》第二章)。"为"是目标,"无为"是实现目标的原则,或达到目标的工具和手段。"无不治"是管理的效应。以"无为"作为工具理性,"是以圣人无为,故无败"(《老子》第六十四章)。这就是"无为之有益"(《老子》第四十三章)。"无为"具有空间最广大的拓延性和时间最大的变易性,以及最佳的效果,就因为"无为"最能适应"自然"。

管理组织活动,能否适应"自然",是衡量管理活动成败的尺度。譬如日产汽车英国厂总裁吉布森曾对伦敦商学院毕业生说:我习惯于使用科学家的观点来思考问题——以探讨组织问题而言,是以结晶体与无定形非结晶体结构的差异来进行思考。辨认结晶体结构最简单的途径是观察钻石;泥巴则可能是最普通的无定形物质。典型的西方式的管理组织是结晶体,棱角清楚明确,每一个面各有其形状,面与面之间有明显的连接处。优如英、美企业管理组织都把角色和责任规定得相当明确,组织内不同单位界限划分清楚,各单位之间关系明白固定。日本的企业组织像泥巴,它们结构模糊得多,责任与功能划分不明确,经常处于变动状态,可轻易塑造及改变形状,对于外来力量与外在环境具有弹性调适与反应能力。如果说,英美企业管理是"有形",那么日本企业管理为"无形"。在当前市场竞争激烈时代,前者应变、调适能力显然比后者要差。

中国在"钻石"与"泥巴"的基础上,以"无为"与"无不为"互补互济精神,而能"功成事遂,百姓皆谓我自然"(《老子》第十七章)。以"道法自然"的管理组织原理,而使管理组织具有最高的适应能力和最优化的组织协调关系网络,达到目标的功成事遂。

(四)日新和生生的精神

任何管理组织系统只有日新日日新,才能成"大业",否则只能成小业,甚至破产。社会管理、工商企业管理组织的兴衰取决于日新,21世纪的价格标订决定于成果,而非决定于时间。从事计时收费的人,唯有拉长时间才能赚更多钱;凡是依成果收费的人,都靠提升工作品质,或创造新产品、新程序、新信息而致富。后一种会得到普遍认同。

日新就意味着生生,即产生新的事物、新的成果、新的生命或新的管理组织系统等等,这是21世纪社会管理、工农商学兵管理系统的生存和发展的圭臬。

中国管理系统走向现代有其自己企业文化精神和管理的特色。它是中国传统文化中人文精神在管理系统中的体现,并形成适应于中国在21世纪发展的独具特色的管理科学。

(作者系中国人民大学哲学院一级教授)

# 论和谐的动力机制

沈根华

根据《现代汉语词典》的解释，动力指使机械做功的各种作用力，如水力、风力、电力、畜力等，比喻推动工作、事业等前进和发展的力量。动力存在于自然和社会的方方面面，没有动力，就不会有花草树木的盛衰枯荣，就不会有动物禽兽的代际变换，就不会有人类社会的运动发展。和谐的动力机制，就是和谐自身如何发展的内在机理。列宁指出，矛盾的对立统一运动，“提供理解一切现存事物的‘自己运动’的钥匙”。探究和谐的动力机制，同样应当到矛盾的对立统一运动之中寻找答案。这种对立统一运动具体表现为矛盾的斗争性与同一性交互作用所产生的合力。合作因子与对抗因子是和谐关系中的一对矛盾，和谐关系中矛盾的同一性是指合作因子与对抗因子相互依存、相互吸引和相互贯通的趋势，和谐关系中矛盾的斗争性则是指合作因子与对抗因子相互否定、相互排斥、相互分化的趋势。正是合作因子与对抗因子的对立统一运动，推动和谐不断向着更高层次发展。

## 一、矛盾同一性视域中的合作与和谐

和谐是合作因子与对抗因子的统一体，和谐的程度取决于对抗因子与合作因子所占比重或力量的不同。合作导致和谐，对抗导致冲突。和谐的发展不仅需要最大限度地增加合作因子，而且需要最大限度地减少对抗因子。在对抗因子保持不变的情况下，合作因子的增加与和谐程度的提高成正比。在社会活动中，合作一般是指建立在共同理想与共同利益基础上的以最小付出谋取最大利益的互相促进的行为。在合作中，只有合作双方的关系平等，才谈得上有效的合作。合作与依附有着本质区别，因为依附双方的关系是封建式的主奴关系。当然，合作者之间能力的差异是一种客观存在，但这种差异不应成为一方欺压另一方的理由。相反，正是由于差异，才使得合作双方能够优势互补、互通有无，才使得双方和谐关系的建立及发展成为可能。

### （一）合作体现了共同历史对和谐关系形成及发展的前提性作用

一部人类社会发展演进的历史，就是一部人类合作程度不断提高、合作范围不断扩大、合作内容不断丰富的历史。没有人与人之间的合作，就没有人与人之间的和谐。共有的生存家园、共同的生活环境，创设了共同的历史背景和发展前提，由此人类合作层次和水平的提高才有可能，进而才能推动和谐关系的历史发展。

在人类社会历史上，如果没有原始社会时期合作形态的萌芽，人类就不可能走出远古的蛮荒时代，一步步迈入文明社会的门槛；如果没有奴隶社会人类合作形态的进一步发展，就不会有农业及手工业的发展；如果没有封建社会人类合作范围的持续扩大，就不会有封建行会的形成和社会生产力水平的进一步提高；如果没有资本主义社会人类合作领域的空前拓展，就不会有现代化大工业及社会组织的大发展，因而也就不可能为社会主义社会生产力的发展及社会关系和谐质的提升提供坚实的基础。上述和谐关系的发展演变，离开了共同的历史前提，只能成为空谈。共同历史对于和谐关系发展的前提性作用，无疑应体现为不同国家、民族、人群在同一社会发展阶段上的共时性合作，同时也应体现为不同国家、民族、人群在不同社会发展阶段上的共时性合作，甚至还可体现为同一国家、民族、人群通过文化传承进行间接沟通与交流的历时性合作。正是由于基于共同历史的人类合作实践的不断发展，才有了和谐关系的不断发展。

（二）合作体现了共同理想对和谐关系形成及发展的指引性作用

理想是一个人、一个民族、一个国家所追求的奋斗目标。按照不同分类标准，理想可分为不同的类型。但不管是何种理想，都是人们心目中的导航灯，对人们的行为具有明确的引领作用。共同的理想对社会成员具有极强的感召力，社会凝聚力就是在共同理想感召下由不同社会个体心理及意志集聚所形成的强大力量。一般说来，理想是一个包含众多种类及内容的综合系统或体系，不同的理想对人的社会实践具有不同的指引作用，而相同的理想追求则会使不同的群体及个体团结起来，同心同德，共同奋斗。比如，共同的生活追求可以形成共同的生活品位，并可成为日常生活中共同承担困难与共同分享喜悦的知心朋友。共同的事业追求则可以形成共同的创业团队，并可在实现同一目标的过程中相互鼓励、相互支持，进而生成共赴时艰、共铸辉煌的战斗情谊。共同理想产生共同的奋斗目标，共同的奋斗目标产生相互间的真挚情感，而这种共同奋斗目标及真挚情感正是开展合作的基本条件。“道不同，不相为谋”（《论语·卫灵公》），共同理想是形成和发展和谐关系的重要因素。

（三）合作体现了共同利益对和谐关系形成及发展的基础性作用

马克思指出：“人们奋斗所争取的一切，都同他们的利益有关。”社会生活中人与人之间发生的分歧与冲突，大多可以找到其背后的利益根源。事实上，没有利益的共同点，就不会有人与人之间的真正合作，更不会有人与人之间关系的真正和谐。利益有根本利益与一般利益之分，有长远利益与当前利益之分，有生存利益与发展利益之分。不同的利益反映着主体不同的需要，因而对主体社会实践所起的作用也各不相同。就根本利益与一般利益而言，根本利益对人的社会实践发展的基础性作用更强，人们可以因某种原因舍弃一般利益，但通常不会在根本利益问题上作出让步，因为根本利益是一个人乃至一个民族、一个国家生存和发展的根基。国际关系领域中常常被提及的“求同存异”，即求得根本利益之同，允许一般利益之异。只要根本利益有了保证，一般利益存在争议，或者受点损失，对两国关系的发展不会构成大的影响。人们常常提及的“利益共同体”，也是指人们因根本利益的一致性而必须同呼吸、共命运，正是这种同呼吸、共命运，促进着“利益共同体”内部和谐关系的发展。

（四）合作体现了共赢对和谐关系形成及发展的推动性作用

只有合作，才能共赢。共赢是合作状态中个体力量大于孤立状态中个体力量的体现，这正是人们积极从事社会交往、发展社会关系的根本原因。人之异于动物，在于人的社会性，在于人的类本质，在于人作为社会关系总和的属性。社会使人成为人，使人从动物界中分离出来成为主体，使人从社会中获取知识、营养并依靠前代人及同代人创造的劳动成果而生存和发展。在社会生活中，一个人的能力或许有这样那样的不足和欠缺，但亦有这样那样的长处和优点。正因为如此，不同的人通过合作，可以取人之长、补己之短，由此克服个人的局限性。“三个臭皮匠，抵上一个诸葛亮”，不仅体现了整体的合力作用，而且体现了合作的共赢效应。以合作谋求共赢，是人类的生存和发展之道，也是促进人与人关系和谐发展的重要机制。

## 二、矛盾斗争性视域中的对抗与和谐

马克思主义认为，矛盾是一切事物发展的根本动力。矛盾是普遍存在的。毛泽东指出：“其一是说，矛盾存在于一切事物的发展过程中；其二是说，每一事物的发展过程中存在着自始至终的矛盾”。正是这种无处不在、无时不在的矛盾，构成了整个世界运动变化的动力。和谐是合作与对抗的矛盾统一体。合作与对抗的矛盾运动，是推动和谐发展的根本动力。尽管对抗对和谐关系的发展起着阻碍作用，但正是对抗因子的存在，才使得和谐得以向前不断发展。这是因为，没有对抗，就无所谓合作，而没有合作，就谈不上建立在合作基础上的和谐。

### （一）对抗的本质性规定：对抗是合作中的对抗

任何时候对抗都是合作中的对抗，对抗以合作作为自己的本质规定，离开了合作，对抗也就不复存在。反之亦然。这表明，对抗与合作是相互依存和相互规定的。合作是人与人及人与物关系中趋向和谐的因素，对抗则是人与人及人与物关系中背离和谐的因素。合作与对抗作为影响和谐走向及和谐发展程度的两个相反的因素，是在矛盾的对立统一运动中推动和谐运动发展的。马克思指出：“两个矛盾方面的共存、斗争以及融合成一个新范畴，这就是辩证运动的实质。”合作因子与对抗因子的共存及斗争，是推动和谐发展的内在动力。以资本主义社会为例，由社会生产力的发展带来的社会分工的细化和社会化大生产规模的空间扩大为人们之间的合作关系提供了基础，而阶级利益的对立又为人们之间的对抗关系创造了条件。没有资本主义社会化大生产的发展以及随之而来的合作因子的发展，也就谈不上资本家与工人之间对抗因子的发展。资本主义社会生产力的发展，在带来社会合作因子不断发展的同时，也使得生产社会化程度的不断提高与资本主义生产资料私人占有制的矛盾日益尖锐，导致资本家与工人之间的对抗因子不断增多。反之，资本主义对抗因子的增多，又是以劳动分工日益细化所带来的人们合作范围的扩大为前提的。由此可见，合作因子与对抗因子相互依存、相互规定，资本主义社会的和谐状况取决于合作因子与对抗因子的力量对比。由于资本主义社会的主要矛盾是资产阶级与工人阶级的矛盾，且这一矛盾不可调和，由此决定了资本主义社会总体上呈现为不和谐的状态，也即资本主义社会对抗因子比合作因子更占优势。当然，资本主义社会合作因子与对抗因子的状况并非一成不变，而是处在不断的运动变化过程之中。资本主义社会合作因子与对抗因子的运动变化即是资本主义社会矛盾同一性和斗争性的现实表现。具体地说，资本家与工人之间既有合作又有对抗，如果没有工人对资本家的斗争，也就没有资本家与工人之间的对话与合作；同样，如果工人一味寻求与资本家妥协与合作，换来的就会是资本家对工人剥削的变本加厉。显然，作为资本主义社会矛盾同一性与斗争性表现的合作因子与对抗因子的辩证运动，既存在着合作因子与对抗因子相互否定、相互排斥的趋势，又存在着合作因子与对抗因子相互依存、相互贯通的趋势。而在这两种趋势之间，由于资本主义社会基本矛盾的对抗性，决定了资本主义社会总体上呈现为不和谐的状态。

（二）对抗的存在性规定：对抗是运动中的对抗

世界上不存在绝对静止的事物，万物皆动，对抗也不能例外。对抗始终是运动中的对抗，运动是对抗的存在方式。正是由于对抗因子的运动以及由此引发的合作因子与对抗因子力量的此消彼长，才促成了和谐状态的变化与发展。虽然合作因子与对抗因子的对立统一运动是推动和谐发展的动力，但仅就对抗因子而言，却是使和谐向着相反方向发展的否定因素。在人与自然的关系上，前工业社会由于人们开发自然的能力还十分有限，自然界的面貌没有因为人的到来而发生多大变化，人与自然界各自相安无事，人与自然的对抗因子不占主导地位，因而人与自然之间基本上是和谐的。随着工业社会的到来，人们改造自然的能力大大增强，对自然界的破坏程度日益严重，而资产阶级的利己本性又不愿为自然环境的破坏承担责任，由此导致人与自然之间的冲突不断升级。人与自然的关系如此，人与社会的关系亦然。人类社会从原始社会到奴隶社会、封建社会、资本主义社会，再到社会主义社会的发展历程，经历了一个对抗因子由少到多，再由多到少的历史过程，而与之相应的社会领域的和谐关系也经历了一个由低层次和谐到严重不和谐，再到新的更高层次和谐的历史过程。这一过程始终贯穿着人与人、人与社会、人与自然之间因各种原因而产生的合作因子与对抗因子的矛盾运动。

（三）对抗的效用性规定：对抗是冲突中的对抗

之所以会出现不和谐的情况，是因为有对抗因子的存在。作为不同主体间对立状态的反映，对抗是以击败对方为目的的。对抗必然引发冲突，冲突是对抗的基本效用。马克思和恩格斯指出，在阶级社会中，“压迫者和被压迫者，始终处于相互对立的地位，进行不断的、有时隐蔽有时公开的斗争，而每一次斗争的结局都是整个社会受到革命改造或者斗争的各阶级同归于尽。”阶级之间的对抗，最后的结局往往是一方的胜出建立在另一方灭亡的基础之上，或者导致两方同时灭亡。这样的单赢、单输或两败的状态，无论如何都称不上和谐。另外，在民族与民族、国家与国家之间的关系上，对抗只能造成各方的不信任心理，这无疑会妨碍人们寻求建立合作共赢关系的努力。以战争为例，战争尤其是两次世界大战，既给交战各国尤其是被侵略国的人民带来了深重的灾难，也给交战各国人民造成了巨大的心理创伤。尽管随着时间的推移，历史会逐渐冲淡惨痛的记忆，但由此造成的交战各国之间的民族情感隔膜与心理隔阂并不会立即消失。二战之后以美国和前苏联为首的资本主义与社会主义两大阵营的冷战，尽管随着柏林墙的倒塌及东欧剧变而结束，但由此而形成的冷战思维却至今阴云不散，并成为影响当代国际关系民主化进程顺利推进的一个重要因素。以美国为首的西方国家对我国的发展心存芥蒂，对我国内部事务指手画脚，其实都是冷战思维作祟。这必然会对我国与以美国为首的西方国家发展正常的互利共赢关系造成许多不必要的牵制和阻碍。

## 三、矛盾运动性视域中的合作、对抗与和谐

毛泽东指出：“有条件的相对的同一性和无条件的绝对的斗争性相结合，构成了一切事物的矛盾运动。”在和谐的矛盾运动中，合作因子与对抗因子的相互依存、相互吸引、相互贯通是

相对的、有条件的,而合作因子与对抗因子的相互否定、相互排斥、相互离异,则是绝对的、无条件的。由于"事物的矛盾法则,即对立统一的法则,是唯物辩证法的最根本的法则",由此决定了和谐是一个动态的发展过程。

（一）和谐运动的根本动因

事物运动变化的根据只能从其内部寻找,和谐的发展同样源于其自身的矛盾运动。恩格斯指出:"当我们深思熟虑地考察自然界或人类历史或我们自己的精神活动的时候,首先呈现在我们眼前的,是一幅由种种联系和相互作用无穷无尽地交织起来的画面,其中没有任何东西是不动的和不变的,而是一切都在运动、变化、生成和消逝。"作为和谐关系中矛盾对立面的合作因子与对抗因子始终处于运动变化之中,正是合作因子与对抗因子的既同一又斗争的对立统一运动推动着和谐的发展变化。列宁认为,对立统一规律是唯物辩证法的核心,"统一物之分为两个部分以及对它的矛盾着的部分的认识……是辩证法的实质。"他还指出:"可以把辩证法简要地规定为关于对立面的统一的学说。这样就会抓住辩证法的核心。"合作与对抗的运动机理在于双方都含有否定自身的因素,双方既有向对方渗透转化的趋势,又有与对方渐行渐远的趋势。如果一段时期矛盾的同一性占主导地位,合作因子就会具有相对于对抗因子的力量对比优势,这时和谐就会得到保持和发展。而如果一段时期矛盾的斗争性占主导地位,对抗因子就会取代合作因子而成为主导因素,这时原有的和谐状态就会被打破。马克思指出:"辩证法在对现存事物的肯定的理解中同时包含对现存事物的否定的理解,即对现存事物的必然灭亡的理解;辩证法对每一种既成的形式都是从不断的运动中,因而也是从它的暂时性方面去理解。"这说明,伴随着和谐的发展,和谐的否定因素也在发展。而当和谐发展到一定程度,其否定因素积累到一定量时,对抗因子的力量就会超过合作因子的力量,这时和谐的性质就会发生改变,即由和谐变为不和谐。而在事物呈现为不和谐的过程中,同样其否定因素即合作因子也在不断生长,而当达到一定程度时,合作因子的力量就会超过对抗因子的力量,这时事物就会由不和谐转变为新的和谐。这样,事物的和谐就经历了一个否定之否定的辩证运动过程。由于事物在运动过程中和谐的新质的产生,新的和谐的层次要比先前的和谐层次高,由此,和谐的发展呈现出一个从和谐到不和谐、再到新的和谐的曲折上升的运动轨迹。

（二）和谐运动的演进范式

我们以事物处于和谐状态为起点来分析和谐运动变化的基本轨迹,并由此把握和谐运动的演进范式。在这个时间节点上,我们假设对抗因子的消散势头强于增长势头,合作因子的增长势头强于消散势头,这样的话,事物才会呈现为和谐状态。从矛盾斗争的绝对性上看,合作因子的增长必然带来作为其否定因素的对抗因子的增长,而对抗因子的消散同样必然带来作为其否定因素的合作因子的消散。由此,合作因子增长的势头受到遏制,而对抗因子的消散势头亦会受到遏制。当这两种否定因素的运动发展到一定程度时,对抗因子就会由消散转为增长,而合作因子则由增长转为消散。这时事物就会表现出和谐程度不断降低的态势。随着对抗因子增长势头与合作因子消散势头惯性的继续,对抗因子就会在某一个时间节点从量上超过合作因子,这时事物的和谐就会发生质的变化,即由和谐转变为不和谐。由于对抗因子的增长势头与合作因子的消散势头还在继续,这时事物内部的力量对比还是体现为对抗因子比重的持续加大与合作因子比重的持续减少,事物则表现为和谐程度持续降低的态势。对抗因子的持续增长既包含着速度不断加大的内容,也包含着数量不断增加的内容。而这必然酝酿着作为否定因素合作因子增长的速度提高与数量增加。这种作为否定因素的合作因子的增长必然会有效减缓合作因子消散的程度，而当作为否定因素的合作因子的增长在数量上达到或超过合作因子的消散时，合作因子的运动轨迹将发生逆转，即事物内部合作因子开始呈上升态势。但由于对抗因子的比重仍然高于合作因子的比重，事物总体仍呈不和谐状态。同理，先前合作因子的持续消散同样既包括消散速度的不断加大与消散数量的增加，而这同样酝酿着作为否定因素的对抗因子的消散，这种作为否定因素的对抗因子的消散必将有效减缓对抗因子的增加速度。当作为否定因素的对抗因子的消散数量在某个时间节点超过对抗因子的增加数量时，对抗因子的发展轨迹将发生逆转，这时对抗因子开始呈下降态势。由于先前对抗因子数量的大量增加及合作因子数量的大量减少，事物总体上还是呈现为对抗因子数量远远超过合作因子数量的状态。因此，尽管对抗因子与合作因子的运动轨迹都发生了逆转，即对抗因子总体上开始呈下降态势，合作因子总体上开始呈上升态势，但无论就二者在系统中的绝对数量，还是二者的比重，其差值都处于最高位。换言之，尽管对抗因子从此转入下降的态势，但此时对抗因子却上升到了最高的峰值。同样，尽管合作因子从此转入了上升的态势，但此时合作因子却跌落到了最低的谷值。此后，对抗因子的下降势头与合作因子的上升势头继续进行，当这种势头发展到一定程度时，必然出现对抗因子与合作因子数量相等的时间节点。这时，系统的整体就会发生由不和谐转向和谐的质变。如此反复，系统就不断实现着由和谐向不和谐，再由不和谐向新和谐演进的辩证发展过程。

（三）和谐运动的质变节点

为了进一步把握由合作因子与对抗因子的矛盾运动推动和谐自身不断发展的否定之否定过程，也即和谐自身的矛盾运动过程推动自身发展的辩证过程，需要区分从量变到质变的节点问题。通过对节点的区分来更为准确地把握合作因子与对抗因子的运动速度问题、合作因子与对抗因子的运动惯性问题、合作因子与对抗因子增长或减少的数量问题、和谐程度及层次发展的条件问题、和谐关系发展的总体态势问题。在合作因子与对抗因子的对立统一运动过程之中，存在着不同的质变的节点。正是这些质变的节点，勾画出了和谐在曲折中前行的基本轨迹。第一个节点是和谐向不和谐发展的节点，这个节点是合作因子不断减少与对抗因子不断增加的交汇区中二者数量处于等同状态的节点，此时系统处于既不和谐也不冲突的状态。此后合作因子的数量保持着继续下降的势头，而对抗因子的数量保持着继续上升的势头，这决定着此后系统和谐程度不断降低的走向，且总体状态为不和谐。第二个节点为不和谐向和谐发展的节点，这个节点是合作因子不断增加与对抗因子不断减少的交汇区中二者数量处于等同状态的节点，此时系统处于既不和谐也不冲突的状态。此后合作因子的数量继续增加，对抗因子的数量继续减少，决定了此后系统是处于和谐状态，且处于一个和谐程度不断提高的过程之中。第三个节点为合作因子的消散数量与作为对抗因子否定因素的合作因子的增长数量达到等同的节点，也即系统由和谐程度下降转变为和谐程度上升的节点，此时系统处于冲突最大值。在这个节点上，合作因子不断减少的势头由先前的加速、减缓发展到停止的状态，对抗因子不断增加的势头则由先前的加速、减缓发展到停止的状态。在这个节点之后，合作因子转而呈数量持续增加的态势，对抗因子转而呈数量持续减少的态势。尽管此时系统仍处于不和谐状态，但此后系统和谐程度将逐渐上升，直至达到和谐状态。

第四个节点为对抗因子的消散数量与作为合作因子否定因素的对抗因子的增加数量达到

等同的节点，也即系统由和谐程度上升转变为和谐程度下降的节点，此时系统处于和谐最大值。在这个节点上，合作因子不断增加的势头由先前的加速、减缓发展到停止的状态，对抗因子不断减少的势头则由先前的加速、减缓发展到停止的状态。在这个节点之后，合作因子转而呈数量持续减少的态势，对抗因子转而呈数量持续增加的态势，由此导致系统的和谐程度不断降低，直至达到不和谐状态。

（四）和谐运动的历史趋势

和谐的发展过程表明，在合作因子与对抗因子的矛盾运动中，二者数量在增加的同时，它们自身所包含的否定因素也在随之生长。其中，当每一次合作因子增长到某一轮循环的最大值时，其否定因素也会随之向最大值生成。而在否定因素即对抗因子牵制合作因子增长的过程中，直到否定因素即对抗因子的增长值能够抵消合作因子的增长值，合作因子的增长才会达到这一轮循环的峰值。由于新的峰值是在达到上一轮峰值节点后合作因子沿着数量增长的势头惯性运动一段时间达到的，因而必然高于上一轮循环中合作因子的峰值。合作因子的峰值表征着和谐的实现程度，这一轮峰值与上一轮峰值的正向差值体现的就是和谐层次由低向高的跨越。这里或许有人会依照同样的分析思路，得出对抗因子相邻峰值之间正向差值存在的结论，并进而得出和谐程度不断降低的结论。不可否认，按照相同的逻辑推导，对抗因子理应沿着相似的运行轨迹发展，并由此改变与合作因子的力量对比态势。但我们应当看到，人类社会实践的发展以及基于此的社会分工发展是一个不以任何人的意志为转移的客观历史过程，这一历史过程中合作因子的生长具有较对抗因子的生长更为优越的社会土壤，由此决定了合作因子获得相对于对抗因子的力量比较优势具有历史必然性。对抗因子相邻峰值正向差值的存在只具有理论上的可能性，不具有实践上的可能性。唯物辩证法认为，一切事物都处于运动变化过程之中，这种运动变化不是简单的循环，而是在从量变到质变、由低级到高级的否定之否定的曲折中上升的发展过程。同样，和谐的发展过程是由不和谐到和谐、由和谐到不和谐，再由不和谐到新的更高层次的和谐的否定之否定的辩证运动过程。其间可能会经历多次反复，但和谐中合作因子的肯定性因素克服对抗因子的否定性因素，是和谐发展的基本趋势。合作与对抗的矛盾运动，不是简单的重复运动，更不是倒退的运动，而是推动和谐发展的根本动力。

恩格斯称一系列否定的机械相加、无限交替是主观随意的强加，不可能是真正的否定之否定，因而也就不可能成为事物发展的动力之源。他说："这种没有结果的否定是纯粹主观的、个人的否定，它不是事物本身的一个发展阶段，而是由外部硬加进去的意见。"人类创造性的社会实践活动是合作与对抗的矛盾运动能够成为和谐发展动力之源的根本保证，正是由于人类创造性的社会实践，才避免了合作与对抗的矛盾运动沦为简单的、机械式的重复运动。作为和谐关系中矛盾对立面的合作因子与对抗因子之间的对立统一运动，不仅是一个由和谐到不和谐，再由不和谐到新的和谐的周而复始的循环运动，而且是一个和谐在循环中不断实现层次提升的运动，是和谐在曲折中前进的上升运动。

（作者系中国人民解放军
南京陆军指挥学院教授）

# 王充《论衡》对《周易》术数的贡献

史少博

《四库提要》曰:“术数之兴,多在秦汉以后,要其旨,不出乎阴阳五行、生克制化。实皆易之支派,傅以杂说耳。”由此可见,术数乃易学的一个分支。《辞海》中解释术数曰:“术指方书,数是气数。即以种种方术,观察自然界可注意的现象,来推测人和国家的气数和命运,《汉书·艺文志》列天文、历谱、五行、蓍龟、杂占、形法等六种,并云:‘术数者,皆明堂羲和史卜之职也。’但史官久废,除天文、历谱外,后世称术数者,一般专指各种迷信,如星占、卜筮、六壬、奇门遁甲、命相、拆字、起源、堪舆、占侯等。”对“术”、“数”的研究也可以称为术数学,术数学在一定意义上是一种杂有迷信成分的人生预测学,追求预知社会、人生、事物的未知状态,揭示自然宇宙的秘密,寻找事物发展变化的规律,告知人们趋吉避凶的方法。东汉王充的《论衡》,大约成书于汉章帝元和三年(86 年),全书共计 13 卷,现存 85 篇,佚亡 1 篇,共 20 多万字,主要解释万物的异同,纠正当时人们疑惑的地方,是东汉时期著名的无神论作品。尽管王充的理论杂有迷信的成分,但《论衡》对《周易》术数做出了很大贡献,在易学上有不可估量的价值。

## 一、《论衡》为古代探讨自身规律的“推命术”奠定了基础

王充《论衡》中,“气寿篇”、“命义篇”、“无形篇”、“初禀篇”都论述了命,并且认为人的命和出生时的“禀气”有关。王充虽然反对有神论,但认为人生是有命运的。王充“命义篇”中首先论述了前人的命说,他指出:“在墨家之论,以为人死无命;儒家之议,以为人死有命。言有命者,见子夏言‘死生有命,富贵在天。’……传曰:‘说命有三,一曰正命,二曰随命,三曰遭命。’正命,谓本禀之自得吉也。性然骨善,故不假操行以求福而吉自至,故曰正命。随命者,戳力操行而吉福至,纵情施欲而凶祸到,故曰随命。遭命者,行善得恶,非所冀望,逢遭於外而得凶祸,故曰遭命。……此谓三命。”他在“气寿篇”中肯定了命定说,并进一步论述了命和禀气的关系:“凡人禀命有二品,一曰所当触值之命,二曰强弱寿夭之命。所当触值,谓兵、烧、压、溺也。强寿弱夭,谓禀气渥薄也。兵、烧、压、溺,遭以所禀为命,未必有审期也。若夫强弱夭寿以百为数,不至百者,气自不足也。夫禀气渥则

其体强，体强则其命长；气薄则其体弱，体弱则命短，命短则多病，寿短。始生而死，未产而伤，禀之薄弱也。渥强之人，不卒其寿。若夫无所遭遇，虚居困劣，短气而死，此禀之薄，用之竭也。此与始生而死，未产而伤，一命也，皆由禀气不足，不自致于百也。”王充认为“命”和“禀气”有关，如果胎儿禀气不足，生下来就会夭折。他说：“凡人受命，在父母施气之时，已得吉凶矣。”“人之禀气，或充实而坚强，或虚劣而软弱。充实坚强其年寿，虚劣软弱失其身”（《论衡·气寿》）。王充甚至直接说：“命，谓初所禀得而生也”（《论衡·初禀》）。在他看来，决定一个人寿夭、贵贱、贫富、祸福的东西，是最初在母体之中禀受的“自然之气”，这在一个人获得生命之时便已形成了，人的命运所包含的一切都决定于最初禀受的“自然之气”。他认为人的寿命的长短，取决于胚胎在母体所禀受的气的厚薄，“夫禀气厚则体强，体强财其命长；气薄财体弱，体弱则命短，命短则多病短寿。”（《论衡·气寿篇》）认为每个人寿命的长短与“禀气”有关。

王充还认为人“命”蕴含的道德差异，也和“禀气”有关：“问曰：人生于天地；天地无为，人禀天性者，亦当无为，而有为，何也？曰：至德纯渥之人，禀天气多，故能则天自然无为。禀气薄少，不遵道德，不似天地，故曰不肖。不肖者不似也，不似天地，不类圣贤，故有为也。天地为炉，造化为工，禀气不一，安能皆贤？贤之纯者，黄、老是也。黄者，黄帝也；老者，老子也。黄、老之操，身中恬澹，其治无为。正身共己而阴阳自和，无心于为而物自化，无意于生而物自成。”王充“禀气”说不仅为宋代理学家朱熹的某些理论奠定了基础，也为后来的《周易》之分支—术数中的“八字推命术”（根据出生时所禀“五行”之气，推断人的命运曲线）提供了理论依据。

王充在“禀气”说的基础上，提出了“国命胜人命”的思想，他在“命义篇”中曰：“宋、卫、陈、郑同日并灾，四国之民，必有禄盛未当衰之人，然而俱灭，国祸陵之也。故国命胜人命，寿命胜禄命。人有寿夭之相，亦有贫富贵贱之法，俱见於体。故寿命修短，皆禀於天；骨法善恶，皆见於体。命当夭折，虽禀异行，终不得长；禄当贫贱，虽有善性，终不得遂。项羽且死，顾谓其徒曰：‘吾败乃命，非用兵之过。’此言实也。实者项羽用兵过於高祖，高祖之起，有天命焉。国命系於众星，列宿吉凶，国有祸福；众星推移，人有盛衰。人之有吉凶，犹岁之有丰耗，命有衰盛，物有贵贱。一岁之中，一贵一贱；一寿之间，一衰一盛。物之贵贱，不在丰耗；人之衰盛，不在贤愚。子夏曰‘死生有命，富贵在天’，而不曰‘死生在天，富贵有命’者，何则？死生者，无象在天，以性为主。禀得坚强之性，则气渥厚而体坚强，坚强则寿命长，寿命长则不夭死。禀性软弱者，气少泊而性羸窳，羸窳则寿命短，短则蚤死。故言‘有命’，命则性也。至於富贵所禀，犹性所禀之气，得众星之精。众星在天，天有其象。得富贵象则富贵，得贫贱象则贫贱，故曰‘在天’。在天如何？天有百官，有众星。天施气而众星布精，天所施气，众星之气在其中矣。人禀气而生，含气而长，得贵则贵，得贱则贱；贵或秩有高下，富或资有多少，皆星位尊卑小大之所授也。故天有百官，天有众星，地有万民，五帝、三王之精。天有王梁、造父，人亦有之，禀受其气，故巧於御。”认为国家的命运大于个人的命运，也就是说当国家遭受灾难、战争时，人的生命就显得微不足道了，即人的命运再好，国命不好也会遭殃。他又说：“人皆知富饶居安乐者命禄厚，而不知国安治化行者历数吉也。故世治非贤圣之功，衰乱非无道之致。国当衰乱，贤圣不能盛；时当治，恶人不能乱。世之治乱，在时不在政；国之安危，在数不在教。贤不贤之君，明不明之政，无能损益。”（《论衡·治期》）认为社会的治乱皆因“国命”，而“国命”都有定“数”，与统治者的才能无关，在这里王充没有对“数”怎样决定“国命”作具体说明，只能看出王充认为决定“国命”的“数”不以人的意志为转移。王充“国命胜人命”的思想为后来“八字推命术”解决不同“禀气”的人在同一时间大量死去(如战争时的大量伤亡等)的问题找到了自圆其说的理论依据。

## 二、《论衡》丰富了当时的“相术”说

王充认为人的“命”不是上帝掌握,不是神灵掌握,而存在于自身的形体中:“故知命之工,察骨体之证,睹富贵贫贱,犹人见盘盂之器,知所设用也。善器必用贵人,恶器必施贱者,尊鼎不在陪厕之侧,匏瓜不在殿堂之上,明矣。富贵之骨,不遇贫贱之苦;贫贱之相,不遭富贵之乐,亦犹此也。器之盛物,有斗石之量,犹人爵有高下之差也。器过其量,物溢弃遗;爵过其差,死亡不存。论命者如比之於器,以察骨体之法,则命在於身形,定矣。”(《论衡·骨相篇》)认为“命”决定人内在聪明才智,又决定人的外形美丑。而人的富贵贫贱,通过察骨体而知,如果具有富贵之骨,就不会遇到贫贱之苦;如果长得具有贫贱之相,也不会遭遇富贵之乐。通过观察骨体,就可以知道其人的“命”如何,这就是说“命”由“身形”决定。

王充认为“命”在形体之中,就像鸟卵中包含着雌雄不同性别一样,他说:“富家之翁,资累千金。生有富骨,治生积货,至於年老,成为富翁矣。夫王者,天下之翁也,禀命定於身中,犹鸟之别雄雌於卵壳之中也。卵壳孕而雌雄生,日月至而骨节强,强则雄,自率将雌。雄非生长之后,或教使为雄,然后乃敢将雌,此气性刚强自为之矣。夫王者,天下之雄也,其命当王。王命定於怀妊,犹富贵骨生,鸟雄卵成也。非唯人,鸟也,万物皆然。草木生於实核,出土为栽蘖,稍生茎叶,成为长短巨细,皆有实核。王者,长巨之最也。硃草之茎如针,紫芝之栽如豆,成为瑞矣。王者禀气而生,亦犹此也。”(《论衡·初禀》)也就是说“富翁”、“王者”,之所以成为“富翁”、“王者”,是因为生有“富骨”、“贵骨”的缘故。

王充进一步论证察骨体知命的准确性,他说:“人曰命难知。命甚易知。知之何用?用之骨体。人命禀于天,则有表候以知体。察表候以知命,犹察斗斛以知容矣。表候者,骨法之谓也。……案骨节之法,察皮肤之理,以审人之性命,无不应者。……禀气于天,立形于地,察在地之形,以知在天之命,莫不得其实也。……相或在内,或在外,或在形体,或在声气,察外者遗其内,在形体者亡其声气。”(《论衡·骨相篇》)也就是说,人的命运可以从体表上表现出来,只要观察一个人的体表特征,即察骨、观肤色、观外形、听其声,就能知道他的命运。这种观相知命,王充认为是很准确的。

“相术”在中国具有悠久的历史。春秋战国时期,相术和相士就已经出现,《左传·周书》中就有关于相术相士的记载,并且建立了初步的理论基础。

王充《论衡》在前人的基础上丰富了当时的“相术”说。对于“相术”西方学者也早有揭示。亚里士多德

《芬克与瓦格诺尔斯新标准百科》一书中提到,“这门技术是以信念为基础的,人们认为在面部特征和表情与思想的品行品质和习惯之间有着密切的联系。这种观相术由来已久,流传极广。”瑞士神学家约翰·卡斯帕·拉瓦特于1789年发表了《观相术文选》,促进了观相术的发展。在《观相术文选》中,他试图说明外部信号是怎样反映人的内心世界的。他认为,人特有的习性对其相貌起到模制作用,特定的相貌构造与组合反映出不同的性格。沃尔夫博士对观相术的研究是比较突出的,他从上世纪30年代在柏林开始,到40年代在巴德学院和哥伦比亚大学任教一直没有中断这方面的研究工作。美国著名心理学家戈登·W.奥尔波特和P.E.弗农一道在上世纪30年代最先把沃尔夫的研究介绍到美国的心理学界,此后其他一些人的加入加速并进一步深化了观相术的研究,其中

以哈佛大学亨特利的研究最为突出。奈特、邓拉普以及其他一些学者也对面部表情,尤其是嘴部的形状及特征进行了研究。可见,尽管中国古代的“相术”具有迷信成分,但是不可否认它反映了古人对于复杂事物的一种朴素的认识,反映出了我们民族注重直觉体验的传统思维方式,以及当时条件下人们从人的五官、骨相等表象认知人的本质的经验总结。

## 三、《论衡》“诘术篇”对“图宅术”进行了有力的批驳

《辞海》说:“风水,也叫堪舆。旧中国的一种迷信。认为住宅基地或坟墓周围的风向水流等形势,能招致住者或葬者一家的祸福。也指相宅相墓之法。”《辞源》说:“风水,指宅地或坟地的地势、方向等。旧时迷信据以附会人事吉凶祸福。”先秦时就有相宅活动。一方面是相活人居所,一方面是相死人墓地。《尚书·召诏序》云:“成王在丰,欲宅邑,使召公先相宅。”这是相阳宅。《孝经·丧亲》云:“卜其宅兆面厝之。”这是相阴宅,使用占卜的方式择定地点。

相宅一语典出《尚书·召浩》:“成王在丰,欲宅洛邑,使召公先相宅”。又云“惟太保(按,即召公)先周公相宅”。《尚书·洛浩》载述同一事件,云“召公既相宅,周公往营”。由相宅衍义,亦有相地、相土、相墓之说。在《吴越春秋》中记载,周敬王六年,伍子胥为吴王阖闾谋建国都,始“相土尝水”,尔后象法天地,以筑大城,是为阖闾城,即今之苏州。图宅,是在汉代以后,随着“图谶”、“图纬”的盛行而在风水中渐为引用。所谓图,指河图;谶即预言,纬乃与谶一样,为预言解经隐语。由于谶、纬之术有图,有书,故其名为图谶。

中国古代“风水”理论多以“阴阳五行”、“四时五方”等为其理论支撑。吕才所谓出自《堪舆经》的五姓之说,即五音姓利之说。《论衡·诘术篇》对“图宅术”进行了猛烈批判。王充针对社会上流行的“图宅术”、“吹律定姓”与将“姓氏”归为“五音”的做法,进行理论批判。王充不仅指出“图宅术”理论上的自相矛盾之处,同时通过将“姓氏”的来源追溯到上古,来反驳“以口张歙调姓”。认为“五音之家,用口调姓名及字,用姓定其名,用名正其字。口有张歙,声有外内,以定五音宫商之实。夫人之有姓者,用禀於天。天得五行之气为姓邪?以口张歙、声外内为姓也?如以本所禀於天者为姓,若五谷万物禀气矣,何故用口张歙、声内外定正之乎?古者因生以赐姓,因其所生赐之姓也。若夏吞薏苡而生,则姓苡氏;商吞燕子而生,则姓为子氏;周履大人迹,则姬氏。其立名也,以信、以像、以假、以类。以生名为信,若鲁公子友生,文在其手曰‘友’也。以德名为义,若文王为昌、武王为发也。以类名为像,若孔子名丘也。取於物为假,若宋公名杵臼也。取於父为类,有似类於父也。其立字也,展名取同义,名赐字子贡,名予字子我。其立姓则以本所生,置名则以信、义、像、假、类,字则展名取同义,不用口张歙、〔声〕外内。调宫商之义为五音术,何璩见而用?古有本姓,有氏姓,陶氏、田氏,事之氏姓也;上官氏、司马氏,吏之氏姓也;孟氏、仲氏,王父字之氏姓也。氏姓有三:事乎!吏乎!王父字乎!以本姓则用所生,以氏姓则用事、吏、王父字,用口张歙调姓之义何居?匈奴之俗,有名无姓字,无与相调谐,自以寿命终,祸福何在?”之后又进一步揭露了“五姓之宅,门因宜向”之说的谬误,批判了用五音定姓名之说,并且指出姓名与祸福无关。王充曰:“《移徙法》曰:‘徙抵太岁凶,负太岁亦凶。’抵太岁名曰岁下,负太岁名曰岁破,故皆凶也。假令太岁在子,天下之人皆不得南北徙,起宅嫁娶亦皆避之;其移东西,若徙四维,相之如者皆吉,何者?不与太岁相触,亦不抵太岁之冲也。”这里岁下即太岁所处的方位,岁破即太岁相对相冲的方位。”王充以雷电击人为例,批太岁禁忌,正如他说:“夫雷,天气也,盛

夏击折，折木破山，时暴杀人。使太岁所破，若迅雷也，则声音宜疾，死者宜暴；如不若雷，亦无能破。如谓冲抵为破，冲抵安能相破？东西相与为冲，而南北相与为抵。如必以冲抵为凶，则东西常凶而南北常恶也。如以太岁神，其冲独凶，神莫过於天地，天地相与为冲，则天地之间无生人也。或上十二神，登明、从魁之辈，工伎家谓之皆天神也。常立子、丑之位，俱有冲抵之气，神虽不若太岁，宜有微败。移徙者虽避太岁之凶，犹触十二神之害，为移徙时者，何以不禁?”正是由于王充批判了“图宅术”，才促使中国风水术不断反思、不断发展，王充在“风水”方面的探索也为中国古代《周易》术数提供了借鉴。

在20世纪70年代，当“风水”被国人不齿与淡忘，欧美等国学者却对它表现出了浓厚的兴趣。美国、加拿大、英国、澳大利亚、韩国、日本、新加坡等国学者相继对此作了专题研究，风水术在西方越来越走俏，国际性的风水学术会议也频繁召开，一些风水方面的专刊也在国外大行其道。近年来，随着建筑行业与生态环境学的发展，国际上又从新的角度审视风水与家居环境所具的科学性，风水学这门古老学科又焕发出新的活力。虽然风水术在其发展过程中掺杂迷信的成分，但是“风水”问题是古人寻求人与自然的“和谐”而萌发的，风水建筑是中国传统建筑的一部分，它把生态学、美学、心理学、哲学、地理学等融入建筑中，在某种程度上实现了人与环境的和谐发展，突出了人类应该尊重环境的思想，风水建筑中的科学理论和超前的环境意识，对建筑行业的发展具有深远的意义。

（作者系哈尔滨工程大学教授）

# 对社会主义和谐社会内涵的再认识

步德胜

## 一、古今中外历史上对和谐社会的探索

### （一）我国历史上关于和谐思想的论述

两千年多来，人们从不同角度提出过“大同”社会的理想，成为我国和谐社会提出的最早渊源。如孔子说过“和为贵”，墨子提出过“兼相爱”、“爱无差”的理想社会方案，孟子描绘了“老吾老以及人之老，幼吾幼以及人之幼”的社会状态。在道家来看，天是自然，人是自然的一部分。因此庄子说：“有人，天也；有天，亦天也。”天人本是合一的。受这些思想的影响，太平天国运动提出了“务使天下共享”，“有田同耕，有饭同食，有衣同穿，有钱同使，无处不均

匀，无人不饱暖”的口号；康有为提出了要建立一个“人人相亲，人人平等，天下为公”的理想社会。以上反映了我国人民对和谐社会的向往和追求，但是，在存在阶级压迫和阶级剥削的旧制度下，这些设想是根本无法实现的。

（二）西方历史上的和谐社会思想

在西方，有不少学者的观点中蕴含了社会和谐的思想，如古希腊哲学家毕达哥拉斯提出的“和谐最美”、柏拉图的“公正即和谐”、赫拉克利特说过的“对立和谐观”等。空想社会主义者也曾提出过建立和谐社会的构想，如傅里叶提出的“全世界和谐”、欧文的“新和谐”、魏特林的“和谐与自由”及“全体和谐”等。由于深受社会制度的限制，找不到实现社会变革的正确途径，结果只能陷于空想。

马克思、恩格斯在继承前人思想成果的基础上，创立了科学社会主义理论，勾画了共产主义社会的美好蓝图。他们在《共产党宣言》中明确提出：“代替那存在着阶级和阶级对立的资产阶级旧社会的，将是这样一个联合体，在那里，每个人的自由发展是一切人的自由发展的条件。”按照马克思、恩格斯的设想，未来社会将在打碎旧的国家机器、消灭私有制的基础上，消除阶级之间、城乡之间、脑力劳动和体力劳动之间的对立和差别，极大地调动全体劳动者的积极性，使社会物质财富极大丰富、人民精神境界极大提高，实行各尽所能、按需分配，实现每个人自由而全面的发展，在人与人之间，人与自然之间都形成和谐的关系。

（三）中国共产党对社会主义和谐社会的认识

和谐社会是中国共产党不懈奋斗的目标。毛泽东在《论十大关系》、《关于正确处理人民内部矛盾的问题》等著作中，明确提出要学会用民主的方法解决人民内部矛盾，“我们的目标，是想造成一个又有集中、又有民主，又有纪律又有自由，又有统一意志，又有个人心情舒畅、生动活泼，那样一种政治局面。”十一届三中全会后，邓小平强调，社会主义的本质，是解放生产力，发展生产力，消灭剥削，消灭两极分化，最终达到共同富裕；要两手抓、两手都要硬；没有安定团结的政治环境，没有稳定的社会秩序，什么事也干不成。这些思想奠定了我们党关于社会主义和谐社会建设的重要基础。

十三届四中全会后，江泽民根据国内外形式的发展变化，强调实现经济社会协调发展是我国社会主义现代化建设的一个重要指导方针，必须推进各项社会事业健康发展，使社会更加和谐；要充分调动各个方面的积极性，努力形成全体人民各尽其能、各得其所而又和谐相处的局面；完成改革和发展的繁重任务，必须保持长期和谐稳定的社会环境。我们愿与国际社会共同努力，积极促进世界多极化，推动多种力量和谐并存，保持国际社会的稳定。这是“和谐”首度出现在中国执政党的纲领里，成为中国新一届领导人治国方略的滥觞。

十六大报告明确把社会更加和谐列为全面建设小康社会的一个重要目标。十六届四中全会第一次明确提出，共产党作为执政党，要“坚持最广泛最充分地调动一切积极因素，不断提高构建社会主义和谐社会的能力”。2005 年 2 月 19 日胡锦涛在省部级主要领导干部“提高构建社会主义和谐社会能力”专题研讨班上的讲话中调调指出：“我们所要建设的社会主义和谐社会，应该是民主法治、公平正义、诚信友爱、充满活力、安定有序、人与自然和谐相处的社会。”2006 年 10 月，十六届六中全会审议通过的《中共中央关于构建社会主义和谐社会若干重大问题的决定》，把“和谐”纳入社会主义现代化的目标，提出“社会和谐是中国特色社会主义的本质属性，是国家富强、民族振兴、人民幸福的重要保证。”2007 年 10 月，党的十七大再次强调了构建社会主义和谐社会的重要性，并对以改善民生为重点的社会建设作了全面部署。

由此可见,社会主义和谐社会不是以往其他社会形态标榜的社会协调与和谐,而是社会主义性质的和谐社会。一方面,它不同于封建式的"田园牧歌",也不是空想社会主义的"乌托邦",更不是现代资本主义式的"福利社会"。另一方面,它也不同于未来的共产主义社会,而是马克思主义关于社会和谐的思想同当代中国实际相结合的产物,是迈向未来共产主义社会的一个阶梯。

## 二、目前理论界关于社会主义和谐社会内涵的研究

(一)广义狭义观

吴忠民认为,和谐社会这一概念有广义和狭义之分。广义的"社会主义和谐社会",指的是社会同一切与自身相关联的事情保持着一种协调的状态,指社会系统和自然生态系统的协调发展与和谐共处以及社会系统内部的协调发展与和谐相处,包括社会与自然环境、经济、政治、文化之间的协调等。实际上,广义上的和谐社会几乎就是科学发展观所关注的全部内容。狭义的"社会主义和谐社会",指的是社会层面本身各个环节、各个因素以及各种机制之间的协调,是科学发展观所关注的一个相对单项的问题。

(二)本质特征观

有的学者认为,社会主义和谐社会的内涵要从本质上进行理解。如陈勇认为,社会主义和谐社会的本质内涵是"全体人民各尽其能,各得其所又和谐相处的社会";贾建芳、荀关玉等学者认为,应从各种社会基本关系和谐的角度来把握社会主义和谐社会的本质内涵;张久海认为,社会主义和谐社会应是辩证和谐、理性和谐、法制和谐和动态和谐的统一体。另外有学者认为,社会主义和谐社会的内涵与基本特征具有同一性,不同学者的分析视角虽有所不同,但基本上都以胡锦涛同志提出的六大特征为依据进行分析。

(三)学科领域观

不同学科从各自学科领域理解和谐社会的内涵,表现出学科视角的差异性。如哲学家认为社会主义和谐社会是社会各个子系统、要素之间处于相互促进、良性运行、和谐共存、共同发展的状态;政治学领域从阶级性、法制社会、民主政治、政府管理、执政能力等方位理解社会主义和谐社会的内涵;经济学界的学者偏向于从资源配置、均衡发展、经济增长、生产力与生产关系、资本与劳动、新制度经济学等角度分析社会主义和谐社会的内涵;社会学领域主要从社会价值、社会结构、社会阶层、社会环境、社会管理等方面分析社会主义和谐社会的内涵;伦理学视角理解社会主义和谐社会的内涵,强调价值观和道德要求,主要从价值和谐、价值判断、价值诉求、道德目标和道德统一等方面进行分析。

(四)全面系统观

持这种观点的学者认为,和谐社会涵盖人与人、人与社会、人与自然之间的和谐,内容涉及政治、经济、文化、社会各个方面,既指每一子系统内部的和谐,又包括各子系统间的和谐。全面系统论既体现对社会主义和谐社会内容理解的全面,又体现为对诸多内容之间关系的协调性和系统性的注重。如钟秉林认为,社会主义和谐社会包括四个方面的和谐:社会系统内部诸种基本社会关系、社会结构和要素之间关系的和谐;人与人之间关系的和谐;人与社会之间关系的和谐;人与自然之间关系的和谐。

综上而述,我国学者关于社会主义和谐社会建设的研究虽然涉猎面广、角度和层面多、观点多元、研究成果丰硕、成效显著,但同时也存在一些欠缺和不足,主要表现为以定量探讨为主,定性分析明显欠缺;静态研究丰富,动态发

展研究不足;对人与人之间社会关系的和谐和人与自然关系的和谐关注较多,对人自身关系的和谐即个体身心的和谐关注较少。社会主义和谐社会内涵的把握影响到社会主义和谐社会建设政策的针对性、可操作性和实效性,为此,在前人已有的研究基础上,对社会主义和谐社会的内涵,有待进一步总结和升华。

## 三、对社会主义和谐社会内涵的重新审视

(一)社会主义和谐社会是一种阶段属性

从社会性质层面来看,社会主义和谐社会至少包含两层含义:一是历史上存在各式各样的和谐社会;二是在各式各样的和谐社会中,我们选择的是社会主义性质的和谐社会。社会主义和谐社会作为一种"现代的和谐社会",一方面具有一般和谐社会的共有特征,也是一个多元的、诚信的、宽容的、有活力的和有秩序的社会;另一方面又有自身的独特优势,即它是以人为本、具有社会主义本质的社会,能够协调好社会整体利益与个人利益的关系,能够整合好社会各阶层之间的关系,因而能够激发整个社会的活力;它是建立在社会公平和正义基础上的,具有可持续性。在此需要注意的是,社会主义和谐社会本身也是一个历史的、系统的、动态的概念,不同的时期、不同的阶段具有不同的含义。尽管马克思提出的共产主义才是人类最理想的和谐社会,但就现阶段而言,我们所谓的"社会主义和谐社会",应是由中国共产党领导的,以"三个代表"重要思想和科学发展观为指导的,以最广大人民根本利益为出发点的,经济和社会、城市和农村、不同区域、国内发展和对外开放、人和自然等关系良性互动和协调发展,全体人民各尽其能、各得其所又和谐相处的社会。

(二)社会主义和谐社会是一种科学理论

中国特色社会主义理论是不断创新发展的理论。关于社会主义建设理论,党的十三大明确了"三步走"的现代化建设战略部署,并且提出了包括经济富强、政治民主、精神文明在内的"三位一体"的现代化建设总体格局。十五大围绕社会主义现代化建设的总目标,在党的基本理论、基本路线的基础上,制定了建设中国特色社会主义经济、政治、文化的基本纲领,从而使"三位一体"的现代化建设格局更加明晰而深入。进入新世纪新阶段,面对错综复杂的国际形势和不断变化的国内格局,党顺应历史发展和时代变化的要求,在我国处于体制转轨、社会转型的特殊历史时期,正式提出了构建社会主义和谐社会的命题,强调"社会和谐是中国特色社会主义的本质属性",使社会主义现代化建设的总体布局,由物质文明、政治文明、精神文明建设的"三位一体"深化拓展为包括和谐社会建设在内的"四位一体"。社会主义和谐社会成为中国特色社会主义建设理论的重要内容,反映了党对社会主义本质的新认识新发展,正在逐步拓展深化现代化间的战略格局,促进社会主义现代化建设走向前进。

(三)社会主义和谐社会是一种理想状态

自古以来,人类总是向往和追求"国泰民安"、"政通人和"、"安居乐业"的稳定的和谐社会。也就是说,和谐社会是人类千百年来追求的一种社会理想。中国共产党在新世纪之初及时提出构建社会主义和谐社会,既适应了中国改革发展进入关键时期的客观要求,又体现了广大人民群众的根本利益和共同愿望。目前,我国社会总体上是和谐的,但是,也存在不少影响社会和谐的矛盾和问题,主要是:城乡、区域、经济社会发展很不平衡,人口资源环境压力加大;就业、社会保障、收入分配、教育、医疗、住房、安全生产、社会治安等关系群众切身利益方面的问题比较突出;体制机制尚不完善,民主法

治还不健全；一些社会成员诚信缺失、道德失范，一些领导干部的素质、能力和作风与新形势新任务的要求还不适应；一些领域的腐败现象仍然比较严重；敌对势力的渗透破坏活动危及国家安全和社会稳定。可以说，建设一个富足祥和、人人各尽所能、各得其所而又和谐相处、充满活力的社会，是人民群众追寻的梦想。

（四）社会主义和谐社会是一个实践方略

社会主义和谐社会是中国特色社会主义事业“四位一体”总体布局的重要组成部分，及时对构建社会主义和谐社会作出部署，有利于全面推进中国特色社会主义事业；社会主义和谐社会是全面建设小康社会的重要目标，切实做好构建社会主义和谐社会的各项工作，有利于充分调动社会各方面的积极性，抓住和用好我国发展的重要战略机遇期，切实维护和促进改革发展稳定的大局，确保实现全面建设小康社会的目标；社会主义和谐社会是中国最广大人民的根本利益所在，把构建社会主义和谐社会的各项任务落到实处，有利于进一步解决好人民群众最关心、最直接、最现实的利益问题，实现好、维护好、发展好最广大人民的根本利益；社会和谐是应对外部挑战的重要条件，保持国内安定和谐的局面，有利于增强民族凝聚力和抗风险能力，更好地维护国家主权、安全和发展利益。因而说，社会主义和谐社会是推动中国特色社会主义现代化建设实践的一个重要方略。

（五）社会主义和谐社会是一个发展结果

和谐是发展中的和谐，发展则是和谐的发展，正是在和谐与发展的因果互动中，才不断积聚起发展的巨大潜能。从和谐到发展，再经过发展达到新的和谐，在和谐中实现发展，在发展中寻求和谐，在更高层次的和谐中寻求新的意义上的发展，如此循环往复，便使生态系统不断递进到新的质态。社会主义和谐社会正是在中国特色社会主义建设道路上，在中国共产党的领导下逐步消灭不和谐因素或现象，而逐步走向人与自然、人与社会、人与人以及人自身各要素之间和谐与协调发展的。为此，社会主义和谐社会的实现是一项艰巨复杂的系统工程，需要全党全社会长期坚持不懈的努力。和谐不是绝对的，而是相对的；面对不和谐的音符我们不应只是抱怨，更不应失去信心，应当立足岗位，以积极的热情，自觉投身与社会主义和谐社会的建设之中，努力使全体人民学有所教、劳有所得、病有所医、老有所养、住有所居，为推动我们的社会更加和谐作出贡献。

（作者系青岛科技大学讲师）

# 和文化研究

## 人自身的和谐

修建军　傅良波

人自身的和谐，是社会和谐的基本出发点，几乎已成学术界之共识，所以，人的和谐的问题，始终是研究的重点所在。

### 一、关于道家人自身和谐思想的研究

黄海德在《〈道德经〉和谐思想的现代启示》（《中国宗教》2011 年第 6 期）一文中指出，《道德经》主张“道法自然”，在强调人与天地万物和谐相处的同时，对人类自身也给予了相当的关注。《道德经》主张个体的身心状态与修道的实践是息息相通的，认为修道者倘若个体身心修炼达至内部和谐的状态，有如赤子，那么就可臻达得道的境界，这可称作“以身观身”。在由“以身观身”上升到“以家观家”、“以邦观邦”，最后升华至“以天下观天下”的最高境界，这都是《道德经》“和谐自然”观念的具体应用。

《道德经》中的这些和谐思想对解决现代工业文明发展以后人类精神家园的失落是有很大启示的。

沈素珍在《老子论人的身与心的和谐》(《阜阳师范学院学报(社会科学版)》2011 年第 4 期)一文中指出,老子的和谐思想中有很大的一块是论述人的身与心和谐问题,而作者此文主要从“祸莫大于不知足,咎莫大于欲得”;“少私寡欲”、“知足”、“知止”;“贵以身为天下,若可寄天下”三个维度,进行初步探讨。作者认为,首先,“祸莫大于不知足,咎莫大于欲得”。七情六欲,人皆有之,但不可随心所欲的追求这些情欲,更不可过“度”。老子反对一味为了追求感官刺激,迷恋声色犬马,认为凡人皆应过着正常的只求身体温饱而内心平静安宁的“为腹”的健康生活。老子总结出随心所欲和贪得无厌的纵欲主义者的祸根,就在于他们时时刻刻所念念不忘于永远都“不知足”的“欲得”的私心和私欲。其次,为人应“少私寡欲”、“知足”、“知止”。人不应从一个极端走向另一个极端,不应该禁欲主义,老子也在《道德经》中提出了“少私寡欲”的正确主张。要做到“少私寡欲”,就要有“知足”、“知止”的思想认识与心理准备,并付诸实践。这样,才能正确对待情欲。而不能正确对待情欲,说到底都是由于“不知足”、“不知止”。所以,老子在总结出“不知足”“欲得”乃是“祸”之根和“咎”之源之后,紧接着就又明确说道:“故知足之足,常足矣。”老子认为“知足者富”,此“富”是专就精神层面来说的,是指心理的满足和心灵的愉悦以及精神的快乐,当然是在必需的物质条件已具备的基础上。老子更进一步认为凡是具有懂得满足的认知和心态的人,那他的一生就能得到真正的永远的满足了。最后,“贵以身为天下,若可寄天下”。老子反对“轻生”,提倡贵生、重己、“贵身”与“爱身”。老子告诫人们对待名与利,一定要知足,要适可而止,要贵生、重己。唯有如此这般,才能长时期保持个人的身心和谐,也才能不影响他人,可以与他人和谐共生。

葛荣晋在《“上德若谷”与和谐人生》(《中共宁波市委党校学报》2011 年第 1 期)一文中指出,《老子》“上德若谷”命题中所包含的深刻思想,其中引申出的“无弃人”、“无弃物”,“自知者明”,“报怨以德”,“宠辱不惊”等美德,是我们创建和谐社会、和谐人生的重要思想资源。文章指出,“和谐的人生”,宽厚美德是不可或缺的道德基石,在待人接物上,要求具有宽宏、宽容、忠厚、大度的品格,切忌待人尖酸、刻薄,嫉妒和心胸狭隘。宽厚之德,是构建和谐人生的重要保证。宽则得人,宽则得福,宽则得乐。而在《老子》中,“上德若谷”的命题为之提供了重要的启示。“上德若谷”是说上德之圣人,虚心若谷,涵盖天下,无所不容,无所不应,气度恢宏,具有海纳百川的包容性和圆通性。它首先表现为,“无弃人”、“无弃物”。在老子看来,作为宇宙万物的本体或本源的“道”,本是空虚不盈的。人的心灵亦是虚明宁静、无私无欲的,惟其虚静,不记利害得失,故能无所不容,宽宏大度。因此,在待人接物上,应是“无弃”,无论是诚实的人还是不讲诚信的人,都应当信任他,这样,就可以化虚伪为诚信,使虚伪的人变成诚实的人。而对于嫉妒,我们也应该“无弃”,“临渊羡鱼,不如退而结网”,奋发图强,以优异的成绩与之竞争。企业家和管理者应如江海一样,在选择接班人的问题上,更应做到容物、容事、容人。切不可眼光如显,心胸狭窄,排斥他人,孤芳自赏。其次,自知者明,善子于对自己的潜能、特长、缺陷、经验等各种基本素质有一个清醒的认识,对自己在社会中可能扮演的角色有一个明确的定位的人,才是世上最聪明的人。只有通过“内省”的自我解剖,才能使自己的心灵得到升华和超越,重新找回“真我”,重新对自己的人生坐标进行准确的定位。再次,报怨以德,真正的大丈夫能够以宽厚的胸襟去容纳伤害过自己的人。“以德报怨”在特定情况下是可以化解仇怨的，但老子提倡的“以德报怨”虽有化解矛盾，感化对方，化仇为友的好处，但是人间的恩怨不能单靠道德，还必须依靠正义和法律来化解怨恨。最后，宠辱不惊，“宠辱不惊”是建和谐人生的精神动力，而且‘也是健康长寿的道德基础，只有“知其荣，守其辱”，做到弃尊荣守辱卑，成为“上德若谷”的人，方可达到“常德乃足，复归于朴”的圆满境界。荣辱观分为两个层面：一是从道德层面上，认为行仁义为荣，违仁义为辱，不以贫富、贵贱、声名为标准；二是从社会层面上，认为除了道德意义上的荣辱观外，还有由外在的权势、财富和声名决定的荣辱观。我们应秉承的正确的态度应当是“求诸于己”，加强自修、自律，做到“不诱于誉，不恐于诽”（《荀子·非十二子》），真正做到淡泊名利，“不以物喜，不以己悲”，就可以达到“宠辱不惊”的人生境界。

唐天勇、贺争平、罗艳妮等在《老子心理和谐思想及其启示》（《淮海工学院学报（社会科学版）》2011 年 5 月）一文中指出，《老子》中含有丰富的心理和谐思想，为我们提供了心理和谐的指导原则、达成之道、价值取向、品格培养、修持方法等，对我们心理健康的维护有着重要的指导和启示意义。老子认为纷纭万物都将“复归”本根，“夫物芸芸，各复归其根”（《老子·十六章》），而清静才是“道”与一切事物的根，惟有保持清静就可以获得内心的安宁与和谐。要达成“清静”之道，就要“无为”，“是以圣人处无为之事，行不言之教；万物作而不为始，生而不有，为而不恃，功成而弗居。夫唯弗居，是以不去。”（《老子·一章》）。欲由“无为”而获致经验效果，则必须“守柔”、“不争”。“柔弱”是“道”的运动本质，并将“柔弱”落实到人生层面，“柔弱胜刚强”。而水的品性最能符合道用——“柔弱”，是以“天下莫柔弱于水”。人的品格与心性要像水一样，甘居下游，与世无争，才能方保无尤。为了求道，就要一天天地减损自己的欲望与智巧，小断地减少，以达到内心虚静无为的和谐境地。

罗艳妮、贺争平、唐天勇等在《庄子“与天和”“与人和”思想对人心理和谐的启示》（《法制与经济》2011 年第 3 期）一文中指出，庄子的“与天和”“与人和”思想是注重和的思想，其思想与达致“和”的方法对于实现人的心理和谐具有极强的现实借鉴意义。人与大自然的和谐共生、和睦相处，即“与天和”，是庄子对人与自然“天人合一”的理想构想，是庄子实现和谐途径的起点。人与人的关系和谐，即“与人和”，是指人与人之间和睦相处，社会秩序公正、平等，道德风尚良好的社会理想状态。人的内心世界的和谐就是心和，它是庄子实现人心理和谐的最终落脚点和最高境界，“与天和”只有经过“与人和”，才能最终实现“心和”。

庄子“与天和”“与人和”思想在新的历史条件下对人的心理和谐具有积极意义。它为构建社会和谐、心灵和谐，人与万物的和谐提供借鉴，促进当代社会的和谐发展，促进人与自然的和谐，指引当代人类文明发展方向。

姜万生在《庄子的生命观及其对和谐社会的贡献》（《作家》2011 年第 8 期）一文中指出，庄子的生命观就是生命的自然随性，追求心灵的和谐与自由，不以物质的贪婪而损害到心灵的宁静与天然，其核心主要有三点：一是“直面死亡”，认为“死亡”是一种人生的境界和更高层次的超越，庄子认为“生”与“死”其实都足一种生命的过程，足从一种境界进入另一种境界的方式而已，所以“生小足喜，死不足悲”，但并不主张轻易地舍弃生命；二是“顺世安命”，懂得守拙藏拙，让生命进入到一种最佳的生存状态，认为如果人类如果顺其自然、与世无争地活着，顺世安命，守拙－生，那人类的生活可能就是另外一种逍遥自在的样子了；三是“心灵虚空”，忘却生理欲望、忘却人间功利，心灵在绝对的澄澈空明之中，让心灵进入虚空境界之中，摆脱物欲和肉欲的束缚而追求心灵的自由逍遥。

李晓红在《道家思想对大学生自我和谐的启示》(《文学界(理论版)》2011 年第 2 期)一文中指出，道家智慧的自我观以及“利而小害，为而小争”、“知足知止”、“自知者明自胜者强”、“安时处顺，知足常乐”等思想给了我们很多启示，有助于解决大学生的自我不和谐问题，提高人学生心理健康水平。文章首先对当代大学生心理问题层出不穷，自杀现象屡见小鲜，自我和谐状况堪忧。作者首先分析了大学生自我不和谐的主要主观因素，认为:(一)大学生存在价值观误区，个人主义现象发展严重。(一)以自我为中心的狭隘心理，一切以自我为中心，唯我独尊、缺乏自省意识、缺乏同情心与责任心、自私任性，攻击性强。(二)追求完美主义心理。(四)非理性认知方式，对同一件事情，每个人的想法往往存在差异，不同的认知方式往往导致不同的认知结果，不合理的认知方式会产生不合理的信念。随后，作者力求从中国传统道家思想中寻求解决办法，认为，中国传统道家思想中有一种清静、无为、自然、归宿之美，道之所在，犹如百川汇海，博大厚重。它对于我们修身养性，寻求心灵宁静，达到自我和谐，有着积极的借鉴作用。(一)利而不害，为而不争——与人为善，发展为完善的人格品质，真心真意不图报答，面对困境时依然坚持不懈，发生矛盾冲突时避免针锋相对，面对成绩时，不抢功不贪念厚德礼让。(二)节制物欲，知足知止——调整期望值，只有节制自己的物欲，才能保持心理的健康与平衡。(三)自知者明，自胜者强——调整自我意识，做人做事要有明确的自我意识，去除依赖性，不盲从，有主见才能成为独立的人。(四)安时处顺，知足常乐—树立良好心态。(四)安时处顺，知足常乐——树立良好心态，直面现实，顺其自然，顺应客观的规律和社会的要求，尽量以理性的态度调整自己的情绪，使喜、怒、忧、思、悲、恐、凉等情绪保持适度。

## 二、关于儒家人自身和谐思想的研究

唐天勇、贺争平在《儒家“仁”的思想与人的心理和谐》(《传承》2011 年第 5 期)一文中指出，儒家对于“仁”以及对“仁”的践履及其思想，为创设和谐有序的社会环境提供了思想牵引，为现今山于过分追求物欲而忽视内心精神 renzish 家园的建设而造致内心极度空虚迷惘提供了归宿与精神寄托，这些为人的心理和谐提供了外在与内在的安立处所与支撑，从而挺立与实现人的心理和谐。文章指出，一，儒家主张以“爱人”求仁，并为了合情合理的实行与推广仁爱，儒家还主张有实践有差等的爱，认为有仁心是人类所具有的本质，孝敬自己的父母为最大之仁，义就是说做事要适宜、合宜，尊重贤人为最大。敬爱亲人要有亲疏远近之分别，尊重贤人要有尊卑高下之等级，信奉遵守这些爱人之道就是礼所要求的。通过由孝敬逐渐推而广之，从而爱他人与社会，建立一个人人爱他人的和谐社会氛围。二，以“克己复礼为仁”。儒家所说的礼是指一定社会的伦理和行为规范，它用来调节人们的言行和人际关系，维护社会秩序。只要自觉践礼，仁即在其中践行礼制是仁德的一种自觉之后的自山与自愿行动，更是仁德充满之自发行为流露所以孔子能够行礼之心情舒。只要人人守礼遵礼，那么社会就可以有序进行，人与人、人与社会之间才能保持和谐，达到“父慈子孝，兄良弟悌，夫义妇听，长惠幼顺，君仁臣忠”(《礼记·礼运》)的家庭社会之和谐，从而为人的心理和谐提供良好的社会秩序环境。三，以“忠恕之道”近仁。孔子倡导的以仁德为内涵与动力的“忠恕之道”或者说“絜矩之道”，也就是人人感同身受，及时为他人着想，互相帮助。如果“忠恕之道”一以贯之，那么人与人之间的关系一定会充满温暖，而社会将会变得更加美好，最终为人的心理和谐的安立与实现提供了极为有利的外在社会条件。四，以“慎言”“好学”亲仁。孔子由“为仁由己”而确立了仁德作为一种自我道德之自觉，由这种自觉出发，就需要通过好学以不断提升自己的道德境界，达到与“仁”德相通达的那种高境界。在好学之仁德追求中，其学也勤奋，其乐也融融，与仁德通达之心境愈发“太和”。

汤恺在《儒家“和”的思想与和谐社会构建》(《顺德职业技术学院学报》2011 年第 3 期)一文中指出，儒家思想注重对“普遍和谐”的价值追求，“和”实际上是儒家最高思想境界，它所倡导的“修己”、“修身”为我们提供了有益的启示。身心和谐即是关于人的形体与精神之间的和谐，孔子提出的“克己复礼为仁”、“为仁由己”、“修己以敬”的教导，都是要求人们通过修己修身来实现人内在的身心和谐。那如何实现个体身心的和谐呢？儒家认为，一要“安身立命”。即是身心的和谐，强调个人通过持之以恒的道德修养来实现身心和谐。二是要把“君子”作为儒家心目中的理想人格形象，并为“君子”提出了“三戒”、“四绝”、“五美”、“九思”等具体要求。通过道德内化，把自己培养成有道德的人。修身的过程就是个人道德的完善、人格的确立及精神境界的升华。这有助于完善个人的道德品格和提升整个社会的道德水准。

刘恩允在《“和而不同”与“天下”观——儒家对话自由主义的生命社会观》(《山东社会科学》2011 年第 2 期)一文中指出，儒家的社会观思想具有与现代生命进行有效对话的可能性，而西方流行的自由主义生命观面临着难以解决的问题，儒家思想所含有的“和而不同”和“天下观”可以有效解决该问题。“和而不同”的生命观不但对异质生命具有巨大包容性，而且具有刚健守正的固本精神和生生不息的创造精神；“天下”观立足于个体的超越性，在组织上给予生命以多层性和系统性的依存感。文章就是从这两个方面进行论述的，而对于人自身和谐的论述则主要是第一部分。他首先指出，“和而不同”成为可能的前提是融合与超越自然的个体生命观，从原始的中国生命观中，引进了佛教的思想，又经过宋明理学的改造，使儒家的生命意识精神化，从心本体出发，对外在的、自然的生命进行融通；最终使心理的生命转化成为精神的生命，实现了对自然生命的超越。他进而指出“和而不同”所具有的生命关照观念主要是：巨大的包容性、刚健守正的固本精神、生生不息的创造精神。最后，他总结道：“和而不同”观念与自由主义的制衡观点有着异曲同工之妙，保证了每一个体的存在，体现了对生命的尊重，而且，不因知识、地位、修养的高低而排斥他人的存在。另外，这一思想还具有价值导向性，即君子与小人之间虽然可以相互尊重对方，但是，君子人格是儒家提倡的人格模范。

贺更粹在《和：〈礼记〉礼乐教化的旨归》(《西北师大学报(社科版)》2011 年 7 月)一文中指出，《礼记》礼乐教化的旨归是“和”，而致和又是一个循序渐进的生命化的过程。“和”首先表现为“君子和而不流”的“己和”，即身(形体)心(精神)之和，是以个人的健康、幸福、精神充实、内心中正平和，以及身心一致、和合而不流移为内涵，从根本上说，它是一种个人心境，一种个人修养。礼乐教化所强调的，正是通过对个体理性人格的塑造，使人脱离感性需要，旨在彰显和颂扬“人道之正”。先王制礼作乐的效用就在求人之“己和”，所凸显的正是人与社会的理性价值的人伦和谐正道。这种己和精神，其深层意蕴是以“和而不流”超越自我中心，并超越外在制约，充分体现了“尊德性而道问学，致广大而尽精微，极高明而道中庸。己和就是和于礼义，是以礼乐的内在理趣为本。”否则，为“和”而“和”，则违背了礼乐之义理精神。因此，《礼记》强调要藉礼乐教化的修身工夫而实现已和。也就是说,已和以修身为本;修身,亦即求已和。而且,"修身"也是致和之本。身修则本治,本治则和致。通过礼乐教化,使人的精神得以升华,身心趋于圆融,实现了人"和顺积中,而英华发外"的已和境界,同时也完成了理想人格的塑造,进而达到社会价值理性的实现。其次是由"已和"而推衍为人人"安其位而不相夺"的"人和"。"和"的最高境界,是"道并行而不相悖"的"天人和",即"太和"。《礼记》礼乐教化之"和"的内涵,是通过礼乐教化而孳生的个人、社会、天人之间的各素其位、各正性命、生生不已的和谐有序的发展关系。

徐照明在《论〈乐记〉中"和"的三个维度》(《美与时代(下)》2011 年第 10 期)一文中指出,"和"是先秦音乐的本性,《乐记》中的"和"主要表现为三个维度,即"大乐与天地同和"的自然宇宙维度,"乐由中出"的心灵维度,以及"乐统统,礼辨异"的社会维度,与之相应的则是物——心——社会的音乐生成过程和利用逻辑。在心灵之和维度中,心灵是指一种动态的道德心灵,心灵之和是既不同于出世道家的自然之和,又不同于绝世禅宗的自性之和,而是一种入世的情理之和,是一种情感的中庸,乐而不淫,哀而不伤。"情"是人未受约束的自然情感,"理"是与自然情感相对立的政治伦理道德,以"理"定"情"而成礼乐,礼乐是二者在相互对立统一中达于和谐的音乐。这种"和"的音乐也体现出对心灵的教化作用,"乐由中出,故治心",它以世人皆有的情感方式影响人,使人达到心灵之和。音乐赖以作用的是感情,但不是一般的感情,而是以和谐为特征的政治伦理道德感情。只有这样,音乐才能发挥寓教于乐的教化功能,培养内心和谐、符合儒家理想人格的君子。这种和谐的政治伦理道德感情在音乐的鉴赏中具体体现为第三个层次,即"知乐"层次。一方面,只有知乐的君子才懂得治国之道、伦理之道、和谐之道。另一方面,在音乐的鉴赏中,并非只听乐器的声音,而是声音所引起的和人心契合的政治道德伦理情感以及相关的形象。

唐天勇、贺争平在《孔子心理和谐思想探析》(《柳州师专学报》2011 年第 2 期)一文中指出,孔子作为儒家创始人,虽然没有提出"心理和谐"的命题,但他的不少言论蕴涵有丰富的心理和谐思想,研究挖掘孔子心理和谐思想精要,探索和谐心理之道,这对于我们今天应对与解决各种心理不和谐问题,培养心理和谐人格,有着重要的参考意义。一,"为仁由己":实现心理和谐之于人的意义归宿。孔子以"为仁由己"为理念,通过"反求诸己"的内省方法,提高道德修养,达致仁德境界,从而"仁者不忧",使人内心获得安适与和谐。在"为仁"之实践与自我反省中,人的道德修养与仁德境界也就在此不断获得升华,人的自我价值与生命意义也就有了落脚与安顿之处。二,"中庸":实现心理和谐之品格培养与至德境界。孔子极为重视培养中庸和谐之品格,并认为"中庸"是达成心理和谐的至德之境,要有中庸和谐之品格,以实现心理的安适与和谐。中庸和谐品格思想主要表现在"和而不同"的人际交往把握上,即"君子和而不同,小人同而不和"(《论语·子路》)。三、孔子"灵性修养"实践历程:由君子及圣人。孔子心理和谐的理想人格化身是山君子及圣人,这种人格的塑造历程又集中的表现在孔子所说的描述自己一生写照与缩影的话语上:"吾十有五而志于学,三十而立,四十而不惑,五十而知天命,六十而耳顺,七十而从心所欲,不逾矩。"(《论语·为政》)这即是"灵性修养"。"为仁由己"之自觉仁德,"中庸"和谐之品德,再有君子及圣人的"灵性修养"之进取历程,从而使孔子的心理和谐人格不断塑造与圆满,孔子才会有"孔颜乐处"之心理和谐境界。

李丽丽、王凌皓在《个体知与行和谐发展思想探析—以先秦儒家教育为论域》(《成人教育》2011 年第 6 期)一文中指出,先秦儒家学者为人们提供了一套知与行和谐发展的思维模式和行动指南，有助于我们深刻反思我们身上存在的知行错位问题，注重知行和谐发展之人的型塑。文章指出，在和谐个体的培养教育过程中，先秦儒家强调知，更重视行，主张知行和谐发展，反对巧言令色、言行脱节。而在当今社会中，人的知行错位、知行脱节问题非常普遍。人是社会的基本细胞，社会的和谐发展最终将由和谐发展的个体来推动。知行统一是个体和谐发展的核心内涵，当然更是构建和谐社会的题中应有之义。因此，作者认为，人们应该通过聆听圣人的教诲，深刻认识自身的知行错位、知行脱节问题，在传统文化的浸润中受到启迪与鼓舞，注重知与行的和谐统一发展，进而在个体和谐发展的诉求中实现社会的和谐发展。

杨继学、杨明媚在《先秦儒家的和谐思想及其当代价值》（《河北学刊》2011 年 1 月）一文中指出，先秦儒家关于人自身和谐的思想对于当前矫正人性扭曲、道德失范，实现人的自由而全面发展具有理论价值。人自身的和谐是指人的肉体生命与精神生命的和谐，亦即人的自然属性与社会属性的协调统一。在先秦儒家看来，人自我身心的和谐平衡是人与人、人与自然和谐的前提。只有首先达到人自身的和谐，才有可能实现身心与外物的和谐。这种对人性的关怀及对人自身自由而全面发展的关注，对于我们今天贯彻落实科学发展观具有重要的借鉴意义。而先秦儒家的存心养性，自律修德，强化个体道德理性，追求身心和谐、人格完善的崇高理想，以及重视“乐教”和美育的主张，无疑对于当前人们消除身心的尖锐对立和人性的异化，弥补道德缺失，以及舒缓内心的竞争压力，平衡心态具有重要的教育意义和理论价值。

朱汉民在《宋儒身心之学的双重关怀》（《中国哲学史》2011 年第 3 期）一文中指出，宋儒身心之学包含着道德修养与个体生存的双重涵义。文章认为，所谓的宋儒“身心性命之学”包括两个问题：一个是“身心之学”，其思考的重点是个体存在及其生命意义；一个是“性命（理）之学”，其思考的重点是宇宙与人生的终极依据问题。二者是一个完整的体系，即“身心性命之学”。身心之学的“身”是指个体自我的一己之身，“心”首先也是指个体意识的精神现象。身与心是一体互动的，这种互动既可以体现在道德修身中，又可以体现在生存修炼中。这种个体自我思考的重点问题，是在两宋士大夫以天下为己任的主体意识与追求“孔颜之乐”的自我意识这一文化思想的大背景下形成的。在理学思想体系中，“自我”占有不可忽略的重要地位。理学家群体既是一个以天下为己任、又是一个标榜自我身心安乐（即追求所谓“孔颜乐处”）的群体。他们普遍地关注个体存在的身心问题，所推崇的“圣贤气象”也总是包含着以天下为己任、博施济众的经世情怀，但同样将个体身心的安泰、自在、旷达、洒落作为圣贤必有的外在表现。宋儒一方面努力追求关怀现实、心忧天下的仁德，实现博施济众的经世事业；另一方面则又向往安乐、自在的心态，希望具有从容洒落的人生。故而，如何保持二者的平衡成为了他们面临的重大挑战。宋儒继承了魏晋名士“定性”、“复性”等与“性”相关的本体——工夫论，“定性”成为了他们统一社会忧患与个体安乐的工夫进路。在宋儒看来，“性”是人的身体及其情感欲望的依据，也是人“心”的依据，人的身体是由“气”构成的。人如果任由身体之欲而追逐外物，就可能“询物丧心”，而如果让“心”顺从内在的本性则可以不受物累。这样，无论是道德哲学或是生存哲学的角度，理学家最终均确定了以“性”作为人的身心及其欲望情感合理性的依据。他们继承了玄学内在人性与外在天理合一的性理学说，以一个宇宙论的理论体系来论述“性即理”的原理，而且将这一性理学说纳入到一个系统的宇宙本体论学说中去从而使得宋代儒学又成为“性理之学”，简称“理学”。这样，宋儒身心之学就与性理之学合为一体，成为他们自有常津津乐道的“身心性命之学”。此外，在精神境界上，宋儒也对魏晋名士有所传承。魏晋名士以性理的形上依据，化解身体享乐与心灵超越的困境，努力追求个体身心达到“逍遥”之境，而宋代士大夫也同样努力将个体身心与性理连接，其目的则是为了化解士大夫个体必然面临的社会关怀与个体安顿、忧患意识与从容安乐的矛盾，最后达到忧乐圆融之境。

韩美群在《宋明理学和谐思想探微》(《武汉理工大学学报(社会科学版)》2011 年 10 月)一文中指出，以心性论为重点，宋明理学家从不同视域而具体地剖析了心、性、情、才的关系及其内在矛盾，大大深化了儒家的心性本体和心性修养的思想，为心性自我和谐思想奠定了理论基础。宋明理学运用理气、阴阳和谐思想剖析心性中的道心与人心、天命之性与气质之性、天理与人欲以及心、性、意、情、欲、才、知、物之间的复杂的矛盾统一关系，把儒家的心性论思想推到了一个高峰。朱熹的心性论最具有代表性，他认为，无论圣凡及贤与不肖，其生都禀受了天命之性和气质之性。天理全善，人欲则有善有不善，合理的欲望是善的，不合理的欲望才是恶的。所谓“存天理，去人欲”，是指存善性之理，去不善之欲。人之一心，有性有情，“性对情言，心对性情言”。心统性情，心作为人之一身的主宰，将性与情统一于自身，其中性是心之体，是理在人性中的反映；情是心之用，是性的外在表现。后起的思想家包括罗钦顺、王廷相、刘宗周、王夫之、颜元、戴震等则从理气相依和理气不离的观点出发，论证了在人身上实现的性、气、情、才一是统一的，力图克服程朱关于天命之性和气质之性的性一元论。但是，这种建立在以气为本的性一元论存在一个严重的缺陷，就是无法说明人性之中理与欲、善与恶的矛盾，它们要么把这种矛盾外在化，将其归之于后天环境的影响，重新回到孟子那里去；要么将这种人性的矛盾解释为所禀之气有清有浊之故。

安尊华在《儒家修养论与心态和谐的构建》(《贵州社会科学》2011 年 12 月)一文中认为，儒家修养论是中华民族精神与信仰的文化支撑，在崇尚公平、正义、多元文化、信仰多元并存的当代社会中仍有价值。文章首先对儒家修养论的理论架构进行了阐述，指出：儒家修养论包括“仁”、“义”、“礼”、“智”、“信”、“忠”的基本品格，“三纲”、“八目”的修养境界和中庸与知行统一的个性培育三个方面。“仁”是儒家的核心，是社会中处理个人与他人、个人与社会关系的准则，是道德规范，是一种精神原动力；“义”是人之所以为人的实现途径，它是通向“仁”的道德行为的总称；“礼”是礼制、规范，它的基本原则是“和”；“智”是指主体了解“仁义”的道理之后付诸行动，并坚持下去；“诚”是内在的道德修养，“信”则是外在的表现形式；“仁”是统率，“忠”是基础，“诚”是根本。儒家修养的理想境界是“三纲”、“八目”，其目的是实现内圣外王，天下大同。“三纲”即“大学之道，在明明德，在亲民，在止于至善”(《大学》)。“八目”即“格物、致知、诚意、正心、修身、齐家、治国、平天下”。通过道德修养以实现政治抱负，道德与政治相融合。修身不仅是做人的根本，也是成为圣人的必要途径，而中庸与知行统一则是它个性培育的路径。随后，文章指出了儒家修养的实现路径：一是正心立志，不受杂念干扰；二是通过自我反省随时了解、认识自己的思想、意识、情绪和态度，即内省，是儒家一贯坚持的修养方法；三是个人在独处时自觉律己，内外兼修；四是好学与博学；五是养心治气，心平气和；六是艺术修养；七是教化。最后，文章探讨了儒家修养论对构建心态和谐的意义，认为，创造性转化儒家修养论，对于调理当代人浮躁、急功近利的失衡心态，促进人心态和谐以及构建和谐社会具有积极意义。一是加强个体修养，提倡修心寡欲;二是培养平心境界;三是提倡实践自律。

杨晓君在《辩证分析"和"与"中庸"在儒家德育目标的体现》(《职业技术》2011 年第 8 期)一文中指出,在各种儒学要素的修炼过程中,"和"与"中庸"构成了儒家德育目标的"质"与"度"的标准,"中庸"与"和"的思想在儒家德育目标实现过程中起着重要作用。文章认为,除了"仁"'义"礼"智"信"等基本的道德要素,儒家德育思想里还有两个很重要的要素——"中庸"与"和",它是"仁""义""礼""智""信"等基本道德要素在互相作用中发展到的一个互相融会的状态,是"和"的质态,衡量这种质态的标准就是"中庸"。"中庸"是衡量儒家德育目标的"度"的标准,"和"是衡量儒家德育目标的"质"的标准,各种要素的修炼就是"量"的积累。"中庸"是衡量"君子人格"的标准,想成就"君子人格"乃至达到"内圣外王"的境界,就必须注重"中庸"这一"度"的标准。"和"作为一种处事状态,则是衡量"君子人格"的"质"态标准。"和"与"中庸"这两个要素就成为构成君子人格的"度"与"质"的标准,而达到"质"的量的积累,也就是达到君子人格的途径,我们从小事做起,小到对照标准校正自己的言行乃至心态,不断修炼,最终才能成就"君子人格"甚至达到"内圣外王"。

## 三、关于佛教人自身和谐思想的研究

徐建华在《论慧能"三无"思想对人类心灵和谐的终极意义》(《法音》2011 年第 3 期)一文中指出,禅宗六祖慧能用"无念为宗、无相为体、无住为本"的思想将人类心灵深处极致的和谐本性(佛的境界)呈现于人的当下一念之中,对人类心灵的和谐本性进行了终极意义上的探索,为迷失在滚滚红尘中的人们重建个人的精神家园指明了方向。文章主要从三个方面对慧能禅学思想的终极意义进行了阐述:一、无念为宗:主体意识本性化,为人类心灵和谐确立了终极目标。禅宗完全从心灵和谐的本质入手直指人心,用心心相印的方法直接体悟主体意识的本性。它用"无念为宗"将主体意识的本性化视为个人修行而达到的一种极致的精神境界。在慧能看来,人类痛苦的根源来自于心灵,来自主体意识执著于"自我"而产生的"无明"妄念。只要人的主体意识能够觉悟到自己的本性,即可因妄念的熄灭而获得解脱。为了直接以人性来讨论佛性,慧能让"心"回到"性",在空寂的"心性"上论证"佛性",提出了以主体意识本性化("无念")为禅的宗旨。人要获得正念,惟有驱逐妄念。人只要没有妄念,他的主体意识中的本性(佛性)就能自然显现。人的心灵是宇宙万法的本体,人只要体悟到自己心灵的和谐本性,就是对宇宙万法本体的契证。把心与佛等同起来,把抽象的佛性与具体的人心共为一体,把一切众生成佛的根据,化为现实的人心,完整的人格和人性。概言之,即将人类和谐的心灵视为宇宙和人生的终极本体,以"无念为宗"完成了佛性、人之本性与心的统一,为人类恢复心灵的和谐本性确立了"即心即佛"的终极目标。二、无相为体:现象世界虚幻化,为人类心灵和谐提供了终极方法。慧能用"无相为体"指出了现象世界的虚幻不实性,认为万"相"都是由自己的心造出来的,它们不过是因缘的聚合与离散,是一种有生有灭的虚幻之相,人只要做到心中无相,就能将世界看空,就能视万法为一心,也可保持心灵的清净和谐,从而摆脱物质世界对人的束缚。该心灵境界化解了人与世界的隔阂,将世界万物纳入人心,可以说整个世界、乃至全世界只是人的"一心"而已,此心无相即是万法的实相。从而从人与世界关系的角度,以"无相为体"完成了诸法实相与人心的统一,为人类心灵恢复和谐本性提供了"顿悟见性"的终极方法。三、无住为本:现实生活当下化,为人类心灵和谐找到了终极归宿。在慧能禅法体系中,人的当下现实之心是顿悟成佛的立论基础。他把众生与佛都拉向人们当下的一念之心,消除了所有的对立面,达到了完全的融合。他认为“前念迷即凡,后念悟即佛。”当下之心既可为凡,亦可成佛,全在一念之间。人的困顿与解脱、轮回与涅集都存在于人的当下现实之心中,而当下本身是超越一切的。只要人在现实生活中能觉悟到“一切尽在当下”、“万法唯心所造”,便能即刻解脱。通过现实生活的当下化,将人类心灵提升到一个极其高明的境界。该心灵境界化解了人与现实的矛盾,赋予人生神圣而绝对的意义,可以说,惟有当下的生活才是真实而幸福的,从而从人与社会关系的角度,以“无住为本”完成了社会、生活与人心的统一,终于为人类心灵找到了“自在解脱”的终极归宿。

## 四、关于儒道、儒释道人自身和谐思想的比较研究

贺争平、唐天勇在《先秦儒道心理和谐思想及其比较》(《南昌人学学报(人文社会科学版)》2011 年 9 月)一文中,通过对先秦儒道心理和谐思想进行分析阐述并对其异同进行比较,指出它们虽然存在着实现心理和谐献方法与途径的不同,但它们有着向内用功以获得心理和谐的相似性,有着共同的出发点与最终落脚点——人的心理和谐。先秦儒道两家如鸟之双翼,车之双轮,共同支撑与推动着心理和谐思想的阐扬与发展。文章首先对儒道两者和谐思想的进行了概述,指出,儒家心理和谐思想以“仁”作为前提与基础,通过“为仁由己”之自觉与努力,以进入“人之安宅”之仁境,从而获得“不忧不惧”与安乐。道家心理和谐思想则是以“道”作为出发点与中心,通过“为道日损”,以“至人无己”作为心理和谐的理想境界,从而“游心于物之初”,达致“甘其食,美其服,安其居,乐其俗”这种安平和谐的境地。随后,文章论述了两者的相同点:一是心理和谐之本质的一致性,儒道认为心理和谐是人的本质,或者说人有着心理和谐的根据与潜在性;二是心理和谐之目的的同一性,先秦儒道两家,提出了一系列理论与主张,其最终目的,从一定意义上来说是为了达致人的心理和谐,或者说是为人的心理和谐提供外在实现条件与安身立命之处所;三是心理和谐之内求的相似性,先秦儒道从心理和谐是人的本质出发,认为通过向内用功,不断提高道德修养,挺立与重塑人的心理和谐的本质,以回溯至人的心理和谐的本源,就能够获得心理和谐。最后,文章又指出了两者的不同之处,认为,先秦儒道文化的最大不同,就是儒家提倡刚健有为、自强不息的出世精神,而道家则是主张无为出世。在此基础上,他们所描述与设想的理想的人格化身与境界也就不同。儒家以由君子及圣人的理想人格化身的进阶作为自己不断进取之导向,认为通过学习礼制,实践仁德,不断在现实中成就与挺立“坦荡荡”的君子人格;以“爱人”求仁,行忠恕之道,“修己以安人”,以至最终实现向“内圣外王”完美和谐人格的迈越。道家心理和谐理想人格的化身主要是“至人”。通过为道日损的修持方法,不断与道相融通,以至“游心于物之初”,从而获得永恒的至美至乐与绝对的精神逍遥与自由。

李佳、王冬舟、王丽娜等在《基于身体的中国传统和谐文化研究》(《大家》2011 年第 17 期)一文中指出,在中国古代传统思想中,描述人与自然、自我及社会的和谐状态就是“康”,“康”的标准是安宁。“康”是人自身血气的安宁,“万物负阴而抱阳,冲气以为和”,人体以及人与自然界之间是阴阳二气相互交感、相互作用产生“和气”,和气化生万物,在我国传统和谐文化中,与身体有直接联系的有两层含义:一是

自我身心和谐，一是人与自然和谐。随后，文章对以“康”为文化目的的身体进行了考察，直接考察人的身体本身的变化和动作，其内容包括：一是人的肢体活动、表情、感觉器官活动；一是对自我身体的关注与重视，以及对他者身体的凝视和摹仿等内容。最后，文章指出，以阴阳、五行和谐思想为理论基础，创编的肢体活动内容比较多，而模仿动物动作、感觉器官的活动内容则比较少，表情变化的身体锻炼内容儿乎没有而现代文化哲学所考察的身体内容，既包括肢体活动内容，也有模仿、感觉器官的活动、表情等内容，现有的身体锻炼内容显得有些贫乏。建议有关力面在创编身体锻炼内容时，叫一以增加一些有关感觉器官、表情参与的锻炼内容。

刘向华在《江南园林的天人和合与人格分裂》（《大家》2011 年第 24 期）一文中指出，江南私家园林的“壶中时空”是传统中国文人内在精神之旅的起点与终点，它容纳了人格的多重分裂，呈现为一种丧失清楚立场与表达的接近于生物性的僵硬表情。内驱的“天人和合”哲学下江南私家园林“壶中时空”的符号化压缩背后是传统中国文人潜意识里“兼济天下与独善其身”的人格分裂。文章认为，“小”是切入以江南园林为代表的中国传统私家园林的逻辑起点。所谓咫尺山林、芥子纳须弥，实质上即意味着一种时空的压缩。这些私家园林时空的压缩首先缘于时空对人客观上的障碍，相对于人自身的局限性而言，这主要是由于人自身体量（空间）和寿命（时间）的限制造成了主体与客体的冲突。所谓“身未动，心已远”实质上即显示出主体与客体的矛盾。这种主客体间的矛盾在人的生活状态上体现为居与游的冲突。而江南园林解决“居”与“游”乃至其中主体与客体矛盾行之有效的方法，是用符号化的途径“和合”地压缩时空借助造园的符号化手法及中国人的“移情”心理原型而使四季在悄然间涌现和轮回。江南园林所代表的“壶中天地”的时空压缩或许缘于中国人对人自身局限性的敏感，空间的压缩是为了达到在尺度上最大限度地适宜于主体并解放主体，以使其获得最大化的自由；而时间的压缩无疑也是为了弥补生命的短暂脆弱和感时伤怀。但是，这种讲求“天人和合”哲学的江南园林，实际上并不是“天人和合”的常态，而是一种反向的“天人和合”，一种执着于主体内在的文化变态。因为它并不是返璞归真的将主体融入广阔的自然，而是恰恰相反，它将山峦、花木和池沼等自然形态经过主体内在精神的注入而转换成一堆符号并被收纳到一圈人造围墙内的微缩时空之中。而这根底上实际是缘于主体人格的分裂，即在不可抗拒的等级集权高压下“兼济天下与独善其身”的人格分裂。传统园林天人和合的哲学观念在中国人的生存境遇里通过园林空间而化为物质现实，在这种物质现实的耳濡目染里，“迂回”、“移情”、“意境”等反向天人和合的传统园林原型成为实现那些文官及其富二代人格分裂的具体途径，进而成为传统而不断规训后人。

方英敏在《修身与赤身：两种不同的处“身”理想——先秦身体哲学的一个核心命题》（《贵州大学学报（社科版）》2011 年 7 月）一文中指出，先秦时期，儒、道两家基于自身不同的人文价值取向而形成了两种具有代表性的处“身”理想：修身论与赤身论。它们从身体出发思考人作为身体性存在如何确立自身独特的人文品格，共同反映了先秦中华氏族主体意识觉醒过程中人们自我塑造、自我超越的热忱与创造性。文章指出，孔门儒学是从自身独特的人学思想和推崇人的伦理政治责任的社会性担当来建构其修身理论的。儒家认为，人的自然存在是一种原始、朴野状态，应当通过人文性的规训、熏陶，化人的自然属性为文化属性，从而成为一个有教养、有责任的文明人、社会人，乃至为君子、圣贤。而这一切取决于个体自身的努力，即所谓“为仁由己”。从这一价值致思出发，儒家给予人的身体以社会的规定，身体必须合于礼乐文化的尺度。所谓修身正是指人文化成对身体的塑造，既包括对身体的外在修饰，如礼容及服饰之类，同时也指向精神的修养。孔子论“修己”，孟子淡“践形”，荀子讲“学以美身”，其间容或存有小异，但修身理念一以贯之。它是自然之身跃升为人文之身的现实途径，是个体实现齐家、治国、平天下的基础性课题。孔门儒家首先是基于对个体与家国之间的关系判断，即“身国一体”的整体主义思维与价值观，将修身作为个体的存身之本的，人性论是它的思想基础则，而它的内容则是指人文化成对身体的塑造，包括两方面：一是外在的身体仪容，二是内在的精神修养。从身体哲学层面看，修身作为儒家的处“身”理想非单纯的心性修养问题，而是要转化、落实为现实、具象的身体性行为，将社会的政治性规定（礼）、伦理观念（仁）落实为上至天子、下至庶民的身体性的亲履行为，从而使国家政治制度（礼）、伦理观念（仁）与个体日常行为规范融为一体。与儒家不同，老庄道家从追求“自然无为”、生命自由的人文价值取向出发形成其“赤身”理想。道家从文明进程中人的生存异化现象来思考人之存在状态，认为，人的异化就是人的自由生命状态的丧失，它在根本上缘于自然与人为的紧张与对立，就是人为创造的文明成果抑制了人的自然、本真存在。在道家看来，消除人的异化就是要化人作为身体性存在的奴役状态为自由状态，其基本条件是以人合天，让人为遵从自然。从这一价值致思出发，道家给予人的身体以自然的规定，身体要从属自然并回归自然。所谓“赤身”，是自然之身的形象表述。这种赤身理想认为，婴孩那种赤身裸体、未被礼仪、文化过度规范修饰、葆有自然之趣的童稚状态是人之存在的真理状态。当人皆能如同“童子”那样“与天为徒”，归根到赤身状态，那么就可以减弱人与天的紧张对立，最大限度地葆有生命的自由状态。批判文明异化，是诱发老庄道家哲学思虑身体主体如何寻找安居的现实基础，“道法自然”是它的哲学依据，而它的主要内容则是“复归于朴”，即对身体主体的雕琢，要以复归身体主体的本色状态为终极目的和价值限度。从身体哲学层面看，“赤身”作为道家的处“身”，理想非纯粹的精神自由问题，也不是要回到茹毛饮血的野蛮状态中去，而是指归根到身体的自然、本性法则上来。

贺争平、唐天勇在《论儒道心理和谐思想的现代价值》（《广西师范大学学报（哲学社会科学版）2011 年 11 月》）一文中指出，儒道文化中“和”的思想博大精深，蕴涵深厚，立意高远，从中寻找与挖掘心理和谐的智慧与营养，探索儒道心理和谐思想的现代价值，消解人的心理不和谐问题，挺立与实现心理和谐，这为现代人寻求与达致人的心理和谐有着重要的启示与借鉴意义。在儒道心理和谐思想精华中，“天人合一”对于天和，“贵和尚中”对于人和，“道法自然”对于心和有着重要的智慧启迪与现代价值：“天人合一”思想，可以帮助我们有效应对当代的环境问题，协调处理社会发展和开发自然的关系，对实施可持续发展战略和落实科学发展观，实现人与自然相和谐，具有重要的思想指导价值与智慧启迪。“贵和尚中”思想理念，可以促进社会人际关系的融洽，使社会秩序和谐稳定，这对推动社会主义和谐社会的构建有着巨大的价值和现实意义。而要实现心理和谐，最根本之道是自己的内心要“法自然”，不滞心于外物，无所执著，随心任运，从而实现内心的安宁与和谐。儒道对人的心理不和谐问题是有所觉解的：（一）“反求诸己”——心理不和谐反省之道。首先，当自己心理不和谐时，要反省查找引致心理不和谐的重要原因，也就是主要反省自己的内心修养。其次，还需要查找自己外在行为的错误与缺点，并对其进行改正，从而使自己远离怨咎愁苦。再次，在平时，也应该要“反求诸己”,做到像“吾日三省吾身”,查找自己的缺陷与不足并改正之。(二)“道通为一”——心理不和谐化解之道。去除对事物好坏美丑善恶的分别,进入一种与天地万物齐一的境界,也就是“道通为一”之思维与境界中,进而消解由分别而导致的欲念与执著,从而获得最大的内心宁静与解脱。(三)“为道日损”——心理和谐的修持之道。通过“为道日损”,即不断减损自己的物质欲望与贪念,不断净化自己的被世俗所熏染的利欲心,作自己的主宰而小被沦为欲望和外物的奴隶,从而获得内心的宁静与轻安,最终达到“甘其食,美其服,安其居,乐其俗”(《老子·八十章》)这种安平和谐之境界。最后,作者指出了儒道和谐思想对人的心理和谐人格塑造的启示,认为,培养与塑造人的心理和谐人格,需要立足于以儒道文化为主干的中国传统文化扬弃的基础上,从儒道心理和谐思想土壤中汲取营养,由此小断实玖,与生成心理和谐人格。

## 五、关于马克思主义视域下人自身和谐思想的研究

杨慧在《和谐社会语境下如何看待人前全面发展》(《中央社会主义学院学报》2011 年 8 月)一文中指出,和谐社会与人的全面发展这两大社会发展目标具有在价值目标导向上的一致性、价值目标实现过程中的契合性和在价值目标实现过程中对社会物质条件的依赖性。首先,他指出,人的全面发展是马克思从人的发展的角度提出的最高目标,也是人类社会发展的最终目标和最高境界,因而它也是马克思主义的实质和核心。实现社会和谐、建设美好社会,是人类孜孜以求的社会理想,是马克思关于科学社会主义的一个重要内容。实现社会和谐,是社会主义区别于其他一切社会的显著特征和根本标志,是人类社会发展的最终目标。这两个目标虽然提出的角度不同,但是,在目标的价值导向上却有着根本的一致性和契合性,是人类社会发展同一历史过程的两个不同侧面。实现人的全面发展与实现社会和谐是互为一体、相辅相成、相得益彰的。其次,社会和谐与人的全面发展是一个与经济、政治、文化、自然生态相互协调、持续发展、逐步提高的历史过程,二者在社会历史进程中具有高度的契合性。人的全面发展与社会和谐发展是互为前提和基础的。人越是全面发展,社会的物质文化财富就创造得越多,社会就越和谐;而社会物质文化条件越充分,社会越和谐,就越能推进人的全面发展。第三,高度发达的社会生产力及其创造的丰裕的社会财富,始终是实现社会和谐与人的全面发展的物质基础和根本支撑。人的全面发展离不开经济发展,只有经济不断发展才能为人的全面发展提供物质条件。高度发达的社会生产力及其所创造的社会物质文化生活条件,构成人的全面发展的现实基础。人的全面发展归根到底是社会生产力的产物。因此,无论是构建和谐社会,还是实现人的全面发展,都依赖于社会生产力的高度发展和物质财富的充分积累。

谢维楚在《论和谐社会构建中人的需要的合理满足》(《湖湘论坛》2011 年第 5 期)一文中指出,人的需要的满足是人类一切活动的出发点和归宿,在构建社会主义和谐社会过程中,必须着眼和谐,高度重视社会成员需要的合理的满足,而人的需要的合理满足,也将大大促进社会和谐和健康发展。作者主要从五个方面对此进行了探讨。第一,高度重视经济建设,满足人的物质需要。人的物质需要,是人最基木的需要。构建和谐社会,必须坚持以经济建设为中心,大力发展生产力,创造较为丰富的物质财富,满足人民群众日益增长的物质需要,为构建和谐社会提供物质基础。第二,加强民主政治

建设，满足人的政治需要。人在社会中，不仅需要满足日益增长的需要，而且自己是以善为目的。而个人“至善”这一终极目的只有在公民的政治生活中才能得以实现。因此，要继续推进政治体制改革，发展社会主义民主政治、健全社会主义法制，努力地建设满足人的政治需要的政治环境。第三，切实加强文化建设，满足人的文化需要。人的精神生活需要与物质生活需要、政治生活需要一样，也是人的基木需要。构建社会主义和谐社会，切实加强文化建设的根木目标之一，就是满足人民群众日益增长的精神文化需要。第四，不断推进社会建设，满足人的社会需要。人的社会性决定了人对社会生活的需要，人只有在事实上享有社会成员的资格，刁‘能维护自己及他人的需要和利益。而对社会来说，也需要他的成员参与社会生活，这是社会存在和发展的必然要求。人在各项具体的社会事务中的这种基木需求，是人社会生活的需要。第五，促进生态文明建设，满足人的生态需要。和谐社会的构建，实现人与社会的发展，首先必须有满足人和社会发展需要的生态环境，必须摆止人与自然的关系，加强生态文明建设，转变生产方式和消费模式，重视自然力的作用，变害为利，开发适度，持续利用，在改造自然的同时又保护自然，使人与自然之间保持一种和谐的关系。

汤文隽在《马克思人学视域中人的和谐发展》（《江西社会科学》2011 年第 11 期）一文中指出，以马克思王义人学理论来看，和谐个体的内涵至少包括人与自然的和谐、人与社会的和谐、人的自我和谐这三个方面。人在生存和发展中，都是以一定方式积极地、主动地、持续小断地同外部世界进行着物质、能量和信息的交换。正是这种既能动又受动的人与客观世界的双向作用，形成了人类社会，生成了人所以为人的各种特有的属性。以马克思主义的观点来看，人的本质属性至少包括自然属性、社会属性、精神属性。这一种属性辩证统一于人的身上，相互影响，相互作用。首先，在人与自然的关系中，两者是对立统一的，双方互为作用、相互影响。人的生存发展首先是作为自然的存在物而存在发展，人是自然的一部分，自然界的存在先于人的存在人是自然界发展的产物，人与自然的关系是通过人的劳动建立起来的，人是自然的改造主体。人为了满足自己的需要，根据活动对象的属性来设定自己的行动，使自然为自己的日的服务，并使自然朝着有利于人类进化的方向演化。但是，人改造自然能力的还在于人的能动性。人不是消极被动地依照本能去适应自然，而是把自然作为自己的活动对象，通过劳动实践，积极能动地改造自然，创造出适应自身牛存发展的物质资料和环境，同时也改造着自身。从人的自然属性出发，要达到和谐个体的目标，必须解决人与自然的矛盾，建立人与自然的和谐关系。其次，在人与社会的关系中，作为现实的人，人不仅是客观存在的物质实体，又是一种主体性的社会存在物。人与社会是对立统一的，人是社会的人，社会是人的社会。就人的社会属性而言，社会系统的存在是先于个人的存在，是人生存发展的社会前提，人的生活条件以及发展程度和特殊的性质，是由社会历史发展所“预先规定”的。社会通过物质生产、精神生产、人与人之间关系的生产等途径来创造人，这也是人类社会所特有的社会的人的生产程。人是社会的主体，人类通过自己的实践活动维持现存社会或选择和形成新的社会。社会与个人是相互依赖、相互制约的，只有社会与个人形成良性互动、相互促进的关系，社会才能实现全面发展和进步，个人才能获得全面自由发展的条件，从而才能实现社会与个人的和谐。第三，人类意识是自然界长期发展的产物，但它不单纯是生物自然进化的结果，同时也是社会的产物，它意识是随着人和人类社会一起产生并发展的。意识从其生理基础来看，它是人脑的机能;从其对象和内容来看,它是客观存在的反映。从本质上讲,意识是现实活动着的人对包括自身在内的整个客观世界的能动反映,是人们掌握和处理自己同周围现实世界关系的一种特殊方式。因此,人作为意识存在物,必须发挥意识的能动作用,充分认识自我客体以及人与自我之间的关系,培养强有力的“自我”,以达到人与自我的和谐。

马兴彬在《人的全面发展与社会主义和谐社会》(《社会学研究》2011 年 11 月)一文中指出,促成二者实现的基本措施。她认为,和谐社会的构建与人的全面发展是内在统一的,二者相辅相成、互为条件,是彼此相关的历史过程。人的全面发展是构建社会主义和谐社会的终极追求,社会主义和谐社会为人的发展提供了基本条件,实现人的全面发展是营造和谐社会的保证。没有社会的和谐发展,人的全面发展就无法实现;也只有在社会主义和谐社会中,人的全面发展的终极理想才能真止彻底地实现。因此,她认为,要在和谐社会的进程中促成人的全面发展,就必须注重生态文明建设,为人的存在与全面发展提供长久持续的保证;必须大力发展社会生产力,为人的全面发展提供不可或缺的物质基础;必须注重对人的终极关怀,营造良好的人文社会环境。

张英堂、王延平在《谈人的自我和谐》(《新长征》2011 年第 12 期)一文中指出,社会主义和谐社会的建设,除了构建人与自然的和谐、人与社会的和谐、人与人的和谐之外,也需要构建人的自我和谐。文章指出,构建和谐社会,最本质的一点,就是“以人为本”,其目的是通过利益分配的调节,使全社会各阶层成员都能对现实取得一种认同和满足,这主要取决于人们的心理感受,这种心理感受的基础,就是人们对现实的正确认识和正确对待。这就要求我们必须满足人的两方面的需求和发展,一是关心人们的物质追求和生活保障,二是关注人们精神世界的构建和人的全面发展。同时,自我和谐也是整合其他各种关系,推动社会整体和谐的关键环节。只有实现了人的自我和谐,任何方面差异的相对变化只要在一个相对合理的范围内,人们都会坦然面对并接受,从而给政府重新调整政策和分配制度以必要的时间,保持整个社会处于长久和谐的状态。自我和谐是建立在物质基础上的心灵平静。因此,文章认为,构建人的自我和谐,第一,必须实现经济的又好又快发展,为人们生活提供坚实的物质基础;第二,必须构建公平正义的和谐制度;第三,必须努力构建社会主义和谐社会的核心价值观;第四,必须不断提高全民素质。

张旭东在《和谐文化建设与人的全面发展》(《商场现代化》2011 年第 34 期)一文中指出,和谐文化是以和谐为思想内涵、以文化为主要表现方式的一种文化。它融思想观念、社会风尚、行为规范、理想信仰、价值取向为一体,涵盖着对和谐社会的总体认识与评价,是社会发展与文化建设的有机结合。建设和谐文化,就是要培育和谐精神,倡导和谐理念,在全社会形成共同的理想信念和道德规范,不断增强中华民族的凝聚力、向心力和亲和力,为构建和谐社会创造良好的人文环境和文化生态。建设社会主义和谐文化要求人不仅要具有从事活动的能力,而且应该具有完整的人格和科学的人生观、价值观。和谐文化建设是人的全面发展的文化基础。它为人的全面发展提供稳定的文化环境。和谐文化建设可以促进社会的和谐稳定,有利于人的全面发展;它为人的全面发展提供物质基础。人的全面发展需要社会生产力达到一定的水平。只有生产力高度发展,人才能解放出来,有充足的时间接受教育,提高素质,使自己在各个方面得到充分发展;它为人的全面发展提供精神动力。建设社会主义和谐文化,加强社会主义精神文明建设,使全国各族人民树立共同的理想信念,可以形成良好的社会风气和高尚的道德情操,促进人的全面发展。从而,作者指出,和谐文化建设首先要加强思想道德建设,引导人们正确处理人与人,人与社会、人与自然的伦理关系,培养具有较高伦理素质的国民,促进人的社会关系的和谐发展。其次,要大力发展教育科学文化事业,提高整个民族的科学文化素质,促进人的能力和个性的全面发展和自由发展。最后,要大力弘扬和培育以爱国主义为核心的民族精神,同时大力加强中国传统文化同当代世界先进文化的"普遍交往",利用人类文明成果,促进人的全面发展。

杨小勤在《提高内心和谐能力是创新社会管理的新思维》(《学术论坛》2011 年第 8 期)一文中,认为,内心和谐能力是个体调控主观符合客观,实现创造社会财富和人生健康幸福最大化的人生管理能力;提高内心和谐能力是创新社会管理的新思维。管理学意义,内心和谐是指管理者为了实现管理效益和社会幸福最大化,不断调控自己和他人的思想认识和行为结果符合实际的人生管理能力;分为自我和谐能力和对外和谐能力。自我和谐能力是个体自我调控思想行为符合客观需要的能力。对外和谐能力是通过自我和谐能力影响、促进、调控和提升社会成员和谐水平的能力。前者着重创造个人财富,后者高效增加社会财富。个体通过内心和谐把思想行为转化为现实财富和健康幸福。内心和谐能力是认识能力、行为能力、则富能力、健康能力、幸福能力、生存能力的统一,提高内心和谐能力不仅要求主观思想行为符合客观实际,而且要把思想转化为财富、健康和幸福,更要把个体理念转化为对人类的贡献。提高内心和谐能力不仅可以使国民增加财富、健康和幸福,而且可以提高政府和团体的管理水平;提高国民内心和谐能力不仅是富民强国的治国韬略,而且是创新社会管理的新思维。如何提高内心和谐能力?就个人而言,一是认识真实——把握客观事物的本质规律。二是借用工具——利用哲学、天文学、心理学、中医学等原理和中外古代文化,如《易经》、《道德经》、《黄帝内经》及道、佛、禅等文化理念帮助认识真实。三是"物化超脱"——站在非人立场,处于非人状态,通过"静默处无"消除主观情欲干扰,以使真实自然进入大脑。四是善用因果——从产生愿望结果的原因着手,把原因做好就会得到期望结果。五是顺应本性——选择自己喜爱又是自身优势特长、社会亟需的岗位工作并且长期热情专注。六是正确目标——用独特方式,发挥自己独一无二的天赋造福人类,实现创造社会财富、健康、幸福最大化。七是充满信心——选择喜欢的人生目标,顺应本性优势和人心民意,把信心转化为意志,控制自身精力专注于喜欢的目标。八是主动交换——要得到,先给予;要回报,先付出。在社会层面,则需要党委政府领导监督,社团承担具体运作。在具体方法上,将提高内心和谐能力教育与生存能力教育和创新道德教育结合起来。

吉菁在《碎片化生存与人的和谐发展》(《中国市场》2011 年第 48 期)一文中指出,碎片化生存是现代人的一种生存方式,它从三方面影响了人的和谐发展:自我和谐、人与社会的和谐、人与自然的和谐。文章指出,在社会发展的转型时期,社会分工进一步细化,经济、科技、文化等领域的发展呈现出专业化、快速化的趋势,整个社会就会出现碎片化的特征。所谓碎片化,是指完整的东西破成诸多零块。它产生的直接原因是信息化过程中人工智能工具的出现,而日益细化的社会分工又加快了碎片化的发展。毫无疑问,碎片化生存状态的显现,必然也影响到人的和谐发展。主要表现为三个方面:一、碎片化生存状态对人的自我和谐发展造成影响。首先,它影响了人的思想观念,使人们的价值观念在反映着多元文化意识形态的讯息中被潜移默化地影响着、分割着,导致原来的价值认同发生了分散化。其次,碎片化生存影响人的心理发展。碎片化通过影响人的记忆、注意、思维、需要等方面影响人的心理发展，进而影响自我和谐。此外，碎片化生存还对人的思维方式产生影响，导致人们快餐式的思维模式，人们已经没有耐心对某个问题进入深度的思考，对事物的认识只能停留在肤浅的表面。最后，人们的物质需要被无限放大，最终导致自我的虚无感。二、对人与社会和谐发展的影响。碎片化时代对人的社会交往产生了影响：一方面互联网拓展了人们的交往方式，提供了新的交往平台，使人们的交往范围超越时空的限制，变得无限广阔，人们对交往对象的选择性大大增强；另一方面人们的社会交往频率增多，但交往时间被分割成一块一块，呈现碎片化状态。三、对人与自然的和谐发展造成的影响。碎片化生存扩大了人们的物质需要，而要满足这些需要则要不断生产出新的产品。因而使人们产生了更多破坏、掠夺自然资源的行动，从而导致自然环境恶化、生态失衡、水土流失等自然系统的失衡现象，而这些现象反过来又影响到人类自身的发展，造成人与自然的关系失衡。



# 人与人（人与社会）的和谐

修建军　毛远强

正确处理好人与人之间的关系，就能处理好人我关系；正确处理好个人与群体、个人与社会的关系，就能实现人与人、人与社会的和谐。中国传统伦理文化中，儒家、道家、佛家都有着丰富的交往伦理思想，儒家的“仁爱诚信”、道家的“自然无为”、佛教的“慈悲利他”，三宗交往伦理精神在互动中相融互补、共生共长，可以为当代社会交往问题的解决提供价值导引。马克思主义关于人际关系的学说，也是处理好人与人、人与社会关系的理论法宝。

## 一、关于道家人际和谐思想的研究

徐珍在《〈道德经〉中和谐思想之当代价值》（《学校党建与思想教育》2011 年 18 期）一文中指出，老子创立了以“道”为核心的意义系统，和谐是这个意义系统的最高价值。其中，人际之和的思想对和谐社会道德建设具有规范价值。作者认为，在和谐的人际关系方面，老子主张慈以待人、谦以下人、乐于助人。慈以待人首先要以博爱的胸襟待人，以我之善化不善者之不善为善，以我之信化不信者之不信为信，这样才会真正实现人际的和谐，世界才会充满爱。

其次要以宽容的态度待人,老子提出"以德报怨",即使是对自己有过伤害的人,也要宽容他、宽恕他,化解彼此间的恩怨,以实际的行动去感化他。其三要不伤害人。既要坚持原则性,又要有高度的灵活性,不随波逐流、不超尘绝世,以高尚的德行教化人。谦以下人其首要之义是"不争","不争"是上善,善于处下才能更好地消弭人际的争端,才能因容人而取得别人的理解与支持,从而"以其不争,故天下莫能与之争"。谦以下人还要求做到不自见、不固执己见、不自是、不自以为是、不自伐、不自我炫耀、不自矜、不骄傲自满,唯有保持谦虚的心态,才能不断地自我发展、自我创新、提升生活的境界。帮助别人能使自己更富有,给予别人能使自己更幸福。老子认为,有道德的人以追求社会的整体利益为目标,处处为他人着想,没有贪欲之心,当他抛开个人利益的狭隘性而把社会利益的实现和广大民众的幸福作为自己的幸福的时候,他生命的价值得到了最大的实现。老子的这种观念是中国伦理思想史上最伟大崇高的道德学说之一。

李程《论老子"不争"的思想与社会和谐》(《理论月刊》2011 年 10 期)一文中指出,春秋末期,诸侯争霸的战争频繁,社会动荡不安,人民生活在水深火热之中。老子从医治社会弊病的良好愿望出发,著《道德经》一书,阐述了他的"不争"思想:淡泊名利的心态;宽宏大量的气度;处下不争的准则。主要包括 9 方面的内容:(1)不贪求物质财富。老子要人们知道,社会财富为社会所共有,因此也应该为社会全体人民所共享。自己占有的社会财富过多,势必会造成他人占有社会财富的减少,从而导致个人与他人、个人与社会的对立与冲突,造成"厚亡"和"自遗其咎"的后果。(2)身重于物、身重于名。老子告诫人们,不要贪图虚荣与名利,要珍惜人自身的价值与尊严,不可自贱其身。我们不能因为名利等东西而悲伤、自卑、自贱、自残,而应重生轻物,看淡那些"身外之物"。(3)君子之交淡若水。君子之间的交往是一种自然的交往,它不附加某种利益关系,或者说,君子之间的交往是一种纯真的交往,它不以某种利益作为交换条件。(4)宠辱不惊。老子从"贵身"的角度出发,认为生命远贵于名利荣宠,他要人们清静寡欲,将荣辱、祸福、生死置之度外,不为声色货利之所动。我们要保持一种"庞辱不惊"的心态,正确看待宠爱与屈辱。(5)执左契而不责于人。如果能放对方一条生路,让对方有个台阶下,为对方留点面子和立足之地,那么,对方必然会心存感激,必然会寻找机会来报恩。(6)报怨以德。宽容他人、主动关心和帮助他人的人,一定会为人所喜爱,受人尊敬,反过来,别人也乐意为他们提供机会和帮助。因此,宽以待人的人往往容易成功,宽容他人也就是善待自己。(7)不敢为天下先。为天下先,就是抢在别人前头显露自己,获得优势、强势。这样做虽然可以取得成功,但往往会给自己带来祸害。(8)功成身退。老子深知辩证法的道理,他认为,在一定条件下,事物的发展总是会向着自己的反面转化的,否泰相参、祸福相位。故老子劝人们要功成而不居,急流勇退,见好即收,而不要贪婪权位名利,不要尸位其间。否则,富贵而骄,便会招来祸患。(9)不争,故天下莫能与之争。老子所指的"不争",是指不去争夺不属于自己的东西。老子认为,"不争"不仅不会有损我们的利益,相反可以使我们获得意想不到的更多的利益。

梁静、宋晓璐、宋辉在《老子论和谐》(《郑州航空工业管理学院学报(社会科学版)》2011 年第 4 期)一文中指出,对于实现人际和谐、人与社会的和谐,老子提出的一些观点比较丰富,很有针对性和启发性,对现实生活的人们也具有现实指导作用。处理好人际和谐、人与社会和谐的基本原则是从"道"出发,奉行慈爱、中和之道,具体地说,应该做到以下几个方面。一、慈爱。老子明确提出了以道待人的泛爱观。以不偏私之心待人就能推己及人，与人和睦相处，营造一种温馨、和谐的人际关系，为社会和谐奠定坚实的基础。二、戒盈。老子认为，道是空虚无形的，按照道的法则做事就不会追求圆满。戒盈符合自然规律，因而就要去掉那些极端、过分、奢侈的做法。戒盈的关键就是把握好“度”。凡事要适度，要知足，知足常乐，祸莫大于不知足，不知足，贪得无厌，必然会侵害他人、集体乃至整个社会的利益，与他人和社会冲突，把自己置于众所矢的位置，给自己招来灾祸。适度知止。人们对于名利、权势的欲望是无止境的，贪欲的无限膨胀会使人着魔，丧失理智，做一些有悖社会公理、有损他人、集体和社会的行为。只有谦虚谨慎，适可而止才符合道的要求，才会低调处世，不断充实、提高自己，于人于己都是有益而无害的。三、贵柔处弱。贵柔处弱就是人们在弘道、坚持正义的时候难免因为人事的干扰而蒙冤受辱，这时人们要坚信正义终归会战胜邪恶，光明会驱除黑暗，要有一种柔韧的精神，要在逆境中默默无闻地工作和生活，这体现的是一种不争的态度，这种不争是生存智慧。不争能够使人在没有反作用力的环境里积蓄力量，磨炼、完善自己，有利于成就自己。四、和光同尘。老子要求人们排除私欲，不露锋芒。他提醒人们要磨掉私妄的锋芒，解脱私欲的纷争；调和其光耀，混同于尘世。同时，老子拿圣人为例，劝告人们要向圣人学习，自觉进行道德修养，随时迁变，以适应不同的社会环境。作者认为，老子的思想体现了一种中和之道。从天然慈爱的心理出发，不自满，不自是，不自伐，不自矜，不自恃，遇事把握好“度”，甘处下位，在名利面前不争先，知雄守雌，不张扬，不耀眼，不怪异，这表现出一种高超的生存、处世智慧。

宋辉、方雷、宋晓璐在《道家的和谐理念与社会转型期道德的建构》(《淮北师范大学学报(哲学社会科学版)》2011 年第 6 期)一文中指出，根据“道”的要求，和谐道德的内涵应该具有以下方面的内容：(一)纯朴自然。其表现是像水一样自然天成，真诚无欺；(二)道对万物一视同仁，不偏私，不结党，像水一样宽容博大，包容万物；(三)像水那样甘居卑下之地，虽然滋润万物，成就万物，但不自恃，不居功；(四)柔慈不争。道生成万物是秉承柔顺之意，依其天性任其自长，不主宰、干涉万物，不争功炫耀；(五)中和而不极端。道的本质是自然柔慈，宽容谦下，它奉行中和之道，不偏颇，不极端；(六)与时偕行。道变化不居，周而复始。和谐不是孤立、静止的，而是互相联系、协调、发展变化的。作者指出，道家和谐道德对人际和谐的要求是：(一)愚朴，摒弃机心，老庄都很崇尚古人的愚朴，认为那是至德之世才有的。(二)适度戒盈，凡事要适度，知足，知足常乐。祸莫大于不知足，不知足，贪得无厌，必然会使自己内心过度思虑，心神不宁，陷于危险的境地。适度要知止。人们对于名利、权势的欲望是无止境的，贪欲的无限膨胀会使人着魔，丧失理智，做一些有悖社会公理、有损他人、集体和社会的事。(三)柔弱不争，贵柔不争是一种美德，人的内心要清虚，无为，顺其自然，在遇到阻碍时要有一种柔韧的精神，这体现的是一种不争的态度，是生存的智慧。不争能够使人在没有反作用力的环境里积蓄力量，充实、完善自己。庄子强调的也是柔和。(四)和光同尘，老子要求人们排除私欲，不露锋芒。(五)慈爱包容。老子明确提出了以道待人的泛爱观。作者进一步指出，老子提出的慈爱、贵柔、处弱、戒盈的观点对于妥善处理人际关系，人与社会的关系至关重要，这对于社会转型期的和谐稳定尤为关键。人们相互之间应该慈爱包容。每个社会成员都是社会机体中的一分子，互为手足，休戚与共，应该互相关心、互相爱护、互相帮助，要多一份爱心，多施善举。宽容是美德。宽容能够泯灭怨恨，使人富于理性，不至于偏激，做出害人害己的事。宽容也能够感化他人。贵柔处弱应该成为人们处世的宝典。柔弱不是无能,而是一种大智慧。柔弱更多的是柔韧,是一种超人的力量,它能够使人不困顿、不屈服,永远向前直至目标。道家都反对盈满,认为盈满不可常保。和光同尘是道家的生存之道,它要求人们不怪异、不荒诞,要合群,这样可以融入社会,保护自己,避免打击和挫折,有助于人生价值的实现。

胡家全《老子哲学与社会和谐》(《湖北省社会主义学院学报》2011 年第 201 期)一文中指出,老子哲学中有着丰富的社会和谐理念,《老子》关于“道法自然”、“为而不争”、“损有余而补不足”、“大邦者下流”的思想对于我们正确处理人与自然、人与社会的关系,维护社会的公平与正义,构建社会主义和谐社会具有重要的指导价值。在人与人的和谐方面,老子主张“为而不争”的人际交往观,认为上善的人如同水,滋养万物而不与之相争,汇聚在人们厌恶的低处,是一种几于道的境界,正因为不与人相争,才不会有过失。善的人,我善待他,不善的人,我也善待他,这样可使人人向善。守信的人,我信任他,不守信的人,我也信任他,这样会使人人守信。改革开放以来,国民生活水平得到了很大的提高和改善,但是另一方面,随着个性意识的觉醒和拜金主义盛行,一些人为满足一己之私欲,不惜损害他人利益,从而导致人与人之间的紧张和疏离。物质水平提高了,生活压力反而加大了,人们经常感到焦虑和迷惘,内心缺乏幸福感。如果这些问题不解决,就会影响到改革开放的成果,破坏社会的和谐。这期间加强道德建设无疑也应当是一个极其重要的手段。老子“含德之厚,比于赤子”的哲学观可以为我们提供理论上的指导,在处理人与人之间关系时,要保有一颗婴儿般质朴的心,这样人与人的关系就会自然和谐了。

程远在《〈道德经〉对构建和谐社会的借鉴意义》(《理论前沿》2011 年第 201 期)一文中指出,老子主张“无为之事,不言之教”的圣人政治,统治者要把人民摆在最重要的位置,甚至比统治者的地位还要高,时时处处为人民着想,以此来实现君民关系的和谐;统治者的政令从制定到执行都应该非常的严谨,并且要保持政策的持续性,绝对不能朝令夕改,反复无常,否则,政府必将失去人民的信任;统治者治国应该遵循道的规律,行无为之治、不言之教,以引导代替决断,让民众自为。这样,天下才会安定,百姓才能安居乐业,社会才可和睦平静。现在和谐社会的构建,我们依旧可以从老子那里得到反思,虽不宜直接照搬照抄地把老子的所有主张移植到当下社会,但却依然能够吸收其思想里符合现在实际的东西,使之更好地为构建和谐社会服务,建立和睦的、融洽的、共存共荣的人际关系。

## 二、关于儒家人际和谐思想的研究

杨光在《论孔子的和谐思想:源起、内容与现实意义》(《理论研讨》2011 年第 2 期)一文中指出,实现普遍和谐即人的身心和谐,人与自然的和谐,人与人的和谐相处,人与社会的和谐,是孔子所追求的理想。孔子同时也认为,在理想世界中要实现社会的和谐有序发展,必须实现人与人的和谐。为达成这一目标,必须用“仁”来调整人与人之间的关系,从而达成整个社会的和谐融洽。

实现普遍和谐即人的身心和谐,人与自然的和谐,人与人的和谐相处,人与社会的和谐,是孔子所追求的理想。孔子同时也认为,在理想世界中要实现社会的和谐有序发展,必须实现人与人的和谐。为达成这一目标,必须用“仁”来调整人与人之间的关系,从而达成整个社会的和谐融洽。

游学民在《论中西方古代和谐思想对大学

生和谐人格塑造的启示》(《科教导刊》2011年7月)一文中指出,伴随着社会的不断进步和发展,和谐社会的思想代代相传,以和谐为特征的精神生生不息,和谐社会的思想激励着人们为之奋进。在人与人的关系方面,人与人之间的相处,协调人际关系,宽和处世,创造"和谐"的人际关系和环境,追求以形成和谐的人际关系为主体的社会。众所周知,儒家伦理对中国古代社会的影响非常大。而孔子提出的理想人格塑造是善于以宽厚处世,协和人我,从而创造良好而和谐的人际环境。不管有没有血缘,人与人之间都应该互敬互爱,互相尊重,互相帮助。一系列旨在实现"人和",实现社会和谐的道德理念,提出了建设健康社会的远景理想。

伴随着社会的不断进步和发展,和谐社会的思想代代相传,以和谐为特征的精神生生不息,和谐社会的思想激励着人们为之奋进。在人与人的关系方面,人与人之间的相处,协调人际关系,宽和处世,创造"和谐"的人际关系和环境,追求以形成和谐的人际关系为主体的社会。众所周知,儒家伦理对中国古代社会的影响非常大。而孔子提出的理想人格塑造是善于以宽厚处世,协和人我,从而创造良好而和谐的人际环境。不管有没有血缘,人与人之间都应该互敬互爱,互相尊重,互相帮助。一系列旨在实现"人和",实现社会和谐的道德理念,提出了建设健康社会的远景理想。

马海江、姚雪红在《〈诗经〉中的"和"文化》(《社会科学战线》2011年第5期)一文中指出,人际和谐是建设和谐社会的关键。人际和谐体现在人与人之间的诚信友爱、平等互助、和睦相处等方面。在当今社会许多地方还存在着男尊女卑、城里人和乡下人这类二元结构的观念。由于旧传统的累积性和顽固性,这类观念是很难一击而破的。因此,我们应当多吸取传统文化的精华,从《小雅·常棣》、《小雅·鹿鸣》、《大雅·灵台》等作品中学习古人的宽容、理解和友爱,完善自身修养和人格。人,是建设和谐社会的主体。使人们树立和谐理念,培育和谐精神,为今天中华民族为人类文明进步贡献的新智慧。

张庆利在《〈易传〉的中和之美与文学精神》(《东北师大学报(哲学社会科学版)》2011年第4期)一文中指出,《易传》对《易经》的阐释,充满了中庸和穆的精神,表现出以中和为美的观念。既适中又和谐,"中"与"和"的融合,正是孔子追求的一种精神境界。《易传》的和谐观表现为三个层次:一是宇宙天地自然的和谐,二是人与自然的和谐,三是社会中人的和谐。人与人的和谐,是孔子的社会理想。他哲学的核心是"仁",而"仁"的出发点便是"爱人",人与人的友爱、人与人的和谐,也是"仁"的归结点,最终实现"大同"的社会理想。在《易传》中,尽管有"君子以独立不惧,遁世无闷"的告诫,这是讲在时运不济的形势下,君子之人要胸怀大道,不与邪恶势力同流合污,苏世独立,横而不流。但《易传》中更多的是"君子以容民畜众"这般的嘱托。《易经》中常有"利见大人"之语,《易传》也往往由此申发,主张亲附有德、中正之人。同时,人的和谐是有原则的,《易传》追求"以同而异"。以同而异,既要同中辨异,所谓"以类族辨物",又要异中求同,所谓"上下交而志同也",修省向善,摒除恶行,同时保持人格的独立。和谐是一种精神。《易传》文学中追求崇高与美好的人格、师法自然的精神、生生不息的意识,都是这种精神的反映。

袁迎春在《传统和合思想对构建社会主义和谐社会的启示》(《理论导报》2011年第7期)一文中指出,传统和合思想重视宇宙自然的和谐、人与自然的和谐、人与人的和谐、人与社会的和谐以及人自身的和谐,几乎涵盖了宇宙世界和人类社会的所有重大关系。这些思想,特别是它关于人与自然、人与社会之间和谐的思想,对构建社会主义和谐社会提供了极富价值的重要启示。“仁者爱人”是人与人和谐共处的道德准则。“仁爱”是儒家伦理道德学说的总纲，成为正确处理人际关系的总的指导原则。树立“仁爱”的道德意识，倡导和实践“仁爱”的关怀伦理，营造良好和谐的社会氛围，是推动社会不断进步和促进人的全面发展的重要环节。“爱人”是人与人之间最高尚的道德关系准则，人际关系首要和最根本的问题就是要有亲情爱心。没有爱心就没有和谐的人际关系，就不可能构建和谐社会。在社会主义市场经济条件下，在贫富差距扩大的今天，应弘扬“仁爱”精神，关注弱势群体，关怀贫穷的人们，不仅要体现在执政党的政策制定上努力消除贫困，而且要充分调动一切社会力量扶贫帮困，使每一个人都能感受到社会大家庭的温暖。

姚晓娟、曹微在《从〈论语〉看先秦儒家的和谐观》(《华夏文化论坛》第六辑，2011 年版)一文中指出，《论语》体现了早期儒学包括外在规范与内心精神的双重和谐观。其具体内容是：实现人与自然的和谐；重视群己之和达到人与社会的和谐；推崇忠恕仁爱追求人际和谐；强调通过修身为本促进身心和谐。先秦儒家所建造的这种万物和谐、万事和谐的思想，对于今天社会主义和谐社会的构建仍然有着积极的启示作用。作者指出，孔子认为社会的和谐要求人际关系的和谐，人际关系的和谐离不开个人的修养，个人修养又必须从“仁”开始，孔子赋予“仁”很高的价值。因而，“仁”是孔子处理人际关系的最高道德准则。实践“仁”的具体方法是“推己及人”，首先要做到“己欲立而立人，己欲达而达人”。也就是说要把成就自己和成就他人看成一个统一体，遇事要设身处地的为他人着想，不要为了一点点蝇头小利就争得头破血流。其次，要做到“己所不欲，勿施于人”，即自己不愿意做的事情也不要强迫他人去做。同时，作者指出，孔子认为人际关系的和谐集中表现为包括君臣、父子、兄弟、夫妇、朋友在内的人伦和谐，并提出了“君礼臣忠、父慈子孝、兄友弟恭、夫和妻顺、朋友忠信”的伦理道德规范。

张珍、李艺在《略论孔子“推己及人”道德思想在当代构建和谐社会的实践价值》(《广西社会主义学院学报》2011 年第 4 期)一文中指出，“推己及人”是孔子伦理道德体系的核心思想，它以道德自律为基础，强调行事时以己度人，兼顾“人”、“己”两方面意愿的利益。孔子“推己及人”思想能够为社会转型期构建健康和谐的人际关系提供适用性道德原则。一方面，“己所不欲，勿施于人”的观念为人际交往提出了道德自律的要求和人际交往道德底线原则，它要求人们按照“仁”的道德标准克服自己的欲望，约束个人行为，在待人处事时能够以己度人，以对待自己那样的态度为别人着想，不把自己不想要的东西强加给别人，体现了换位思考、将心比心的思维方式要求，有利于形成体谅、包容的良好心态，促进人际关系的和谐。试想，如果不法商人能够坚持这一道德原则，那么就不会把自己清楚不能吃的毒奶粉、毒豆芽、健美猪推向市场，祸害他人。另一方面，“己欲立而立人，己欲达而达人”观念提供了人际交往中合作共赢的整体观和义利结合的价值倡导，它坚持“己欲立”与“立人”、“己欲达”与“达人”的一致性，倡导与人为善，主张通过“利他”来实现“利己”，强调自己与他人存在关联性和整体关系，体现了“仁者”的社会责任意识。由此来看，孔子“推己及人”思想主张在人与人的相处和交往中，始终坚持把对方和自己都放在平等的地位上来判定“欲”与“不欲”的标准，有助于形成良好的道德自律和自觉，为社会转型时期人际交往提供简易可行的道德原则，减少个人中心主义带来的人际交往中的摩擦和冲突，对于社会转型时期人际关系的处理仍具有积极的指导意义。

代海燕、付洪安在《从和谐社会视阈看孔子“仁爱”观的现代价值》(《渤海大学学报(哲学社会科学版)》2011 年第 3 期)一文中指出，孔子继承了前人将“仁”作为一种具体的德行的思想，将“仁”纳入自己的道德学说，并给予系统阐发。具体说来，孔子的“仁爱”观包括“仁者爱人”“、忠恕之道”、“为政以德”三方面内容。“爱人”是“仁”的灵魂，是孔子对仁的总体解说，也是孔子的仁的基本精神。这种“爱人”的爱，对象广泛，不分阶级和地位，即所谓的“泛爱众而亲仁”。在“仁者爱人”的指引下，孔子提出了“博施于民而能济众”的主张，并把它作为调节统治者和被统治者关系的原则。从“仁者爱人”的总原则出发，孔子还阐发了“忠恕之道”，这就是爱人的具体体现。在孔子那里，“忠”并不专指处理君臣关系的道德规范，它同时还具有真诚、真心、积极善良地对待他人的广泛含义。就“恕”而言，主要包含着“宽恕”、“容人”的意思，即孔子所主张的“以直报怨，以德报德”的品德。孔子的“仁者爱人”的思想大而言之，可以扩展为实行爱民的“仁政”，也就是“为政以德”的思想，即统治者应该以仁爱的道德来治理天下，实行仁政德治。在孔子看来，治国就是治民，治民就要把握住民心。孔子提倡以内在的道德教化为基本导向，而不应该片面强调刑罚杀戮。同时，孔子主张以礼仪规范为外在的调节手段。仁者爱人”是孔子“仁爱观”的最基本精神，“爱人”是“仁”的灵魂，是孔子对“仁”的总体解说，也是孔子的“仁”的基本精神。作者进一步指出，“仁者爱人”有利于实现和谐社会人与人的和谐。孔子“仁者爱人”思想提倡的是“克己复礼”、“己所不欲，勿施于人”、“爱人”、“泛爱众而亲仁”。孔子的“仁者爱人”思想，体现了其对人与人和谐相处的重视，也为我们提供了实现人与人和谐相处的方法。“忠恕之道”有利于促进诚信友爱的良好社会风尚的形成。孔子认为，在人与人的交往方面，一定要宽恕待人，尊重和理解他人，多责备自己，而不是责备别人，要容忍与自己不同的见解和主张，不把自己的观点强加于他人。孔子的“忠恕之道”有利于促进社会成员之间的相互信任、相互尊重、谦让宽容、平等交往，从而形成诚信友爱、和谐相处的融洽局面。“为政以德”对深刻领悟“以人为本”思想具有积极的意义。“以人为本”思想是社会主义和谐社会发展的重点。孔子的“为政以德”思想要求统治者对人民施行“仁爱”，要贵民、重民、爱民，把人民放在首要地位，从这一点看，孔子的“为政以德”思想与当今和谐社会“以人为本”的思想具有某些共通之处。孔子“为政以德”的思想要求君主必须以人民的利益为重，把人民的利益作为国家和社会的重要价值取向，把人民作为国家和社会的价值主体，这对于深刻领悟“以人为本”思想仍然具有积极的意义。

代海燕、艾志强在《从和谐社会视阈看孟子“仁爱”观的现代价值》(《辽宁工业大学学报(社会科学版)》2011 年第 4 期)一文中指出，社会主义和谐社会是一个人与人、人与自然、人与社会和谐相处的社会，孟子的“仁爱”观所提倡的“性善论”、“仁民爱物”、“仁政”的思想对于促进诚信友爱良好社会风尚的形成，促进人与自然整体和谐，促进社会整体和谐等方面具有重要的启示作用，在当今仍然具有不可忽视的现代价值。孟子阐释“恻隐之心”，提出“四端”说。孟子认为，人的生理上有四肢，同样人的道德上也有仁义礼智这四德，人除了应该具有恻隐之心，还同样应该具有羞耻之心、辞让之心和是非之心。孟子认为“仁义礼智”是人性中的四种善端，是人们先天就具有的，是“向善”的人性的具体内涵。人们应该保持和发扬人内在的固有的善性，由己及人、由人及物、由心及政，将“仁义”推广至整个社会和自然，这样就实现了仁民而爱物，实现了仁政，从而最终实现了人类生存的和谐状态。孟子“仁爱”观的重要体现就是“仁民爱物”的思想。在孟子那里，“仁”是有层次性的，这段话也包含了几个重要的思想。其一，就其对象和范围来讲，仁有三个不同的层次——分别是“亲”“民”“物”；而对待这三种对象则相应地要采取不同的态度，即“亲”、“仁”、“爱”。其二，孟子认为，在这三个层次中，“亲亲”应该居于最基础的层次，只有“亲亲”，才能“仁民”，只有“仁民”，才能最终做到“爱物”，“仁民”和“爱物”是有“亲亲”这一点逐次外推出来的。其三，这三个层次贯穿了一种朴素的人道主义的精神，君子“亲亲”“仁民”，但又并不止于“爱人”，君子也将这种人类的爱心推及到了无限广阔的大自然中的万物。孟子的“性善论”对促进社会主义和谐社会诚信友爱的良好社会风尚的形成有着极为重要的作用。孟子认为，人都有向善和为善的内在的能动性根据，竭尽人心的思维功能，扩展人内心固有的善端，就会达到人的本性的认识。孟子说，“人皆有不忍之心。”这种“不忍之心”就包括“恻隐之心”“羞恶之心”“辞让之心”“是非之心”，用现在的话来说，就是要有同情他人之心即爱心，要有羞耻心，要有谦虚礼让之心，要有明辨是非之心，继而由这“四端”推出“仁义礼智”这“四德”。在这里，孟子认为人人都有向善和为善的本能，人们应该具有同情心、爱心，用仁爱的态度来关爱他人；人们应该具有羞耻心，不能做损害他人的不义之事；人们应该具有谦虚礼让之心，凡事讲究章法讲究礼节；人们还应该具有明辨是非之心，要用智慧来判别是非曲直。在社会主义和谐社会中，提倡孟子所说的“四心”和“四德”，则必定有利于提高人们自身的道德修养，促使人们以推己之心以爱人，充分发挥人们善良友爱的内在品德，同情他人、关爱他人，从而促进社会成员之间的相互信任、相互尊重、谦让宽容、平等交往、互助友爱，最终形成诚信友爱的良好社会风尚，使社会主义和谐社会内部人与人的相处达到一种和谐、完美的理想状态。

董耀金、赵立国在《追溯传统“和合”文化构建和谐人际关系》（《新课程研究（中旬刊）》2011 年第 4 期）一文中指出，“和合”实质上是“异质之和”，是把彼此不同的事物统一在一个相互依存的和合体中，并在不同事物的和合过程吸收不同事物的优点和长处，克服其短处和缺点，使之达到最佳组合。“和合”思想是儒家文化的精髓。孔子以仁学为其思想核心，以“己欲立而立人，己欲达而达人”为做人的基本原则，特别强调人与人之间的和谐。“和合”思想主要内容有以下几个方面。一、遵循有序的人伦秩序。孟子提出了“父子有亲，君臣有义，夫妇有别，长幼有序，朋友有信”的“五伦”观念作为实现社会和谐的人伦关系所必须遵循的规则。在这五伦中，各个个体都有自己的身份和位置，不能处于无序状态，并且都要承担自己的义务和职责，这样才能保持人际关系的和谐，进而保持和促进社会和谐。建立和谐的人际关系，首先要做到人与人相互尊重，和睦相处。二、孔子提出的“和为贵”的人和理念，主张仁爱论，要求“泛爱众”。这种普遍的仁爱能使人以平和的心态对待他人，故人和人之间能“和”。同时，指导人们要向君子学习，严以律己，宽以待人，才能与人和处。要实现人与人之间的和谐，还要做到“忠信”。三、主张“和而不同”是正确处理人际关系的一种态度。作者认为，孔子提出的“君子和而不同，小人同而不和”的思想，正是伦理道德层面上的“和谐”观念的基本要求，即主要表现为对社会成员保存普遍的尊爱和敬爱，实现人际关系温馨协调的伦理环境和道德氛围。人与人之间的和谐，推而广之就是人与社会之间的和谐。儒家在处理人与社会和谐的关系中，认为人是一种“群”的存在。个人总是生活在群体之中，个人的命运与群体息息相关，只有群体才能保证人类的生存和发展，也只有把个体融入群体之中，才能实现人与社会的和谐统一，以达到天下大治的目的。

张桂琴在《〈乐记〉中的礼乐文化在构建和谐社会中的现实指导意义》（《内蒙古煤炭经济》2011 年第 3 期）一文中指出，《乐记》中的礼乐文化涉及个体、群体、社会等诸多层面，其核心是“报情章德、别宜敦和”。在新的历史时期，赋予礼乐文化以新的时代精神，可以增强建设社会主义和谐文化的民族自信心，增加建设社会主义和谐文化的内在原动力。作者指出，和谐是《乐记》礼乐文化的核心思想。《乐记》中的和谐思想，主要包含了三方面的内容：个人身心的和谐、人与人间的和谐和人与环境的和谐。其中，人与人的和谐，就是处理好人与人的关系，使社会生活有序合理。“礼”强调的是人与人之间的不同，人为地拉开人与人之间的距离；“乐”则强调人与人相同的地方，力图缩短人们之间的心理距离。“乐”让不同等级之间的人和睦相处。而“和”则是体现出礼乐教化所要达到的一种人际关系上的美好境界。“礼”“乐”文化互相补充，互相作用，礼乐相调、礼乐相济，求同存异，达到人与人彼此间的和谐。文章中，作者进一步指出，礼乐文化的现实指导意义：有利于培育积极健康的人生观，提高人们的思想素质；有利于改变社会风气，引导人们的修养道德；有利于促成群体关系的团结，促进社会“和而不同”的发展；有利于个人内省自悟，提升完善个人品格。

丁成际在《荀子“分”“和”思想的四重内涵》（《现代哲学》2011 年第 4 期）一文中指出，荀子以礼来构建社会秩序，始终贯穿着“分”的思维与“和”的原则。其“分”“和”思想具有四重内涵：“天人之分”反映的是代际正义，体现的是天人和谐；“性伪”之分反映的是秩序正义，体现的是人性和谐；“明分使群”反映的是关系正义，体现的是差序和谐；“义分则和”反映的是制度正义，体现的是人群和谐。荀子所谓的“明分”，主要是对人的社会存在进行界定，按其所处位置、职业、能力、辈分的差异来决定相应的待遇和财物的分配。具体来说，“明分”的涵义有三。其一，从人伦秩序看，荀子指出确定贵贱、亲疏以及长幼之别，使人伦关系差别有序。其二，从职位秩序看，“明分职，序事业，材技官能。”其三，从职责秩序看，社会上下每个成员必须分工明确，责权清晰。荀子提出“义分则和”，就是依据合理的制度及原则即礼来进行正义的分配。作者进一步指出，“明分”是对人群明确的化界，而这种划分的依据是礼，礼是荀子正义的社会秩序的根据。荀子“义分”实质的涵义是“礼分”。礼具有正当性与适宜性。从形而上来说，礼的适宜性在于礼的功能性及其本源性。从形而下来说，礼的正当性来源于明确化、具体化的制度安排。

赵金科、林美卿在《儒家的群己理论与社会主义群己关系的架构》（《齐鲁学刊》2011 年第 5 期）一文中，论述了群己关系形上思考的对立与分野，同时指出儒家群己观以“联系性思维方式”为切入点，贯穿了中庸之道的中心思想，或者说中庸之道是其协调和整合群己关系的基本方法、态度与要求。在此基础上，作者对于儒家中庸和谐的群己理论进行了历史性解读。作者认为，儒家群己观在不同时代，其强调的侧重点有所不同。以孔孟为代表的先秦儒学主要强调群己中庸和谐，而自西汉以来，历经宋明理学，逐渐偏离了原始儒家中庸之道的主要论旨。先秦儒家在群与己的关系上并非简单、刻意地强调某一方面，而是主张群己之间的均衡、互益、对等、沟通、协调与和谐。孔子提出了用“仁”和“礼”来规范群己关系，进而实现群己和谐的基本思想。在群己关系上，孔子首先强调了群体和谐安定对于个体的重要性，同时又指出了实现群己和谐的基本路径、态度和要求——个体应当克己成仁、成己爱人、敬天惜物，推行“忠恕之道”。孔子的群己观是一种群己和谐论，一种既非群之本位又非己之本位，而是伦理关系本位或者社会关系本位，一种二者之间的相互协调、彼此合作、中道和合的社会关系。孟子传承了孔子认识和处理群己关系的基本思路，以培养“至大至刚”、充满“浩然之气”的“大丈夫”人格为旨归，主张通过“穷不失义”的君子之修实现个体与群体的相互认同。荀子把人的合群性看作是个体存在的前提和“人定胜天”的基础。主张通过“明分使群”的社会分工模式和外在途经，来实现其“群居和一”的理想社会。同时作者也指出，先秦儒者的群己观也带有历史的局限性。孔孟主要侧重个体的内修和自觉，主张通过内在途径建构社会秩序。但对个体权利及其维护的外在机制及其制度性建设认识不足。而荀子虽然重视“礼”“法”制度的作用，但其“隆礼重法”的思想和主张却又陷入了“君本论”的窠臼。到了宋明理学时代，尊崇群（君）之权利、压抑个性、夸大个体义务的整体主义价值观和方法论，取代了孔孟先秦儒学义利并举、群己兼顾的中庸之道。

彭君梅在《儒家“致中和”理念与孙思邈医务人际关系思想》（《医学与哲学（人文社会医学版）》2011 年第 8 期）一文中指出，贵和谐，尚中道，是儒家文化的基本精神之一。“和”的基本精神是建立人与人之间相互尊重、相互信任的关系，医务人际关系更是如此，无论医患之间、医者之间还是患者、家属与旁人之间（现代还包括医护之间、护患之间），都以和谐为最佳秩序和状态，而在此范围内不同角色之间的和谐又有不同的内涵。孙思邈作为一代苍生大医，他虽未就医务人际关系作专篇论述，但《千金要方》和《千金方》贯穿了他颇具真知灼见的相关思想，这些思想深刻蕴涵着儒家的“致中和”理念。这主要体现在“修己安人”、“重和去同”和“执中用中”三个方面。孙思邈通过对儒家文化基本精神的体会，将“致中和”理念融人其医务人际关系思想，以“修己安人”为根本，以“中”为度，以“和”为归结，总期利于愈病，以实现救世济民的远大目标，展现了一代大医崇高的职业精神、理性精密的思维和宽宏博大的胸怀，亦诠释了中国伦理的“人道”，不但是为人之道，待人之道，而且是治人之道。当然，这些思想在当时社会环境下不免有一定的局限性，但它产生于千百年前的古代是难能可贵的，在越来越重视“以人为本”、建设和谐社会的今天，更迸发出新的生命力，富有启迪教育意义，实为对医学社会学的一大贡献。

王荔玫在《浅析儒家和谐思想对当代高校青年德育的影响及其现实意义》（《文学艺术研究》2011 年第 5 期）一文中指出，儒家思想正是从“和”的原初概念出发，并以其作为处理社会、政治、人生各种关系的基本价值准则，从而呈现其独特的思维特征。主要表现在：一、儒家以“和而不同”为代表，作为处世行事准则之“和”，儒家继承了“和实生物”的主张，并将其引入道德修养层面。二、以“致中和”为代表，作为基本思维方式之“和”。儒家讲“和”与“中”相联系，以“和”作为万事万物发展规律，以无所偏倚、恰到好处为态度原则，寻求对立面的协调和谐。儒家以这种思维方式处理人际关系，强调通过外在礼仪规范调节自己的行为。如对上辈、上级，应做到忠、孝、恭、敬；对下辈、下级，则应以宽、厚、慈、惠为标准；对同辈、同级，则应遵循恕、信、义、睦的要求。儒家更进一步以“致中和”为主体内在修养之道，强调人的情感抒发应达到合乎道德规范的“中和”状态，以保证外在行为规范的践行。三、以“礼宜乐和”为代表，作为调节宗法结构内部人伦关系的重要力量，儒家之“和”与中国宗法社会的发展关系密切。“和”集中体现了儒家对宗法社会结构之中人际关系的调节要求，因成为维系宗法制度“润滑剂”而承载着浓厚的伦理色彩。兄友弟恭谓之兄弟和睦；夫妻、父子、老幼各安其位，谓之家庭和顺；再由亲亲、尊尊、长长以及男女有别进一步扩充为秩序安定、民族团结、天下太平的基础。四、以“礼之用，和为贵”为代表，“和”作为事物发展最佳状态，彰显了儒家追求的人类与自然、社会、自身圆融的理想境界。在现代社会，儒家的和谐思想仍有不可忽视的重要意义，尤其在青年德育有着不可忽视的价值。

王静、王风姣在《浅析儒家和谐思想及其现代价值》（《山东行政学院学报》2011 年第 3 期）一文中指出，和谐思想是儒家思想的理论精髓，是儒家思想体系的重要组成部分，也是中华文化的基本精神。探究儒家和谐思想的内涵，引申出对儒家和谐思想的现代价值思考，使儒家和谐思想真正的融入现代、融入我们的生活。在人与人的关系方面，儒家主张“和为贵”的思想。对于人际和谐的追求，儒家的“和为贵”思想可谓源远流长，早在先秦时“和”不仅成为了个人处事的基本策略，也成为了稳定社会的基本原则。为了实现“人和”的价值目标，在处理人际关系问题上，孔子主张见得思义，在利益面前要经得起诱惑，不做损人利己的事情，同时主张要守信义，重礼仪，这样才能构建起互相尊重，互相信任，融洽和谐的人际关系，才能有利于实现社会的和谐。现在社会中，儒家的和谐思想有利于营造和谐的人际关系。儒家思想历来重视处理人际关系，特别强调要有仁爱之心，要学会宽恕别人，尊重别人，信任别人，以此建立和谐的人际关系。在构建社会主义和谐社会的今天，随着利益主体的多元化，人们的社会关系、人际关系变得越来越复杂，如果能科学地理解儒家和谐思想中的用以调整人们社会关系的规范原则，用它整合现代社会及各种社会关系、人际关系，不仅能够使中华民族的优秀传统得到弘扬，而且能使国家更加和谐和有序。

王青原在《传统人际关系和谐之因缘与现代交往省思》（《道德与文明》2011 年第 6 期）一文中指出，从原初视角审视人际关系在中国传统社会生活中之发生与发展的一种生态意义上的轨迹，我们可以看到由血缘家庭开始的人伦谱系在自我认同过程中诠释着传统人际关系指向的最终追求——人际和谐。作者在文中论述了中国传统人际和谐思想的因缘。作者从最早的家庭人际关系找到传统人际关系和谐的因缘，认为共同生活的需要，是家庭人际间伦理要求的直接反映，是促成人际交往关系和谐的主要因缘。同时，从信仰层面来讲，“天人合一”的有机宇宙观念也是传统中国人际关系和谐的另一重要因缘。共同体的需要是传统人际和谐的主要因缘，实则是一种社会性内在要求；而传统宇宙观与人伦观一致的重要因缘其实是社会性和自然性统一的要求。这两种因缘都立足于中国人交往关系中的亲缘和血缘基础之上。在此基础上，作者进一步论述了传统人际关系和谐之因缘的延展。作者从“父慈子孝”这一人伦关系着手，分析指出，个体道德的生长来源于共同生活的需要。父子关系的协调是所有血缘关系协调的基础，进一步说，也是伦理政治关系协调的基石。而父子关系协调的最终目的并非只是和谐，而且是个体的自我实现。它是一个始因，也是一种结果。同时，父慈则子孝是具有双向性的“报”，具有一定的互惠性特质，这种双向性的“报”在以父子关系为主体的血缘交往共同体中，可以成为一种可普遍化的交往规范，具有由家庭推广到社会的普遍性。故而作者得出了内部适用的普遍性具有了外延的功能的结论。作者进一步论述了以家族交往为核心的村社熟人间的人际关系的建构，以及通过与本村落外的非同姓宗族结成姻亲，以姻亲关系而形成的这种更大的一种互惠性社会交往。亲缘关系的建立大大扩展了以家庭交往和统一村落熟人交往的界限，似的人际关系出现了横向建构，从传统以血缘家庭为内核的以人际和谐为前提的自我实现功能延展为可具普遍化的现代人际关系建构模式，即工具化和实用化的普遍人际关系。此外，作者在文中对人际和谐交往伦理基础进行了考察。作者指出，家庭与血亲关系内的稳定性是共同体最大的诉求，和谐就在这里成为一种原发性的内在要求。人们在扩展了的人际交往关系中，通过“拟亲化”或者“拟情化”等手段，在交往中仍然套用以家庭和血缘关系为内核的人际关系交往模式，故而和谐的总体性目标也相应地会传承和移植进来，人际关系中的和谐追求是相一致的。从个体存在论角度来说，个体通过交往中所体现的情理，通过对家、亲人、国家的义务的担当，通过自身道德修为与精神提升，在与自然、社会、自身的关系互动中找寻和谐，从而人的自我确证才能实现。最后，作者对于人际关系和谐的思维范式的现代转化行进了思考。作者认为，人际关系和谐的前提应是一种共在。没有共在的和谐，是无法达成的和谐。只有在“共在化原则”下，人际关系和谐才能实现。基于“共在化原则”的出发点，必然是合作的最大化选择。如果没有“共在化”前提下的合作与互惠的相互性要求，传统的人际交往关系就无法与现代人际关系承接并向现代人际关系转化。这种“共在化原则”是我们生存的更好的必然选择，是经过交往实践活动明证了的确切的生存论策略。

朱人求在《朱子和谐四重奏与当代社会》(《合肥学院学报(社会科学版)》2011 年第 4 期)一文中，从心和、人和、协和、中和，即身心和谐、人际和谐、世界和谐和天人和谐四个方面对于朱子的和谐观进行了论述。在人和方面，作者认为，社会和谐必须建立在民心和谐的基础之上，是身心和谐外化的结果。人和的内涵十分丰富，从两个人的和谐共处，到家庭的和睦、社会的和谐，乃至国家的长治久安都属于人和的范围，政通人和是构建一个理想的和谐社会的现实立足点。作者指出，朱子要求人们处世要以“和”为纲，谨守仁和礼的原则。人与人之间和谐相处首先要坚持仁道原则。同时，朱子指出，人与人之间和谐相处还必须坚持礼的原则。人们要谨守礼法，不偏不倚，无过不及，合情合理，这叫情正，这叫和。在朱子看来，人际和谐尤其是人伦的和谐可以说是人与社会健康发展的必要前提。

李聪亮在《承〈论语〉孝悌促社会和谐》(《鸡西大学学报》2011 年第 3 期)一文中指出，礼仪是人类为了维系社会的正常生活秩序而需要共同遵守的一种行为规范。它既表现为礼貌、礼节，又表现为道德修养。传统礼仪中有家礼，而家礼中又以父子之礼和兄弟之礼为重，《论语》即凸显出孝与悌这种家庭之礼的重要与可贵。“孝”是理念，它的外化方式之一就是礼仪。家庭礼仪可以维系和协调家人之间的关系，使之能和睦相处。如果孝悌最基本的功用是于己修身，那更进一步的价值就是良好地维系亲人之间的关系。人们只要具有珍惜亲情，关爱父母、兄弟、姐妹等亲人的正常情感，一般就能使家庭和谐。家庭的和谐不仅有利于家庭成员幸福生活，而且还会影响“一家仁，一国兴仁；一家让，一国兴让”。随着社会的发展，我们今天审视孝悌的眼光显然已不同于古代社会，从社会价值，伦理道德的角度看，它注重人伦关系的仁爱之心正是现代社会所需要。面对当前社会道德的下滑，社会要重视道德重建，为儒家孝悌观的承继提供良好氛围；父母们要言传身教，敬爱自己的双亲，为孩子树立榜样；加强青少年的道德教育，重建良好可亲的人伦关系。

郑万耕《〈周易〉的“太和”理念及和谐社会建构》(《北京师范大学学报(社会科学版)》2011 年第 5 期)一文中指出，《周易》不仅提出了有关“太和”的价值理念，而且要求人们，特别是各级的社会管理者，要切实加以实践，在现实社会生活中，努力去建构“天下和平”的和谐社会。这为我们建设社会主义和谐社会提供了有益的借鉴。在人与人的关系上，则提倡相互理解，承认价值观念、思维方式、生活态度、文化背景、个性习惯的不同，不能事事以我为中心，党同伐异。

陈晋红在《传统和谐观及其当代价值》(《青海民族大学学报(教育科学版)》2011 年第 201 期)一文中指出，在人与人的关系上，传统的“和”的哲学的思想较为丰富，形成了系统的道德学说。在价值目标上,传统“和”的哲学提出了“和为贵”的价值观,主张采用差异共存、矛盾和解的思维方式去处理人们之间的矛盾,形成了处理人际关系的系统的伦理规范。在绵延几千年的历史发展中,传统“和”的哲学创立了一整套的旨在促进人际和谐的伦理规范,其主要范畴有仁爱、重义、循礼、尚智、诚信。仁爱是儒家学说的核心范畴,它已经成为中华民族道德精神的象征。在中华民族的传统道德中,仁爱不仅是最基本的品德,而且是最普遍的道德标准,是处理人际关系的最重要的理念。“义”的内涵虽然是应该、当然的意思,但用什么标准来判断它,则是一个悬而未决的问题。在此问题上,有人认为存在着两种貌似对立的观点。但是,事实上,两种标准并不存在本质的分歧。第一种标准就是儒家的观点。认为,“义”应当是人之所以为人的东西,反对个人“私利”。第二种标准就是墨家的观点。认为,“义”应当是人民之大利或人群的公利。儒家从否定方面所揭示的和墨家从肯定方面所阐述的实际上是一致的。在“义”和“利”的关系问题上,儒家和墨家观点的结合就是:“义”大于“利”而与“公利”并举。这已经成为传统“和”的哲学的基本观点。董仲舒继续发展,提出了“弃私利而兴公利”的观点,这对于调节人们的关系发挥了积极的作用。传统“和”的哲学崇尚循礼,认为礼是人之所以为人以及立身行事的根本。正是在这种循礼思想的熏陶之下,中华民族历来有礼仪之邦的美誉。循礼主要是指讲礼貌、重礼仪、尚礼让的优良传统。首先,古人主张和人交往要注重容貌打扮,言谈举止,待人接物要文明得体。其次,要重礼让。“智”指知识、智慧。崇尚知识和智慧是中华民族的传统美德。在传统“和”的哲学中,“智、仁、勇”历来被视为三大德。如果说“仁爱”是一种美好的心理愿望和行为,那么知识与智慧则是实现这种心理愿望,实现仁爱的工具与手段。诚信与传统“和”的哲学对政治主体的“诚明”的伦理道德规范有一致的地方。所不同的是,诚信作为调整人与人之间社会关系的道德规范具有普遍性。作为中华民族的传统美德之一,诚信包括“诚”和“信”两个方面。诚的含义指真实无妄,既不自欺,也不欺人。传统“和”的哲学关于调节人与人的关系的思想是十分丰富的。这些思想在中国漫长的封建社会的发展过程中发挥了稳定和巩固社会秩序的积极作用。

吴旻在《传统伦理对于构建和谐社会的价值》(《华北水利水电学院学报(社科版)》2011年第5期)一文中指出,传统伦理中的很多内容对于当代中国和谐社会建构具有借鉴价值。“仁”是和谐社会政治和道德追求之理想。首先,仁者爱人。孔子以“爱人”解释“仁”,“仁”作为一种普遍的伦理原则,体现为一种含有多层次的“爱”的道德要求。它不仅要求爱亲人,而且要“泛爱众”即博爱众人,这正是“仁”学进步的重要体现。其次,以人为本。孔子的“仁”是以人为本的,无论贵族还是民众甚至是奴隶,他所关心的是作为个体的人的生命。再之,为政以德。传统伦理主张执政者自己道德品行的好坏,直接决定全社会的道德风尚,坚决反对人殉及以佣代人殉葬,提高奴隶民众德地位,调和君民矛盾,提倡为政公平和清廉。最后,忠恕之道。即“己所不欲,勿施于人”,故“己欲立而立人,己欲达而达人。”这种仁爱标准是建立在人心相通,人欲相近,人格平等,人与人要将心比心这样朴素而重要的思想基础上。这正是体现“仁者爱人”的心境,从而达到人与人之间相互理解、尊重、友爱、宽容。“己所不欲,勿施于人”这条黄金伦理法则现已被世界人们所推崇,具有全人类的普遍价值。

董金凤、张波在《儒家的“大同观”与现实的“尊严论”》(《河北青年管理干部学院学报》2011年第3期)一文中指出,“大同”思想的核心元素就是平等,能把别人看作是和自己一样的独立而完整的人，没有欺骗，没有压迫，人与人之间相互诚信与相互尊重，这就是儒家平等的精神。“尊严论”的思想凝聚彰显出对民众的人权、生存权和发展权的新阐释，从儒家“大同观”中对物质层面的关注，转变到更加尊重人的全面发展，更加关注民众更高层次的精神需求；从“大同观”中对超现实的理想社会的憧憬，转变到对现实社会公平和正义的追求；从“大同观”中对和谐理念的泛概念化，转变到现实社会谋民之利、解民之难、排民之忧、扶民之危的确指化。“大同观”和“尊严论”具有积极的现实意义。“大同观”和“尊严论”的思想基础为当今社会和谐人际关系确定了可资借鉴的标准。“大同观”中所体现的中庸思想方法论，既可进一步协调人与人的关系，也可用于和谐人与自然的关系。实现怡然自得的理想大同社会，需有优美的自然环境，人与自然的关系是和谐的。“中庸者，以其记中和之为用也；庸，用也。孔子之孙子思作之，以昭明圣祖之德也”。可见，“中庸之道”与和谐社会的要求是相一致的，中和为用强调“和”，忠恕之道强调不欺人和不强加于人，“五达道”的实现必定是人际关系和谐的社会，达到“三达德”的人以仁义为中心，以智勇为两翼，是为人中极品，其所处理的关系必定是四平八稳，左右逢源，和谐至极。“尊严论”则是真善美的价值在人本身的转变，尊严是人的自我意识，是对他者的存在的自我折射。我存在于他者的不触犯，不亵渎，不侮辱，不攻击的友爱之中，我才有尊严。同时，我也不侮辱他者，不攻击他者，才能保持他人的尊严。孔子说“己所不欲勿施于人”，这就是尊严的法则。

张排房在《儒家和谐思想与现代和谐社会》（《语文教学通讯》2011 年第 6 期）一文中指出，儒家和谐思想在中国有着悠久的历史，是中华文化的精髓。儒家将“和谐”思想应用于处理人与人之间的关系，力求人与人之间的和谐。孔子提出“礼之用，和为贵”即礼制最为可贵的作用是营造和谐有序的秩序，孟子提出“天时不如地利，地利不如人和”，即要想做成事情，最重要的是人与人之间的和谐关系。因此我们假设和谐社会要建立长远的理论战略，培育和谐人际关系。一个社会要和谐，就必须有共同的价值目标和行为规范，要求全社会成员共同遵守，才能形成良好的社会风尚。和谐文化是人民群众共享的文化。所以，必须坚持以人为本、尊重他人、尊重群体，满足人民群众的精神文化需求，充分调动人民群众的积极性、主动性、创造性，使全体公民在“文化共享”上各得其利，在“文化创造”上各尽其能，建立诚信友爱的和谐人际关系。

韩美群在《宋明理学和谐思想探微》（《武汉理工大学学报（社会科学版）》2011 年第 5 期）一文中指出，宋明理学在儒学的基础上实现了“儒、道、佛”三教的融合与会通。学界曾对宋明理学中理气关系、心理关系、心性关系以及知行关系等问题进行了普遍探讨和争论。从和谐的视角来看，过去人们简单地批判“理本论”而肯定“气本论”的观点，以及片面地评价“心本论”、“知行观”的做法都是较为偏颇的。宋明理学从三个方面进一步深化了中华和谐思想：一是“理本论”、“心本论”和“气本论”三大学派从哲学本体论上深刻论证了宇宙和谐和天人和谐的思想；二是以心性论为重点深化了儒家的心性本体和心性修养的思想，为自我和谐奠定了理论基础；三是以知行关系为主线，从不同角度揭示了知与行的内在和谐统一与人际和谐的关系。在人与人的关系方面，以知行关系为主线，宋明理学家从“知先行后”、“行先知后”、“知行合一”等不同角度探讨了认识中的理论与实践的辩证关系，揭示了知与行的内在的和谐统一关系以及人际和谐的关系。从认识和实践的多维的全面的关系来看，这三种知行观都内在地构成这一关系总体的一个必要环节，只有在扬弃的基础上形成的“合题”，才较为真实和全面地反映了人类认识和实践，即知与行互为前提，互为条件，相互渗透，相互促进的和谐的辩证统一关系，从而真正揭示整个人际的和谐观。

苏振武在《我国传统文化的现代价值选析—张载〈西铭〉的和谐思想及其现代价值》（《价值工程》2011 年 16 期）一文中指出，中国传统文化孕育着丰富的和谐思想，中华文明本质上就是一种“和”的文明。回眸传统，挖掘那些积极的和谐思想，对于构建和谐社会具有重要的实践意义。张载在《西铭》中以人与社会、人与自然、人与人如何相处来观察社会，从儒家的本根发生学上为当下社会和个人提供了一个理想范式：如何达到“天人合一”，如何做到“民胞物与”，具有丰富的和谐思想。在人与人的关系方面主要表现就是“民包万物”的思想。“民胞物与”思想是建立在“天人合一”思想基础之上的，反映了张载对天人关系认识的新的高度和水平，主张万物、万事、人人之间的平等和谐相处。张载在《西铭》中构想的社会十分美好。在这个社会中，人人互相亲爱，大家和睦相处，既无等级差别，又无尊贵之分，还能把别人能当成自己的兄弟姐妹。这正是从“天人合一”的和谐相处思想进而升华为“民胞物与”的和谐共融思想。最后作者提出了《西铭》和谐思想的现代价值。认为在《西铭》中，从“民吾同胞，物吾与也”一直到“凡天下疲癃残疾，鳏寡孤独，皆吾兄弟之颠连而无告者也。于时保之，子之翼也；乐且不忧，纯乎孝者也”，可以看出，张载强调的是不管是贤人还是圣人，甚至是遭遇各种不幸的人都应该以兄弟相称。即一方面应把他人看成同自己相同的人；另一方面还要将他人看成是自己的骨肉兄弟。这不但是一种美好的信念和高尚的情怀，更是对儒家“爱人”思想的一种继承。

孔子提出“和为贵”、“泛爱众”，“四海之内皆兄弟”，他所向往的是“大同之世”，也就是“人不都亲其亲，不独子其子，使老友所终，壮有所用，幼有所长，鳏寡孤独废疾者皆有所养”。孟子主张“老吾老以及人之老，幼及幼以及人之幼。”《礼记·礼运》讲“圣人耐（能）以天下为一家，以中国为一人。”张载的“民吾同胞”说与它们有一定的渊源关系。其实，儒家所提出的此种爱还要推己及人以及从近到远，这就明显地表现出儒家道德理想主义的品格。此种爱可谓一种人生境界，其意境十分高远，张载在以往圣哲的基础上继续追求仁，追求礼，他所提出的“民胞物与”思想，就是以一种人道主义情怀来观照宇宙，增强了对宇宙的归属感和认同感。这就为我们当今社会提供了处理人际关系的范式，如果能有这种“民胞物与”的品质与情怀，那么，人与人、人与社会、人与自然之间的关系将会更为和谐。

杨继学、杨明媚在《先秦儒家的和谐思想及其当代价值》（《河北学刊》2011 年第 201 期）一文中指出，先秦儒家经典中包含着十分丰富、深刻的和谐思想，涵盖了人自身的和谐、人与人的和谐、人与自然的和谐等方面。深入挖掘其中的积极因素，摒弃其时代和阶级的局限，继承其思想精华，对于今天矫正现实生活中的人性扭曲、道德失范，实现人的自由全面发展，具有重要理论价值；对于坚持以人为本，构建社会主义和谐社会，具有借鉴意义；对于解决当前全球性的环境、资源、生态问题，具有重要启示意义。在人与人的关系方面，作者指出在先秦儒家看来，人与人的诚信、仁爱、友善是社会和谐的前提。他们极力宣扬君仁臣忠、父慈子孝、夫敬妇从、兄友弟恭、朋友有信等道德规范，认为每个人都应依据自身所担当的社会角色，恪守这些规范，履行一定的义务，从而维系社会正常有序的运转，达到社会的和谐稳定。为此，孔子明确提出了“礼之用，和为贵”的处世原则，即礼的运用以和谐为标准。这里的“礼”是协调人际关系的行为模式，是成就和谐的方法和途径，而“和”则是“礼”的目的和标准。孔子十分注重人际关系的和谐。他认为,“仁”是维系社会关系融洽和谐的根本,而“仁”的核心是“爱人”,“仁”的方法是推己及人,即“己所不欲,勿施于人”。在人与人的关系上,孟子也大力倡导尊老爱幼、尽忠尽责、诚信友爱的社会风气,强调“老吾老以及人之老;幼吾幼以及人之幼”。他认为,只有处理好父子、君臣、夫妇、长幼、朋友等这些最基本的人际关系,才能实现社会的和谐有序。另外,孟子还提出了“不患寡而患不均”的社会公平思想。这些思想对于缓解社会矛盾,和谐人际关系,维护社会稳定无疑具有重要作用。先秦儒家的“和为贵”、“仁、义、礼、智、信”、“忠恕”、“孝悌”等人伦和谐观中的有益因素,对于克服现实生活中人与人的冷漠、疏离、对立状态,整合社会关系,缓和社会矛盾,增进社会的亲合力、凝聚力,其积极意义是显而易见的。另外,先秦儒家的“善政”、“善教”等思想,对于今天以法治国和以德治国,坚持以人为本,促进社会的和谐稳定也具有重要的借鉴意义。

范中峰在《先秦儒家人格修养观的当代价值》(《天水行政学院学报》2011 年第 201 期)一文中指出,先秦儒家人格修养观可以说是一个完整的理论体系,具体内容和理论水平都达到一定的高度。先秦儒家人格修养观有利于建立良好的人际关系。先秦儒家人格修养中的“仁者爱人”、“己所不欲,勿施于人”、“推己及人”等思想对于现代人际关系的确立、调节有着重大的借鉴意义。“仁者爱人”就是要求人们把爱亲之心扩展与扩充,达到“老吾老以及人之老,幼吾幼以及人之幼”,以仁爱之心对待一切人,建立人与人之间的相亲相爱的和谐人际关系。不要太过于功利主义,把人与人之间的关系看成是赤裸裸的金钱关系。做到“己欲立而立人,己欲达而达人”(《论语·雍也》),就能做到将心比心,自己想要立住,必须使别人立住;自己希望显达,须使别人也能显达。这可以理解为我们现在所讲的关心、平等、互利思想。“己所不欲,勿施于人”(《论语·颜渊》),即自己不想要的,不强加于人。《大学》中的阐述是:“所恶于上,毋以使下;所恶于下,毋以事上。所恶于前,毋以先后;所恶于后,毋以从前。所恶于右,毋以交于左;所恶于左,毋以交于右。此之谓絜矩之道。”可见,推己及人,即将自己内在的仁爱之情推衍于外,以行为主体自身的利益和需要推断他人的利益和需要,进而以此为行为取舍的标准。总之,如果我们能将先秦儒家人格修养中的“仁者爱人”,“己欲立而立人,己欲达而达人”,“己所不欲,勿施于人”,“推己及人”等思想运用于我们的人际交往中,就一定会建立起一个人与人之间相亲相爱、互相关心、互相帮助的和谐的人际关系。

吕星星在《儒家和谐思想及对高校图书馆管理的启示》(《河南科技学院学报》2011 年第 3 期)一文中指出,儒家主张忠恕仁爱追求人际和谐。“和”是儒家思想的精髓,强调人际关系要以仁义道德为基本准则。儒家倡导通过“仁”的德性修养将作为外部约束的“礼”内化为自觉的道德规范,达到仁者的境界,实现人际关系的和谐融洽。作者指出儒家的“人和”思想对于提高图书馆的协作精神具有积极的推动作用。“人和”在管理中的作用,可以分成两个层面,它的低层面的作用在于能够化解人际关系的紧张与冲突,有利于图书馆的稳定。它的高层面作用是指馆员间通过彼此的理解和沟通,实现同心同德、相互协作。这是图书馆伦理道德的理想境界。

范艳敏在《透过孔子的师生观看和谐师生关系的构建》(《产业与科技论坛》2011 年第 8 期)一文中指出,师生关系是一种特殊的社会关系和人际关系,是教师和学生实现教育目标,以独特的身份和地位通过教和学的直接交流活动而形成的多性质、多层次的关系体系。良好的师生关系不仅是顺利完成教学任务的必要手段,也是师生教学活动中价值、生命意义的具体体现。孔子私学中的师生关系，是值得敬慕和学习的。孔子对学生坦率真诚，学生对孔子敬爱尊重，在和谐师生关系构建方面为我们树立了学习的榜样。孔子有关师生关系的论述只要有：学而不厌、诲人不倦、以身作则、尊师重教、有教无类、因材施教、教学相长等，这些思想在现在仍具有积极的借鉴意义，对今天构建和谐的师生关系具有积极的指导意义。

## 三、关于墨家人际和谐思想的研究

吴先伍在《墨子哲学中的他人》（《井冈山大学学报（社会科学版）》2011年第201期）一文中指出，墨子哲学思想核心是兼爱，"兼"的整体性的内涵就意味着我与他人之间具有无法分割的紧密联系，而这种联系也就决定了我必须没有等差地去"爱"所有的他人，并为了他人的利益而奋斗。而实现爱利他人的根据和保证则是"天志"与"鬼神"。作者在文中通过对"仁"与"兼"进行解释，指出，"兼"与"仁"一样，都处于我与他人之间，都涉及到自我如何认识对待他人的问题，所以讲"兼"同样离不开他人。在墨子那里，"兼"不仅仅是指处于两个或两个以上的人或物之间，而且这两个或两个以上的人或物构成了一个整体。"别"与"兼"相对，墨子的一个重要目标就是"兼以易别"，那么，"兼"必然强调我与他人之间的整体性与不可分性，从而要求人们做到"强不执弱，众不劫寡，富不侮贫，贵不敖（傲）贱，诈不欺愚"，甚至要求人们做到"为彼犹为己也"。作者在此基础上指出，与"别"必然导致我对他人的"恶"与"贼"不同，"兼"必然导致我对他人的"爱"与"利"，所以，在墨子那里，"兼"与"爱"合而为一即"兼爱"。在墨子看来，其所生活的时代并非没有爱，而是人们所推崇的都是一种狭隘的爱，从而造成了我与他人之间的冲突。墨子所主张的"兼爱"则是一种博爱，奉行的是"爱无差等"的原则。兼爱作为一种美好的道德品行，不能仅仅停留在理论上，而要落实到行动中。必须从一个行为的动机与效果出发，来判断一个人是否具有仁爱之心，是否仁义之人，一个理论是否符合"爱无差等"的兼爱原则。兼爱不是一种空洞的理论，不是一种没有实际内容的爱，而是要现实中为社会他人带来实实在在的利益。墨子所讲的"利"是他人的利益，"天下之利"，而非自我的利益，这便是一种道德或者义。作者进一步指出，墨子从形上的"天志"出发，为爱利他人寻找理论基础。墨子认为在现实当中，找不到爱利他人的形下根据，故而转向具有超越性的形上之域，到那里去寻找一个仁者作为自己的效法与模仿的对象。墨子认为，人们应该加以效法模仿的对象就是"天志"。墨子借助天志以推行兼爱理论，敦促人们去爱利他人，从而从形而上学的天道出发，为现实的人道提供超越性的基础。

江秀玲在《墨子的"兼爱"理想与和谐社会建设》（《理论导刊》2011年第11期）一文中指出，墨家以"兼爱"为核心的思想体系，蕴涵着人际关系友爱和谐、社会环境安定有序、社会成果平等分享的思想精华。墨家"兼爱"思想，对于促进和谐社会建设，有着积极的借鉴价值。在文章中作者论述了墨子"兼爱"理想中的社会和谐的具体内涵。第一点便是人际关系的友爱和谐。墨子认为，人际之间互爱，则无"祸篡怨恨"，生活和谐，幸福美满。而战国时期社会之所以失范，在于人与人之间不相爱，与之相随者，私利亦是乱世之因。墨子强调"兼爱"，"兼爱"是无等差的，亦即博爱。墨子将把"兼相爱"与"交相利"联系起来，使爱与利贯通起来完成。兼爱的具体实施就是用客观上给对方"利"来实现主观上给对方的"爱"，使"利"成为爱的载体，爱与利融为一个有机的整体。"兼相爱"并不否定自爱，而是把自爱与相爱结合起来"；交

相利”也不是鄙视自利，而是力求使自利与互利两不偏废。墨子用“利”使“爱”变得具体，又用“爱”赋予“利”道德的内涵。

张一强在《墨家“兼爱”思想与和谐社会构建》(《学术探讨》2011 年第 3 期)一文中指出，墨子“兼爱”思想既是一种伦理道德，其实也是政治观念。“兼爱”的最终结果就是达到他所倡导的一个极爱自己又爱别人，没有战乱，没有纷争，充满着爱的一个社会，其实这个社会就是他所向往的古代和谐社会。墨子的“兼爱”思想反映在“以人为本”中就是强调人与人之间的和谐。他说：“天下之人皆相爱，强不执弱，众不劫寡，富不侮贫，贵不傲贱，诈不欺愚。凡天下祸篡怨恨可使毋起者，以相爱生也，是以仁者誉之。”可见，只有“兼爱交利”，不分等级，不分亲疏，尊重社会上每一个人，才能建立一个和谐社会，比墨子晚约一百年的孟子也说：“民为贵，社稷次之，君为轻”。也是强调和体现了民本主义的思想。中国人历来重视维持和谐的局面，维护整体的利益，保持君臣尊卑关系，但民本主义思想却淡薄，墨子重视社会上每一个人，还在“兼爱”的基础上提出了“尚贤”重视人才，有能则举之。也可见墨子思想对中国文化的贡献。

韩丽红在《周敦颐和谐思想及现代价值反思》(《牡丹江师范学院学报(哲社版)》2011 年第 2 期)一文中指出，在社会层面周敦颐主张人与人的“和谐”。在周敦颐哲学思想中，论证最严密推本最深远的有两方面理论：一是“无极而太极”宇宙论；二是溯源于“诚”的伦理道德观，这是构成周敦颐哲学思想的两大支柱。周敦颐十分重视道德对实现人与人和谐的作用，他认为：“天地间至尊者道，至贵者德而已矣。至难得者人；人而至难得者，道德有于身而已矣。”他以仁义礼智信为道德的主要范畴，提倡用中正仁义伦理道德沟通人与人之间的“天人合一”，在社会层面上形成人人和谐的稳定局面。一方面，周敦颐提倡“仁”。仁是其道德论最主要的范畴。周敦颐希望通过“爱人”之仁、无私之仁来建立人与人之间的和谐统一的利益关系。另一方面，周敦颐追求“中”。周敦颐认为，“圣人立教”的根本宗旨是要求人们以仁爱之心对待一切人，建立人与人之间的互帮互助、互尊互敬的和谐人际关系。

## 四、关于中国传统和谐思想与人际和谐的综合研究

汪怀君在《儒道释伦理精神与当代社会和谐交往》(《广西社会科学》2011 年第 2 期)一文中指出，中国正处于现代化进程中，面临着工具理性至上、唯科学主义思潮泛滥、信仰和理想失落等问题，无论是宏观的社会交往还是微观的人际交往都受到了一定的侵蚀。中国传统伦理文化中，儒家、道家、佛教都有着丰富的交往伦理思想，儒家的“仁爱诚信”、道家的“自然无为”、佛教的“慈悲利他”，三宗交往伦理精神在互动中相融互补、共生共长，可以为当代社会交往问题的解决提供价值导引。儒道释伦理精神有利于人与人之间和谐交往关系的构建。儒家交往伦理的基本思想就是要在处理人际交往关系时，充满仁爱之心，与一切人友善相处。仁爱落到实处，就要行交往的忠恕之道，也即诚以待人与宽恕容人之道。佛教的慈悲利他精神是建立在平等原则基础上的，鼓舞人们以赤诚的慈心、爱心、同情心、恻隐之心和怜悯之心去关爱众生、关爱宇宙万物，以慈悲柔和的心怀去体谅他人、帮助他人。这种利他思想在社会存在贫富差别悬殊、弱势群体生存艰难的情况下，对于化解人与人之间的矛盾，促进人际交往关系的融洽都具有非同寻常的现实意义。

唐镜在《中国传统和谐思想导论》(《吉首大学学报(社会科学版)》2011 年第 2 期)一文中指出，和谐观念是中国传统文化中的核心观

念，它既是一种哲学思想，又是一种政治思想。中国传统和谐思想包括天人和谐的哲学价值观、天人和谐的政治思想、天人和谐的自然生态观和以仁者爱人为基础的以己度人、推己及人、成己成人的人际关系和谐，同时还包括君臣和谐、君民和谐、社会政治结构和社会等级秩序的和谐。在论述人与人的关系时，作者指出人际和谐思想的核心就是孔子提出的“仁者爱人”。“仁者爱人”的具体解决方式和实现形式就是“忠恕”之道。它是中国传统文化、特别是中国传统道德的核心内容之一，是我们文化传统中比较优秀，且很有积极意义的层面。它包含了对人的尊重，对人的权利的尊重，对人的个性、爱好、选择的尊重。主要表现在三个方面：一、以己度人的群体认同观念. 中国传统思想形式中的基本要素之一，就是要将人与人之间的一切冲突的成份都融入到一种普遍和谐之中。因此，忠恕之道在处理人际关系时，首先要求人们以己度人，不仅以承认人们有共同的情感需要为前提，而且要求对这种情感采取肯定的态度。二、推己及人的道德平等观念。中国传统文化虽然在政治制度上是封建等级制，但在道德领域却主张独立人格，有一种道德平等意识。这种道德平等观念主要体现在忠恕之首的推己及人上。三、成己成人的协同发展观念. 成己成人是以己度人和推己及人的归宿。也就是说，一个人不仅要看到别人具有与自己一样的情感和需要，不仅应该承认别人具有实现与自己同样要求的权力，而且还要尽力帮助别人实现其要求。这就是所谓的“己欲立而立人，己欲达而达人”。“己欲立”，必须归结到立人，“己欲达”必须归结到达人；通过立人才能自立，通过达人才能自达。这是中国传统文化对于人们成己成人途径的设计，也是实现人际和谐的出发点和落脚点。以忠恕之道为核心的人际和谐思想，它并不仅仅只是一种处理人际关系的原理和方法，更是包含人类一切行动、目的以及方法的“道”，是达到普遍和谐的推动力。

杨昕在《中国传统文化的和谐思想及其当代价值审视》(《社科纵横》2011 年第 3 期)一文中指出，中国传统文化源远流长、博大精深，蕴含着丰富的人格和谐、人际和谐、社会和谐、生态和谐以及世界和谐思想。在儒释道等名家流派的思想体系中，都有着追求和实现“和谐”的思想内涵和精神境界，“和谐”的人文意蕴和伦理旨趣构成了中国传统文化的内在品质和特征。这些在漫长的历史发展进程中所形成的和谐思想，反映了人们对美好生活的热情向往和精神期冀，为我们在今天树立科学发展观、构建和谐社会提供了可资借鉴的宝贵思想资源。在论述人与人的和谐时作者指出，在人与人的关系上，中国传统文化历来强调以宽和处世的原则来协调人际关系，创造“人和”的人际环境，从而形成和谐的人际关系。“人和”是儒家思想处理人伦关系的价值目标，以孔孟为代表的儒家思想提出了以“忠恕”为核心的处理人际关系的基本原则，即“己所不欲，勿施于人”(《论语·卫灵公》)、“己欲立而立人，己欲达而达人”(《论语·雍也》)，儒家正是以“忠恕”之道为途径来调整人与人之间的权利与义务关系，从而实现人际和谐的。墨家则提出了体现博大胸怀的“兼爱”思想，要求打破贵、贱、富、贫、强、弱的界限，不分远近、亲疏，倡导以“爱人若爱其身”(《墨子·兼爱上》)的精神来实现人际和谐。对于人际关系，佛教则倡导人与人之间的相互亲近、相互尊重、彼此帮助、彼此依赖的关系，强调“人民和顺不相克伐”、“欢悦和谐犹如水乳”、“一切众生慈心相向，甚有爱念，皆悉和顺”；对于人际之间的相互冲突，则提倡“众生好斗诤者，和谐别离，广令安隐”，并认为“和合众生斗诤，令得安隐”的功德超过尊敬法师的功德千万亿倍。中国传统文化中儒家提出的“忠恕”之道、墨家提出的“兼爱”思想等人际和谐思想所倡导的仁爱、谅解和宽容精神，对于我们处理好现代社会的各种人际关系，形成良性互动的和谐人际环境、创造良好的社会氛围非常有益。这些思想对于我们在构建和谐社会进程中发展和谐人际关系提供了方法论上的指导。

李明国在《中国传统文化对建设和谐社会的影响》（《文史哲》2011 年第 4 期总第 324 期）一文中指出，中国传统文化是中华文明演化而来的，具有历史悠久、内涵博大精深等优点，其追求和谐、兼容并蓄、见利思义等主要内涵，对国家的稳定、企业的发展以及个人的思想起到了很好的引导作用。儒、道、释三家，是中华传统文化主体。实践证明，中国传统文化的思想为和谐社会的构建起到了不可估量的作用。在论述人与人的关系时作者指出，中国传统文化在人与人的关系上主张和而不同，寻求人与人之间在保持差异的基础上达成统一与和谐。我国传统文化崇尚和谐、追求和谐，但这种和谐并不等于无原则的调和，更不等于泯灭差别的同一，而是“和”与“不同”的统一，是“和而不同”。“道始于情，情生于性”是指感情是人与人关系建立的基础，感情是人本性所要求的，孔子中“仁学”的出发点正是感情。“仁爱”品德是人本身所具有的。孔子在对“仁”的解释中，已有关于“仁政”的思想。孟子发挥孔子学说，明确提出“仁政”的主张。“仁政”是孟子政治思想的核心。“仁政”是由孟子首先提出来的，从纵的方面来说，孟子的政治思想是对孔子“为政以德”思想的继承与发展；从横的方面来说，孟子的政治思想是从他的人性理论发展而来，人都有不忍之心，实行于政治方面，就是不忍之政，即仁政，有时也称“王道”“王政”等。“仁政”是实现和谐社会的关键思想。

陆卫明、李红在《中国传统文化精神对和谐社会建设的价值》（《西安交通大学学报（社会科学版）》2011 年第 5 期）一文中指出，文化精神是指一个国家民族文化中占主导地位的价值观念与行为特征的总和，从文化精神入手研究文化问题是一个重要的方法论原则；研究中国传统文化精神首先要研究制约中国传统文化形成与发展的外缘与内因；中国传统文化的基本精神主要包括以人为本、崇德重义、持中贵和、实践理性四个方面；创造性地开挖利用中国传统文化精神资源对当今中国和谐社会建设的价值，主要体现在对社会稳定、政治民主、经济发展、精神文明与生态文建设等方面的作用。在人与人的关系上，十分强调人际关系的协调。以儒家为主干的传统文化倡导的“和为贵”、“老者安之，朋友信之，少者怀之”的人际关系理想，“仁者爱人”，“己欲立而立人，己欲达而达人”、“己所不欲，勿施于人”的忠恕之道，“诚者，天下之道也，思诚者，人之道也”、“人而无信，不知其可也”的诚信原则，“不知礼，无以立”的交往礼节，等等，至今仍然是处理各种社会关系的重要准则，这对促进人际协调、家庭和睦、社会和谐等等均有重要价值。

何涛在《中国古代和谐思想及其当代意义》（《文化论丛》2011 年第 201 期）一文中指出，古人对和谐的理解是多方面、多层次的，是一种大和谐：“天人合一”是人与自然的和谐；“人和”是人与人的和谐；“吾善养吾浩然之气”是人自身的德性之和谐；“万邦协和”是国与国之间的和谐。在人与人的关系方面，中国古代社会提倡宽和处世，协调人际关系，创造“人和”的人际环境，追求以形成和谐的人际关系为主题的大同社会。《礼记·礼运篇》说：“大道之行也，天下为公。选贤与能，讲信修睦，故人不独亲其亲，不独子其子，使老有所终，壮有所用，幼有所长，矜寡孤独废疾者，皆有所养。男有分，女有归。货，恶其弃于地也，不必藏于己；力，恶其不出于身也，不必为己。是故，谋闭而不兴，盗窃乱贼而不作，故外户而不闭，是谓大同”。孔子说：“君子和而不同，小人同而不和”。又说：“君子矜而不争，群而不党”。孟子所说“天时不如地利，地利不如人和”，更是把“人和”看得高于一切。儒家强调人际关系“以和为美”，提出的仁、义、礼、智、忠、孝、爱、悌、宽、恭、诚、信、笃、敬、节、恕等一系列伦理道德规范，其目的就在于实现人与人之间的普遍和谐，并把这种普遍的“人和”原则作为一种价值尺度规范每一个社会成员。这对我们当代社会处理人际关系具有积极的借鉴意义。

## 五、关于马克思主义人际和谐思想的研究

谭双泉、陈金美、卢月辉在《论马克思人际关系和谐思想及其当代价值》（《湖南师范大学社会科学学报》2011 年第 5 期）一文中指出，马克思通过亲身参加社会实践，对人际关系和物质生产之间的联系进行了深入的考察；揭示了旧社会人际关系的异化；指出了人际关系和谐的本质；提出了建立新型人际关系的思想。马克思从商品交换、资本入手分析了人与人之间的关系，认为商品交换实质上是一种在物的形式掩盖下的人际关系的特殊经济关系。马克思进一步指出“劳动异化”是私有财产的直接原因。在此基础上，马克思认为，人际关系和谐是人的生存、发展的客观需要。同时，人际关系和谐有利于自身发展。人际关系和谐是社会和谐的重要体现。作者进一步指出，马克思唯物史观认为，人际关系是建立于物质生产实践活动基础之上，首先表现为物质交往关系，是在一定历史条件下的个人之间在物质上的互相约束、互相作用、彼此联系、共同发展的活动及其形成的相互关系的统一。物质交往决定精神交往，人与人之间的关系首先处决于物质关系，由物质交往关系决定精神关系，决定政治、法律、道德、文化关系。故而作者认为，人际关系和谐本质上是物质生产实践活动的和谐。同时，由于人际关系表现形式多样，作者认为，人际关系和谐就是实践性和社会性的统一，人与自然的和谐和人与社会的和谐本质上就是人际关系的和谐。在人际关系和谐的构建方面，作者指出，马克思洞察到不合理、不和谐的人际关系是资本主义私有制的社会制度造成的，并提出了推翻这种人际关系不和谐的社会制度的“物质力量”——无产阶级。在马克思看来，未来人际关系将走向共产主义。通过分析马克思关于人际关系和谐的思想，作者认为发展经济要注重人际关系和谐。其次，现实社会生活实践要注重人际关系和谐。最后，人际关系和谐要注重教育。

# 人与自然的和谐

修建军　傅良波

如何引导人类把尊重、爱护自然转化为内心的道德律令，自觉地顺应自然、师法自然、亲近自然，真正达到人与自然的和谐统一，是学术界长期以来关注的一个焦点问题。道家的道法自然、儒家的"天人合一"，都是研究的重心所在。

## 一、关于道家人与自然和谐思想的研究

葛荣晋《"道法自然"与生态智慧》(《中共中央党校学报》2011 年 10 月)一文中指出，道家的"道法自然"思想，能够为现代人正确处理人与自然的关系提供新的哲学根据，用以补充和修正西方长期以来流行的"天人对立"的思维模式，引导人类把尊重、爱护自然转化为内心的道德律令，自觉地顺应自然、师法自然、亲近自然，真正达到人与自然的和谐统一。这也是"道法自然"生态思想的现代社会价值所在。《老子》曰："人法地，地法天，天法道，道法自然。"这里所谓的"自然"有三层涵义：一是形容"道"和宇宙万物的"本然如此"、"自然而然"的天赋状况；二是指"道"和宇宙万物的"天性"、"本性"或"真性"；三是指"道"和宇宙万物因其自然本性而具有的存在形式与活动规则。它是"道"和万物的最根本的法则，宇宙间的任何事物都要受到这一法则的制约。根据这一价值观，老子提出了他的生态环保思想：从正面上，要求"以天合天"，就是以人之自然本性"以辅万物之自然而不敢为"。(《老子》六十四章)即人只能辅助成全天地万物的自然本性，强调人类改造自然要遵循因性而行，顺性而动，切不可为了达到某种人类功利目的而妄为而强为；从反面上，要求"无以人灭天"，即不能按照人的私欲和主观愿望去随意地改变自然。天地万物都有其自然本性及其生存方式，不可按照人的私欲随意加以改变，人的行为应当合于自然，顺乎性命之情。如何才能做到呢？道家认为，要"治人事天莫若啬"(《老子》五十九章)即只有以"啬"(简朴、节约、珍惜)的精神修身治人和敬畏自然，"返璞归真"，才符合于"长生久视之道"，从而达到天人和谐的境界。在现代市场经济社会中，则应大力提倡与宣传"崇尚简单生活"的理念。

程远在《〈道德经〉对构建和谐社会的借鉴意义》(《理论导报》2011 年第 1 期)一文中指出，老子在《道德经》中从不同的角度阐述了他关于"和"的思想，其中在合理的人与自然关系

上，老子秉持“人法地、地法天、天法道、道法自然”的观点。文章首先对《道德经》中的“天”、“地”、“道”、“自然”等概念做了界定，指出“道”有着非同一般的意义，它既可以被看作其他是万物之始，即本源，也可以是整个世界的最根本的规律。“道、天、地、人”四者组成四个阶梯，“道”为最上，“人”为最下，老子认为位于序列底部的人类不仅仅要遵守“地”，更要按照“天”“道”的规律来办事，否则这个世界必将乱套。同时文章也指出，老子认为世间万物都是有阴阳两面的，二者既相互依存又相互对立，当它们达到一个彼此平衡的状态时，便孕育出所谓的和谐。在对待矛盾时，最合理的做法就是保持其内外的平衡，使之达到“和谐”的状态。“天道”通过维持万物间的平衡来达到自然和谐的状态，相比之下，人道则是恰恰相反，减损不足的来增加事奉有余的。在这里，老子又一次告诫人们，面对自然的时候，千万不可用人类社会的习惯来行事，因为二者的规律是完全相反的。自然有它的规律及其本真的状态，人必须明白并尊重这些，把自身的发展纳入自然法则的框架下，努力维护外界的平衡状态。唯有这样，人类的发展才能做到长久可持续，而这样的一种人与自然关系也恰恰是老子所提倡的。

黄海德在《〈道德经〉和谐思想的现代启示》(《中国宗教》2011 年第 6 期)一文中提出，《道德经》中所言的“和”是对《尚书》和《论语》中所言的“和”之含义的超越，是从世界万物生成本源的视域去说的。在世界形成后，产生天地、人，故产生了人与人、人与社会、人与自然之间的各种关系问题，在其中，老子最关注的是人与自然的关系问题，也是《道德经》的核心内容所在。

文章指出老子把“道”与天地万物所共同具有的本性称为“自然”，其所特指“大道”所独有的“自然而然”的真实本性，因此《道德经》中的“自然”并不具有实体的含义。在这样的“天下”视野之下，人、天、地乃至宇宙万物都是由“大道”所化生，并且都具有“道”的自然本性，那么人与天地万物就不存在像西方文化传统那样出现何为主宰的问题，而是本身即是不可分离的生存整体，有了自然界(天地万物)才有人的存在，没有天地万物就没有人的存在，而人与天地万物的存在都由“道”的存在所规定，此规定了人与天地万物的一体和谐关系。在这种天地万物一体共存的关系规范之下，人与自然界必须保持和谐共存的恒常关系，即自然界(天地)从“大道”那里秉持了自然的本质属性，因此自然界提供了人类赖以生存的基础和条件，而人类为了维持自身的长久存在，也必须尊重自然和保护自然，不能任意破坏自然界的生存基础和条件，二者不是对立的状态，而是互相依存的关系。作者又指出，在道教的传统观念中，如果不尊重“太上大道”，无视“自然”的永恒法则，肆意损伤天地自然的生存，就是违背了天地生存之道。

王俊华在《〈老子〉思想中的和谐与“无为”》(《哲学研究》)一文中指出，《老子》蕴涵了和谐以及“无为”的思想，二者关系密切。首先，他认为，《老子》第四十二章明确提出了“和”的概念，即“道生一，一生二，二生三，三生万物。万物负阴而抱阳，充气以为和”，这里的“和”是和谐之气，是天地含有的阴阳二气互相交冲而产生的。道是万事万物产生的原因，是最为基本的元素，而“和”就是它的终极目标。这种“和”具备“道”的某些特征，是不断变化发展的，是无限运动的结果，它所表述的是宇宙的统一稳定状态。宇宙万物至微至大，“和”则是纷纭复杂的宇宙万物处理相互关系的准则，无论宇宙万物之间存在什么样的差异，自然的结局都必然趋向于“和”。那“和”的结果是什么呢？利而不害。《老子》第八十一章有云：“天之道，利而不害；圣人之道，为而不争”他认为，这是在借天道为人道立法，即从人伦角度为现实社会提供准则,通过实现人道的和谐,进而实现天道的和谐。他认为,作为《老子》中至关重要的概念之一的“无为”,其实质是,从“道”的和谐的根底出发复归“道”的方式和途径。“道”永远是顺应自然的,自然是崇尚和谐的,“道”之无为非无所作为,而是不妄为。“无为”不是离俗避世,而是具有一种方法论意义。人们通过“无为”,能够更加贴切地把握天道人事运行的规律,更加有效的行为而不会导致天道和谐的破坏。此外,他还认为,《老子》中貌似无为的“不争”,从某种意义上讲,实质上是一种更加高明的竞争手段,这种“不争”避免了激烈的矛盾冲突。这样,由“无为”到“不争”再至于澄明的和谐境界,这也是老子“无为”的终极目的。

林艺鸣在《〈黄帝内经〉和谐文化观初探》(《昌吉学院学报》2011 年第 4 期)一文中指出,《黄帝内经》中体现着天人合一的自然观。作者认为道家在文化精神上追求人与自然同在,化自然生物与人的生命同一。自然为世界的最高准则,人顺应自然,就达到了“天地与我并生,而万物与我为一”的天人合一的和谐境界。《黄帝内经》在汉代与老庄思想并称“黄老之术”,显然《黄帝内经》与道家精神在文化上具有同质性,核心是“天人合一”的自然观。《黄帝内经》全书的“自然”色彩,既合于道家之旨,又贯注生命的本真,其文化本质是顺从自然合于规律。《黄帝内经》中认为生理与天纪地理同,治疗方法亦应依循自然法则,违背此理则必酿成人的生命或健康中的灾害事故。生理、天纪、地理等自然法则,乃至生命之“道”,本身都是参与宇宙运动的和谐范式,推及文化就是和谐文化。

吴先伍在《“齐”“一”与“和”“顺”——道家的和谐如何可能》(《道德与文明》2011 年第 5 期)一文中指出,道家虽然讲齐一与玄同,但始终没有否认世间万物之间的差异、小同,也没有将其高度同一化的愿望,而是通过齐一与玄同为世间万物的独立性、平等性作论证,为差异、小同保留了地盘,从而使其理论具备了和谐所必需的前提条件,与儒家的和谐思想之间表现出了高度的相似性。文章指出,虽然老子讲“同”、“一”,但是老子所讲的“同”和“一”并非是无差别的同一,而是包含差别于自身的同一。道就是一,但道并不固执于一,而是分化为阴阳二气,阴阳二气对立统一又形成了冲虚之气,然后再由此三气调和搭配便形成世间物。万物都来源于“一”,都以“一”为根据。对于庄子而言,道为天地之根,万物之母,世间万物不仅都以道为根本,而且每个事物当中莫不有道,每个事物存在都具有其根基、合理性。因此庄子虽然讲一,但他并没有用一来抹杀多,并没有用同一性来荡平差异性。这也就是说,他们所讲的“一”、“同”实际上就是“和而不同”当中的“不同”,因此它不仅不会导致世间万物之间的冲突,反而会将世间万物引向和谐相处。如何才能导向和谐呢?道家认为,道是世间万物效法的榜样,而世界本身是高度和谐的,要想实现社会和谐,就是要观察和效法自然之道,“和之以天倪”,顺应自然的分际、差异来对待自然万物,不要强作妄为。这种顺应自然的“和”与儒家所理解的协调统一的“和”不同,故而也影响了二者和谐社会目标的不同。儒家的“和”是通过统治者的协调,人们已经跨越了个人、家庭之间的界限,达到了一种高度统一的状态,人与人之间紧密地交融在一起。道家的和谐社会则不是一个统一的整体,人与人之间更像是一条永远都不会交织在一起的平行线,统治者要做的,则是要放任他们继续沿着自己的轨迹向前。二者之在具体形态上虽然存在一定的差异,但是他们都向我们展示了通过和顺所形成的独特和谐图景。

方丽青、吴伟根在《道家“天父地母”隐喻及其生态智慧解读》(《浙江农林大学学报》2011 年第 28 期)一文中指出,“天父地母”是道家描述人与自然关系的重要概念。从认知语言学角度看，“天父地母”是一个概念隐喻，“父母”是源域，“天地”是靶域。该隐喻的认知力量就在于将源域“父母”的图式结构映射到靶域“天地”上，使人们通过源域“父母”的图式结构，更加清晰地认识靶域“天地”：一，它以“父母”为始域，构建有关“天地”的靶域，将“父母”生儿育女的功能映射到“天地”上，使“天地”概念化为父母，承担着化生和抚养的功能。天地、万物和人之间的关系是家长与子女之间的关系；二，它把人体的生命器官图式投射到“大地”上，使大地的结构与人体的结构形成双向映照，以此来说明大地内部结构和人体结构一样，具有整体性和有机性；三，它还映射了人的知觉、情感和意志等图式，“天地”表现出人格意志特征：有感有知，有喜有悲。文章还进一步讨论了道家“天父地母”隐喻所蕴含的生态智慧，认为，“天父地母”隐喻反映出了实现人与天地自然和谐相处的一种要求。人与自然生态系统的关系通过“天父地母”隐喻获得了伦理意蕴和神圣性。“天父地母”隐喻中有诸多可以为现代生态伦理吸收和借鉴的思想智慧：自然生态系统的有机性和整体性；承负观；对自然生命个体的尊重、敬畏和感念；自然生态系统是有生命活力的整体。“天父地母”隐喻形象化地表述了人与自然和谐的基木方式：：善待自然，遵从天道，不与天地争职，与天地自然和谐相处。

陈士部在《道家的“天人合一”观念：前主体性还是主体间性》（《淮北师范大学学报》2011年2月）一文中指出，“天人合一”论是中国古典人文精神的核心观念和理想诉求。道家特有的“天人合一”观念表达了前主体性而非主体间性视域里的天地万物冥通、契合的境界；西方当代哲人与老庄的思想遇合，本然存有跨越时空的巨大的文化差异。依凭道家的“天人合一”的观念与“西学”主体间性理论的对话来建构中国当代美学、文艺学，必须置入时代精神与中国经验的双重维度，或者，将这种双重维度内化为我们不辨自明的方法论前提。并通过从对中国古代审美经验的结晶：“天人合一”论的特质、跨越文化时空的“视域融合”：中西美学对话中的“天人合一”和文化时空错位的尴尬：“天人合一”的双重误读等三个方面的论述，认为中国道家的“天人合一”观念表达了前主体性而非主体间性视域里的天地万物冥通、契合的境界，西方当代哲人与老庄的思想遇合给我们的研究工作带来了重大的启示，我们赞同一方以另一方为参照资源，烛照、开辟出新的研究境界。但同时不能漠视，两者之间本然存有跨越时空的重大的文化差异，“由于中西哲理和文化之间深刻、巨大的差异，以及各种形式的西方中心论的盛行，这个‘保持文化与哲理的活体生命’的原则就更是极其重要，在以往的许多情况下也未能达到”，所以，依凭中国传统“天人合一”的观念和“西学”主体间性理论的对话来建构中国当代美学、文艺学，必须置入时代精神与中国经验的双重维度，或者，将这种双重维度内化为我们不辨自明的方法论前提。

王利平、王政书在《论道教天人合一思想与环境保护》（《经济研究导刊》2011 年第 11 期）一文中指出，道教是中国土生土长的宗教，其基本教义“仙道贵生”、“道法自然”、“天人合一”等观点与具有世界意义的环境保护事业相结合，已然绽放出了新的生机与活力，揭示了道教文化中的现实社会价值，为环保事业提供了重要的思想启迪和借鉴，具有重要的现实意义。就道教的“天人合一”思想与环境保护的密切联系，作者就道教对环境保护的重要意义进行了探究。

计艳贺、金晓凤在《生命之“道”与“自然”和谐之美———庄子生命哲学的美学精神再现及其现实价值探求》（《承德民族师专学报》2011 年 8 月）一文中指出，庄子哲学的本体依据是“道”论，道即自然和自由，这种本体之“道”具有体悟生命、追求理想人格的色彩，是生命的本体。“道”是隐藏在大千世界万物外表之下的内在的“真”。“真”是一种审美理念,美的本质是自然无为,这种美是一种最高的美,天地之大美就在于自然而然。庄子时代面临诸多人生困境,庄子以高度的内心直觉,以崭新的眼光来重新审视生命的存在,提出建立逍遥游式的理想人格。庄子生命之和谐在于心灵的和谐,这种境界追求的就是一种和谐之美,是一种心灵与道合一的美。这些思想有着重要现实价值,有助于我们对于当代物欲文明背景下人的生存困境、社会转型背景下部分官员生活腐化困境、个人利益至上观念下道德沦丧的困境进行反思。

吕慧燕在《〈淮南子〉人与自然和谐思想及其现实意义》(《东北师大学报》2011 年第 2 期)一文中指出,《淮南子》的自然观,以整体性的眼光,将自然看作生生不息的和谐的系统,认为人与自然万物同生共源,各有其内在价值,人类不能以优越者、主宰者自命,为正确处理人与自然的关系提供了一个理性依据。《淮南子》认为自然有一个动态演化的过程,而道就是万物产生的根本、运行的法则,是万物状态、属性、运动、变化得以实现的总根源。它无相无形无所不在,“夫道者,覆天载地廓四方,柝八极;高不可际,深不可测;包裹天地,禀授无形;故植之而塞于天地,横之而弥于四海,施之无穷而无所朝夕”。道“生万物而不有,成化象而弗宰”,即是说它化生万物是自然而然的,具有非目的性和意志性。因为有道的存在,万物虽然在形态和性质上千差万别,但它们有着共同的本质,都遵循着共同的准则,构成了同源共生。同样也是因为有了共同的源——道,它们有了整体性,共通着和谐之气,共处于一个有机的统一体中。而人类“处于天下也,亦为一物矣”,也是万千物种之一种,不能超脱于自然之上。万物无所谓贵贱,亦是没有什么可以舍弃不用的,都有其各自内在的价值,只是适用的场合不同而已。因而,人类不能妄自尊大,以自己的价值标准作为万物价值的判断。人是由自然中之精气演化而来,“蚑行喙息,莫贵于人”,但人并不可以任意妄为,因为自然界是不以人的意志为转移的。当然,这并不意味着人只是一味的依附,《淮南子》明确提出人类应秉承的积极态度是“不先物为”的无为和“因物之所为”的无不为。人类要积极探索、发现自然规律,在尊重自然的前提下,因势利导地开发、利用自然,从而实现人与自然的和谐。此外,《淮南子》还看到了人类过度开发、勒索自然的危害,反复警示“患生于多欲,害生于无备”,必须“不贵难得之货,不器无用之物”。在全球性生态危机日益加重的今天,重温《淮南子》人与自然的和谐思想,我们必须重新树立人与自然和谐的生态伦理观,塑造人与自然关系的新视界,又要采取实际的行动,只有这样才能建立起人与自然的和谐关系。

## 二、关于儒家“天人合一”思想的研究

岳江勇、赵兴洪在《〈周易〉中的和谐思想与构建社会主义和谐社会》(《石家庄经济学院学报》2011 年 4 月)一文中指出,《周易》中的和谐思想、德治思想和事物动态变化发展的思想对于深入贯彻落实科学发展观,构建社会主义和谐社会具有重要的借鉴和启发意义。他们认为,《周易》中和谐价值观的核心是“天人合一”,“天”即是指精神信仰,又是指自然界。“天人合一”不仅说明了人与精神之间的不可分离,也说明了人与自然界之间相互依存的关系。《周易》中虽然没有明确提出“天人合一”一词,但是它对天人关系非常重视。《周易》认为自然界都是按一定的规律运行的,这种规律是永久不变的,人要尊重、顺应自然规律,但同时,人们也可以发挥主观能动性来改造自然。他们指出,《周易》六十四卦中,凡卦爻阴阳协调、和谐的卦都为吉卦。“乾坤者,阴阳之本始,万物之

祖宗"。在人与自然、人与社会、人与人、人与自身这四种关系中,都体现着阴阳,只有这四者阴阳和谐了,才能达到真正的和谐。此外,他们还认为,《周易》中的和体现在"易",它把变异性和同一性统一起来,宇宙万物在变与不变的对立统一中和谐的发展,这是一种动态的发展。推及社会主义和谐社会建设,就是要在不断的改革中正确地处理好各方面的矛盾与冲突,在不断创新中和谐共进。

顾其银在《〈易经〉和谐思想及其现代价值》(《兰台世界》2011 年 10 月下旬)一文中指出,《易经》中所蕴含的尊重自然规律、强调人和、崇尚德行修养、重视整体观的思想,对于构建社会主义和谐社会,促进社会公平正义具有极其重要的价值。《易经》的"天人合一"、"保合大和"核心理念贯穿了中国几千年的文化,对中华民族的伦理道德准则的形成具有深远的影响。《易经》的处世哲学无不讲究阴阳之理,讲究事物有消有长,人处于其中,只有尊重这种规律才能顺应天时,从而乐天保命。家庭是社会的细胞,是组成社会的最基本的单位,《易经》特别重视家庭和谐对于和谐社会的重要作用。它重视整体观,以系统思想看待社会,"与天地合其德,与日月合其明"强调人与天地的合一。此外,《易经》还关注人自身的和谐,崇尚德行修养。和谐社会的构建,很多方面上是需要这之中的和谐理念的。

刘兴明在《大易之复:一种生生不已的和谐循环智慧》(《山东师范大学学报(人文社科版)》2011 年第 56 卷第 1 期)一文中指出,宇宙在时与位的周而复始地运动变化,无不体现出和谐循环特征,易学阴阳相反相成的和谐思维形式,隐含着生生之道,大易之复的和谐提升机制属循环型,具有强大的化生之德。《周易》之复卦在六十四卦中有着特殊的意义,正是"复"实现着天道圜周的运行轨迹。"复:亨。出入无疾,朋来无咎。反复其道,七日来复。利有攸往。"上卦为坤,为地、为顺;下卦为震,为雷、为动,上顺下动,顺天道而行,则出入无害,顺时势人情而动,则朋友往来无咎。复卦初卦初爻为阳爻,阳为刚,阴为柔,阳刚反之下,故复卦能享。它昭示出一种剥极必复、否极泰来的时位和谐循环之精神,而这种精神也贯穿于《周易》系统的全过程,由它所开显的和谐循环规则,圜通天人,和谐万有,以四时五行为生化之节律,融天地人于"时"的洪流中,使宇宙大化循元亨利贞、春夏秋冬而圜转。它还衍生出几种循环图式,如阴阳鱼太极图、先天和后天八卦图以及量化考察事物之间结构关系的五行生克图。大易之复,在圜环中彰显和谐,它所运化的圜环模式因其闭合性而具稳定性、平衡性,因其开放性而具不平衡性、非稳定性;其闭合性则指明了事物发展的方向,其开放性又丰富了事物的内涵。稳定性、平衡性是它的定数,不稳定性、非平衡性是它的变数,在变与不变中实现着和谐繁荣。首先,它是时位一体、阴阳循环的,六十四卦刚柔相易而上下无常,以"非覆即变"的方式而成今本六十四序,以乾为首,以未济为尾,济而未济、周而复始。其次,五行生克,圜成万有,它将天地万物按五行分类,甚至将人五行相分,配以四时,形成稳定、动态的和谐运行机制。第三,和实生物,天人合一,复是阴阳互含互化的不竭动力,五行则成万物构成稳定、动态和谐、生化无穷之功。阴阳合,万物化生;天地交,万物化通。人在天地间,一方面要尊重自然,另一方面也要注重发挥人的主观能动性,天人相生,在循环往复中将天人关系调节到和谐的状态,从而至于"太和"之境。大易之复的核心精神在中和圆通,是宇宙万有内置的推动力,是自本自根的,其运行方式是"穷——变——通"的提升机制。这种机制以中为和,以和为中,以中和为圜道的形而上之圆心,运宇宙万有于时的圜道之中,穷通往复,润和天人。同时,它也是一种没有极限的和谐。一阴一阳而成最简单、最根本的圜道，贞下起元而成既闭合又开放的系统（即冬去春来之圜），进而五行成相生相克之圜，二者形成动态的平衡机制，以保证阴阳和谐之圜道。这种圜道思维，在时序上不仅是一维的，更是春夏秋冬四时而成的圜，是形式上的、开放的圜。阴阳合而万物化生，四时序而万有生生不已，这贯穿于宇宙人生之始终。此外，作者还从易学的角度，尤其是大易之复的角度对中华文明的持续性进行了解读，认为，从外在原因来看，后天八卦图所符示的自然地理和人文地理结构形成一个相对独立且具有张力的自然人文环境。从内在原因来看，由天之序而立而立人之序，五德终始说为历朝历代之建立、更替提供了神性乃至人性的理论根据，且形成民族的基本政治信念；本天道而立人道，大易之阴阳平衡、和谐圜复思想及其易象思维方式作为传统文化的创生创新基因成为历代先哲乃至寻常百姓的人生信念，贯穿于传统文化中科技与人文的方方面面，并细化于人生日用之中。

徐照明在《论〈乐记〉中"和"的三个维度》（《美与时代（下）》2011 年第 10 期）一文中指出，"和"是先秦音乐的本性，，《乐记》中的"和"主要表现为三个维度，即"大乐与天地同和"的自然宇宙维度，"乐由中出"的心灵维度，以及"乐统统，礼辩异"的社会维度，与之相应的则是物——心——社会的音乐生成过程和利用逻辑。其中，自然宇宙维度的和与社会维度的和主要体现了"和"的多样性特性，心灵维度的和则体现了"和"的节制性。在自然宇宙维度中，自然界是天、地、人的整体，而天地又是宇宙万物的根本，对音乐而言，天地万物首先成为触发音乐的来源，而"大乐与天地同和"则体现了儒家所谓的最完美的音乐是一种超越音乐本身而直达天地宇宙的德音。音乐之和是天地之和的表现，天地之和是音乐之和的根据。但是，天地之和，既非人和，又非神和，而是指构成自然的阴阳五行之和。这种和体现为多样性的统一，又呈现为生生不息的动态和谐。音乐一方面来自于自然，另一方面又作用于自然。音乐还与自然界数的规律建立了紧密的联系。数是和的基础，和是数的表现。这种数的度量体现在音乐的"五声"、"六律"中，而这种以数为基础的律法成为古代音乐中的重要准则。

张桂琴在《〈乐记〉中的礼乐文化在构建和谐社会中的现实指导意义》（《内蒙古煤炭经济》2011 年第 3 期）一文中指出，《乐记》的礼乐文化涉及个体、群体、社会等诸多层面，其核心是"报情章德、别宜敦和"。在新的历史时期，赋予礼乐文化以新的时代精神，可以增强建设社会主义和谐文化的民族自信心，增加建设社会主义和谐文化的内在原动力。首先，作者对《乐记》中的礼乐文化进行了分析，认为，就个体层面而言，《乐记》提倡通过音乐感化人心、陶冶情操；就群体层面而言，《乐记》旨出音乐可以移风易俗、凝聚人心；就社会层面而言，《乐记》可以和谐社会、天人合一。其次，作者指出，《乐记》的核心思想是和谐，这种和谐思想主要分为三个方面的内容：一是个人身心的和谐，通过礼乐的教化功能，使"理"与"欲"的关系得到合理的解决，"天理"存而"人欲"灭，也即实现了个人身心的和谐。二是人与人之间的和谐，"乐"让不同等级之间的人和睦相处，"和"则是体现出礼乐教化所要达到的一种人际关系上的美好境界，"礼""乐"文化互相补充，互相作用，礼乐相调、礼乐相济，求同存异，达到人与人彼此间的和谐。三是人与环境的和谐，"礼"是天地间秩序的表征，而"乐"是天地间和谐的体现，只有"礼""乐"双管齐下，人们才能达到在和谐中平衡发展。最后，作者对《乐记》中的乐礼文化在进行了探讨，认为，《乐记》中注重乐教的精神对于构建和谐社会具有现实指导意义，它有利于培育积极健康的人生观，提高人们的思想素质，有利于改变社会风气，引导人们的修养道德，有利于促成群体关系的团结，促进社会"和而不同"的发展,也有利于个人内省自悟,提升完善个人品格。

贺更粹在《和:〈礼记〉礼乐教化的旨归》(《西北师大学报(社科版)》2011 年 7 月)一文中指出,《礼记》礼乐教化的旨归是"和",而致和又是一个循序渐进的生命化的过程。"和"首先表现为"君子和而不流"的"己和",即身(形体)心(精神)之和,其次是由"己和"而推衍为人人"安其位而不相夺"的"人和"。"和"的最高境界,是"道并行而不相悖"的"天人和",即"太和"。《礼记》礼乐教化之"和"的内涵,是通过礼乐教化而孳生的个人、社会、天人之间的各素其位、各正性命、生生不已的和谐有序的发展关系。礼乐是法天地之和序精神而制的。乐体现天地之和,礼代表天地之序。礼乐明确而完备时,天地就会和谐有序、各司其职。礼的精神是"序"(秩序),乐的精神是"和"(和谐)。礼之序也是"和"的一种表现形式,礼乐体现了天地之"和"、"序"精神,通过礼别宜、乐敦和之句_补教化,可使一切事物有序有和,从而使天地间协和有序。在礼乐教化的架构下,"礼"具有谐和天的乐地万物之功能,这一功能通过"乐"与"礼"相互摩荡而完成。通过礼乐教化,把天地人协和起来,天地人各安其位,各行其是,天道与人道并行不悖。诚是天道,人道通过诚之礼乐教化功夫,可尽人之性、物之性,赞天地之化育。这样,礼乐教化就成为实现天人之和谐的决定因素。而且,只有人首先做到己和、人和,亦才会有"天人和",即"可以赞天地之化育,则可以与天地参矣。"从而实现天人相和,实现人参赞天地化育并与天地参的价值,达到人与天地的和谐状态。而这种天人相和的最高境界,正是礼乐教化思想的终极追求。但是,致和是一个循序渐进的生命化的过程,《礼记》阐述礼乐教化的致和次序,正是以"己和"为本,修得"和而不流"之君子精神特质,然后由本而干,由干而枝,由枝而果,渐次开显到"人和"、"天人和"的国治天下平的"太和"境界。礼乐教化的旨归就是致"中和",达到了中和境界,天地才能得其正位,万物才能得其化育,臻于"天人和"的至极之境。

蒲创国在《"天人合一"与环境保护关系的误读》(《兰州学刊》2011 年第 9 期)一文中指出,中国哲学的天是一个内涵十富的概念,包括了自然、义理、主宰等意义,将"天人合一"归结为人与自然的合一,甚至期望用"天人合一"来解决环境问题,是对"天人合一"的误读。中国哲学中有关于保护自然资源的思想,但其与"天人合一"并无必然联系。文章认为,自然、主宰、义理等含义,是站在现代人的角度对中国哲学中的"天"所作的分析,但在古人眼中,它仍然只是一个天。因此,认为"天人合一"的目的是为了保护自然,是只看到了自然之天的一面,而忽略了其他方面。"天人合一"这一概念是北宋哲学家张载在反对佛教天人二本的过程中首先明确提出来的,但他的"天人合一",其实是指天道与人道的统一,侧重于义理之天,要达到"天人合一",就必须穷理尽性。二程则更近一步,认为天人之间本来就是一体,所以言合也是多余,人心与宇宙之德是相通的,人伦道德是天理的必然要求。由此观之,他们都是追求天道与人道的合一,或者说,是要论证天理与人伦道德的同一性,而不是追求人与自然界的合一。此外,董仲舒的"天人一"中的天,尽管也以自然的形式表现出来,但其强调的是天的主宰性,将天当作一可与人发生感应的人格神,其理论是为天人感应做论证,也不是为了保护自然。文章还进一步论证指出,在古代典籍中,确实有许多保护动植物资源的措施,但这既不能归之为环境保护思想,更不能说是"天人合一"的体现,而是农业社会的要求。

焦兵新在《论〈诗经〉的和谐世界》(《文史》2011 年 2 月中旬刊)一文中指出,《诗经》内容中的和谐思想。他通过《诗经》各方面诗歌,如婚恋诗、战争诗、农事诗等诗歌的具体内容的分析,认为《诗经》中的婚恋诗首开和谐之风,如《蒹葭》、《关雎》、《摽有梅》,它们展现出一种和谐融洽的自由恋爱之风。周朝创造的是农业文明,周人热爱的是和平稳定的农业生活,因此,《诗经》中主要反映周天子和诸侯的对外战争的战争诗中,更多的是表现出对战争的厌倦和对和平的向往,充满忧伤的情绪。这些战争诗虽描写各异,但却有相似之处,即它不作或很少作具体的战争场面的描写,开头只是用一些温柔的植物来起兴,以一种平和的姿态去看待战争,去通过战争的方式来追求和平。此外,在一些农事诗中,如《七月》,将自然景物和人物活动和谐地联系在一起,情景交融,展示了先人对自然的尊从,从而能够有规律地从事农业活动。这些农事诗深刻地反映了农业文明国家固有的一种天人之间的和谐。

彭虎、孔祥林在《儒家生态和谐思想对现代人与自然和谐相处的启示》(《中华文化》2011年第4期)一文中指出,儒家生态和谐思想是儒家和谐文化观的组成部分,其以和为贵的和谐价值取向,天人合一的自然和谐思想,民胞物与的和谐生态意识,对当代确立整体和谐观,增强保护生态自觉,保证可持续发展,实现人与自然和谐相处仍具有很大的启示作用。文章首先对儒家和谐生态思想作了分析,认为,儒家生态和谐思想是儒家和谐文化观的组成部分,是先贤哲人对人与自然关系提供的底蕴丰厚的理论基础和价值标准,它具有以和为贵的和谐价值取向,"天人合一"的自然和谐思想,"民胞物与"的和谐生态意识。它要求以"仁"待物,追求生态和谐,对大地万物采取友善爱护的态度,使之与人类追求生存发展的行为协调共济,趋向和谐。其次,文章探讨了儒家生态和谐思想的当代价值,认为:弘扬儒家生态和谐思想这一民族优秀文化遗厂成,对我们认清国情,正确认识和处理人与自然关系,避免陷入恶化的生存环境,建立人与自然和谐关系具有启示作用:一、尊重自然,确立整体和谐观,即天人合一的平衡与和谐;二、节制用度,增强保护生态自觉;三、合理利用,保证可持续发展;四、良性互动,实现人与自然和谐相处。

封太宗、曲爱香在《简论荀子的天人合一观》(《华章》2011年第7期)一文中指出,荀子在自然观、社会历史观上强调了天人之间的差别和对立,而在哲学、认识论。道德观等层面上却强调了天人之间的统一。在文中明确提出三层意思:(一)"诚"是天的一种品质,天地四时自然现象之所以能恒常地化成万物,就是因为天具有"诚"这种品质;(二)"诚"是指人的仁义等道德规范,它决定着人类社会教化、人伦、秩序等等的好坏;(三)人的最宝贵的"诚"的这种品质,是从天那里得到的。人只有接受这种品质,进行自我道德修养,才可达于"天德"。由此得出,天人之间以"诚"互为贯通,作为天道的诚是人道的根本。进而得出荀子虽然在自然观、社会历史观上持"明于天人之分"观点,肯定了天人之间的差别和对立,但在哲学、认识论、道德观等一系列问题上,却肯定了天人之间的联系,走上了向孔孟"天人合一"理论的回归之路的结论。

颜毓洁、藏晓辉在《论"天人合一"的传统生态伦理观及其当代价值》(《商业时代》2011年第9期)一文中指出,在已经过去的20世纪,人类社会的生产力以前所未有的速度迅猛发展,与此同时,地球的生态环境也在以前所未有的速度急剧恶化,人与自然的关系十分紧张,以致于人类面临着严重的生态危机。生态伦理学是关于人与环境之间关系的道德原则、道德标准和行为规范等方面的研究,是人与自然协同发展的道德学说,也是生态学思维与伦理学思维的契合。从科学技术与社会,从人文价值及哲学基础来看,在谋求可持续发展时,我国传统的"天人合一"生态伦理思想具有新的价值。并认为我国传统的“天人合一”学说，所表现出对于生态伦理的古老智慧，与现代生态哲学思想是一致的，可作为可持续发展的哲学基础，强调人与自然的合一皆相处，实际上这就是萌芽阶段的可持续发展思想。天人合一的现代价值就在于人类与自然界的和谐统一。在从工业文明向生态文明转变的过程中，以儒道为互补结构的我国哲学所蕴含的丰富的生态智能，有助于保护当今人类的生态环境，这是很值得现代人借鉴的。

陈明海在《论儒家视野中的“天人合一”及其现实价值》（《濮阳职业技术学院学报》2011年2月）一文中指出，“天人合一”是中国传统哲学的一个独特的观点，中国传统哲学就是围绕天人关系问题而产生和发展的，天、人的关系问题是儒家非常关注的一个问题，是历代儒家反复讨论的重要问题。今天，全球环境的日趋恶化，已经严重影响到人类的生存和发展。如何看待与调整人与自然的关系，是构建社会主义和谐社会的一个重要问题。在如何看待与调整人与自然的关系上，儒家“天人合一”的理论主张和所作所为具有极其重要的参考价值，理应受到世人的重视。

尉颖琪在《浅谈环境哲学中的“天人合一”思想对环境问题的影响》（《科技创新导报》2011年第30期）一文中指出，解决环境问题不仅要靠科学技术，还应建立起一种正确的世界观和方法论。中国环境哲学提出了“天人合一”观点，其重要意义在于指导人们正确利用哲学的思维，发挥哲学的思辨性，切实找出解决环境问题的可行之策。作为补偿自然的一种方法，屋顶花园可恢复被房屋占去的土地，有利于修复人类对自然生态系统长期的破坏，实现人与自然和谐共生的科学主张，实现人类可持续发展的共同理念。

庄凌飞在《浅析中国古代的天人合一思想》（《内蒙古农业大学学报》2011年第5期）一文中指出，中国是一个拥有五千年文明的古国。就其他三个曾经并称为文明古国，但如今已经消失了的国度而言，中国的存在是有其存在的必然性和特殊性的。文化的传承是其中一个必不可少的因素，但中国自古以来就存在的和谐思想，即天人合一思想，是其文化得以传承下来的一个主要因素。探讨中国先贤们的天人合一思想，并借此来反思现如今人与自然关系的尴尬境地；探究和谐社会的理念和天人合一思想的关联性，思考“法先王”的现实意义。

赵梓博在《儒家天人合一思想对生态文明的启示》（《世纪桥》2011年第11期）一文中指出，随着科学技术的发展和工业革命的兴起，人类加速了认识自然和改造自然的进程。在社会生产力取得伟大成就的同时，对自然环境和资源的破坏，达到了空前严重的程度。人和自然的关系呈现为紧张失衡，致使人类处于全球生态环境危机之中。如何寻求解决生态危机。人们开始寻求东方智慧。尤其是把大自然看作是一个有机整体，主张向善求仁，侧重人道，完善人的社会本性，珍爱自然，儒家天人合一观。

王红梅、张芳仙在《谈“天人合一”思想对环境保护的意义和影响》一文中指出，随着经济不断发展和科技的日益发达，人们在“人定胜天”的思想指导下，对环境的肆意破坏、对资源的大量开采，导致生存环境的急剧恶化。在受到大自然的惩罚后，越来越多的有识之士认识到人也是自认的一部分，终究是无法与自然分离的，于是回过头来，重新亲近自然，尊重自然，爱护自然。这种推崇人与自然和谐共生的科学发展观与中国传统国学的“天人合一”的思想不谋而合，因此，了解“天人合一”思想的对环境保护的意义和影响，对于我们今天构建和谐社会、营造我们绿色家园都有积极重要的意义。

乔清举在《天人合一论的生态哲学进路》一文中指出，司马迁作《史记》，提出要“究天人之际，通古今之变”。他所说的实际上也是中国哲学、中国文化的目标。中国文化“究天人之际”的结果是得出了“天人合一”的普遍原则，它是中国人植根于自然、与自然和谐相处、协同发展的存在方式。以往我们理解这个命题仅局限于哲学形而上学层面，把它作为一个抽象的形而上学命题来看待。笔者近来在研究当代生态哲学和生态科学的过程中，发现两者正从不同的侧面向这一古老原则回归。这一回归也可视为在新的时期和新的学理的基础上对其内涵进行的新的展开。这种展开打开了我们重新领会其内涵的大门。作者以生态为线索，结合当今世界生态科学和生态哲学的新进展，对天人合一略分为物理、价值、本体、功夫、境界、知识六个方面，进行新的诠释。

于雷在《天人合一思想对环境问题的思考》(《文化纵横谈》)一文中指出，天人合一思想是中国传统哲学的重要思想之一，其中蕴含着丰富的生态观，为生态文明建设提供宝贵的思想资源。在当代人们盲目的追求经济利益，忽视人与自然和谐发展，利用天人合一思想解决环境问题有着十分重要的意义。文章从天人合一思想对解决环境问题的局限和价值两面进行论述，从而对处理人类与自然关系问题及树立科学发展观问题提供借鉴。

孙丽娟在《先秦儒家“天人合一”生态伦理观及其现代价值》(《沈阳师范大学学报》2011年第4期)一文中指出，“天人合一”是先秦儒家生态伦理的哲学基础，孔孟荀对此都有经典的论述。特别是在“天人合一”生态伦理理论的影响下，儒家所倡导的“乐山乐水”的生态教育观“、仁民爱物”的生态价值观“、参赞化育”的生态功能观等伦理观念，对当今人类解除生态危机，构建生态文明具有非常重要的现实意义和实践价值。

代海燕、刘志新在《先秦儒学“天人合一”思想与和谐社会构建》(《辽宁工业大学学报》，2011年2月)一文中指出，构建社会主义和谐社会，就必须做到人与自然和谐相处，先秦儒学“天人合一”的思想恰恰为真正实现人与自然的和谐相处提供了宝贵的思想资源和重要的借鉴价值。“天人合一”促进人与自然和谐相处；“天人合一”倡导保持生态平衡，促进可持续发展；“天人合一”有利于现实环境问题的解决。构建社会主义和谐社会，达到人与自然和谐相处的良好局面，就必须认真借鉴先秦哲学“天人合一”思想带给我们的重要启示，尊重自然规律，按自然规律办事，平等地对待大自然，关爱自然万物，坚持可持续发展，重视生态平衡和环境保护，只有这样，才能真正实现人与自然的和谐相处，将和谐社会的进程推向前进。

唐镜在《中国传统和谐思想导论》(《吉首大学学报(社会科学版)》2011年3月)一文中指出，和谐观念是中国传统文化中的核心观念，它既是一种哲学思想，又是一种政治思想。中国传统和谐思想包括天人和谐的哲学价值观、天人和谐的政治思想、天人和谐的自然生态观和以仁者爱人为基拙的以己度人、推己及人、成己成人的人际关系和谐同时还包括君臣和谐、君民和谐、社会政治结构和社会等级秩序的和谐。中国传统和谐思想是一种普遍和谐的思想，虽然它具有极其浓厚的理想主义色彩，但这种理想主义是建立在对现实社会不和谐状况的理性认识基础之上的，其目的是要克服人与自然、人与社会、人与人之间的不和谐现象，用理想来纠正现实，使现实合于理想。

## 三、关于现代社会视野下的人与自然和谐思想的研究

张果在《科技与宗教：实现生态和谐与活力社会的仆从——访美国著名建设性后现代思想家菲利普·克莱顿教授》(《武汉科技大学学报(社会科学版)》2011年8月)一文中指出，菲利

普.克莱顿认为,当今时代是一个与斗争性的“现代”完全不同的时代,这是一个追求生态和谐与社会活力的时代,亦即“后现代”。要真正解决目前所面临的种种问题,以一种健康的模式走向生态文明与活力社会,我们需要使科技像仆人一样为人类和整个地球的利益服务。为此,我们必须恰当地对待和使用宗教的精神力量,让宗教提供古老的智慧来恢复过于重视科技而被破坏的传统的平衡。菲利普·克莱顿认为,当今世界,科学技术支配着人们的生活,但它不是上帝,也不意味着宗教就消失为零,宗教对我们仍有帮助,只是作用已经发生了变化。20世纪的西方国家是失去了平衡的,他们过于看重科学技术的作用,而忽略了关于人的东西。进入21世纪后,宗教和文化的作用就是再次恢复这种平衡,而不是与科学作对。要恢复这种平衡对于世界来说具有很大的挑战性,但只要我们信奉所有生物之间的和谐这一最高原则,我们的世界更加和谐而充满活力。在这建设性的平衡过程中,科技与宗教都不会也不该是“上帝”,只有所有生物之间的和谐才是“上帝”,科技和宗教则要服务于这一最高原则。宗教和怀特海的“上帝”概念提供了一种普遍的爱,促进了所有人与所有生物之间的和谐。这样的概念会让我们的世界更加和谐而充满活力,让部分为整体做出贡献,让整体帮助所有的部分更好地生存,从而构成建设性后现代主义的整个图景。

曹仕超在《论社会主义法对人与自然和谐的重要作用》(《赤峰学院学报(汉文哲学社会科学版)》2011年6月)一文中指出,社会主义法在保护自然环境,构建社会主义和谐社会方面起着不可替代的作用。文章指出,随着我国工业化的发展,自然环境受到干预的程度也越来越大,自然环境遭到空前的破坏,这不可避免地影响到人与自然的和谐,制约我国的可持续发展,影响我国现代化建设的进程。但是我国环境法律运作体系存在缺失,守法环节中上下不一,地方保护主义严重;执法环节中,环境给经济让位;立法环节中,没有规定“环境权”。所有这些,都需要相关部门对其从立法、执法、守法等环节进行完善和加强,以使社会主义法对人与自然的和谐起到更为积极的促进作用。

李洁在《浅谈和谐社会中如何做到人与自然的双重和谐》(《改革与开放》2011年11月)一文中指出,人与自然的双重和谐是构建社会主义和谐社会的一个重要特征与表现,充分认识人与自然的双重和谐,就要运用统筹兼顾的这个方法,按照科学发展的要求进一步推动人与自然的双重和谐,同时还要做到正确认识科学有效的利用自然和保护自然,走一条生产和谐发展、人民生活富裕,生态保持平衡的社会主义和谐社会发展之路。人与自然是一种既辩证又统一的关系,是既矛盾又斗争的一个统一体。人与自然双重和谐是社会主义和谐社会的生态基础,但我国目前的生态环境是小容乐观的,一些地方的自然环境破坏和环境污染是十分严重的,经济社会发展也受到了一定的影响,经济社会的快速发展与资源环境的矛盾也是非常的突出。其主要因素是人们不能正确认识人与自然的关系,不能合理利用自然,不能有效地保护自然。要实现人与自然的双重和谐,就要:正确认识人与自然的关系,合理有效地利用自然,科学地改造自然,有效地保护自然环境,发展循环经济,提倡节约。

杨彩虹在《尊重自然才能和谐共生》(《中国建设教育》2011年11月3日)一文中指出,低碳生态城市是围绕能源消耗、经济模式、环境改善等多方面因素,将低碳目标与生态理念相融合,实现“人——城市——自然环境”和谐共生的复合人居系统。文章认为,低碳生态城市已成为人类的追求,面对未来,人类的取向和选择必然是生态化,城市及建筑设计的生态化是历史发展的必然趋势。建设低碳生态城市,要运用生态学中的“共生”与“再生”原则，在营造结合自然并具有良好生态循环的人居环境方面进行研究和实践。低碳生态城市的理论研究及设计实践，从其作用范围角度来看，应围绕“可持续发展”的根本原则来进行。它包含了区域性及时空性两大方面，只有把长远时空坐标与阶段时空坐标两者有机结合起来，才能充分体现低碳生态城市在实际操作中的意义。一、善于因地制宜地利用一切可以运用的因素和高效地利用自然资源。低碳生态城市及其建筑设计包含着资源的经济利用问题，其中首要的是土地的利用问题，我们必须建立高效的空间体系。其次是建筑节能和生态平衡，也就是减少各种资源和材料的消耗，提倡对它们尽量减少使用、重复使用、循环使用。二、减少人工层次，更加注意自然环境设计，要对自然生态环境的特点和规律加强重视，确定“整体优先”和“生态优先”的原则，减少人工层次，加强自然环境的利用，使人工环境和自然环境有机交融。三、注重低碳生态城市及其建筑设计的地方性，必须建立在对特定地方条件的分析和评价的基础之下，其中包括地域气候特征、地理因素、地力一文化与风俗、建筑肌理特征、有利于环境持续性的各种能源分布。

郭爱斌在《构建和谐社会决不可忽略的重要目标——浅议人与自然的和谐发展》(《人文论坛》)一文中指出，人与自然和谐相处，是和谐社会的重要目标之一。然而，由于人类对自然的价值认识不足，盲目地发展，不合理开发利用资源，造成了环境质量恶化和资源浪费甚至枯竭和破坏，从而导致了全球性的环境问题，并给人类的生存和发展带来巨大的危害。因此，在构建和谐社会的过程中，决不可忽视人与自然和谐发展这一重要目标。其在文中指出了人与自然不和谐发展的表现是非常突出的，同时分析了破坏人与自然和谐发展的因素有哪些并提出了相应的对策和措施。作者认为和谐则发展，不和谐则变异，这是亘古不变的真理。只有实现经济与自然、经济与社会、人与自然的和谐、均衡和稳定的发展，人类的明天才会更美好。

林兵在《关于生态文明的反思——一种人与社会的思考维度》(《长春市委党校学报》2011 年第 6 期)一文中指出，生态文明观念的提出，是人类对环境问题的总体性的理论反思。它的提出超越了一般性的环境保护意识层面，是立足于对人与自然关系性质的总体性反思，进而深入到实践层面的思考，对于生态文明观念的反思正愈加体现出理论、观念、政策及行动的多元化统一的趋势。并指出反思人自身也就是如何理解人的问题，进而从反思社会与自然的关系来看，认为社会是“类本性”的实存形态，那么这种反思就体现在理论及实践两个层面了。最后进一步指出从社会与自然关系视角的反思，既体现了理论与实践的双重特征，也表达出观念与行动的有机结合，以及政府理念与学术研究的目标认同。进一步说，对于生态文明观念的反思正愈加体现出理论、观念、政策及行动的多元化统一的趋势。

曹孟勤、徐海红在《论人与自然的双重关系》(《烟台大学学报》2011 年 11 月)一文中指出，在目前的生态伦理学研究中，人们将“自然”等同于自然物，并围绕着自然物本身是否具有内在价值展开了激烈的争论。这种争论本身的不可公度性和不可调和性宣告了生态伦理学的道德谋划处于失败的境地。“自然”不仅是自然物，也代表自然宇宙秩序。因而人与自然的关系不是单向度关系，而是双重关系：一为人与作为自然宇宙秩序的本体自然的关系，二为人与物性自然的关系。建构人与自然的双重关系，在不可僭越自然宇宙法则和充分利用自然物之间保持必要张力，从而使人既能够合理地利用自然物，又能够限制人类对自然物的滥用。并从人与自然单向度关系的困境、自然概念的双重性质和人与自然双重关系的伦理价值等三个方面进行论述。

陈勇在《论人与自然和谐是构建社会主义和谐社会的基础》(《前沿》2011 年第 20 期)一文中指出,构建社会主义和谐社会既要实现社会关系的和谐,也要实现人与自然关系的和谐。人与自然和谐是社会主义和谐社会的重要内容和基本特征,实现人与自然关系的和谐既是全面贯彻落实科学发展观的必然要求,也是构建社会主义和谐社会的本质要求和重要基础。并指出,实现人与自然和谐相处,推进构建社会主义和谐社会,必须树立人与自然和谐相处的理念、坚持走可持续发展道路和新型工业化道路和大力建设资源节约型、环境友好型社会等。

王继全在《道德与利益张力下的生态文明》(《浙江社会科学》2011 年第 2 期)一文中指出,道德与利益之间存在着永远的矛盾和张力,加强生态文明建设就必须正确对待和处理好道德与利益的关系。文章指出,生态文明是物质文明的保证,它是以生态意识强、生态产业发达、生态环境良好为主要内容的和谐文明形态,其基本理念认为人是自然的一部分。在道德问题上,我们应该看到的是一个完整的道德体系,也就是说,不仅仅对人要讲道德,而且也要对自然、未来讲道德。正确处理好发展与保护、利益追求与生态文明之间的和谐关系,必须以"人与人、人与自然之间的协调发展"的生态文明基本理念为准则,坚持公平发展、整体发展和可持续发展的原则,从而实现生态文明建设与利益的最大化。

道德是适应利益调节的需要而产生的,是一种特殊的调整人们利益关系的行为准则和规范。只有正确处理好发展过程中道德与利益的张力,才能处理好经济发展与环境保护的辩证关系。把握经济发展与生态环境保护的张力平衡点问题,我们必须用务实的态度、理性的思维去明确,用整体的眼光去看待,还要具有发展的远见。

郑国璋在《人类文明未来发展趋势研究》(《环境与可持续发展》2011 年第 1 期)一文中指出,人类文明的发展历史,是人类社会与自然界相互作用共同发展的历史。人类文明的演进依次经历了采猎文明、农业文明、工业文明和生态文明 4 个阶段。在采猎文明时期,人类崇拜自然、依赖自然,对生态环境的破坏和影响微乎其微,人与自然环境的关系处于原始的和谐阶段;在农业文明时期,人类模仿自然、改造自然,对环境的影响表现为环境低度与缓慢退化,人与自然环境的关系表现为基本和谐、逐步松弛;在工业文明时期,人类试图征服自然、驾驭自然,人与自然环境的关系表现为征服与被征服、掠夺与被掠夺、奴役与被奴役的关系,人与自然环境的关系日益紧张,环境问题从地区性的公害事件扩展为全球性的生态环境问题,严重威胁着人类社会的生存与发展;在生态文明,人类尊重自然、善待自然,认为人类是自然生态圈中的一部分,要求人类在尊重自身发展权利的同时,也要尊重自然界和其他生命的权利,实现人与自然的互惠共生,保证环境与发展的统一,形成人与自然和谐,最终实现人与人和谐以及人与社会和谐。工业文明时期传统发展观违背了人与自然和谐相处的客观规律,严重威胁着人类的生存与发展;生态文明要求人们克服传统工业文明的弊端,树立人与自然和谐的自然观,实现物质生产生态化、生活方式生态化、社会制度生态化,构建以生态产业为标志,以人与自然和谐、人与人和谐、人与社会和谐为特征的生态文明新时代,实现人类社会的全面协调可持续发展。

# 天下和谐

修建军　毛远强

天下和谐是和谐社会的最高目标和终极目的。儒、道、墨、法等诸子百家都提出了丰富而宝贵的天下和谐的理论，被学术界所关注。也有的学者从现代社会的新视野，研究了天下和谐的重要性与必要性。

## 一、关于道家天下和谐思想研究

吴先伍在《“齐”“一”与“和”“顺”——道家的和谐如何可能?》(《道德与文明》2011年第5期)一文中指出，道家的“齐”、“一”是蕴含差异性于自身的，并且力图去维护、保存这种差异性，使差异之物和谐相处。道家处理不同、实现和谐的方式与儒家的协调统一有所不同，主要强调顺应。老子讲“同”、“一”，但是老子所讲的“同”和“一”并非是无差别的同一，而是包含差别于自身的同一。作者认为，从老子思想中可以看出，世间万物都在冲虚之气当中达到统一(和)，但是每个事物当中都包含着阴阳的对立。这种对立并没有成为绝对的对立，以致到了无法调和的地步，而是相互依存、相互转化，而且这并不是偶然，而是普遍现象。老子概括大道或一的基本运行规律就是“反者道之动”，特别强调事物之间差异性(反)的重要性，唯有相反才能相成。庄子讲“齐”“一”，世间万物之所以“齐”，那是因为世间万物都是“一”，或者说世间万物都来源于“一”，都以“一”为根据。对于庄子而言，道为天地之根，万物之母，世间万物不仅都以道为根本，而且每个事物当中莫不有道，所以，每个事物存在都具有其根基、合理性。因此庄子虽然讲一，但他并没有用一来抹杀多，并没有用同一性来荡平差异性，反而用前者来为后者提供合法性的证明。庄子不仅强调要一、要同即“合异以为同”，同时也强调要重视殊与异即“散同以为异”。不仅不反对差异性、多样性，反而认为差异性、多样性是不能消除也不可消除的。道家所讲的“一”、“同”实际上就是“和而不同”当中的“不同”，因此它不仅不会导致世间万物之间的冲突，反而会将世间万物引向和谐相处。在道家学者看来，道是人类效法的终极榜样，因为世界的运行发展、世间万物的生灭变化都是效法自然之道的，而人也概莫能外。既然道是世间万物效法的榜样，而世界本身要是高度和谐的，那么要想实现社会和谐，我们所要做的就不是别的，就是要观察和效法自然之道。作为自然之道的效法者，我们在与世间万物相处之时，如果要想达到和谐的状态，就必须要做到“辅万物之自然而不敢为”，“顺物自然而无容私”。道家的“和”不是协调统一，所以道家的和谐社会不是一个统一的整体，人与人之间更像是一条永远都不会交织在一起的平行线，统治者要做的，不是挑拨这些平行线，使他们交织成网，而是要放任他们继续沿着自己的轨迹向前。这虽然不能形成像儒家所描绘和追求的具有复杂格网式结构的社会，而是形成一个由无数条平行线构成的简单社会，但这种社会由于平行线之间互不碰触，也就没有了冲突与斗争，因此人与人之间就呈现出一种高度和谐的状态。道家虽然讲齐一与玄同，但是始终没有否认世间万物之间的差异、不同，而且也没有将其高度同一化的愿望，反而通过齐一与玄同为世间万物的独立性、平等性作论证，为差异、不同保留了地盘，从而使其理论具备了和谐所必需的前提条件。在这方面，道家与儒家的和谐思想之间表现出了高度的相似性。但是在如何处理这些差异、如何做到与世间万物和谐相处的问题上，道家与儒家之间出现了分歧，儒家希望通过协调统一的方式，而道家则希望通过顺应万物的方式，来实现世界的和谐。虽然在现代社会中，儒家的和谐思想基本上成了如何理解和如何实现和谐的一个基本模板，但是道家无疑向我们指出了理解与实现和谐的一个新的方向，而在同一化蔚然成风的现代社会中，这种新方向或许更加具有教益，更加值得我们去琢磨与品味。

胡家全在《老子哲学与社会和谐》（《湖北省社会主义学院学报》2011 年第 201 期）一文中指出，老子哲学中有着丰富的社会和谐理念，《老子》关于“道法自然”、“为而不争”、“损有余而补不足”、“大邦者下流”的思想对于我们正确处理人与自然、人与社会的关系，维护社会的公平与正义，构建社会主义和谐社会具有重要的指导价值。

在处理国与国之间的问题是，老子提出了“大邦者下流”的和平外交。他有感于当时各诸侯国以武力相尚，妄动干戈，因而呼吁国与国之间要谦虚并容。特别是大国，要谦让无争，才能赢得小国的信服，才能与小国和平共处，各国才能独立自主，实现各自的美好愿望。从目前的国际形势来看，不和谐的因素依然严重，个别大国奉行实力政策，大搞单边主义、霸权主义，动辄炫耀武力或以武力相威胁，或以暴制暴，这不仅无助于国际争端的解决，而且遗患无穷。我国政府在处理国家间关系的问题上，提出了和平共处五项原则，主张国不论大小强弱，都应该相互尊重相互帮助共同繁荣，并承诺永不称霸，表现出一个负责任大国对建设世界和平、繁荣新秩序的积极的心态和对自身地位与使命的一种自觉。

## 二、关于儒家天下和谐思想的研究

丁成际在《构建和谐社会的传统智慧——从儒学的视域来看》（《华北电力大学学报（社会科学版）》2011 年第 6 期）一文中指出，构建和谐社会从儒学的传统来看，值得借鉴的主要有三个方面：“天人合一”是和谐社会的生态基础、“和为贵”是和谐社会的人道原则、“性向善”是和谐社会的人性论依据。作者指出，“政通人和”是古代治者所追求的理想的社会，它体现了并要求人与人之间的关系以“和为贵”。“和”的基本精神就在于以人为目的，为人的存在与发展提供价值观方面的担保，“和”既肯定主体自我实现的意愿，又要求主体间真诚地承认彼此的存在意义。“和为贵”是和谐社会的人道原则，其所注重的是人自身的存在的价值与存在意义，避免以片面的利益追求危及到人自身的存在。作者分别从个体精神的“和”与社会制度的“和”双重层面对如何做到“和为贵”进行了分析。“和为贵”的人道原则不仅体现于个体的精神层面的和谐之外，还要求有制度方面的保证，这就是“礼”。儒家所说的“礼”，既指普遍的规范体系，又包括社会政治制度；“和”更多地表现为一种体现于交往过程的伦理原则。作者根据荀子“义分则和”的思想指出，要构建社会主义和谐社会，在基础性的意义上，重要的是要对社会资源的分配实现合乎“公平正义”的制度安排及合理有效的运行，达至一种社会利益关系结构和谐状态，从而使制度安排发挥“和”的伦理导向作用，体现人道的原则要求，从而为构建社会主义和谐社会创造必要的前提和基础，以实现“政通人和”，实现“全体人民各尽其能、各得其所而又和谐相处的社会”。

孙彩霞在《董仲舒哲学思想中的“和谐”意蕴》(《产业与科技论坛》2011 年 13 期）一文中指出，在董仲舒的哲学思想体系中，天道学是贯穿其中的一根主线。其天道学理论包括阴阳相生、五行相克、天人合一。董仲舒的宇宙观、天人观和“中和论”均表现出其和谐思想。“和谐”的内涵极其丰富，既有天道观的意义，也有人道观的内涵。和谐是万物存在的基础和发展规律。在宇宙观上，董仲舒认为，万物统一于五行，五行统一于阴阳，阴阳统一于天。宇宙万物多样性的统一都是通过“阴阳”来实现的。董仲舒将阴阳五行与万物之间的关系进行了高度融合，构建了一个完整的宇宙图式。在这个图式中，宇宙是一个有机和谐的结构。在天人观上，作者认为，董仲舒的论述可分为三个层面：天生育了万物和万物之灵的人类，天是自然界和人类社会的至尊和天是有性情和价值观念的生命体。在“中和论”中，作者认为，董仲舒的许多论述都突出了中和是宇宙的根本精神，是最高的道和德这一思想。由于当时社会正在两极分化，董仲舒以中和原则治理天下。若贫富严重不均，百姓无以为生，道德教化就无从谈起，国家的危亡也就成为不可避免的了。

郑万耕在《〈周易〉的“太和”理念及和谐社会建构》(《北京师范大学学报（社会科学版）》2011 年第 5 期总第 227 期）一文中指出，《周易》不仅提出了有关《太和》的价值理念，而且要求人们，特别是各级的社会管理者，要切实加以实践，在现实社会生活中，努力去建构天下和平的和谐社会。这为我们建设社会主义和谐社会提供了有益的借鉴。咸卦《彖传》又特别强调说：“天地感，而万物化生。圣人感人心，而天下和平。观其所感，而天地万物之情可见矣。”就是说，相互交感，不仅是构建和谐社会的必要条件，而且也是天地万物存在与发展的普遍规律。《周易》强调事物的差异性、多样性、多元性无论对于自然界还是人类社会，都是不可避免而又不可或缺的，因而必须反对那种唯我独尊、排斥异己的思维方式与行为。就社会和谐而言，在国际关系方面，求同存异，则要“建万国，亲诸侯”，怀远人，协和万邦。用现代的话来说，就是要遵循“和平共处五项原则”，反对霸权主义，主张国与国之间，不分大小，一律平等，承认多极政治、多元文化等的存在。在社会生活当中，不同的人群有不同的利益，社会关系从根本上讲就是一种利益关系。各种利益关系处理不好，就可能引起或加剧社会矛盾，甚至引发社会冲突。因此，要想达到社会和谐，最重要的是各层统治者要善于协调各种利益关系，做到分配公平，不能利用手中的权力为个人谋取私利。这就是《周易》“称物平施”为我们提供的有益启示。

岳江勇、赵兴洪在《〈周易〉中的和谐思想与构建社会主义和谐社会》(《石家庄经济学院学报》2011 年第 2 期）一文中指出，《周易》作为中国传统文化的精髓，包含着非常丰富的道德文化资源，其中的和谐思想、德治思想和事物动态变化发展的思想对于深入贯彻落实科学发展观，构建社会主义和谐社会具有重要的借鉴和启发意义。就人与人而言，人们讲仁行义，强调德性伦常，关注社会整体的稳定与和谐。这就是《系辞》所说的“立天之道曰阴曰阳，立地之道曰柔曰刚，立人之道曰仁与义”。《周易》还非常重视家庭之间的和谐,就像程颐说的,“父子之亲,夫妇之义,尊卑长幼之序,正伦理,笃恩义”。在国家和民族之间的关系上,《周易》亦主张和谐共处,《乾·象》曰:“首出庶物,万国咸宁。”就是说天下万物各安其事,万国才能得到安宁。这与我们要在经济发展的同时,注意让其成果惠及广大人们群众,要关注民生,特别是要关注弱势群体的利益,要保证财富二次分配的公平,这样才能取得民心,保持社会的安定的思想相一致。

迟成勇在《儒家中和思想与社会主义核心价值体系建构》(《新东方》2011 年第 3 期)一文中指出,儒家提出“和为贵”“和而不同”“致中和”及“太和”的思想,主张从个人身心内外的和谐入手,进而追求人与人的和谐、人与社会的和谐乃至人与自然的和谐。作者分析了中和概念的提出,认为儒家强调对“持中”原则的体认和践履,去实现人与人、人道与天道之间的和谐。中和之道,也就是中庸之道。孔子首先从伦理道德视野提倡“中庸之道”。从伦理学角度看,中庸是一种品德,是一种伦理行为,从哲学角度看,中庸是一种辩证法思维,内涵执两用中、过犹不及、和而不同、通权达变等哲学意蕴。在儒家看来,“和”既是万物初始的、本然的状态,也是最佳的理想状态。“太和”则是儒家“和”的最高理想境界。作者进一步指出,中正、公正、平正、中和是中庸的具体体现。中和之道是中庸之道的主要内涵和精神特质。所谓“中和”,就是以“中”为度而达到“和”,保持事物的发展稳定在和谐的最佳状态。“和谐”是中庸思想的精髓。儒家中和思想蕴涵的“和谐”理念,体现了宇宙自然之间、人与自然、人与社会、人与己的共生共荣的和谐精神。最后,作者指出,儒家中和思想对社会主义核心价值体系建构具有一定的现实价值。首先,中和思想为社会主义核心价值体系建构提供方法论借鉴。从方法论角度看,建构社会主义核心价值体系,要借鉴儒家“和”的包容品格和创新性原则,着力推动社会主义核心价值体系的理论创新。其次,中和思想为社会主义核心价值体系建构提供伦理智慧。儒家中和思想所蕴涵的开放性和保守性、多样性统一和包容品格,为我们正确处理一元指导思想与多元化社会思潮、主导价值观与多元化价值观的关系提供伦理智慧和现实参考。最后,中和思想为社会主义核心价值体系建构提供可资利用的思想资源。

刘桂荣,钱广荣在《荀子和谐伦理思想探微》(《齐鲁学刊》2011 年第 6 期)一文中指出,荀子的学说蕴涵着丰富的和谐伦理思想,它包括养心致诚的身心和谐、天人相分的人与自然和谐、群居和一的社会和谐。这种和谐伦理思想彰显了荀子对传统天人关系的拷问与反思,对人类生存方式的焦虑与探求,也为当下人走出功利主义、物质主义泥沼提供了出路。文章在第三部分中,作者论述了荀子的群居和一的社会和谐的思想。作者指出,在荀子看来,万物并存于宇宙之中而形体各不相同,人类群居和一,同样有追求而思想原则却不同,同样有欲望而智慧却不同,这是人的本性。荀子认为“能群”是人类的自觉行为。“群”与人类等级名分和组织结构是紧密联系的。“群”是人类生存的基础,是社会和谐发展的前提。同时,明确地提出“能群”是人类生存的必要的条件。对于人与人如何和谐相处的问题,荀子认为“善群”的君主是“人能群”必不可少的条件。同时,对于“善群”荀子以“分”作为调节“我”与他人相处的法则。“分”即是制礼义以分之。只有“分”,“我”与他人才能“和”而相处,共同发展。而“分”必须在“礼”的规范导引下,才能使社会达到群居和一的理想状态。同时,“礼”因为“义”而存在,“义”是“礼”的实质与根本,“礼”是“义”的表现,一切礼仪表现出来的和谐伦理秩序,都必须以“正当性”、“理”、“责任”、“道义”等为基础。在荀子看来,“分”是基础,是手段,“和”才是结果、是目的,是社会价值旨归。和分的结果,使"我"与他人各安其份,各得其宜。"和""分"当中,有高低贵贱、贤与不肖等多方面的差异,这意味着荀子仍然坚持儒家的亲亲有差的等级原则。在荀子看来,'礼'起于人群之间的分享(首要当然是食物的分享),只有这样才能免于无秩序的争夺。群居和一是荀子社会和谐的最崇高理想,表达了他对小康社会的向往和追求,是对孔孟乌托邦式社会设想的现实化。

## 三、关于墨家、法家天下和谐思想研究

张金山在《墨子的和谐管理思想》(《辽宁经济管理干部学院(辽宁经济职业技术学院学报)》2011 年第 6 期)一文中指出,墨子认为社会动荡的原因是社会关系出了问题,即君与臣、父与子、人与人、家与家及国与国等之间的关系出现了不和谐。墨子解决的方法就是"兼相爱"。墨子的"兼相爱"就是"视人之国,若视其国;视人之家,若视其家;视人之身,若视其身"。作者认为,墨子和谐思想的核心就是兼爱。同时,作者指出,墨子的"兼相爱"的和谐社会蓝图,其实就是对各种社会关系进行平衡,将"兼爱"落实到不同的社会关系中。为此,墨子梳理出六种最基本的社会关系,并提出相应的平衡之道。也就是和谐社会实现的具体途径:自我关系的平衡:修身;家庭关系的平衡:节葬;君与士的关系平衡:尚贤;上下级关系的平衡:尚同;君民关系的平衡:节用;国际关系的平衡:非攻。墨子以"兼爱"为其理论基础,以维护广大人民群众的根本利益为出发点,抓住社会六种最基本的社会关系,提出了自己和谐社会的治理主张。虽然墨子的和谐管理思想并没有为当时统治者所采纳,也没有阻止当时的社会动乱和兼并战争,但从政治和哲学意义上看,墨子的和谐管理思想给后来的思想家以深刻的启迪,特别是为当前中国构建和谐社会提供了一个参照体。

郑奕在《墨家和谐观探析》(《理论界》2011 年第 7 期)一文中指出,墨家的经济和谐观是以"赖力节用"的思想为核心的。墨家认为劳动力是社会经济和谐发展的基础。同时,劳动是社会和谐的前提。墨家政治和谐思想是以"尚贤尚同"的思想为核心的。墨家认为统治者"尚贤"是政治和谐的前提。同时,"尚同"是政治和谐的保障。此外,墨子认为"民选"与"君选"相结合的用人方式是政治和谐的关键。在国际政治方面,墨子认为"反战非攻"是国际政治和谐的重要基础。墨子的生态和谐观是以"节用非攻"的思想为核心的。墨家反对奢侈浪费,主张"节用节葬"。此外,墨家对耽误农时,掠夺人民财富,破坏自然资源的不义战争进行了深刻的批评。墨子的文化和谐观是以"非乐非命"的思想为核心的。墨子提倡"非乐",反对在人民生活困苦时候,王公大人奢侈生活,沉迷于声色的享受。在信仰上,墨子"非命"反对"知命"。最后,墨家主张文化的传承,主张因时制宜与时俱进的文化发展。墨家的人际和谐是以"兼爱交利"的思想为核心的。墨子认为要达到"兼相爱"的和谐目标,人首先要使自己有足够的修养。同时,墨子认为"利"是人际和谐相处的关键。作者在论述墨家和谐思想的基础上,进一步指出,墨家的和谐观为人与人,尤其是不同收入阶层的人或地区的相互和谐提供了可以借鉴的智慧;为追求官民和谐提供了可以借鉴的智慧;为我们发展文化建设提供了可以借鉴的智慧。其"非攻"思想为追求国与国的和平和谐共处提供了可以借鉴的智慧。

## 四、现代视野下的天下和谐思想的研究

赵炳建、马政强在《和谐世界观历史地位的多维解读》(《兰州学刊》2011 年第 4 期)一文中指出,中国主张构建和谐世界,内含着许多中国元素,彰显了中国的特色,是一种全新的国际关系理论,是中国为世界作出的一大贡献,同时也代表着人类未来的发展方向。作者在文章中分别从传统文化、马克思主义、中国共产党、中国崛起、国际关系、人类社会发展历史等六个方面对其历史地位作出了全方位的评判。从传统文化视角看,和谐世界观是对和合文化的升华。从马克思主义视角看,是对马克思主义和谐思想的新发展。从中国共产党视角看,是执政党从社会治理到全球治理的延展。从中国崛起视角看,是对中国威胁论的消解。从国际关系视角看,是对既有范式的超越。从人类社会发展历史视角看,是对人类社会发展规律的新把握。和谐世界观所倡导的持久和平与共同繁荣,勾画出人类共同向往的理想国际关系状态,它所凸显的公正、民主、平等、包容等内涵,是具有普世性的共同价值规范,反映了世界上不同的国家、不同的民族在文化和价值理念等方面的根本利益,乃大道之行,揭示了人类社会发展的历史规律和客观趋势,是对人类社会发展规律的新把握。

孙晶在《和谐与包容》(《北京联合大学学报(人文社会科学版)》2011 年第 3 期)一文中指出,社会发展的主流观念是和谐。以和为贵、以和为善、以和为美的和谐文化,代表着中华人文思想的精华,充分体现出社会发展的总趋势、大潮流。从哲学上分析,作者认为,和的对立面就是不和;不和是永远存在的,但如何在不和中寻求和的可能性,则是和谐文化的根本目的所在。与西方的有关观点相比较之后,作者指出,中国传统文化蕴含着和平主义和人道主义的理念。同时,中华和谐文化也是维系社会和家庭和谐发展延续的主心骨。作者认为,最大的和谐是人与自然的和谐,古代对天人合一的观念有很多的解释,但主要是关于人与自然之间关系的看法,这种文化以二者的和平共处作为最终目的。在文中作者进一步指出,和谐的核心是包容的精神。包容的精神是对人类智慧的充分展现。包容就是宽容、容忍,宽容是美德,是高尚的觉悟与情操。宽容是一个人与人之间交际方面的范畴,是道德主体在交际过程中对异己物(人与事、言与行等)的容忍和尊重。宽容思想是儒学的重要内容,是儒家倡导的为人处世之道。宽容能够显出人的道德高尚。大爱是爱的最高境界,大爱其实也是在宽容的范围内,这种爱是包容一切的,无任何类别和界限的。文章第三部分,作者指出,《易经》是包容的智慧来源。作者认为,《易经》是一部包容性和概括性非常强的著作,《易经》的精华就在于,它用“卦”的形式高度概括统一了所有天上地下的道理。“三易”原则充分体现出《易经》包容性的特点。《易经》的核心精髓在于“变易”。这个“变易”强调的是变化。变易的观点是符合自然发展规律的,也符合人类社会的发展特点。

冯自兴,何咏梅在《梁启超“和”思想简论》(《怀化学院学报》2011 年第 3 期)一文中,作者分别从梁启超的合群观、中西文化的融合观以及政治调和观来窥探他对中国古代传统“和”范畴的继承发展。对于梁启超的合群观,作者认为,首先,梁启超指出合群是适应“物竞天择”的保群之道,合群意味着人际和谐、社会稳定。其次,他认为,合群更需合德,无“群德”则没有群的精神,也不过是一盘散沙。梁启超“群”观念的提出,是要唤起国人“合群”的意识,培养国人的“群德”,整合一般社会群众的力量,以个人服从集体的精神,达到保国保种的目的。在中国

传统文化发展史上,“和”是被作为一种道德要求的,而梁启超的这一“群德”思想正是“和”思想在道德方面的体现。在中西文化的调和方面,作者认为,梁启超没有机械的割裂“体”和“用”这两个部分,而是提倡两者并存而相调和,择取各国文化精华,“合而冶之”。梁启超的基本原则是,既要反对“以本国固有之学而始为学”的保守思想,又要反对“脱崇拜古人之奴隶性,而复生出一种崇拜外人、蔑视本族之奴隶性”的不良倾向。作者指出,梁启超的政治调和思想主要以其“政治上之对抗力”理论为核心,政治对抗力是指政府发动力和人民制动力之间的调和平衡,主张通过培养壮大“政治上之对抗力”,以实现政治由专制向宪政的演进。此外,梁启超认为完善的宪法,一定是一部调和的宪法。在调和宪法的设计中,梁启超认为最为首要的是,“国权与民权调和”,以及“立法权与行政权调和”。

杨耀程在《论主亚文化的共荣之“和”》(《学术探索》2011 年第 6 期)一文中指出,中华民族主文化与少数民族亚文化之间具有“和”的基础,体现出“和”的状态。主亚文化的共荣之“和”是中华民族主文化与少数民族亚文化共同的发展旨归。作者认为,主亚文化中存在着“和”的基础。作者分别从主亚文化内部的文化之“和”与主亚文化之间的文化之“和”两个层面进行了论述。文章中,作者分析指出,求同存异、和衷共济体现了主亚文化之“和”的状态。作者认为,中华民族多元一体’思想是中华各民族传统文化保存的理论前提和归宿。同时,和衷共济的主亚文化的关系之“和”,是以个群文化的“小家”之“和”与主体文化的“大家”之“和”的统一。在此基础上,作者进一步指出,“和”文化既是民族文化内涵亦是发展基础。“和”文化是民族文化“和而不同”的表达。“和”文化是民族文化生存根基与创新根本。亚文化与主文化和谐的过程是一个双向的互动过程,少数民族文化中的精华元素可以为中华民族主文化所吸纳,同时也在文化发展的过程中,在特定的历史条件下实现文化转型,以更好地发挥民族文化强大的精神影响力。

## 五、中华传统和文化的现代转换研究

陈汉洲、王扬在《中华传统和文化及其当代价值》(《辽宁省社会主义学院学报》2011 年第 4 期)一文中指出,和谐思想是中国传统和文化的核心和代表。所谓“和谐”,是指多种并存的、矛盾的、甚至是对立的事物的协调与结合、统一与发展,进而达到新的平衡的一种状态。“和谐”的思想理念在春秋时期基本形成,是中国古代文明留给我们炎黄子孙的最有价值的思想文化遗产。其中,和文化所蕴涵着的“和为贵”、“和而不同”、“协调合作”、“和谐共生”等重要理念,以儒家文化为载体,对中华民族精神、意识形态乃至风俗习惯的形成与发展,产生了深远的影响,成为中国文化的精髓和首要价值观。作者进一步指出,“和为贵”是中华和文化的核心价值观。“和为贵”,就是以和为贵,达到天(自然)人和谐、社会和谐、家庭和谐、身心和谐乃至“协和万邦”的天下和谐,即达到万事万物的协调。“和为贵”是一个很高的境界,是推动事物发展创新的前提和基础,也是我们今天所要弘扬的和谐思想的精髓。作者通过分析介绍毛泽东、邓小平、温家宝等国家领导人的执政策略及我国政党合作的历史实践,“和为贵”、“和而不同”对于我国当代政治具有重要的启示作用及借鉴意义。同时,作者认为,和文化是“内建和谐社会、外促和谐世界”战略思想的传统文化渊源。对于我国和谐社会的构建以及和谐世界理念的推行具有重要的借鉴意义。

王长坤、任静在《和而不同—中华文化的会通精神》(《孝感学院学报》2011 年第 201 期)一文中指出,“和而不同”的思想贯穿着中华文化发展的始终,是中华文化的生命力所在。“和而不同”思想对解决文化价值冲突,建设人与人和谐相处、人与自然和谐相处的和谐社会,建设国与国之间和谐相处的和谐世界,积极维护世界多样性,推动不同文明交融具有重要的借鉴意义。文章中,作者对于“和而不同”思想在中国文化发展过程中进行了线索性的梳理,并对“和而不同”进行了解释。认为,“和而不同”本身反映了矛盾的对立统一体,“不同”反映了矛盾的斗争性,而“和”反映了矛盾的同一性。古代中国的先哲们通过对天地自然界、人类社会普遍存在的和同现象进行大量的观察和探索,提出了和而不同的思想,人与人之间主张和睦相处,在人与自然方面主张“与天地合其德,与日月合其明,与四时合其序,与鬼神合其吉凶。先天而天弗违,后天而奉时”。在“和而不同”基础上的融合与贯通,是中国传统文化发展的一个鲜明特征。中国传统文化特别是儒家文化的开放性、包容性引起了各民族的认同,是中华民族得以形成的思想文化基础,也是中华民族的凝聚力和吸引力所在。

杨昕在《中国传统文化的和谐思想及其当代价值审视》(《社科纵横》2011 年第 3 期)一文中指出,中国传统文化源远流长、博大精深,蕴含着丰富的人格和谐、人际和谐、社会和谐、生态和谐以及世界和谐思想。在儒释道等名家流派的思想体系中,都有着追求和实现“和谐”的思想内涵和精神境界,“和谐”的人文意蕴和伦理旨趣构成了中国传统文化的内在品质和特征。这些在漫长的历史发展进程中所形成的和谐思想,反映了人们对美好生活的热情向往和精神期冀,为我们在今天树立科学发展观、构建和谐社会提供了可资借鉴的宝贵思想资源。在论述社会和谐时作者指出,在中国的传统文化中,追求社会的和谐是千百年来中华文化内涵中重要的组成部分,并形成了以实现和谐为基本精髓的多种社会形态论,如大同社会论、小康社会论、太平社会论等。中国传统文化中的社会理想都是以“和谐”、“和睦”为共同特征的,这样的社会是贤能当政、讲求诚信和睦的社会,是个性得到充分发展的社会,是没有剥削和压迫、人与人之间平等博爱、各得其所的社会,是社会安定团结、人民丰衣足食的社会。今天,我们已经进入了全面建设小康社会和构建社会主义和谐社会的历史进程,这是基于中国社会发展的历史境遇和现实环境而制定的具备科学性的社会发展目标,是古代思想家所设想的社会形态所不能比拟的。但不能否认,传统文化中的社会和谐思想无疑为我们推进和谐社会建设提供了极具价值的思想启示和借鉴资源,其中所强调的“天下为公”、“皆有所养”、“人人平等”等思想与小康社会和社会主义和谐社会的价值追求有着内在的一致性,因而也是可以吸取借鉴的。在论述世界和谐思想时作者指出,自古以来,追求“协和万邦”的世界和谐思想是中国传统文化和谐思想中一个非常重要的组成部分。在民族与民族、国家与国家的关系上,中国传统文化历来主张和谐共处,协和万邦;强调以文德感化外帮,反对轻率地诉诸武力。进入 21 世纪,人类越来越认识到和平对于世界发展的重要意义,和平、发展与合作已成为当今时代的主题。中国传统文化的世界和谐思想为我们正确处理当今的国际关系提供了有益的思想资源。在维护世界和平与促进共同发展的历史进程中,我们应该继续发扬传统文化中保持世界各民族和国家间和平共处、相互尊重、兼爱宽容的精神内涵,推进民族与民族之间、国家与国家之间的和谐共处,共同创造一个和平、和谐、稳定、发展、繁荣的新世纪。

何涛在《中国古代和谐思想及其当代意义》(《文化论丛》2011 年第 201 期)一文中指出,古人对和谐的理解是多方面、多层次的,是一种大和谐:“天人合一”是人与自然的和谐;“人和”

是人与人的和谐；“吾善养吾浩然之气”是人自身的德性之和谐；“万邦协和”是国与国之间的和谐。在世界和谐方面，中国古代主张无争无讼，平等待人，和谐共处，协和万邦，重视睦邻友好，互利互惠。“以和邦国，以统百官，以谐万民”。历代中国封建王朝都把“协和万邦”的理念运用于处理与周边国家的关系，坚持“布恩信，怀远人”，以求得中外和谐共存的局面。这种以和为本，以诚信为德，以礼法为手段的“和为贵”的外交文化，体现了一种原则性和灵活性相结合的外交策略，是中国传统和谐文化的精髓。孟子提出“仁者无敌”，主张“以德服人”，提倡王道，反对霸道。王道与霸道相反，霸道是以武力作后盾，处理国内和国际关系；王道则是利用和平的手段，通过在国际间建立相互间的信任关系而扩大自己的影响。《礼记》中的“以中国为一人，以天下为一家”，说的则是超越一国一族的“天下观”，构筑一个和谐有序的世界。这对我们处理好国内外关系，争取良好的内部和外部发展环境有积极的借鉴意义。

王红续在《和谐世界理念的中华传统文化基础》(《中共中央党校学报》2011 年第 201 期)一文中指出，构建和谐世界是当代中国的外交战略理念和外交实践构想。它植根于中国优秀传统文化，特别是以儒家主张的“仁”为核心的伦理道德原则与“和合”为精神的文化价值体系作基础，弘扬“和为贵”、“和而不同”、“和实生物”与“致中和”等价值观、方法论。追求关系的和谐，是中国传统文化的根本精神之一。儒家最重视人与人之间的和谐。《论语》云：“礼之用，和为贵”，希望通过一定的制度规范，促使人们之间、国家之间维持互相包容、求同存异、共生共长、和睦融洽的理想状态。中国传统的“和谐”理念与西方许多伦理思想，如扬善抑恶原则、公平正义原则、诚实原则、平等原则等，都是一致的。它们都希望人与人之间、人与自然之间维持和谐关系。和谐世界理念旨在根本改变传统的、单纯以追求“权力”、“利益”乃至霸权为目标的强国外交战略文化，促进国际关系朝着合作、协商、民主的方向发展，推动建设持久和平、共同繁荣、人与自然协调的美好世界。和谐世界理念弘扬中国优秀传统文化，也吸取西方道德体系中的精华成分及重视国际法、探索全球治理机制等观念和做法。

常士訚在《贵和精神与当代中国政治认同建构》(《晋阳学刊》2011 年第 6 期)一文中指出，贵和精神的基础可分为文化中国；贵和精神的意蕴；贵和精神与政治认同；贵和精神面对的挑战及未来四个方面。作者认为，中国文化中所含有的贵和精神主要表现在下列几个方面：一是柔和方式，主要体现在“和合”价值观念上。基本精神就是中国古代思想家提出的“和而不同”。二是交往关系渗透。交往关系渗透可以是经济的，也可以是文化人员往来的。这种交往形成了一种“你中有我，我中有你”的彼此相参的参合局面。这是一种重叠关系、网络结构和社会资本。借助于它，重和主义生长有了深厚的社会基础。三是权威渗透。包括握有权力的统治者队伍，在古代社会要以“皇帝”为中心和制度这两个方面的内容。作者指出，“和合”作为贵和精神价值的精髓，重点在和谐，前提是承认差异的存在，而目标是通过和睦相处达到不同差异的融合，也就是差异中的各方，最终能够在一种融洽的关系中结合成一体。不同的民族最终达到真正的融合，这是现代国家建设的最终要求，也是目前实现中国国家统一的重要文化基础。并从世界范围内的民族融合方面进行了论述。作者进一步指出，贵和精神在现代条件下依然具有重要的价值，它构成了当代中国处理多民族关系的基本文化逻辑。主要体现为：整体第一。中国贵和精神追求的是多民族族体最终能够结合成一体。其二，和而不同，相互参和。这是贵和精神的基本精神。“和”就是承认和肯定差别和冲突的存在，并尊重参与各方与不参与各方的各自利益及文化上的不同。其三,互爱亲和,同情理解。这是贵和精神处理矛盾对立的重要原则。其四,中和精神。传统中国哲学历来注重"中和"精神。中和精神的一个关键就是不走极端,而是通过相互适应而共处一体。在这种精神影响下,不同族群的人们相遇在一起,各以中和原则彼此对待,则可以达到相互承认且又愉悦的精神境界。在情与理之中,达到相互感情的融洽,进而升华出一体的意识。其五,天人相和。贵和精神不仅注重不同事物之间的融合、融洽,而且注意天、人,自然和人为之间的和谐与融洽,这是贵和精神的基础。其六,和达精神。中国贵和精神的一个重要内容是"和达"精神。另外,作者认为,中国贵和精神是中国政治认同的基础。贵和精神从文化的角度编织起了彼此承认、相互认同、你中有我、我中有你的网络,是一个环环相扣的网络空间,它遍布于全国。贵和精神在相互承认和帮助中建立起来的信任关系发展了不同民族群体之间的共同利益、共同文化心理。它作为一种共同的纽带,将不同的民族密切联系在一起。在贵和精神面对当今社会的挑战时,作者认为,中国的贵和精神随着中国现代化的发展,应该在适应外部挑战时作出新的调整,但这种调整依然是在中国现有体制和文化环境中的调整,而决不是彻底否定贵和精神。

贵和精神在现代条件下依然具有重要的价值,它构成了当代中国处理多民族关系的基本文化逻辑。主要体现为:整体第一。中国贵和精神追求的是多民族族体最终能够结合成一体。其二,和而不同,相互参和。这是贵和精神的基本精神。"和"就是承认和肯定差别和冲突的存在,并尊重参与各方与不参与各方的各自利益及文化上的不同。其三,互爱亲和,同情理解。这是贵和精神处理矛盾对立的重要原则。其四,中和精神。传统中国哲学历来注重"中和"精神。中和精神的一个关键就是不走极端,而是通过相互适应而共处一体。在这种精神影响下,不同族群的人们相遇在一起,各以中和原则彼此对待,则可以达到相互承认且又愉悦的精神境界。在情与理之中,达到相互感情的融洽,进而升华出一体的意识。其五,天人相和。贵和精神不仅注重不同事物之间的融合、融洽,而且注意天、人,自然和人为之间的和谐与融洽,这是贵和精神的基础。其六,和达精神。中国贵和精神的一个重要内容是"和达"精神。另外,作者认为,中国贵和精神是中国政治认同的基础。贵和精神从文化的角度编织起了彼此承认、相互认同、你中有我、我中有你的网络,是一个环环相扣的网络空间,它遍布于全国。贵和精神在相互承认和帮助中建立起来的信任关系发展了不同民族群体之间的共同利益、共同文化心理。它作为一种共同的纽带,将不同的民族密切联系在一起。在贵和精神面对当今社会的挑战时,作者认为,中国的贵和精神随着中国现代化的发展,应该在适应外部挑战时作出新的调整,但这种调整依然是在中国现有体制和文化环境中的调整,而决不是彻底否定贵和精神。

# 中外和谐思想比较

修建军

和谐社会的构建需要新的理论资源，西方哲学思想与和谐理论与中国传统的和谐观具有共同性，也各有侧重点，如何将西方的和谐理论与中国传统的和谐思想有机结合生发新的充满活力的理论，是构建和谐社会面临的重大理论课题。

## 一、关于中西和谐社会建构理念的比较研究

李荷蓉在《老子与毕达哥拉斯“和谐”思想比较》(《华北水利水电学院学报(社科版)》2011年第2期)一文中指出，老子与毕达哥拉斯的“和谐”思想有相同之处，他们都认为“和谐”是宇宙万物存在的根本特征，都把数与“和谐”的阐释联系在一起，也都为社会“和谐”提供了重要途径。同时，二者的“和谐”思想也有许多不同点，可以反映出中西方哲学的不同特征和发展趋向。毕达哥拉斯与老子“和谐”观念的都与数字紧密相连，都以“一”为起始阐释宇宙万物的化生过程与自然的“和谐”秩序。老子的“和谐”理念主要来自对天地万物的综合观察与感悟。他认为，“和谐”秩序的存在是因为宇宙万物有本源性的客观规律，即“道”。数只是被用来描写万物性质与关系的象征性符号，它所承载的主要是哲学意义，而非数学意义。老子对自然规律的探索是具有科学性的，因为他以自然之“道”打破了天神的最高权威，然而其辩证的“和谐”观并非来源于证明式的数学。对数的研究、发现是形成毕达哥拉斯“和谐”思想重要基础。数被他视为万物的本质，有化生万物的神性，“和谐”秩序是神用“数”创造的。在毕达哥拉斯这里，数字兼具数学、哲学与神学三种意义。毕达哥拉斯虽然也从数的关系中认识到“和谐”就是“对立统一”，但是他关注更多的是各种“对立”，并未如老子一样深入地认识对立面之间相互依存、相互补益、相互转化或者相辅相成的统一关系。这也导致了西方哲学此后更重视差异、对立的取向。老子的“和谐”之道简而言之就是“天人合一”、“道法自然”。老子的自然“和谐”之道主要是“无为”、“不争”。“无为”并非无所作为，而是舍弃出于私志、私欲的作为，遵循自然规律，有善利天下百姓的大作为，故而老子是站在民众的立场上主张“无为而治”的。老子坚决反对战争，并希望以自然的“天之道”来纠正“人之道”的偏差，希望以慈、善、虚、静、知足、知止等主张促使社会趋向“和谐”。毕达哥拉斯也提出了消除矛盾纷争，建立和谐秩序的途径。他认为宇宙本身就体现出一

种内在的总体和谐。人通过刻苦修炼，使善与恶、美与丑、是与非等各种矛盾在心灵中获得统一，就能达到平毕达哥拉斯也提出了消除矛盾纷争，建立和谐秩序的途径。他认为宇宙本身就体现出一种内在的总体和谐。人通过刻苦修炼，使善与恶、美与丑、是与非等各种矛盾在心灵中获得统一，就能达到平和安详的精神境界。对数字关系与几何形式的沉思能够帮助人们获得精神上的解脱，由数组成的音乐也可以净化灵魂，使灵魂超越肉身的限制，进入“和谐”境界。同时，他希望以法律维护“公正”，认为不公正就是破坏“和谐”，是最大的恶。

李霞、张凌峰在《“和谐世界”理念与温和建构主义比较分析》(《湖北科学社会》2011 年第 201 期)一文中指出，“和谐世界”理念植根于中国传统文化理念，在国内政治与国际政治的一致性及对世界政治最优状态的设想两个方面做出了与温和建构主义理论有所不同的判断，为当前世界秩序的调整提出了一种新的思路，也为中国国际关系理论的发展指出了一个新的方向。在文章中，作者介绍了、温和建构主义主要观点和“和谐世界”理念。指出，“和谐世界”理念的核心是天下观与和谐观。天下观，又称天下主义，是中国几千年以来所形成的对世界的一种独特的看法。“天下”首先是指“普天之下”，其次，指该土地之上的所有人。再次，“天下”指向“一种世界一家的理想”。作者认为，“和谐世界”理念的核心思想就是在以“天下——世界”为整体的视野下(以天下观天下)，追求整个世界内部各要素在多样性基础上可持续的共存与相互促进，以及整个世界的一种良好运转状态。作者进一步在文中将“和谐世界”理念与温和建构主义进行了比较分析。作者认为，在温和建构主义看来，国内政治与国际政治逻辑一致性源于社会现象主体间性的本质，但是其分析单位依旧落脚于国家，难于摆脱支离破碎的视角。而“和谐世界”理念则通过将理论视域扩大把国家间政治统一于“世界/天下”层次之中，有助于各国际行为体寻求共同利益进而产生集体认同感。温和建构主义将世界政治最优状态的实现寄托在“康德文化”建立的基础之上，认为只有国家之间成为“朋友”才能形成全球性的安全共同体，这种构想的理想成分过高。“和谐世界”理念则是将最优状态的实现建立在各行为体利益兼容的基础之上，相对于温和建构主义的设想更加具有现实性与可操作性。

李霞、李海平、李婧在《“和谐世界”理念与新自由制度主义比较分析》(《湖北科学社会》2011 年第 7 期)一文中指出，“和谐世界”理念与新自由制度主义在认定国家间利益存在和谐性方面有着共通之处。同时，“和谐世界”理念在国内政治与国际政治的一致性及对世界政治最优状态的设想两个方面做出了与新自由制度主义理论不同的判断，为当前世界秩序的调整提出了一种新的思路，也为中国国际关系理论的发展指出了一个新的方向。作者在文中介绍了新自由制度主义理念及“和谐世界”理念。指出，“和谐世界”理念的核心是天下观与和谐观。天下观，又称天下主义，是中国几千年以来所形成的对世界的一种独特的看法。“天下”首先是指“普天之下”，其次，指该土地之上的所有人。再次，“天下”指向“一种世界一家的理想”。作者认为，“和谐世界”理念的核心思想就是在以“天下—世界”为整体的视野下(以天下观天下)追求整个世界内部各要素在多样性基础上可持续的共存与相互促进，以及整个世界的一种良好运转状态。“和谐世界”理念既有以天下观天下，对全球化进程持开放态度的“天下无外”视角，又有尊重民族主义多样性的内涵。作者进一步将“和谐世界”理念与新自由制度主义进行了比较分析。指出，两者具有一定的相同点:新自由制度主义的理论主张内含着国际行为体之间关系的和谐性，在这一点上与“和谐世界”理念所倡导的新安全观、新发展观存在着一致性,同时新自由制度主义所突出的“国际制度”是实现“和谐世界”的路径选择之一。同时作者也认识到了两者的不同之处:在国内政治与国际政治逻辑的一致性这一维度上,“和谐世界”理念比新自由制度主义更积极。新自由制度主义尽管看到了在国际政治系统中也可以与在国内政治系统一样,建立制度从而促进内部行为体合作竞争的可能性,但是仍然摆脱不了以国家尺度的视野去讨论世界尺度的问题。“和谐世界”理念在国内政治系统和国际政治系统上所坚持的逻辑一致性以及其世界主义的理论视域使得其在面对当今世界全球化迅猛发展、传统安全问题与非传统安全问题交织、人类整体利益不断凸显的现状时有相当巨大的理论潜力与政策意义。在世界政治的最优状态这一维度上,“和谐世界”理论较新自由制度主义更具有合法性基础。和谐世界”理念的关键就在于其世界性的视野。与西方以民族国家作为分析起点的传统不同,“和谐世界”理念秉承了中国传统“天下主义”的理念,“以天下观天下”,把世界视为一个整体。这种世界尺度的理论视角可以避免由国家出发而导致的片面的政治观点。“和谐世界”理念对于国际社会最佳状态的设想就是和谐的世界,是一种建立在相互尊重多样性基础上,各行为体以及作为一个整体的世界共同可持续发展、共同繁荣发展的状态。最后作者认为,“和谐世界”理念的理论优势主要在于其完整的政治世界观和鼓励多样性与利益依存的和谐观,在处理当前全球化成为大势所趋背景下的世界政治问题方面具有十分巨大的理论潜力。

尹红在《中西和谐观异同比较研究》(《考试周刊》2011 年第 20 期)一文中指出,中西和谐观的差异在于:第一,中西和谐观不同的起源。中国古代“和谐”的本义也应始于音乐——具体为吹奏乐器上的音程学原理。但是由于文化和历史等背景的不同,中国对音乐的认识使中国的音乐有了政治功能,并且用模糊的风和气来说明。西方文化的和谐也是从音乐的和谐开始,但是它更侧重从科学的角度看待和谐,认为和谐即为数的和谐,和谐的本质在于数的和谐。第二,中西方不同的思维方式。中国古代“中和”美学建立在综合、整体的理论思维方式与重情重感悟的艺术思维方式基础之上。西方“和谐”美学建立在辩证分析、二元对立的理性思维方式之上。第三,不同的建构方式。中国和谐观由于古代先哲缺乏理性逻辑的分析,而不能将这种感受和体认作系统、严密的说明。而古希腊“和谐”美学却有比较严密、完整的理论体系。与此同时,作者也注意到了中西和谐观的共同点。作者认为,中西方都是从哲学的观点辨证看问题,认为“和谐”原本就是一个差别概念,没有差别,就无所谓和谐,纯粹的“无差别境界”是不存在的。

曾向红、杨恕在《可期性与合理性研究——基于与温特世界国家观的比较》(《世界经济与政治》2011 年第 10 期)一文中指出,中国于 2005 年提出了和谐世界观,而西方学术界则复苏了对世界国家的研究兴趣。作者比较了和谐世界观与亚历山大·温特的世界国家观在思想根源、可期性与合理性方面的深刻差异。在思想根源方面,温特的世界国家观是西方“超验”宇宙论中“逻辑”秩序的体现,而和谐世界观是中国内在世界观中“美学秩序”的体现。在可期性方面,温特的世界国家观基于“无政府状态难题”具有消除差异的内在倾向,而和谐世界观基于不需要消除无政府状态而主张包容和尊重差异。在合理性方面,温特的世界国家观基于目的论推断的承认斗争将带来世界国家的观点无法成立,而基于过程论的和谐世界观认为,国际关系中的各种过程不仅能成为促使世界从不和谐状态向和谐状态转变的动力,而且有助于实现行为体之间关系的和谐。文章在与温特的世界国家观进行比较的基础上，研究了和谐世界观的思想根源、可期性与合理性。首先，梳理了和谐世界观与世界国家观不同的思想根源。认为基于西方"混沌"与"宇宙"、"无政府状态"与"秩序"之间的二元对立，西方学术界将无政府状态及其带来的问题建构为一种"无政府状态难题"。为了实现秩序，无政府状态是必须予以克服和消除的。温特的世界国家观就是致力于消除无政府状态以实现秩序的努力，它是西方"理性"或"逻辑"秩序观的典型体现。和谐世界观是一种"内在的"、"关联的"、"过程性"的世界观，是"美学"秩序逻辑的典型反映。它并不认为秩序的实现需要消除无政府状态，相反要捍卫这种状态。因为无政府状态在带来危险的同时，还有许多方面的积极作用。世界国家观与和谐世界观对"国际无政府状态难题"的不同思想根源，影响到它们的可期性，这主要体现在它们对待国际关系中差异的不同方式上。西方国际关系理论对"无政府状态难题"进行的探索，本质上是对差异的恐惧。温特的世界国家观对"普世的人"或"薄的承认形式"的强调，客观上具有消除国际关系中的差异或"厚的承认"形式的理论效应，这与西方文化在面对差异时采取的要么同化差异、要么消灭差异的"双重运动"战略相似。与之相反，和谐世界观基于中国的"关系本体论"思想，提倡国际关系差异的维护和交流，其中相互尊重构成世界不同文化、文明、宗教、政治制度等方面差异"和则生物"的基本前提。最后我们分析了这种世界秩序方案是否具有合理性。基于西方超验宇宙论的目的论逻辑，温特通过借鉴霍纳特的承认理论，论证了承认斗争将导致集体身份的扩大并最终形成一个世界国家。然而，经验研究和理论推理都不能证明有关承认斗争导致集体身份扩大这一核心逻辑。相反，承认斗争往往会带来悲剧性的结果。因此，行为体的自我克制，才是避免承认斗争演变为悲剧的有效途径。相对于世界国家观强调"无中生有"的力量，和谐世界观强调行为体的"协同创造"过程。这一过程本身就有助于促进世界从不和谐到和谐状态的转变。因为过程有助于处于关系中的行为体形成团结关系和集体身份，使关系本身成为一种有价值的东西。如果建立在自我克制、相互尊重与协同创造基础上的过程足够持久，集体身份就会持续扩大，最终可能形成一个和谐世界。当然，至少就目前来说，和谐世界离我们还很远很远，一个判断依据就是国际行为体在目前的互动中，还没有真正坚持和贯彻自我克制、相互尊重与协同创造的原则。

杨经录在《西方传统文化中的和谐思想探究》(《生产力研究》2011 年第 4 期）一文中指出，和谐是一个很具有中国特色的概念，但是在西方传统文化中也有着丰富的和谐思想，深入挖掘这些思想，无论是对于拓展我们的文化眼界和学术视野，还是对于构建当代中国的和谐文化及和谐社会都具有重要的意义。西方传统文化中蕴含着丰富的和谐思想，在古希腊有以毕达哥拉斯的系统和谐观、赫拉克利特的辨证和谐观以及柏拉图的"理想国"为代表的和谐思想；在中世纪有以基督教的教义—《圣经》中的具有和谐意蕴的理论为代表的和谐思想；在近代有以黑格尔的深刻阐述以及众多空想社会主义者的精妙构思为代表的和谐思想。整个西方传统文化中有着丰富的和谐思想，无论这些和谐思想是以怎样的形式表现出来，但它们都体现着人们对于和谐的认识和追求。探究这些和谐思想无疑对于当代中国和谐文化以及和谐社会的构建都具有重要的意义。

李倩、肖琼在《伊斯兰文化中的和谐理念》(《华章》2011 年第 20 期）一文中指出，伊斯兰文化的和谐思想通过倡导人与造物主、人与人、人与社会的和谐，以此来实现社会和谐。其和谐思想可简要归纳为：人与造物主之间的和谐、人与人之间的和谐、社会和谐、世界和谐。作者指出，在伊斯兰文化中，人类认识造物主的目的，就是要有自知之明，明白自己从何处来，到何方去，能做什么，不能做什么。明确造物主与被造物主间的关系，遵循自然规律。实现人与造物主的良性互动，达到两者之间的和谐。在人与人方面，伊斯兰文化特别重视人与人的和谐相处，提出“教门就是交往”的宗教务实理念。同时，伊斯兰文化坚持人人平等，认为人不分部落、民族、种族、肤色、地域、阶层、身份、贫富、强弱和智愚，在人格上一律平等。伊斯兰所追求的和谐社会具有一定的特征：公平正义、主持公道。政治协商，民主法治。扬善抑恶，爱憎分明。分配均衡，鼓励慈善。在世界和谐方面，作者指出，中古时期的穆斯林就制定了类似现代公约的规定，倡导国与国之间友好往来，以邻为善，和平共处，相互尊重。国与国之间唯有相互尊重，和平过处，人类方能实现世界大和谐。

霍普金斯在《儒家文明与基督教文明：和平、富足与和谐》(《文史哲》2011年第6期)一文中指出，从儒家文明和基督教文明中可以提炼出三种值得学习的类型，即和平、富足、和谐。作者认为，一个内在和平的平衡是个体身体外在平和的积极动力。和平是儒家文明与基督教文明的第一个共同点。在儒家的《论语》中，我们便可以发现有关修身的智慧。基督教文明也讲到民族的和平，尤其是它的创建者耶稣。基督教要求的是整体的内在自我与灵魂、意志、情感、身体、心情保持和谐，因此和平是自我存在的一种健康状态。在基督教的文化中，和平同样与洗礼仪式联系在一起。儒家文明和基督教文明之间的第二个共同点就是富足。儒家和基督教把富足看作是个体为成为完满的人所拥有的一套美德。一个富足的人拥有社会关系中完整的人类能力，会促进家庭或社会中的和谐。孔子提出的“仁”类似于富足的概念。不是财富的积累，也不是贫穷的生活来最终决定一个人是否为君子；拥有美德和仁义，才是一个完满的人。并解释将仁义与美德结合的途径是：首先，在美德和仁义的意义上君子要让自身谦恭庄重，去除炫耀的行为。第二，君子要对那些位高权重者表示恭敬，职位是通过智慧和经历获得的。恭敬能促进家庭和社会关系中的秩序和责任。第三，君子要表现出对民众的怜悯和恩惠。第四，君子使役民众要合乎公义。同样，基督教并不把富足、成功等同于物质财富的拥有，而是更多指向美德的拥有。美德使自我与社会相联系。耶稣使他的门徒的视线、想象以及生活的方式超越物质和世俗。主张他的每一个门徒成为超越物质生活的、拥有一系列美德的成功人士。和孔子一样，耶稣提供了一个完美的德行。家文明和基督教文明之间的第三个共同点就是和谐，这里的和谐是指影响家庭和政府之稳定的和谐。《论语》中提到了传统家庭与和谐关系的重要性。孔子弟子有若便认为“孝弟”是人为善的基础。与孔子相类似，耶稣也强调家庭关系导致和谐及政府的和谐。孔子和耶稣为我们提供了关于家庭和政府和谐方面的道德视线。

韩春远、宋绍兴、万发达、杜鹏远、杨金丽在《从中西方文化视角审视我国乒乓球文化的“和谐竞技”思想》(《华南理工大学学报(社会科学版)》2011年第4期)一文中，作者运用文献资料法、逻辑分析法等，从中西方体育文化价值差异与冲突来探讨我国后奥运时期乒乓球文化的价值。研究表明：我国乒乓球运动的文化价值融合了我国“以和为贵、天人合一”的“和合”思想与崇尚“科学、理性、自由、竞争”的西方价值观，形成了以夺标育人、和谐发展为价值核心的“和谐竞技”思想，以促进创建并维护人自身、人与社会、人与自然美好和谐的乒乓新世界。作者进一步指出以和谐竞争为价值取向的观念自始至终都贯穿于乒乓球运动的实践中，乒乓球运动视“身心和谐”为真，“人际和谐”为善，“天人和谐”为美。无论从使用的工具还是技术的发展与革新，始终贯穿着“和合”之思想。一方面,它是在“和”的基础上注重自由竞争、平等竞争、规范竞争,弥补了我国缺少竞争意识的传统体育和谐养生文化的不足;另一方面,它是在竞争的环境中重视“和”,强调以和谐为中心的和睦、和美、和平,完善了来自西方强势竞争文化中缺失的和谐,体现了人自身、人与人、人与社会、人与自然和谐共处的价值取向。从而使符合我国传统文化价值观念的乒乓球运动,在经过与我国传统体育文化的自然碰撞与冲突中走向融合,逐步形成了“和谐竞技”的乒乓球文化价值标准。

李丽在《论孔子和柏拉图关于社会和谐美的追求》(《工会论坛》2011 年第 4 期)一文中指出,柏拉图与孔子这两位伟大的思想家,虽处在不同国度,但美学思想却有许多相似点。柏拉图处在雅典奴隶制面临严重危机、各种社会矛盾尖锐的时代,他顽固地拥护贵族派。孔子处在春秋中后期,各种文化思想空前活跃,形成中国历史上著名的“百家争鸣”。柏拉图提出和谐型美学观,孔子提倡中和之美,两人都对和谐美进行过执着探求,但两人的“和谐美”思想又同中有异。孔子在和谐美的追求中表现出人文主义的超越精神,而柏拉图和谐型美学观则表现出以对立世界的立场来研究问题、处理人生的风格和勇气。和谐是人们执著追求的生命最高境界。我们既要学习孔子这种在和谐美的追求中表现出的人文主义的超越精神,又要具有柏拉图的那种以对立世界的立场来研究问题、处理人生的风格和勇气,从而合理吸收古代圣贤美学思想中的精华来建设我们现代型和谐社会。

## 二、马克思主义与中国传统和谐思想的比较研究

段学品在《和谐同盟:比较视野下的马克思与孔子》(《云南行政学院学报》2011 年第 5 期)一文中指出,和谐社会的构建需要新的理论资源,马克思和谐理论与儒家和谐观具有共同性,也各有侧重点,如何将马克思的和谐理论与儒家的和谐思想有机结合生发新的充满活力的理论,是构建和谐社会面临的重大理论课题。在文章中,作者首先介绍了两种和谐观所遇到的困境,指出了两种和谐观结合的必要性。之后,进一步具体分析了马克思和谐观及儒家和谐思想。作者认为,马克思和谐观中包含着以下几个方面的内容:彻底的自然主义”是建构人与自然和谐关系的标尺;“人的本质在其现实性上是一切社会关系的总和”是和谐的内核;人的自由而全面发展;社会是个有机体,实现“社会的统一”是构建和谐社会的基本路径。在孔子的和谐观中,首先,“和”之精神。“和为贵”是中华传统文化的核心内容之一。儒学认为,为人处事、理正兴邦都应有普遍的和谐道理,坚持不偏不倚的原则,即《中庸》所言“中和”思想。其次,对未来社会的构想。从纷乱的历史事实出发,提出“大同社会”的和谐完美。最后,从具体内容看,儒家和谐有三个层次:人与人、人与自然、人自身的和谐。人际关系的和谐建构象一个逐渐扩大的同心圆:“仁爱”精神由内到外依次为,亲亲——爱人——仁爱——仁民——仁政——协和万邦。另外,作者亦在文中介绍了,人自身的和谐,天人合一的和谐内涵。在此基础上,作者进一步介绍了两种和谐观的突出特点。作者认为,孔子和谐观的特点在于:一是以道德教化来重建家庭和谐,“孝”是建构的枢纽,以孝为中心结成亲亲尊尊之网,伦理秩序清晰井然。二是侧重人性修养,充满人情关爱,让人感到有无限的心理慰藉,有精神家园的归属感,但是在获得精神归属感的同时,又容易使人难以突破外在秩序的束缚,似乎给人的心灵套上一层枷锁,容易使让人安于现状。三是孔子和谐观虽然内涵着一定的辩证法。四是和谐文化

中应有的斗争性、进取性不充盈。五是作为儒家和谐观核心的“天人合一”之内涵是多样的。六是孔学自然观具有特定的涵义,通常意义讲,由“天”引申出的概念,一方面指道法自然所蕴含的规律;另一方面,“天”所寓的自然不包含现代意义上所指的地及客观事物在内。马克思和谐思想的特点体现为:一是以实践唯物主义视野,从“现实的人”出发,围绕人的本质之社会关系总和提出人的自身和谐在于充分处于物质关系和思想关系中占有相应的物质和精神产品,把人的和谐建立在坚实的物质利益基础上;二是马克思关于人与自然和谐相处的思想,更多的是突出环境保护意蕴。三是人与社会和谐讲的最多就是对资本主义生产方式的辩证批判。四是马克思和谐运动中起主要作用的是斗争性在推动事物发展中的作用,并将斗争性因素切换为追求公平、正义,扬弃私有财产的动力。五是和谐思想中含有深刻的历史辩证法。最后,作者提出了马克思与孔子二者的和谐同盟基点的初步构想:第一,进一步深挖马克思辩证的和谐思想。第二,马克思与孔子思想都缺少在市场经济条件下和谐社会有效建构的具体制度规制。第三,吸收儒学中的“孝”文化建构适合市场经济条件下的人与人之间的尊亲伦理规则,同时融合马克思和谐辩证理论。第四,在人与自然和谐关系建构中不能概括的用“天人合一”代之,应当用马克思的和谐建设理论作指导,把“天人合一”所蕴含的自然观转化为现代生态理论。第五,儒学和谐观侧重人的生活方式的价值指导,马克思和谐观着眼点在于生产方式的和谐,应该相互借鉴。

李会、赵飞在《马克思恩格斯列宁社会和谐思想解读》(《沈阳大学学报》2011 年第 201 期)一文中指出,马克思恩格斯的社会和谐思想包括:人与自然和谐的思想;人与人和谐的思想;人与社会和谐的思想;生产力与生产关系、经济基础与上层建筑之间和谐发展的思想。并指出,列宁在社会主义建设中对社会和谐思想的探索主要有:协调城乡发展与推动工农关系和谐的思想;建构团结和睦的民族关系的思想;以党内和谐促进社会和谐的思想;为俄国社会主义革命和建设营造和谐的外部环境的思想。作者认为,马克思恩格斯从实践的观点出发,坚持辩证地、历史地、科学地阐述社会和谐的理论,他们从人类社会发展的基本规律的角度出发,阐述、分析了构成社会和谐的各要素之间的关系。列宁有关社会主义和谐社会的思想贯穿列宁对社会主义的认识和社会主义的建设过程之中,为俄国社会主义社会的和谐发展起到了指导作用,也为其他国家提供了借鉴。

步德胜在《对社会主义和谐社会内涵的再认识》(《青岛科技大学学报(社会科学版)》2011 年第 3 期)一文中,作者对中西方关于和谐社会的思想进行了论述,在论述我国历史上的和谐思想时作者指出两千多年来,人们从不同角度提出的“大同”社会理想,是我国和谐社会提出的最早渊源。孔子说过“和为贵”,墨子提出过“兼相爱”、“爱无差”,的理想社会方案,孟子描绘了“老吾老以及人之老,幼吾幼以及人之幼”的社会状态,太平天国运动提出了“务使天下共享”,“有田同耕,有饭同食,有衣同穿,有钱同使,无处不均匀,无人不饱暖”的口号;康有为提出了要建立一个“人人相亲,人人平等,天下为公”的理想社会。这些思想都反映了我国人民对和谐社会的向往和追求,但是,在存在阶级压迫和阶级剥削的旧制度下,这些设想是根本无法实现的。在论述西方的和谐思想时作者认为在西方,有不少学者的观点中蕴含了社会和谐的思想。古希腊哲学家毕达哥拉斯提出的“和谐最美”、柏拉图的“公正即和谐”、赫拉克利特说过的“对立和谐观”等。空想社会主义者也曾提出过建立和谐社会的构想,如傅里叶提出的“全世界和谐”欧文的“新和谐”、魏特林的“和谐与自由”及“全体和谐”等。由于深受社会制度的限制，找不到实现社会变革的正确途径，结果只能陷于空想。马克思、恩格斯在继承前人思想成果的基础上，创立了科学社会主义理论，勾画了共产主义社会的美好蓝图。在介绍东西方和谐社会思想的基础上作者对目前理论界关于社会主义和谐社会内涵的研究进行了介绍。认为主要有广义狭义观、本质特征观、学科领域观和全面系统观。我国学者关于社会主义和谐社会建设的研究虽然涉猎面广、角度和层面多、观点多元、研究成果丰硕、成效显著，但同时也存在一些欠缺和不足，主要表现为以定量探讨为主，定性分析明显欠缺；静态研究丰富，动态发展研究不足；对人与人之间社会关系的和谐和人与自然关系的和谐关注较多，对人自身关系的和谐即个体身心的和谐关注较少。在此基础上对社会主义和谐社会的内涵进行了重新的审视提出社会主义和谐社会是一种阶段属性，社会主义和谐社会是一种科学理论，社会主义和谐社会是一种理想状态，社会主义和谐社会是一个实践方略，社会主义和谐社会是一个发展结果。

## 三、中国传统的天人和谐思想与西方之比较研究

杨育华在《基于文化生态模式比较的和谐思想研究》(《管子学刊》2011 年第 3 期)一文中指出，作为中国传统文化重要源头的齐鲁文化，其实体是由儒、道、法、墨等文脉构成的，它们揭示了人类社会生存与发展的脉络，并以多元理论诠释了实现普遍和谐与稳定的思想。基督教是西方传统文化"基因图谱"的根源，它以宗教的方式阐释了上帝是造就人类社会至善至美的始动者，信奉上帝所言而行是创造和谐的必然。通过对中西方关于人与自然、人与人、人自身的文化生态模式进行比较，分析了中西方和谐观各自产生的本源及对当代世界和平与发展的深刻影响。在中西方关于人与自然关系的认识差别及互补上，作者指出中国的道家强调人要以尊重自然规律为最高准则，以崇尚自然、效法天地作为人生行为的基本依归。儒家主张人类对大自然要保持必要的敬畏之心，必须做到从心所欲不逾矩。而西方的基督教的观点则主张天人相分，即二元主义的观点。其原典《圣经》就是这一观点的出处。基于此，人向自然界大量的索取，人创造了大量的物质财富，成了真正的大自然的主宰。随着时间的推移，基督教关于上帝、人与自然的关系形成了三种模式，即征服(统治)模式、管理模式和伙伴模式。它们代表了当今西方基督教会对待生态环境的三种态度。这对两种截然不同的态度，现代人类正思考修补自然界创伤的方略：一是利用自然资源要取舍有度。二是构建"两型社会"的紧迫性。三是保护人类赖以生存的家园。在中西方关于人与人关系的认识差别及互补，作者指出孔子所提出的理想人格是善于以宽厚处事，协和人我，从而创造和谐的人际环境。墨子提出人与人之间，国与国之间多一些爱，社会就会安定。西方基督教则认为基督教认为，人与人的关系是兄弟之情。福音的真谛是爱。主张用道德诫律控制人际关系；在拯救灵魂中，改造社会不良风气。面对中西关于人际关系的不同认识作者认为：一、中方的"仁义"与西方的"福音"有着极为相近的蕴意。中国古代主张行仁义之礼来实现人际和谐。基督教则主张上帝的启示具有普世的价值，信上帝是西方人对神性的诉求。为此，基督徒要义无反顾地传播福音。既然上帝是爱全人类的，那么，人理应不分民族，不分国籍的，因此在基督教背景下同心同助同发展应该成为人类共识。二、孔子所创始的儒家，总是显示中庸之道。如果说，中庸揭示了一种人际关系、国际关系的度，那么基督教要求人们遵从的戒律则强化了这一度的底线。基督教的

"十诫"明确了人在社会中应该做的和不该做的,它们体现了对生命、对他人的尊重,对人类群体的维系,并构成了人类生存和共存所必需的非常基本的"金规则"。在中西方关于自我身心内外关系的认识差别及互补上,作者指出中国先贤提出了内圣外王的理想目标。一是注重内省慎独,强调反求诸己,通过正己而达到正人;二是改过迁善,见贤思齐,最终达到"至善"的崇高境地;三是内心道德修养与外在行动统一于"内得于己,外施于人";四是内外兼修追寻的目标为"内圣外王",其途径乃在"天理"与"人欲"的交战中,努力砥砺德行。而西方基督教则把实现成圣的追求目标。基督教认为,人的身心内外修炼的终极目标是成圣,即人坚持通过自身努力,具备耶稣圣洁、义与爱的品性。面对世俗社会的种种诱惑,基督教主张节制欲念和自我约束。面对这两种认识论,作者认为两者的区别主要在理论基点和实践层面上。中国先哲强调由内向外地逐渐实现身心内外的平衡。基督教则强调从而完成道德的更新和人性的净化,以期找到完善自我、事功上帝的途径,实现个人超越性的存在。儒家学说具有极高的道德品性,注重在道理上把社会带向一个高标准的理想境界。基督教神学提供了耶稣基督乃是整全生命的范例。作者最后指出儒学阐述的普遍和谐理论虽然难免有封建性糟粕的一面,但其优秀一面不失为当今建立和谐社会可资利用的价值。基督教伦理学指出的个体与上帝之间的和谐关系观念虽偏执一端,但其广泛流布与浸润于西方社会,影响深远。比较两种不同和谐思想,虽然两者源流有自,不一定解决所有预设问题,但从另一面给我们以深刻启示:人类文明正是在交光互影的和平与冲突中发生变迁的。

徐瑾在《论中西方"天人合一"思想的本质区别》(《北华大学学报(社会科学版)》2011年第201期)一文中指出,中西方关于"天人合一"的思想具有本质区别:中国的"天"是形上层面的"德性之天",西方的"天"是经验世界中的"自然之天";中国的"人"是整体主义环境下的强调"天(道)"的人,西方的"人"是个体主义环境下的强调人类自身发展的人;达到"天人合一"的途径中国是内省式的,从正心开始,而西方是外求的,从研究自然开始。二者应当保持和谐的张力:在形上的超验层面应当具有传统中国"天人合一"的信仰,而在经验世界里应当注重"人与自然(天)的和谐共存"。随后作者指出了西方"天人合一"的缺陷,认为西方社会虽然正在追求人与自然(天)的和谐共存,但是其源远流长的理性主义传统使得西方始终无法解决理性是否能够认识自然的问题,科学理性始终无法达到对本体的把握,因此,随着人类社会的发展才会不断出现各种新问题;譬如一百年前我们认为砍伐森林、征服自然是真理,现在强调的却是保护森林;而现在进行的一系列研究,如转基因食品的开发(以应对自然资源的匮乏),一百年后又会带来什么样的后果?这些都是理性所无法预见的。而且,一味外求而不知内在修行将导致人类社会不断膨胀的物质欲望追求(外在表现为经济发展),并最终压垮自然界。因此从这个角度来说,一个过分依赖科技的所谓"人与自然的和谐"最终是难以实现的,而这方面中国文化有着天然的优势;从人性论的角度来说,人类虽然有着根植于(物质性)肉体的欲望需要,但是人类的本质却是精神境界的追求。因此,我们认为,社会的和谐发展需要在二者之间保持一个适宜的张力:在形上的超验层面应当具有传统中国"天人合一"的信仰,而在形下的经验世界里应当注重"人与自然(天)的和谐共存",两者应当圆融无碍。

蒋毓舒在《儒家生态智慧与西方生态伦理比较》(《安徽农业大学学报(社会科学版)》2011年第5期)一文中指出,儒家"人贵于物"的生态思想是人类中心主义的,但它与西方人类中心主义有着本质的区别。西方人类中心主义从“功利”出发，遵循的是“天人对立”的二元论哲学思想。而儒家从“道义”出发，遵循着“天人合一”的一元论哲学思想，将人类的道德扩展到自然界。在道义这一点，西方人类中心主义将道德界定在人类社会的范围内，强调人与自然对立，以征服自然为己任，导致严重的生态危机。而西方非人类中心主义在批判人类中心主义的同时，其理论又走向了另一端，过分强调万物在道德上与人类的平等地位。虽然在其诞生的短暂时间内，对调节人与自然关系，对促进人们对自然的道德意识方面起到很大的作用，但其自身道德的合理性受到了人们的质疑，使其理论在实践中陷入困境。而儒家“人贵于物”的思想中，虽然人与万物在地位上有所等差，但在实践中并不妨碍人们关心自然、爱护万物。在实践中遵循“爱有等差”的思想，让儒家的生态智慧不像西方非人类中心主义那样让人们在自然面前无所适从，以至于在自然面前无所作为。儒家生态思想让人们在不知如何取舍的时候，遵循着先亲后疏、先人后物的原则。因而，在实践中易于操作，在中国几千年文明发展中，人们没有对自然资源造成很大的伤害。对比起来，儒家生态伦理比西方非人类中心主义更加合情合理，更加符合实践需要，它为人类的可持续发展可以提供一些借鉴价值。

田海林在《中西天人合一思想共同点的历史探寻——写在“天人长安”之际》(《西安社会科学》2011 年第 5 期)一文中指出，天人关系是哲学宇宙观的中国式词话，中国自古以来就有天人合一的理性传统之文化表达。在对中国传统的宇宙天人学说和西方世界的宇宙天人学说进行分析的基础上，对中西圣王传统之天人合一进行了分析。认为中国古来就有圣人或神人的意识，认为“人皆可为尧舜”，但必须如孟子所说，“圣人，人伦之至也”，必须是能“为天地定心，为生民立命，为往圣继绝学，为万世开太平”的人。人给天地立心，人有这个能力，这就是基于中国古代宇宙观的认识，中国人把人和神结合为一体了。自春秋战国起，人的地位被提高，宋明理学、心学都是这样的，中国人就是天地意识，人和天地是同生的，以人为天地之心，人为天地之思考。西方的圣王有一个特点，对上天的信仰即圣王的追求是教条化、程序化的，西方人喜欢在神面前做些祷告，选上总统了还不忘说一句:“上帝保佑。”中国人讲“尽人事，知天命”，而西方社会则讲凯撒的归凯撒，上帝的归上帝，上帝其实就是西方人的天，只是在政教合一的西方国家体现得更明显罢了。最后作者指出天不分南北，人不分东西，不管是博大精深注重理性谋略的东方天人合一思想，还是更重实践技能的西方天人合一路线，作为人与自然结合的思想精华，我们都有必要重新审视其思想精华，以给予我们前行更大的力量和更正确的方向。

# 附补:《天下和平》

修建军　宋玉鹏

**编者按:因为技术原因,2011 年《中国和学年鉴》《和文化研究·天下和平》(修建军、宋玉鹏编)一栏,未能刊发,特予补正。**

本部分严格说来所探讨的问题,应当是天下和谐的主题。包括如何处理与异族、他国的关系。中国文化是崇尚和平的文化,天下太平是中国文化的理想境界。显然,我们所处的这个时代并不太平。如何能最大限度地挖掘让中国的和谐文化发挥其作用,这是学界当关注的话题。

宫臻祥在《解读儒家文化,构建和谐社会》(《文学界(理论版)》2010 年第 9 期)一文中指出儒家文化博大精深,是中华民族传统文化的核心部分,儒家文化对社会发展和进步具有普遍的价值。通过对儒家传统文化精髓的解读,发挥传统文化在构建社会主义和谐社会中的积极作用,进一步完善新形势下构建社会主义和谐社会理论具有极强的现实意义。第一部分是综述儒家文化与构建和谐社会的关系。作者指出我们不能以偏概全的只看到儒家文化中的消极落后的一面,还应了解到儒家文化对社会发展和进步具有普遍的价值,儒家文化不仅仅对维护古代封建社会统治秩序发挥过巨大的作用,同时也当今和谐社会的构建,对人们伦理道德的提高也有着极强的现实意义。儒家文化所谈论的和谐,主要是指社会关系的和谐。作者提到二千年前,儒家提出一种"大同"的社会理想,即"天下为公,选贤与能,讲信修睦,故人不独亲其亲,不独子其子,使老有所终,壮有所用,幼有所长,鳏寡、孤独、废疾者皆有所养……是故谋闭而不兴,盗窃乱贼而不作,故外户而不闭,是谓大同",这与我们所要构建的民主法治、公平正义、诚信友爱、充满活力、安定有序、人与自然和谐相处的社会主义和谐社会与儒家的理想社会有相通之处。第二部分则是具体解读儒家文化并指出其对构建和谐社会有何影响。一是德惟养政,政在爱民。作者指出古代暴虐无道的帝王多被民众所抛弃,而孔子用智慧的眼光早已看到了官民关系的复杂性,便在著作中早早留下了"为政以德,譬如北辰,居其所而众星共之","道之以政,齐之以刑,民免而无耻;道之以德,齐之以礼,有耻且有格"的言说。诸多开明君王在孔子"为政以德"的思想感染下,励精图治开创不少盛世、治世。作者指出孔子的伟大之处是，他反对严刑竣法，提倡用道德来说教百姓，使之具有廉耻之心，归服于领导；从而很好地缓和了官民间的矛盾，实现社会和谐。作者进而分析到，“仁”是孔子学说的思想核心，其通常意义是“爱人”。在孔子看来“仁”是孔子社会政治、伦理道德的最高理想和标准，以仁的精神来对待不同的伦理关系时便具有不同的更具体的道德规范；对执政者而言，就是要做到政在爱民。作者提到在以法治国为主旋律的今天，借鉴孔子思想，用道德观念来教化百姓，用亲民、爱民、利民政策关怀百姓，无疑在很大程度上能密切党群、干群关系，从而取得各项事业顺利进行，推动和谐社会的进程。二是孝悌之道，为人之本。作者指出家庭是社会的细胞，社会是由无数家庭集合而成，一个家庭的温暖和睦直接影响着社会的和谐安定。儒学认为孝悌是仁德的根本，因为在家庭中存在亲缘的感情因素，较容易形成孝悌的道德观念；然后加以发展进而转移到其他社会关系方面，促进整个社会的和谐。作者同时不无忧虑的指出，伴随着近现代化以来，中华民族的美德遭到了巨大冲击，这里尤以家庭伦理的沦丧为重，所以此时提倡以儒家为代表的“孝悌”观就很是有必要。三是以诚为本，朋亲友信。作者指出构建社会主义和谐社会的一项重要原则是营造诚信友爱的社会环境。但随着现代科技的发展，人与人之间零距离的促膝而谈，心与心的真正沟通都遭受到巨大撞击。这就需要儒学所提出的人与人交往的诚信观，来重构失衡的人际关系。第三部分是儒家文化对构建和谐社会的现实意义。作者指出儒家文化是博大精深的，是历史上维系中华民族长期统一的精神支柱，是民族传统文化的核心部分。儒学所强调的以德治国、仁民爱物、尊老敬贤、重信守义的道德品质在今天仍具强大的生命力，儒学强调人与人间的和谐，对于当今构建社会主义和谐社会的中国更具重大的时代意义。构建和谐社会，需要妥善处理各种不同社会阶层之间的利益得失和各种社会矛盾，而这，仅仅依靠“法制”是不够的，既要发挥法律的约束作用，又需要有“仁治”感召力量。

瞿敬平在《中国传统和谐思想的哲学基础与现实启示》(《学理论·中》2010年第6期)一文中首先指出了传统和谐思想的哲学基础，即一是“和”思想体现了事物既对立又统一。作者指出“和谐”意义的形成与“阴阳五行”等观念的产生和发展有着密切的关系，并引用《易传》、《洪范》和《荀子》的话来证明万物因和谐而生，因和谐而长，因和谐而变化，因和谐的流失和缺损而消亡。“和”即是这种对立统一的平衡、稳定状态。作者然后分析了“和”与“同”的差别，指出“和”是以承认事物的差异、杂多、矛盾、对立为前提的，是差异的综合、多样性的统一。“和”是万物的根本，“同”就是单一事物的相同，不可能产生新事物。二是“和”思想体现了事物多样性的统一。“和”是多样性的存在，是多元统一的整体，本质上，是一种关系与秩序。作者引用《说文》、春秋时晏婴和《国语》中史伯的话，古时人已经认识到了，和，乃不同之和。世上事物形形色色，千差万别，有的一物多体，有的一体多物，有的异质同构，有的异构同质。正是事物纷繁复杂的多样性，构成了五光十色、气象万千而又和谐统一的大千世界。三是“中和”思想体现了事物度的哲学方法。在儒家文化中“和”并不是一个孤立存在的概念，而是与“中”“同”并行而立、密不可分的。在中国传统文化中，“和”又多表述为“中”以及“中庸”、“中和”、“中道”等概念，“和”与“中”密不可分。实现“和”的理想，最根本的途径是“持中”，而“中”的主要内涵是“度”。作者引用朱熹和《中庸》来很好的解释了这一点。四是“和”体现了事物是一个动态的发展过程。作者指出一切事物存在的基础是“和”；和的破坏，是旧事物死亡的标志；一旦和被破坏，事物也就死亡，新事物就产生。作者根据上述的哲学基础,提出了传统和谐哲学思想的现实启示。一是要和而不同,尊重差别,承认矛盾。二是要求同存异,用辩证的思维方法解决矛盾。三是要善用中和中庸之道,化解社会矛盾。四是要共生共荣,构建和谐社会是一个动态的发展过程。

付宗义在《中国传统法文化的和谐理念及其现代价值》(《河南财政税务高等专科学校学报》2010 年第 6 期)一文中对中国传统法文化中的和谐理念进行分析论述。作者先是借《说文》和《国语》来说明中国古代"和谐"的原始意义,再论述汉代以后,儒家思想成为封建王朝的正统思想和主流文化。儒家志在寻求人与自然、人与人之间的和谐、安定、平静有序,构建和谐的"大同社会"是儒家的最高目标。中国古代统治者基于统治需要始终如一地强调和谐,这种和谐理念渗透到中国古代社会的方方面面,包括传统法文化中,它构成了中国传统法的出发点并最终形成了以儒家为正统的中国传统法文化——礼法文化。可以说,和谐是我国传统法文化所追求的最高目标,也是内在于法律的道德理念。受儒家思想极力宣扬的"无讼""息讼"等观念的影响,中国传统法文化追求和谐的必然选择是无讼。作者指出中国古代的治者、先贤从稳定社会秩序、和谐天理人伦的实用角度去认识和论述法的作用,他们高度重视从自然、社会、人伦及民心向背的综合联系中去考虑法令的可行性,从而确定法的原则,形成了独具特色、充满伦理色彩而又折射出和谐理念的中国传统法文化。作者认为中国传统法文化和谐理念的经济基础是以家庭为单位的小农经济;中国传统法文化和谐理念的政治基础是经汉儒董仲舒提出,并被当时的统治者视为至宝的推崇"和谐"理念、构建大一统制度的儒家学说;中国传统法文化和谐理念的哲学基础是中国古代的"天人合一"思想。作者在文中对中国传统法文化和谐理念的价值进行了分析,指出了它的合法性有两点,第一,中国传统法文化和谐理念体现法律的正义性原则;第二,中国传统法文化和谐理念符合法律的道德属性。作者同时指出了它的局限性,第一,中国古代试图以道德代替法律而实现和谐无讼,使法律失去了相对独立性;第二,因追求和谐无讼而过分强调秩序和稳定,使传统中国丧失了应有的发展机会;第三,奉行法律工具主义,不利于民众法律信仰意识的养成。作者在文中指出了中国传统法文化和谐理念的现代价值。这主要包括以下几点,一是为当代中国树立法的价值共识提供丰富的历史资源;二是注重道德教化,重视犯罪预防;三是注重调解模式,缓解社会矛盾。作者最后总结到,中国传统法文化中的和谐理念,是传统法文化核心精神的集中体现,是一笔弥足珍贵的历史文化遗产,我们要把握其中的精华,扬长避短,去粗存精,对受其影响而形成的中国古代司法实践中的一些实用机制和实践模式进行合理借鉴。

付林凯、关晓丽在《传统中和思想的软实力意蕴》(《社会科学战线》,2010 年第 2 期)一文中指出,尽管中华民族曾经饱受外来侵略和内乱之苦,然而辉煌的中华文明始终得以延续。这种深厚的文化积淀是构建中国软实力的文化根基。软实力是观念文化的总和,反映了一个国家的文化实力和综合国力,决定一个国家未来的成败。我们在大力发展经济和加强国防力量等硬实力的同时,急需充分发掘和运用自身的软实力。尚"中"、贵"和"是中华民族的传统美德,是文化软实力的核心内容,具有普世价值,其基本精神是创造和谐。作者指出,中和思想具有深厚的哲学根基,是提升软实力的基础。作者首先分析了中和思想的意义,"中"是人的本性,故为"天下之本";"和"是人通行的道路,故为"天下之达道"。中和思想既具有"中"的含义,又具备"和"的意义,二者相辅相成。"和"是社会人际关系所应达到的目标,"中"是为达到这一目标而必须具备的条件。反过来说，“中”是“和”的前提，“和”是“中”的归宿。作者然后分析了中和思想的联系观，“中”将事物的两端联系起来，在相互联系中以见其“中”。“和”指事物之间及事物内部诸要素之间有差别的联系，是差别性和多样性的统一。作者又分析了中和思想的矛盾观，儒家中和思想的核心是谋求对立面的统一。“中”是指矛盾双方的均衡、协调，“和”是指矛盾双方的相成相济与和谐统一。中和思想把握了事物矛盾双方既对立又统一的关系。一方面，中和注意到了矛盾双方的差异性和对立性，亦即看到了矛盾的斗争性；另一方面，中和重点强调矛盾的同一性，以兼容两端、融会贯通、谋求统一为归宿。作者在本段最后分析了中和思想的度量观，中和思想着眼于矛盾双方的统一，强调事物发展中平衡、稳定的一面，因而又具有显明的质量统一的度量观。儒家强调“过犹不及”，要求人们“无过无不及”，准确把握“中”，事物量的变化，在度的范围内，亦即在两个关节点之间，事物的质不变；超出了度的范围，事物的质就会发生变化。因此保持事物的稳定，就要做到适度、适“中”。作者指出，中和思想蕴涵深刻的治国理念，是提升软实力的核心。孔子认为，“和”作为达到“中”的手段，不仅可用以修身、齐家，而且可用以治国、平天下。国家的不安和倾覆，就是由这众寡富贫的不均所致。解决的办法，就是为政之人应设法“均之”、“和之”。“和之”是孔子为春秋乱世提出的治国良策。当今和谐社会的构建正是循着历史的足迹前进的。在谈及孔子对理想社会秩序的执著追求时，中和思想承担了孔子的现实化目标。作者提到，孔子将能够使天下安定，保护大多数人生命的人许为仁人、圣人。在孔子的仁德中，最闪耀的精神就是重视个体的生命。因此，和谐社会的构建就是要重视人的生命，建构一个仁爱而有礼有节的社会，以人为本、宽容有序，显示出泱泱大国的风范。这也充分体现了传统文化为构建和谐社会的政治理念提供了坚实的文化资源。作者指出，中和思想蕴涵丰富的道德伦理内涵，是提升软实力的路径。中和既是一种美好的状态，又是一种美好的品德，是中国传统伦理道德的一个重要规范。《论语》所体现的中和思想也是孔子对前人中和思想的继承与阐释。在上古社会，中和被看作是一种良好的人际关系状况和极高的道德境界，并成为指导人们行动的准则。到了春秋乱世，孔子用毕生精力苦苦追求的天下归于一统的理想虽然未能实现，但这并不意味中和思想在春秋乱世时便一无是处了。历史告诉我们，乱世也罢，治世也罢，中和在一定程度上皆可成为人们的行为准则和道德规范，可以内化为自身自觉的追求，但不能一味加以固守，需要在现实条件下不断充实和丰富。作者又提到，孟子将“执中”与“权变”加以结合，这无疑与当时的时代环境有关。应该说，这是在现实环境下的变通。无论汉唐盛世还是明清时期，中国历代的封建帝王都将中和思想与具体的时代特征进行有机结合，也自然被时人看作其他是理想的道德境界和伦理规范。“中和”思想蕴涵的丰富伦理内涵，以人与自然、人与人、人与自身以及不同民族和国家的和谐统一为价值目标，又形成了一套以仁守中、以义时中、以礼制中、以智执中的“致中和”方法，对当今社会国民伦理品格的塑造有着重要启示。作者还指出，中国文化中的中和精神与向善的国际伦理，恰可以有效化解国际秩序中的“恶”因素。在道德与实利、价值与需求之间寻求均衡，为世界提供一个普世主义的文化思维框架。作者指出，中和思想固化人们的价值观念，是提升软实力的根本。在中国思想史上，几乎所有流派的哲学思想和审美理想，都把中和作为基本命题和价值归属，洋溢着持中不偏、悦和亲仁、和美圆融的和谐精神。中国传统文化讲“和”，主张“和为贵”，面对冲突时强调“以德服人”、“不战而屈人之兵”;面对强权,中国文化主张同情弱者,反对强权,追求人和、家和、睦邻友好、和谐共存。“中和”思想使中华文明历经磨难而绵延不衰,屡处逆境而聚集不散,铸就了中国人民谦让、仁厚、宽容的国民性格和以“和为贵”、“和而不同”为核心的和谐、和睦、合作的民族价值观,形成了爱好和平、讲信修睦、协和万邦的优良传统。

吴志杰、王育平在《和合本体论——中国传统“和合”文化研究系列之一》(《南京理工大学学报》2010 年第 1 期)一文中指出,中国传统文化把事物的存在描述为一个“生生不已”的动态变化过程。在中国古代的文献中,对存在问题的探讨一般置于天地、阴阳、乾坤、男女等对立范畴的框架内展开,通常以相对立的事物或事物的对立面的冲突而融合为主要范式。中国传统各家的本体论思想可称之“和合本体论”,是因为各家的思想都把“和合”看成是事物存在的根本方式,具有显著的“和合”特色。作者先后引用了《周易》、《论语》和《道德经》来指出老子所谓的“道”是非实体的。作者指出,佛教本体论的思想与儒家、道家有相通之处,亦有相异之处。佛家讲“因缘和合”,与儒、道所认同的“阴阳和合”的存在论思想有异曲同工之妙。作者在文中也指出传统的和合本体论也存在着不足之处。首先,传统的和合本体论强调“和”,但对差分因素不够重视。其次,传统的和合本体论强调“生”,但对如何“生”的认识不够深入。再次,传统的和合本体论把关注的重点放在“生”这个节点上,在很大程度上忽略了对“存”的研究,表现出对事物产生之后的生存状态不够关心。当然,中国传统的和合本体论也并不是完全不关心事物的存在状态,但其关注的焦点放在对理想生存状态的追求上,且对这种追求方式的可行性问题未给予应有的重视。

刘习根在《总体性与和谐社会——对和谐社会的哲学基础探析》(《北京交通大学学报》2010 年第 1 期)一文中主要是介绍西方的和谐观念之来源,但也指出,在中国,和谐性的思想也在哲学起源之初就受到了思想家们的关注。在西周的时候,思想家史伯提出了“和实生物”的思想,从而将“和”与“同”区分开来。“和”就是调和、配合的意思,即不同性质的东西调和在一起,方能使这些差异的、甚至对立的性质和品行统一起来,从而形成新的统一体。相反,“同”则指的是无差别、无矛盾的同一,这种同一实际上是一种绝对的同一。史伯认为,这种“同”是与“和”对立的,是“去和而取同”,因此,如果用此“同”来构成它物,则会导致“不继”的结果。史伯对“和”与“同”的区分实际上是对万物构成的一个考察,好的事物应该是由许多异质的东西构成,而去和而同的事物则是“不继”的。也就是说,符合事物本性的东西应该是由“和”而成,非“和”而“同”形成的事物则是虚妄的。而每个事物都是一个具体的总体,和谐是每个事物本身的应有之义。

李少玉在《浅谈唐太宗治国理念里的和谐意识》(《贵州文史丛刊》2010 年第 1 期)一文中指出,贞观之治是我国封建历史上著名盛世之一,它的形成原因很多,其中唐太宗治国理念里的和谐指导思想是其重要原因之一。文章从人才观、君臣观、君民观、民族观四方面阐述了唐太宗治国理念里的和谐意识及其作用。关于人才观中的和谐思想,作者指出,唐太宗用人不以好恶、亲疏、贵贱来评判用人,贯穿了和谐的人才观。这里面主要包括三点,分别是:地域和谐、士庶和谐、新旧和谐。唐太宗这种唯才是举,不偏不倚,“内举不避亲,外举不避仇”的不拘一格的和谐人才观缓解了地域、血统以及新旧力量的矛盾,有利于政局的稳定,对于贞观朝人才济济,生机勃勃局面的出现起到了重要推动作用。关于君民观中的和谐思想,作者指出,唐太宗认为,国家要想长治久安,国君必须清净寡欲,“去奢省费,轻徭薄赋,使民衣食有余”。这样才能使天下无事,百姓安乐,才能缓和阶级关系。这种和谐思想观体现在一系列安抚百姓的国家政策里：一是推行均田制，奖励垦荒；二是实施租庸调法，不夺农时；三是轻徭薄赋，劝课农桑；四是设置义仓，救灾备荒；五是鼓励人口增殖，增加农业劳动力。关于君臣观中的和谐思想，作者指出，贞观之治辉煌成就的取得是和君臣同心同德、群策群力分不开的。为此唐太宗努力做到：以礼待臣、以诚待臣。唐太宗这种君臣共治的君臣观开创了贞观年间勇于诤谏之风，出现了一大批有名的诤臣，这些诤臣为国家建言献策，及时纠正了国策的失误，有力了促进了贞观之治的实现。关于民族观中的和谐思想，作者指出，唐太宗在"六和大同，万方咸庆"，"王者无外，四海同风"和谐思想指导下，实施了一系列和谐的民族政策，使得我国民族融合进入了新的阶段。这主要表现在：一是华夷一体，四海一家；二是风雨所及，爱之如一；三是威服德怀，万方来朝；四是各适其性，全其部落。唐太宗开明和谐的民族政策对改善民族关系起了积极的作用，促进了汉族与边疆少数民族经济文化的交流，丰富了中原各族人民的物质文化生活，同时民族融合也为盛唐社会经济文化的高度发展奠定了初步基础。

袁文斌、苏子毓在《论"构建社会主义和谐社会"理论是对中国古代传统"和谐"思想的继承和发展》（《社会科学论坛》2010年第2期）一文中指出，第一，"构建社会主义和谐社会"理论是对中国古代"和生物"宇宙观的继承和发展。作者在文中指明中国自古就有"和生物"的宇宙观，并以史伯、孔子、荀子、《吕氏春秋》、董仲舒及宋明理学为例。第二，作者指出，"构建社会主义和谐社会"理论是对古代"和之为德"伦理观的继承和发展。作者提到，中国古代便形成了以"和之为德"为核心的道德传统和规范体系，并指出了《春秋左传》、《老子》、《论语》、《春秋繁露》的表述。同时作者也指出，古代的一些伦理观也未必都是好的，由于历史的局限性，在私有制社会中阶级压迫和等级差别导致"和之为德"的思想未能真正得以贯彻，"亲亲有术、尊贤有等"和"三纲五常"等封建伦理道统成为"存理灭欲""以理杀人"的桎梏。第三，作者指出，"构建社会主义和谐社会"理论是对中国古代"大同世界"历史性的实现。作者借《礼记·礼运》和康有为的《大同书》对此作了解释。作者同时表示，"构建社会主义和谐社会"理论是对中国传统"和谐"理想的反思，也是对中国古代"和谐"思想的发展和超越。作者指出，"和谐"是中国古代优秀传统文化的重要范畴，是中华民族强大生命力和凝聚力的思想基础。中华民族在长达数千年的历史中，汉族等五十多个民族的文化不断地交融、分化、演变、再结合等，从而创造并形成了以"和"为特质的文化底蕴。以儒学为主干的中华民族共同拥有的优秀传统文化不仅综合了诸子百家及道教文化，而且与外来的佛教文化、伊斯兰文化和基督教文化等宗教文化之间的吸收与融合，特别是儒、释、道的融合，始终遵循着"和生物"的精神，保持着"和为贵"的风范。今天我们学习并借鉴古代"和谐"文化的精神和形成的历史经验，努力建设高度发达的"社会主义和谐社会"的经济、政治、文化。

曹树明在《孔子和谐观及其现代转换的可能向度》（《理论与改革》2010年第5期）一文中指出，孔子和谐观的基本内容主要包括三点：一是差异是和谐的必然前提，这是孔子和谐观的第一层次。在这一层次，他针对天地万物的差异性存在而确认其合理性。除了对人与物进行等级排列之外，孔子更是不遗余力地宣扬人与人之间的差别。他坚决主张不同的人在社会结构中应该具备上下尊卑的等级，即拥有不同的身份和地位。在这种依照内在精神素养或政治身份展开的伦理规制中，差异性的事物相互配合、相互平衡、相互补充，由此具有美感的和谐社会秩序就得以形成。二是礼乐是和谐的外在制度安排。这是其和谐观的第二层次，即用外在的礼乐制度安排去化解事物差异性之间的冲突与矛盾。孔子把“正名”视为治国的首要条件。而“正名”要求主体的行为方式必须符合其身份和地位，亦即每一社会角色都要承载其角色规范。礼具备维护和谐秩序的功用，孔子所谓礼之“和”，不仅在“与人和”，而且在“与物和”。同时为了保持华夏和夷狄之间的和谐关系，孔子亦主张以礼待夷狄。三是仁德是和谐的内在道德理性，这是其和谐观的第三层次。为了限制礼乐之异化因素的膨胀，孔子将价值理性之“仁”作为其本质规定。也就是说，他将“仁”规定为礼乐的内在道德理性。在孔子的和谐思想体系里，仁之所以能够成为礼乐的内在道德理性，是因为其中包含着四种基本精神取向，分别是仁爱、忠恕、自主、中庸。作者认为，孔子和谐观的基本特征主要有以下三个方面：一是天人合一的思维方式。在孔子眼里，天并不是处于自己之外的异己之物，而是凝聚着创生万物的“生生之德”。二是性近论的人性预设。作者认为与其他大儒相比，王弼的观点与孔子的最为相近，即“性近”既不是“全同”也不是“全异”。三是家庭本位的伦理意识。孔子的和谐以血缘亲情为出发点，这是因为其和谐的内在道德理性之“仁”就是以“孝悌”为本的。作者提到，孔子和谐观现代转换的可能向度主要有三个方面：一是在民族文化关系上，从“用夏变夷”到文化生态的范式转换；二是在社会存在结构上，从等级到阶层的形态转换；三是在人际关系上，从血缘到业缘的重心转换。

龚培在《〈周易〉本体论中的和谐精神》(《湖北大学学报》2010 年第 2 期)一文中指出，《周易》哲学明确了中国哲学的根本命题：“一阴一阳之谓道”，确定了中华民族的思想模式。《周易》哲学的和谐之道，是整个中华文明和谐理论的源泉母胎，沿着“道体”、“阴阳”、“三才”三个逻辑环节连续展开，完成了中国哲学的本体论结构，从而也就完成了中国哲学的和谐理论，即“道”与万物和谐；“阴阳”间同济和谐；“三才”天地人和谐，并贯穿在中华文明从科学到人文，从本体到现实的文化生活当中。关于道体和谐：“万物一道”的本体论。作者指出，超越万事万物的和气、决定着万事万物的本原就是所谓的“道”。其中包括两个方面：一是“有无同道”。“无”，用来指称天地和万物的本原，因而也就是宇宙的本体，“道”是不能用任何名称来指代的，因为概念名称本身就是有限有形的，为了表述方便，只好强以为之“道”；相对应地，“有”，就是万事万物的总称，因为任何有限有形的、客观实在的事物都有一个共同的本质，那就是“存在”、实在，故而名之为“有”。“无”和“有”，虽然性质不同名称也不同，但是都是从“道”那里来，都是道的产物。二是“万物一道”。“道”演化出天道(阴阳)、地道(五行)、人道(百家)。天道是本体论、世界观；地道是自然观、物质观，人道是历史观、文化观。大道演化、生发、成就了万物；万物存在、运动、归宗向本体。关于阴阳和谐：二元同济的范畴论。这里面包含着两个方面：一是“阴阳和谐”。作者指出，虽然在《易经》中还未明确“阴阳”范畴的哲学命题，但已开始出现由巫性向理性的思想转化，孕育着“阴阳”哲学问世的机理。进至《易传》，则大道“阴阳”。“阴阳”就成为中华民族的核心哲学范畴。阴和阳抽象出来指代宇宙中一切事物相辅相成、相反相同的方面，在道这个宇宙本体的作用下流行在万事万物当中。二是“二元同济”。阴阳二元在相互作用、渗透、转化的“交易”中，共同实现了终极本体(“道”)的“不易”法则(“一”)，最后共同实现了自身的超越。和谐，就是阴阳二元在各得其所、各居正位中各得所能、各得所成；同时，阴阳二元在运动交易中协和同济、相互蕴含、同归于道。关于三才和谐：天地人合的系统论。这里面包含着两个方面：一是“三才”和谐。所谓“三才”是指天地人三才,而《周易》中每一卦都包含了天地人三才,具有博大无比的文化信息,也产生了中华民族最重要的一个思想,那就是"天人合一"。二是"人"参"天地"。《周易》非常明确地以阴阳哲学贯穿天地人三才,天地人每才都具备一对阴阳哲学范畴,分别具备阴阳、柔刚、仁义两种相反相成之德性,从而也就正式奠定了中国人精神世界里的天道理论和人道主义。《周易》的哲学思想在高扬宇宙真理的同时也看护着自己的存在,高扬了人的理性的同时也凸显了人的价值尊严,这就是我们今天所说的理性主义和人本主义。

杜运辉、吕伟在《"和合"与"和谐"辨析》(《高校理论战线》2010年第4期)一文中首先指出"和合"与"和谐"之辨的理论前提是要准确理解"和"、"谐"、"合"在中国古典文献中的本来意义。作者分析到:一是分析"和"在中国传统哲学中的主要涵义是以对立统一为实质的多样性统一,"和"与"谐"不仅可以互训,而且经常连用,组成一个名词即"和谐"。二是"和"、"合"并不完全同义,从以"同"训"合"来说,"和"与"合"之间还存在着内在的牴牾之处。作者在文中进一步考察"和合"(或"合和")这个词语在中国古典文献中的本义,并指出该词不仅本身没有什么哲学深义,而且它涵义模糊,可以作多种解释,很容易产生歧义,不是一个精确谨严的哲学范畴。作者指出,在"和合"与"和谐"存在本质差异的前提下,二者也存在某种联系,即"和合"往往作动词用,而"和谐"作为目的和结果一般是名词,可以说二者是手段与目的的关系。作者进而指出,"和合"可以作为达到"和谐"的一种可能手段而不是全部手段,"和合起来"的结果并不一定就能达到"和谐"的目的。我们不能把"和合"与"和谐"看作同义语而简单地断定"和合就能和谐",或认为"和合就是和谐,和谐就是和合"、"'和合'等于'和谐'",在"和合"与"和谐"之间划等号是没有道理的。作者在文中对张立文先生的"和合学"是中国文化的精髓这一观点提出了质疑,指出了自己的意见,认为如果说中国传统哲学中存在"被各家各派所认同的普遍原则",那么这个原则也只能是"和"而不是"和合"。

黄义英在《中国传统和谐社会的设计原理与运行条件分析》(《学术论坛》2010年第3期)一文中指出,中国传统政治思想的主流设计,是由等级、本分和补偿三个原则构成,分别对应于儒家政治学说中出现频率最高的"礼"、"义"、"仁(政)"三个关键概念。足总和进而指出传统和谐社会目标实现的条件,即⑴先决条件是"天下一家"的政治局面和一个有权威的中央政府。这里面包括:一是君臣民的等级划分是前提和基础;二是稳固的等级架构是落实本分和补偿的保障。⑵必备条件是有才有德、恪尽职守的君臣群体。传统社会最终将社会和谐的道德根基安置在君臣群体身上,寄希望于君臣垂范,恪守本分,以此来带动全社会形成归善向德的良好风气。⑶关键条件是民众的生存权利得到适当的保障。传统社会和谐的关键问题,就是民众已经为社会安定有序所作出的牺牲,能否以及在何种程度上得到补偿的问题。补偿并不必定是即时兑现的,也可以是延时兑现的,但只要有希望兑现,就能够维持上下一心的局面。作者指出,以上三个条件中无论哪一个条件得不到满足,社会和谐都必定不会出现。作者在文中也分析了传统和谐社会设计的运行遭遇的干扰因素,即一是自然灾害和外部矛盾是社会和谐面临的经常挑战;二是各类成员的道德水准难以达到社会长久和谐的要求;三是浓厚的恩给和图报政治文化是社会和谐表象下始终涌动着的暗流。

马思维在《中国传统的"和"文化与普世价值》(《人文社科》科技信息2010年第2期)一文中指出,从人与自然、人自身、人与人、人与社会四个方面对中国"和"文化的内涵进行分析,认为中国“和”文化蕴含了人与自然、人与自我、人与人、人与社会和谐相处的思想理念，这种和谐理念，是积极、务实、友善的，充分表现出中华民族宽厚、包容、大气的民族性格和自强不息、厚德载物的民族精神。作者进一步认为中国“和”文化中的“和谐包容”“和而不同”的传统为解决当今世界的世界性难题提供了宝贵的资源，处在整合自我、社会、自然和天（命）关系过程中的中国传统和文化，应该被视为一种丰富的资源受到高度重视，使它通过学术的转化而服务于全球化的社会。“和”用之于国际政治，便是承认一切国家、一切民族的主权尊严和自主选择发展道路的权利，在平等的基础上，对话沟通，交流合作，实现良性互补；对于一切历史遗留纠纷和现实争端，都坚持用和平谈判的方式解决，而不诉诸武力。“和”用之于文化，便是用文明对话取代文明冲突，扩大交流，相互学习，共同保持这个世界精神生活的多姿多彩。“和”用之于道德，便要打破以邻为壑的狭隘性，把爱族爱国之心，推广到爱别人之族别人之国上去，实现真正的博爱，至少应该淡化族群仇恨心理，保持起码的人类同情心。“和”并不反对一切斗争。有差别就会有对立，有矛盾就会有斗争。问题在于要把对立与斗争引导到公正而健康的轨道，即按照共同的规则进行和平竞赛，使人际族际国际之间形成你追我赶、生动活泼的局面。

黄炜在《孔子“为政以德”思想对构建和谐社会的启示》（《今日南国》2010 年第 5 期）一文中对孔子“为政以德”的思想及其对当今和谐社会建设的意义进行了分析，指出“为政以德”要求执政者率先垂范，具有高尚品德，执政者，历来被广大民众认为是实现“和”的共同愿景的关键因素。执政者被广大民众认为是道德的践行者、教化者、是给予他们希望，引领他们前进的力量。执政者靠重民、惠民的行为，靠对广大民众的化育，来获得民众支持，进而以便维持良好的社会秩序。“为政以德”要求执政者有良好的道德力量、突出的执政能力、较强的人格魅力；“为政以德”要求执政者必须以民为本，执政者要爱民、惠民、取信于民，只有这样才能实现平人心、安民心，实现人内心的和谐，才能在实现民富、国富，才能集思广益、得民拥戴、政通人和，才能真正的实现以人为本；“为政以德”要求执政者必须举贤任能，执政者要以德取人，只有这样才能真正选到有修养、有涵养、有学养、有教养的有德之士，执政者选拔人才时要以孝取人，只有这样才能使我们人人心存父母，时时恪守孝道，家家讲伦理道德，处处思圣贤教诲，才能有效地加快构建和谐社会的步伐了，执政者选人才时要以能取人，要善于发现能人、善于用好能人、善于安抚能人，这样才能不断扩大优秀人才队伍，以此更多、更好地为社会服务。

肖牛勇在《中国传统文化中的“和”对中国外交的影响》（《武汉大学学报（哲学社会科学版）》2010 年 3 月第 2 期）一文中将中国传统文化中的“和”的内涵分为“以和为贵”、“和而不同”、“天人合一”三个方面，中国的“以和为贵”的思想成为了中国人民热爱和平、坚持和平共处五项原则、走和平发展道路的文化渊源；“和而不同”的思想成为了中国外交理论与实践的重要源泉，具体表现为坚持独立自主的和平外交政策，同时尊重别国利益，主张求同存异，互利共赢；“天人合一”体现人与自然的统一，道德理性与自然理性的协调一致，发展到现代更加强调其所蕴含的和谐理念，人与自然、人与人、人与社会乃至国家之间的统一和谐。中国在对外关系的理念中根植于对和谐的追求，不同于西方在征服自然、改造自然的文化影响下所奉行和推行的“征服、扩张”理念。最后从三个方面分析了中国传统“和”文化对中国外交的影响即：“和”影响中国外交的指导原则—和平共处五项原则；“和”影响中国外交的发展道路—和平发展；“和”影响中国外交的战略目标—和谐世界。认为从古至今中华民族都在追求五种和谐关系:一是人与自然的和谐;二是人与社会的和谐;三是人与家庭的和谐;四是人与人的和谐;五是国与国的和谐"和谐世界"的提出体现了中华民族传统文化中追求"和"或和谐的精神。

韩美群在《"和谐"范畴的多维解读》(《湖北大学学报(哲学社会科学版)》2010 年第 3 期)一文中,打破了从一个单维和单向的视域来分析和考察和谐范畴的思维,提出,从多维的视界透视"和谐"范畴,并将其与相关概念作比较分析,认为只有这样才能真正科学地把握"和谐"的内蕴。作者从本质关系、辩证方法、价值观以及系统论的角度提出了自己的观点,认为从内在的本质关系来看,和谐是事物内部诸要素有机结合和有序运行的一种生存和发展状态;从辩证方法的角度来看,和谐是分析问题、处理矛盾的一种思维方式,即和谐思维方式;从价值观的角度来看,和谐是人们所崇尚和追求的一种正向价值取向,并以此作为处理问题的出发点和评判事物的重要准则;从系统论的角度来看,和谐指具有一定功能、达到一定目的的有机整体的若干要素或部分,相互联系、相互作用而形成的动态平衡的关系。作者在文章最后对和谐做出了界定,认为和谐是指具有一定功能作用的、多样的差异乃至对立要素之间相互联系、相互作用、动态平衡的统一或同一的有机体。它反映的是事物的一种存在和发展的状态,同时体现了人们所崇尚和追求的一种正向价值取向,以及人们分析问题和处理矛盾的思维方式。

封来贵在《略论儒家文化中的和谐思维》(《武汉科技大学学报(社会科学版)》2010 年第十二卷第 1 期)一文中指出,构建社会主义和谐社会需要确立和谐思维。从中国传统文化特别是儒家文化来看,所谓和谐思维就是以和谐为世界图景和价值目标、并以和谐的世界图景和价值目标规范人们的认识活动和实践活动的思维。和谐思维表达的是一种思维方式,并具有多样性、层次性、有序性、相对性等特征。和谐思维虽然离不开矛盾思维而要以矛盾思维为基础,但它作为人们认识、理解、谋划甚至描述事物及其关系的思维方式,本质上是一种系统思维。

詹玉华在《儒家"和合"思想精髓对构建社会主义和谐社会的启示》(《重庆工商大学学报(社会科学版)》2010 年 7 月第 17 卷第 2 期)一文中指"和"就指不同事物和谐共处,"合"就指不同事物互补统一,"和合"是指自然、社会、人际、心灵等中诸多要素的协调、结合、融会与和谐,是把彼此不同的事物统一在一个相互依存的和合体中,并在它们和合过程中吸收各个不同事物的优点和长处,以达到最佳组合。"和合"思想从本质上讲就是对人与自我、人与人、人与自然宇宙等关系的一种和解式的认识,是自然、社会、人际、心理各要素的相互冲突融合,以及在冲突融合过程中各元素的优质成分和合为新的结构方式、新的事物的总和,是多样性的统一,反映了客观事物的状态和运动规律。在儒家传统的"和合"文化体系中,"仁"、"礼"及"中庸"是其思想精髓,其中,"仁"是思想基础,通过发扬"仁爱",促进社会和谐;"礼"是手段,通过吸收"礼制"合理内核,保障社会和谐;"中庸"则是哲学方法论,通过善用"中庸之道",促成社会和谐。三者统一于追求"和"的境界。今天,我们继承和弘扬儒家传统"和合"思想的合理内核,从传统文化的源头引出活水,做到古为今用,充分发掘其理念蕴含的当代价值,可以为构建社会主义和谐社会提供有力的智力支撑。

罗坚在《"礼乐之和"与儒家艺术精神的建构》(《广西师范学院学报(哲学社会科学版)》2010 年 4 月第 2 期)一文中指出"和"是我国文化学中一个重要的范畴,是事物稳定的常态和有序化,有深刻的文化渊源。从宇宙观看,世界万物的依存关系是一种“和”，即差异面的统一，是事物稳定有序的基础；就主客关系而言，人必须遵循自然规律，实现人与自然之“和”，才得以生存发展；就审美形式而言，“和”是内容和形式的统一，是对称、整一、均衡等形式美的表现形态。天人关系，先秦诸子都有所触及，共同点在于承认天人相类、相通，也就是天人合一，影响最大的儒道两家。儒家追求人与社会之和，从人与社会的统一中去寻找美，偏重于美与善的统一，充满道德色彩；道家侧重人与自然之和，从人与自然的和谐中寻找美，强调美与真的统一，更强调美的自然、自由品格。“天人合一”思想的形成，使人的主体性得到了一定程度的加强，使自然美向人的主体生成成为可能。“礼乐之和”是儒家对美和艺术本质及价值的思考，是儒家美学思想和艺术精神的理论抽象。“礼乐之和”体现了美和善、情和理、内容和形式的统一，多方面展现儒家实用功利主义美学思想。

张丽璇、肖龙在《〈论语〉与构建社会主义和谐社会》(《学理论》文学研究)一文中指出，“和谐”是中国传统文化的重要特征，以儒家思想为主体的传统文化，主张通过人与社会、人与人、人与自然、人与自身诸关系合乎规律的协调来消除冲突、化解矛盾，以实现万物齐喑，共同发展。在儒家经典———《论语》的核心伦理思想中，无不渗透着“和谐”的思想，这些思想由于符合人们的心理和大多数人的愿望，所以一直以来人们都信奉它，而且时至今日仍然具有强大的生命力。“和而不同”是传统文化的精髓，体现了人生需要包容的哲理思想，对不同意见、不同群体、不同利益关系等都承认和宽容，从“不同”的基础上认识矛盾，经过分析、综合、归纳找出事物之间的联系，从多样性中去寻求和谐统一；“仁爱”思想中充盈着和谐精神；“孝悌”思想是中华民族传统的和谐文化，儒家重视孝悌伦理道德观念，是希望把人们塑造成有教养的忠孝两全的君子，使得社会与家庭得到安宁，这种思想，培养了人们的忠诚、顺从意识，理顺了人际关系，调整了复杂的社会关系，能使子女在父母的关爱下健康长大，父母在子女的赡养下欢度晚年，维护了家庭的和谐稳定。家庭是社会的细胞，家庭的和睦稳定，促进了社会的安宁稳定。

谭建祥、王福辉在《促进社会和谐是中国宗教的历史传统与前进方向》(《宗教中国》2010年4月)一文中认为受儒家“崇德尚和”、“参赞王化”、“经世致用”思想的影响，中国各宗教把促进社会和谐稳定作为自己的社会责任和宗教修持的目的，自觉为政治社会稳定作贡献，并且形成了与西方宗教不同的观点即宗教自身的排他性大为降低，多元通和成为中国宗教的宝贵传统；宗教政治目的淡化，注重道德践行，不谋求建立符合“神”旨意的宗教政权或干预国家政治，而是把宗教定位在净化人心、和谐社会的功能上；带有明显的入世色彩。作者进一步指出新中国为宗教促进社会和谐提供了制度保障，我们应积极把握宗教前进方向，充分发挥宗教促进社会和谐的积极作用。

张玉梅在《古代“大同”理想与社会主义和谐社会建设》(《济宁学院学报》2010年第1期)一文中对中国古代的大同思想进行梳理，认为其主要包括孔子之“有道”、墨子之“尚同”、老子之“小国寡民”再及至《礼运》“大同”思想，并重点分析了其对社会主义和谐社会建设的启示，认为大同理想有利于维护中华民族的统一，古代大同理想是人民团结和睦、社会安定有序的政治纽带，有利于形成“官爱民，民拥官，官民一致，上下一体”的和谐团结局面；政治生活中主张尚贤举能，有利于形成公平、开放的官员选拔制度，公开、公正、公平的使用能人、贤人是我国干部队伍活水常新、活力不衰的重要保证，也是我们从古代政治伦理思想中获得的启示之一。同时作者提出了古代“大同”社会的负面影响，古代大同社会追求的是平均主义的分配方式势必会挫伤广大劳动人民的积极性和创造性；古代大同社会强调的社会和谐，是以君主专制为前提，强调君主的权力、臣民的义务，无不折射出古人所追求的是君主专政为前提的贤人政治，而广大人民群众的权利和意志却被忽视，这种文化心理与社会主义和谐社会所要求的平等观念与民主精神是根本对立的；古代大同社会，是一个人治的社会，追求的是贤人政治，靠的是以“德”治国，以“礼”治国，社会主义和谐社会，是一个法治的社会；古代大同社会，基本上只是一种空想的乌托邦，缺少实现的可能性。

袁文斌、苏子毓在《论“构建社会主义和谐社会”理论是对中国古代传统“和谐”思想的继承和发展》(《社会科学论坛》2010 年第 1 期)一文中认为“构建社会主义和谐社会”理论是对中国古代“和生物”宇宙观的继承和发展，“构建社会主义和谐社会”理论是对古代“和之为德”伦理观的继承和发展，“构建社会主义和谐社会”理论是对中国古代“大同世界”历史性的实现，“构建社会主义和谐社会”理论是对中国传统“和谐”理想的反思，“构建社会主义和谐社会”理论是对中国古代“和谐”思想的发展和超越，以儒学为主干的中华民族共同拥有的优秀传统文化不仅综合了诸子百家及道教文化，而且与外来的佛教文化、伊斯兰文化和基督教文化等宗教文化之间的吸收与融合，特别是儒、释、道的融合，始终遵循着“和生物”的精神，保持着“和为贵”的风范。今天我们学习并借鉴古代“和谐”文化的精神和形成的历史经验，努力建设高度发达的“社会主义和谐社会”的经济、政治、文化。构建社会主义和谐社会的经济体制就是保持经济社会的全面、协调、可持续发展和实现物质文明、生态文明等“五大文明”的协调发展；构建社会主义和谐社会的政治体制就是要实现人民当家作主；构建社会主义社会的文化体制就是努力构建社会主义“和谐文化”。

朱桂莲在《论毛泽东和谐思想对中国传统文化的继承与超越》(《河北学刊》2010 年第 6 期)一文中认为毛泽东和谐思想是毛泽东思想不可分割的重要组成部分，是马克思主义基本原理与中国国情、历史传统相融合而形成的具有中国气派和民族特性的思想成果，他的和谐思想植根于中国传统文化，其社会和谐观对中国传统文化中“大同”社会理想的继承与超越，其统一战线理论对中国传统文化中“和衷共济”、“以和为贵”思想的继承与超越，其人民利益至上的和谐价值理念对中国传统文化以民为本思想的超越与发展。

范世珍在《浅谈中国传统和谐思想的当代价值及现实启迪》(《宁德师专学报》2010 年第 4 期)一文中认为中国传统和谐思想是人类文明的优秀成果，是中华民族的精神财富。“和实生物”、“和而不同”、“和而不流”、“和必中节”这些和谐思想，这些内容涉及天、地、人等各个方面，政治、经济、文化等不同领域，包括自然界的和谐、人与自然的和谐、人与社会的和谐、人身心内外的和谐；以及人的思维方式、与自然相处、理想追求、国家治理、人伦道德、身心修养等方面的和谐。在梳理这些内容，我们可以从哲学的层面分析和理解，中国传统和谐思想是前人对自然现象、社会现象乃至思想现象某些规律表现的哲理认识，特别是对不同因素的相互作用导致发展，和谐调适造成兴旺这种普遍情形的概括和总结，在一定程度上触及事物发展，尤其是社会生活、人际关系的发展的本质要求，具有辩证的因素，是前人智慧的结晶，具有永恒的价值。中国传统和谐思想以“和谐”作为一种价值取向，它以崇尚和谐、发展和谐、维护和谐、创造和谐、发展和谐为使命，把和谐作为考虑问题的出发点和评判事物的重要准则，它体现了重整体和谐的东方智慧，在人类哲学史上具有不可替代的独特价值，是当代和谐社会建设的重要资源和宝库。

杨峰在《先秦儒道和谐思想的差异性及当

代互补性》(《西安政治学院学报》2010 年 2 月第 1 期)一文中认为和谐是中国古代思想史的一个重要范畴,也是中国传统文化的根本精神。无论是强调以礼乐制度支持人际和谐的儒家,还是强调人与自然和谐的道家,都有明确的和谐思想。和谐社会是先秦儒道孜孜以求的社会理想,但他们所阐释的达到和谐目标的具体路径和方法却截然不同,由此也使他们的和谐观表现出迥然相异的特征。在社会和谐方面,儒道两家具有不同的实现途径。儒家强调发挥人的主观能性,通过积极入世来达到和谐。认为实现“和”的根本途径,在于发挥人的主观能动性,保持“中”道。道家不同于儒家用“礼”来规范人们的行为以求人际和谐的思想,认为人的“本真状态”是和谐的。人只有皈依自然,道法自然,回到自然本身状态上来,才能达到和谐。道家着力消除价值差别和超越争斗现实,以达到从整体上回归于道与和谐的精神境界。主张超越世俗价值观,最重要的是解决好对人的评价,要从道的高度对价值差别持守中态度。主张不以世俗之善恶标准去对待人,而是从“同于道”的高度去宽容和关怀人。

李蓉在《中国传统文化与和谐社会的构建》(《理论前沿》2010 年第 2 期)一文中认为社会和谐是人类共同的社会理想,是中国共产党孜孜不懈的追求。中国传统文化蕴涵丰富的和谐思想,是构建社会主义和谐社会的历史文化根基。弘扬中华传统和谐文化,有利于社会主义和谐社会的构建。在社会和谐方面,以“和而不同”促进社会和谐。中国是最早提倡和谐的国家,早在西周时期就有了“和实生物”的说法,孔子提出了“和而不同”的观点,“和而不同”显示了中国传统文化的博大精深和丰富智慧,对于我们在构建社会主义和谐社会的过程中,如何妥善化解矛盾,正确处理和协调不同社会阶层、社会群体之间的利益关系,极具启迪和借鉴价值。

# 和文化社会动态

## 会议动态

### 烟台建设和谐稳定模范城市工作会议

2011年2月19日，烟台市建设和谐稳定模范城市工作会议召开。市委书记、市人大常委会主任孙永春在会上做重要讲话。

孙永春在讲话中指出，自2007年烟台市委、市政府作出建设和谐稳定模范城市的重大决策以来，各级各部门坚持以科学发展观为统领，超前预防综合调处，融入中心服务大局，打防并举动态整治，重心下移狠抓基层，开创了政法维稳工作新局面，全市呈现出社会持续和谐稳定、人民群众安居乐业的良好局面，为和谐稳定模范城市建设第一阶段工作划上了圆满句号。烟台荣获全国社会治安综合治理优秀城市“五连冠”，再捧“长安杯”。

会议指出，推进社会管理创新是全面贯彻落实科学发展观的内在要求，是满足人民群众

新期待的重要举措，是维护社会和谐稳定的根本途径。各级要从改革发展稳定的大局出发，充分认识推进社会管理创新的重要性、紧迫性，把社会管理创新作为2011年和谐稳定模范城市建设的主题，通过开展“社会管理创新突破年”活动，有效规范社会行为，切实秉持社会公正，全力化解社会矛盾，努力维护社会稳定，在新的更高层次上推进和谐稳定模范城市建设。当前和今后一个时期，烟台市社会管理创新工作总的思路是：以党的十七大、十七届五中全会精神为指导，以科学发展观为统领，以建设和谐稳定模范城市为目标，以保障改善民生、确保群众满意为着力点，以解决当前社会管理薄弱环节和突出问题为突破口，扎实推进管理理念、政策体系、体制机制和方法手段创新，全力构建“党委领导、政府负责、社会协同、公众参与”和体现时代要求、富有烟台特色的社会管理新格局，进一步营造和谐稳定的社会环境、优良高效的发展环境、规范有序的法治环境、安居乐业的生活环境。坚持与时俱进，在提升境界、转变方式中体现创新性；坚持以人为本，在保障民生、爱民为民中彰显服务性；坚持重心下移，在深化管理、维护稳定中突出基础性；坚持统筹兼顾，在整合资源、强力推进中增强实效性。

会议强调，要牢固树立“发展是生产力、社会管理也是生产力”的理念，切实把社会管理创新作为“一把手工程”，纳入党政领导班子、领导干部任期目标以及和谐稳定模范城市建设考评体系。靠强化领导，形成真抓实干工作导向。牢固树立全市一盘棋思想，认真落实“守土有责”、“属地管理”和“谁主管谁负责”要求，聚精会神谋发展，群策群力保稳定、和衷共济促管理；靠上下联动，形成齐抓共管整体格局。坚持“突出重点、因地制宜，先行试点、稳步推进”原则，尽快梳理一批重点工作和重要事项，重视抓好培育典型、打造亮点工作，集中突破社会管理创新重点环节；靠创新驱动，形成争创一流浓厚氛围。进一步加强社会公德、职业道德、家庭美德、个人品德建设，大力弘扬“创新、拼搏、协作、包容”的新时期烟台精神，在全市形成社会管理创新人人参与、共建共享的生动局面；靠全民动员，形成推进落实强大合力。高度重视加强政法维稳队伍建设，以更大力度和更高标准，认真落实从优待警和从严治警各项要求，真正重视、真情关怀、真心爱护，严格教育、严格管理、严格监督，精心打造政治坚定、业务精通、作风顽强、执法公正的过硬队伍，全力塑造为民务实、公正清廉的整体形象。

会议还提出四点要求。一要提高思想认识，进一步增强建设和谐稳定模范城市的紧迫感和使命感，以积极的姿态、一流的标准、务实的作风投入到维稳工作中去，正确处理好改革发展稳定的关系，重点解决好社会和谐稳定薄弱环节和突出问题，努力为全市经济社会发展创造更加优良的社会环境。二要突出工作重点，推动建设和谐稳定模范城市工作扎实有效开展。以保增长为重点，着力为经济平稳较快发展营造和谐稳定的社会环境、公平正义的法治环境和优质高效的服务环境；以保民生为重点，积极畅通和规范群众诉求表达渠道，着力解决就业、医疗、住房等群众最关心、最直接、最现实的利益问题；以保稳定为重点，健全完善维护稳定长效机制，防范、打击违法犯罪活动，加强安全生产监管，防控重大突发事件，应对自然灾害，最大限度地减少不稳定因素。三要强化保障措施，努力形成建设和谐稳定模范城市的强大合力。各级各部门要站在政治和全局的高度，紧密配合，协同作战，努力做好新形势下的群众工作，真正把人民群众的力量凝聚起来，群策群力、万众一心，共同推动和谐稳定模范城市建设再上新台阶。四要抓好重要节会期间的维稳工作，切实维护和谐稳定的良好局面。密切关注反映强烈的热点难点问题，抓紧研究解决办法，最大限度地预防、化解和消除各类矛盾。

全市上下集中精力投入工作，坚持不懈地抓生产、抓消费、抓项目，为推动全市经济社会又好又快发展，为圆满实现一季度“开门红”作出积极贡献。

（哲夫）

## 营造和谐稳定的良好社会环境

### ——“平安浙江”杭州电视电话会议

2011年3月31日，浙江省建设“平安浙江”电视电话会议结束后，杭州召开电视电话会议，就贯彻落实全省电视电话会议精神作出部署。会上强调，要进一步统一思想认识、突出工作重点、形成工作合力，努力在深化“平安杭州”建设、加强和创新社会管理等方面实现新突破、取得新成效，为“十二五”开好局、起好步营造良好、和谐、稳定的社会环境。

省委常委、市委书记黄坤明指出，杭州作为省会城市，经济总量大、流动人口多，社会情况相对比较复杂。过去一年里，全市各级各有关部门按照中央和省、市的决策部署，扎实推进“平安杭州”建设工作，取得了明显成效，有力维护了杭州社会和谐稳定。杭州平安建设所取得成绩的背后，饱含着各级各部门和广大人民群众的辛劳和汗水，体现了各级各部门和广大人民群众强烈的责任心和务实的工作作风。他强调，平安是福，是环境，也是生产力。平安、稳定是民心所向、民愿所盼、民意所求。全市各级各有关部门要认真总结近年来在平安创建和社会管理等方面的好经验、好做法，认清形势、坚定信心、发扬传统，进一步做好平安稳定各项工作。一要进一步统一思想认识。按照胡锦涛总书记等中央领导同志在省部级主要领导干部专题研讨班上的重要讲话精神，按照全省建设“平安浙江”电视电话会议要求，从维护大局稳定、抓住发展机遇、为人民群众创造更好生活环境和质量的高度来认识平安建设工作的重要性，切实增强责任感和紧迫感。二要进一步突出工作重点。牢牢把握最大限度激发社会活力、最大限度增加和谐因素、最大限度减少不和谐因素这个总要求，以解决影响社会和谐稳定的突出问题为突破口，提高社会管理科学化水平，完善党委领导、政府负责、部门配合、公众参与的社会管理格局，加强社会管理法律、体制、能力建设，维护人民群众权益，促进社会公平正义，保持社会良好秩序。全市各地各部门要围绕加强和创新社会管理深入开展调查研究，认真总结实践经验，为召开市委全会专题研究部署加强和创新社会管理工作做好充分准备。三要进一步形成工作合力。加强和创新社会管理、深化“平安杭州”建设是一项系统工程。全市各级各有关部门要按照平安建设责任书要求，落实责任、细化责任，真正将责任落实到人。要进一步总结和推广我市在基层平安创建、公共服务平台建设、“组团式服务、片组户联系”和城市管理等方面的成功经验，形成制度体系，推动工作落实。

（涂可国）

## 第三届“宗教对话与和谐社会”学术研讨会

由兰州大学宗教文化研究中心主办，香港文化更新研究中心、《兰州大学学报》编辑部协办的第三届“宗教对话与和谐社会”学术研讨会于2011年5月10－12日在兰州大学召开。来自中国社会科学院、北京大学、香港汉语基督教文化研究所等40多个学术单位的80余位专家学者参加了会议。会议从提交的170余篇论文中遴选出60篇论文提交发言讨论。

与会专家学者围绕中国传统宗教与社会、宗教对话理论的探究、儒耶对话、佛耶对话、伊

耶对话、伊斯兰教与中国传统文化、宗教对话在中国的实践等7个议题，以科学的态度探讨了“宗教对话与和谐社会”这一时代话题。对中国传统宗教与社会的关注，是本届“宗教对话与和谐社会”学术研讨会的一个重点，这部分的论文主要是从宗教对不确定的生活世界是如何框定，这种框定在日渐世俗化或祛圣化的社会中是否会被逐渐消解以及中国历史上存在的传统宗教对话的成功范例对解决当今多元文化冲突的借鉴意义这两个路径进行研讨。宗教对话与和谐社会的理论与实践是本次会议的主题，而关于不同宗教间、宗教与科学、宗教与社会的对话的理论探讨和实践研究是会议绝大多数论文涉及的议题，主要从宗教对话何以可能：理论的探究、儒耶对话、佛耶对话、伊耶对话、伊斯兰教与中国传统文化、宗教对话在中国的实践等六个方面展开。

（《中国民族报》2011－7－12）

## 2011两岸四地睡眠医学学术会议暨中国睡眠研究会睡眠与心理卫生专业委员会2011年学术年会

2011年6月3－5日，由中国睡眠研究会主办、广东省精神卫生研究所承办的两岸四地睡眠医学学术会议暨中国睡眠研究会睡眠与心理卫生专业委员会2011年学术年会在广州珠江宾馆顺利召开。

本次会议以睡眠与心理卫生为主要讲授内容，充分展示两岸四地的知名睡眠学家各自的研究成果和临床经验，首次提供了华人睡眠学家高水准的学术交流平台。

睡眠医学、精神病学、神经科学、心理卫生等学科医护人员、睡眠技术人员齐聚一堂，对睡眠知识，睡眠健康，睡眠医疗等方面进行了深入的探讨。

## 全国中华文化学院工作会议暨“中华文化与和谐社会”论坛

由中央社会主义学院、中华文化学院主办，江苏省社会主义学院、江苏中华文化学院承办的第七次全国中华文化学院工作会议暨“中华文化与和谐社会”论坛2011年6月20日在宁开幕。

论坛指出，文化具有认知、教化、审美、娱乐、传承、塑造等功能，是构建和谐社会的春风雨露，能够为构建和谐社会提供强大思想保证，提供正确价值取向，提供坚强道德支撑，提供良好社会环境。中华文化是中华民族在长期历史发展过程中创造的优秀文明成果的总和，是中华民族精神的体现，是中华民族凝聚力的纽带，是中华民族共同价值观的载体，是当今中国国家软实力的象征。它包括中国优秀传统思想文化形态，也包括丰富多彩的文化艺术形式，是中华民族生生不息、团结奋进的不竭动力。

论坛强调，文化是根，是魂，是神采，是人类的精神家园。弘扬优秀传统文化、推动社会主义文化大发展大繁荣是政协履行职能的重要内容。叶小文在主持论坛开幕式时指出，2010年，中共中央办公厅印发了《2010－2020年党外代表人士教育培训改革和发展纲要》，对于党外代表人士教育培训工作具有重要意义，为社会主义学院和中华文化学院的改革和发展提供了机遇。贯彻《纲要》，全国的社会主义学院和文化学院要做到“三个争取”（争取领导、跟上时代、进入主流）、“三个纳入”（纳入地方“十二五”规划、纳入全省干部教育体系、纳入全省哲学社会科学研究体系）。中华文化学院要珍惜机遇，立足中华文化，创造工作平台；立足统战工作，加强对外联络；立足港澳台海外培训，培养爱国人才，力争办出特色、形成品牌。

本次论坛以“中华文化与和谐社会”为主题,集中研讨了中华文化和谐思想的当代价值、中华文化和谐思想与民族凝聚力、中华文化与阶层和谐等涉及中华文化与和谐社会建设的课题。论坛收到论文近百篇。来自全国各地社会主义学院和中华文化学院的代表,各民主党派省委、省工商联负责人等出席论坛。

(哲夫)

## 教育部“和谐校园与和谐文化建设”研讨会

2011年6月下旬,教育部“和谐校园与和谐文化建设”理论研讨会在河南理工大学召开。教育部高等学校社会科学发展研究中心主任冯刚,原教育部社科司司长、教育部普通高校马克思主义理论课教学指导委员会副主任委员杨瑞森,中共河南省委高校工委副书记张亚伟,中共河南省委宣传部理论处处长王喜成,河南省教育厅社政处处长王亚洲,校党委书记王少安、校长邹友峰等校领导出席开幕式。来自清华、复旦、武大、天大等30多所全国著名大学的马克思主义研究领域的专家、学者和河南理工大学的教师代表参加了开幕式。

冯刚在开幕式上讲话强调指出,在全党上下喜迎建党九十周年之际,“和谐校园与和谐文化建设”理论研讨会在河南理工大学召开,有着特殊意义。胡锦涛总书记在庆祝清华大学建校100周年大会上的重要讲话中明确指出:“高等教育是优秀文化传承的重要载体和思想文化创新的重要源泉”、“必须大力推进文化传承创新”。“和谐校园与和谐文化建设”理论研讨会是教育部为贯彻落实总书记讲话开展系列学术活动的重要组成部分。此次会议规模层次很高,吸引了杨瑞森、张耀灿、吴潜涛、沈壮海、石云霞等在和谐文化研究方面卓有建树的中央马克思主义理论研究和建设工程首席专家、著名理论家、学者与会,并且他们都做了精心的准备,这次研讨会一定能够产生出一批有价值的理论成果。冯刚进一步指出,“和谐校园与和谐文化建设”是一个十分值得探讨的命题,希望与会专家从和谐校园的哲学思维、社会管理、学生主体、文化环境等角度开展深入的探讨和研究,会议形成的重要研究成果将加以汇编,呈送教育部领导审阅。冯刚在讲话中对河南理工大学为此次会议的成功举办做出的周到细致服务表示由衷感谢,对学校在“和谐校园与和谐文化建设”方面取得的成绩表示充分肯定,并希望河南理工大学今后进一步加强哲学社会科学学科方面的创新,产生出更多的高层次成果,为繁荣国家哲学社会科学作出新的更大贡献。

张亚伟在致辞中指出,在河南理工大学适时召开“和谐校园与和谐文化建设”理论研讨会,必将对推动河南高等教育事业发展、繁荣社会主义和谐文化产生重要影响,为河南高校提供一个难得的学习交流平台,希望各位专家就推进河南高校传承创新文化、提高教育质量、共建和谐校园多加指导、多提宝贵意见,相信研讨会一定会产生一批重要理论创新成果

(哲夫)

## “宗教与社会和谐”研讨会

2011年7月15日,由中国社会科学院世界宗教研究所、中国宗教学会联合主办的中国宗教学会第七次全国会议——“宗教与社会和谐”研讨会在北京国际饭店召开。中共中央统战部常务副部长朱维群,国家宗教事务局局长王作安,中央社会主义学院党组副书记、副院长周宁,中华文化发展促进会副会长辛旗,中国社会科学院党组成员、秘书长黄浩涛,中国社会科学院学部委员、世界宗教研究所所长卓新平等来

自中央统战部、国家宗教事务局、中央社会主义学院、中国社会科学院等部门的领导,及五大宗教代表,中国社会科学院、北京大学、中国人民大学、清华大学、浙江大学等高校和相关研究机构的专家学者,佛教在线安虎生总干事和新闻媒体代表参加此次大会。会议由中国社会科学院世界宗教研究所副所长金泽研究员主持。

中共中央统战部常务副部长朱维群在讲话中,围绕宗教的具体形式发生变化、提高宗教的管理能力、深化对当前现实矛盾和问题的研究及中国宗教学会的研究应为宗教与社会主义的适应提供基础等问题提出意见和建议。同时,他在讲话中表示,中央统战部将一如既往地支持宗教理论和发展,为中国宗教学会的研究提供支持。国家宗教事务局王作安局长在讲话中从加强马克思主义宗教观的研究、加强我国现实宗教问题的研究、加强国际宗教问题研究三个方面作了强调。他指出宗教理论问题研究不能脱离中国的实际,要回答实践中的新课题;同时,加强世界宗教的研究,有利于把握世界宗教的发展方向。

2011 年中国宗教学会年会学术研讨主题是"宗教与和平发展",与会的百余位专家学者围绕这一主题进行了深入探讨和交流。会议分为四个议题:宗教与社会和谐、宗教与文化、宗教与和平和宗教学相关研究。在"宗教与社会和谐"的研讨过程中,中央民族大学教授牟钟鉴教授发表了《关于当代宗教和谐论的思考》一文,就宗教和谐论的界定及意义作了详细阐述。研讨会上,中国佛教协会副会长学诚法师在讲话中通过分析和例证,指出宗教与文化是人类文明形成的核心要素。他回顾了中国宗教与文化发展进程印证中华文明演变所经历的三个关键历史时期:春秋战国时期,对应中华文明的定型期;魏晋南北朝时期,对应中华文明的更新期;清末民国时期,对应中华文明的再生期。此外,他还指出,与过去宗教和文化的交流所呈现的局部性和单向性特点不同,当今世界宗教与文化的交流越来越呈现出全局性与双向性的特点。

(涂可国)

## 生态文明贵阳会议

2011 年 7 月 17 日,为期两天的 2011 生态文明贵阳会议在圆满完成各项议程后落下帷幕。闭幕式上,全国政协人口资源环境委员会副主任、中国环境科学学会理事王玉庆致辞,生态文明贵阳会议合作伙伴代表与议程咨询委员会代表分别发言。

在两天的会期中,来自多界别、多学科的嘉宾围绕建设生态文明、发展绿色经济阐述了自己的观点,开展了形式多样的互动性讨论。会议举办了技术论坛、教育论坛、企业家论坛、高新产业金融论坛、跨国公司论坛、森林碳汇论坛、生态修复论坛、电视高峰论坛等专题论坛;学习交流了生态城市规划设计典型案例和最佳实践;举办了 NGO 与政府、企业家圆桌会;举行了招商引资签约仪式,签约 15 个项目共涉及总金额 59.78 亿元,涵盖旅游业、再生低碳、固体废弃物无害化处理等多个项目及两个发展性战略合作协议。

会议时间短暂,但内容丰富、成果显著,必将对建设生态文明、推动绿色发展产生十分积极而深远的影响。本次会议的主题是"通向生态文明的绿色变革——机遇和挑战",会上对此进行了深入讨论,深刻认识了文化没有贵贱之分,但文明有高低不同,就我国目前西部欠发达的国情而言,加快实现走新型工业化、城镇化道路,是不可逾越的发展阶段,既面临着难得的机遇,又面临巨大的挑战。如何将挑战转化成机遇、转化成动力,唯一的途径就是要坚持生态文明理念引领经济和社会的发展,引领新型工业化、城镇化的道路，从而构建符合生态文明要求的经济增长方式、消费模式和生活方式，实现新型工业化、城镇化与生态文明互动双赢，做到既尊重保护自然，又合理、有效、可持续地开发自然资源。

会议提出，要积极推动生态文明建设，推动可持续发展，在思想上深入开展生态文明理念的普及工作，在机制上要加快环保体制的建设，在政策上要建立绿色评级制度，在措施上要优化产业结构和能源结构，在行动上要切实采取“知行合一”。

（哲夫）

## 社会和谐：亚洲社会心理学的新使命第九届亚洲社会心理学大会

2011年7月28-31日，由亚洲社会心理学会主办，中国社会心理学会、中国社会科学院社会学研究所、中国科学院心理研究所和云南师范大学联合承办的第九届亚洲社会心理学大会（AASP2011）在云南昆明召开。会议主题为“社会和谐：亚洲社会心理学的新使命”。亚洲社会心理学会成立于1995年，自成立起至2009年，亚洲社会心理学会已经成功举办了八届学术大会。本次大会是继2004年国际心理学大会之后在中国大陆召开的又一次国际心理学盛会。

本次会议之所以在云南召开，是因为云南有25个世居少数民族共同生活，是多元文化和谐相处的典范，是社会心理学家进行理论思考的现实生活样板，也为社会心理学家进行多元文化比较、社会变迁与文化间沟通等提供了研究对象。与会代表认为，云南丰富的人文和自然资源，为了解中国大陆文化的多元性和丰富性提供了难得的机会。

来自中国两岸三地及日本、韩国、新加坡、马来西亚、澳大利亚、新西兰等亚太地区国家和北美、欧美等国家的近800名代表，就当代国际和亚洲社会心理学所关注的热点问题就行交流讨论。大会还开设了社会心理学暑期学校，为青年学者提供了从师、从国际著名社会心理学家的机会，促进了青年学者的成长和跨文化交流与合作。

本次大会旨在促进云南省以及中国社会心理学的发展，促进中国和亚洲的社会和谐，同时也为世界社会心理学，特别是亚太地区社会心理学的发展贡献力量。正如本届亚洲社会心理学大会主席乐国安所说，“这次大会是一个极为难得的契机，必将促进亚洲邻国和中国社会心理学学者的紧密合作，并且也将不断推进亚洲社会心理学的更快、更强的发展”。

作为研究人际关系、社会行为及群体互动的一门学科，社会心理学在构建和谐社会，维护社会稳定，促进上述问题解决方面，承担者重要的历史责任和民众期待。

中科院原副院长杨柏龄指出，当前，亚洲各国在推动世界经济增长和享受发展成果的同时，也面临着诸多新问题和新挑战。全球化、信息化、老龄化以及城市化进程中的新问题不断涌现；贫富差距、社会分配不公、民族和宗教矛盾等问题依旧突出。这使得“社会和谐”这一主题不仅仅成为中国，更成为亚洲各国在国家建设和社会发展中的长期主题。大会的举办，将促进社会心理学研究及其在亚太地区的应用，并为亚太地区心理学家提供学术交流的平台。

除学术交流外，与会代表还将在云南深入了解中国大陆文化多元性和丰富性。尤其是以该省25个世居少数民族多元文化和谐相处为典范，进行多元文化比较、社会变迁与文化间沟通的行理论思考。

## 佛教文化与西藏和谐社会建设学术研讨会

2011年8月1-3日,由华东师范大学哲学系、华东师范大学觉群佛教文化研究所、西藏民族学院民族研究院、西藏民族学院对外合作交流处共同主办的“佛教文化与西藏和谐社会建设”学术研讨会在西藏民族学院召开。华东师范大学哲学系主任、博士生导师潘德荣教授作大会主题发言,党委常委、西藏民族学院副院长乔根锁、王学海分别致开幕辞、闭幕词。来自德国、中国香港和北京、上海、河南、陕西的二十多名学者参加了学术研讨。

这是两所高校就同一主题连续召开的第三次会议。研讨会紧紧围绕藏传佛教文化与西藏和谐社会建设的关系问题,就藏传佛教文化对西藏和谐社会建设的影响、藏传佛教当前的文化现状、藏传佛教与社会主义社会相适应、藏传佛教管理制度和政策等问题展开了探讨。经过讨论,与会学者一致认为:藏传佛教文化是对藏族社会有着广泛、深入、持续影响的民族文化传统。与过去相比,藏传佛教文化已经发生了很大变化,但仍是对西藏社会和谐、经济发展和民族团结有着重要影响的文化因素。要建设西藏和谐社会,就要进一步贯彻落实党和国家的民族宗教政策,积极探索藏传佛教管理的现实途径,加强宗教管理部门、宗教界和社会的深度对话,提高全社会对藏传佛教的文化认知,引导藏传佛教在西藏和谐社会建设中发挥其应有的积极文化作用。

## “性与和谐社会”国际学术交流会

世界华人性学家协会、四川省性学会、四川性社会学与性教育研究中心于2011年8月21-24日在四川成都举行了“性与和谐社会”学术交流会暨世界华人性学家协会第三届学术年会。本次会议由世界华人性学家协会、四川省性学会、四川性社会学与性教育研究中心主办,成都电子机械高等专科学校承办。会议主题是:性与和谐社会,性与生殖健康,性咨商、性心理与性治疗,性教育理论与实践,性与社会管理,性文学艺术和性产品等。

全球华人性学家聚集成都,共同探讨目前性学研究的诸多理论与实践课题,通过交流,进一步推动世界华人性学研究的发展。会议期间聘请了国内外权威性学家做学术报告,充分展示本领域的前沿知识及最新动态。同时,大会还提供各种形式的交流渠道,包括大会学术交流、论文报告、展板、案例讨论等,举办性文化展览,充分展示性学发展的历程。

本次大会得到了世界各界华人性学家的积极支持和热烈响应。大会的成功举办,为世界各界华人提供一个学术交流和相互了解、增进友谊的平台,共同促进华人性学事业的蓬勃发展。

(涂可国)

## 第二届世界和谐文化论坛

第二届世界和谐文化论坛2011年9月3日在中国洛阳举行,来自海内外200多名专家、学者与会。大会由世界刘氏宗亲会、世界弘扬关公文化协会主办,由世界和谐文化论坛组委会承办,邀请了世界弘扬关公文化协会秘书长刘芳,世界刘氏宗亲会领导刘玉科,中国延安精神研究会、刘少奇研究院资深专家、学者任葆琦先生,中共中央文献研究会刘少奇思想生平研究分会副会长张飞虹女士,中共中央文献研究会周恩来思想生平研究分会朱舒坤女士,联合国和谐基金会中国区朱万峰秘书长，世界和谐文化大师叶洛平先生等学者。

延安精神研究会、刘少奇研究院任葆琦先生发表热情洋溢讲话，他希望和谐文化走向百姓，希望和谐文化论坛关注民生、关注时代热点，让老百姓喜爱、接受，更快、更广地传播和谐文化。世界弘扬关公文化协会秘书长刘芳女士宣读了世界和谐文化宣言。刘芳女士这些年致力东南亚和平事业，奔走新加坡、文莱、台湾等国家和地区，和平成果显著。世界刘氏宗亲会是经过中国国家注册的社团机构，对世界和谐文化给予了极大支持和关注。世界联合国和谐基金会中国区秘书长朱万峰先生与当地就和谐村、和谐钟、和谐主体公园与世界弘扬关公文化协会达成共同开发和谐文化事业、和谐文化产业意向，并希望由联合国和谐基金会来主办，传播和谐文化，促进世界和谐。

世界和谐文化大师叶洛平先生就大会主题“世界和谐文化”进行了系统阐释。他认为和谐文化是中华民族文化的概括总结，是世界文化的概括总结，是马克思主义毛泽东思想的概括总结，是中国特色社会主义体系的概括总结，是社会主义先进文化。

（哲夫）

## 第十四届全国和谐德育年会

2011年9月22－25日第十四届全国和谐德育年会暨中国伦理学会德育专业委员第七届学术研讨会在著名的华夏古都——西安隆重召开。会议的主题是：以胡锦涛同志在庆祝中国共产党成立九十周年大会上的讲话为指导，贯彻《国家中长期教育改革和发展规划纲要（2010－2020年）》精神，深刻总结和谐德育研究与实验二十年的基本经验，认真规划未来十年和谐德育深化研究与推广实验的可持续发展。来自全国30个省市自治区大、中、小、幼各级各类学校和各地区教育主管部门、教育科研机构第一线的八百多名德育工作者，满怀育人热忱，心系德育事业，相聚西安共襄和谐德育大计。陕西省素质教育研究会会长张楠教授、陕西省教育厅教材中心马金虎、中共中央党校战略研究所国际政治研究室主任、博士生导师亓成章教授，著名爱国主义教育专家、陕西省咸阳师范学院庞士让教授等领导和专家应邀出席并作报告。

中国伦理学会德育专业委员会常务副会长魏续臻教授致开幕辞。他说，我们这次会议是在一个特殊的社会背景下召开的。当前，国际形势风云变幻，国内改革发展稳定任务艰巨繁重，我们正面临着世界金融危机带来的严重困难，正在经受着复杂动荡的国际形势带来的挑战和考验。在这种形势下，我们各级各类学校培养什么样的人、怎样培养人的任务，比以往任何时候都更为艰巨、更为繁重、更为紧迫。我们必须适应实现经济社会又好又快发展、促进人的全面发展、推动社会和谐进步的要求，以国家中长期教育改革和发展纲要为指导，坚持不断改进加强、创新发展的方向和道路，借鉴国际先进教育理念和经验，全面提高德育工作水平和德育效果。

中国伦理学会德育专业委员会会长詹万生教授作了题为“和谐德育研究与实验的回顾与展望”的主题报告。他说，我们经过“八五”、“九五”、“十五”、“十一五”四个五年规划历时二十年的研究与实验，创立了和谐德育的理论体系和实践模式。回望二十年来所走过的不平凡的道路，和谐德育研究的基本经验有四点：一是选准方向，锁定目标，矢志不移，执著追求；二是上下求索，贯通古今，融会中西，发展创新；三是自强不息，厚德载物，以人为本，立德树人；四是顶天立地，路线正确，服务决策，服务实践。今后十年，中国教育是全面贯彻《国家中长期教育改革和发展规划纲要（2010－2020年）》的十年，其中的重点内容是“坚持德育为先，立德树人，把社会主义核心价值体系融入国民教育全过程”。中国德育的战略任务是“构建大中小学有效衔接的德育体系，创新德育形式，丰富德育内容，不断提高德育工作的吸引力和感染力，增强德育工作的针对性和实效性”。中国德育的主要内容是“加强马克思主义中国化最新成果教育，引导学生形成正确的世界观、人生观、价值观；加强理想信念教育和道德教育，坚定学生对中国共产党领导、社会主义制度的信念和信心；加强以爱国主义为核心的民族精神和以改革创新为核心的时代精神教育；加强社会主义荣辱观教育，培养学生团结互助、诚实守信、遵纪守法、艰苦奋斗的良好品质。加强公民意识教育，树立社会主义民主法治、自由平等、公平正义理念，培养社会主义合格公民。加强中华民族优秀文化传统教育和革命传统教育。”中国德育的战略措施是“把德育渗透于教育教学的各个环节，贯穿于学校教育、家庭教育和社会教育的各个方面。加强辅导员、班主任队伍建设”。《纲要》的这些基本精神正是我们和谐德育学术团队孜孜以求的奋斗目标。他说，从“十二五”开始，和谐德育进入深化研究与推广实验阶段，总体思路是：以班级和谐德育体系构建为基础，构建班级、校本、区域“三级”和谐德育体系，实现“实验区有品牌，实验校有特色，实验班有亮点。”的目标。和谐德育深化研究与推广实验的关键是认真抓好辅导员、班主任队伍建设和班级和谐德育体系的构建。班级和谐德育体系构建需要有实验载体，这个载体就是《和谐德育》实验教材。詹万生会长最后说，中国伦理学会德育专业委员及和谐德育研究与实验为广大实验教师搭建了出成果、出经验、出人才的广阔平台，鼓励、支持和帮助广大教师成长为研究型、学者型、专家型的教师，希望并祝愿广大教师在繁忙的工作中体验搞科研的乐趣，感受出成果的喜悦，成就德育人生的幸福！

会议期间，在各学段分论坛上，30多位代表围绕会议主题作了大会发言，交流了参加和谐德育研究与实验的经验体会。与会代表观摩了西安一些先进学校的德育活动，听取了和谐德育实验教材的介绍，进行了“十个一百”展示。

（涂可国）

## 江西省和谐文化研究会成立暨首届学术研讨会

2011年9月25日江西省和谐文化研究会成立暨首届学术研讨会在南昌举行。省委常委、省委宣传部部长刘上洋，省人大副主任、省政法委副书记陈安众出席并发表重要讲话，省地矿局党委书记、局长彭泽洲主持大会。中宣部政研室、中央党校、《求是》杂志社、财政部、清华大学、江西省社科院、省委讲师团、省直讲师团、南昌大学等单位领导和专家到会祝贺，新华社每日电讯、中国矿业报社、中国国土资源报社、中视华扬国际文化传播有限公司、江西日报、江西电视台等多家媒体到现场采访报道。大会选举产生了江西省和谐文化研究会首届领导机构，刘上洋当选研究会名誉理事长，陈安众当选研究会名誉副理事长，彭泽洲当选研究会理事长。

江西省和谐文化研究会是江西省地矿局发起设立的省级和谐文化研究会。研究会由省内外高校、党校、社团等和谐文化研究方面的知名人士和各方专家组成，主要任务是开展和谐文化研究，交流与探寻和谐文化的创新发展新模式，推动和谐文化传播，为建设和谐社会提供思想文化基础和理论依据。研究会的成立，对传承中华优秀传统文化、完善和普及社会主义核心价值观，推动鄱阳湖生态经济区建设，加快江西科学发展、进位赶超、绿色崛起步伐，建设和谐江西具有重要意义。

刘上洋对江西省和谐文化研究会的成立表示热烈祝贺。他认为这是我省思想文化阵线的一件大事，也是我们当前搞好社会管理的一项重大举措。他说，省地矿局发起设立江西省和谐文化研究会，思路很对，举措很好，对于全省进一步加强和谐社会建设、维护全省社会政治稳定、促进社会发展具有非常重要的意义。成立和谐文化研究会具有重要意义，一是继承中国传统优秀文化的需要。中华民族的爱国文化就是一种和谐文化在国家利益上的生动体现，中华民族每每在民族存亡的关键时刻能够同仇敌忾，抵抗敌人的侵略，和谐文化起了相当重要的作用。二是建设和谐社会的需要。当前我们的社会存在一些矛盾和不和谐因素，比如房屋拆迁、就业难、升学难，等等。开展和谐文化研究，就是要在化解社会矛盾、构建和谐社会上着力下功夫。三是促进经济社会发展的需要。和谐文化建设好了，对整个经济发展有很大的促进作用。四是中华文化"走出去"的需要。什么时候中华文化走向世界了，中国才算真正崛起了。把和谐文化变成世界文化的一部分，为世界所接受，是我们一个很重要的社会责任。

陈安众在讲话中说，省地矿局筹备和谐文化研究会，全国这么多专家、学者、教授成为研究会的会员，说明研究会成立非常及时，得到了社会的广泛关注。和谐文化是中国最有特色、最能够支撑民族发展的中华民族自己的文化，是中国软实力的体现。和谐文化研究会的成立，为国家特别是为江西做了一件大好事。希望研究会多开展一些对缓解社会矛盾有现实指导意义的课题研究，多出成果，多为国家经济社会发展作贡献。

彭泽洲当选研究会理事长后发表了讲话。他说，江西省和谐文化研究会的成立，是江西文化建设史上一件具有划时代意义的大事，研究会将秉承团结全社会热心和谐文化研究的各界人士，充分发扬学术民主，调动一切积极因素，系统研究以和谐为内涵的理论文化体系，为创建和谐社会与和谐世界提供理论依据的宗旨，致力于普及和谐文化理论知识，传播和谐文化思想，开展国内外和谐文化研究交流，编辑出版和谐文化书刊和音像制品，对国家构建和谐文化提出咨询和对策建议等。

会议开展了首届学术交流活动，五位作者进行了论文宣读。彭泽洲作了题为《构建理论体系，推动和谐文化战略研究》的主旨演讲。清华大学国际关系学系副主任陈琪就当前国际关系作了演讲。研究会同时编印了首届学术研讨会论文集，收录了有关和谐文化理论研究论文11篇，共8.3万字。

（涂可国）

## 杭州市发展和谐劳动关系工作会议

2011年9月27日下午，杭州市召开发展和谐劳动关系工作会议。会上强调，要认真学习领会、贯彻落实全国构建和谐劳动关系先进表彰暨经验交流会精神，深入开展和谐劳动关系创建活动，创建和谐劳动关系，推动企业和谐发展，促进和谐社会建设，为杭州和谐发展、科学发展作出应有贡献。

会议指出，杭州市发展和谐劳动关系起步早、工作实、基础好。近年来，紧紧抓住和谐劳动关系创建活动这一载体，着力构建规范有序、公正合理、互利共赢、和谐稳定的劳动关系，工作格局基本形成，运行机制不断完善，创建氛围越来越浓，和谐程度明显提升，取得了积极成效。

会议认为，劳动关系是生产关系的重要组成部分，是最基本、最重要的社会关系之一。深入发展和谐劳动关系，是创新社会管理、建设社会主义和谐社会的重要基础，是增强党的执政基础、巩固党的执政地位的必然要求，是促进转型升级、推动科学发展的客观需要，也是应对劳动关系新形势、解决劳动关系新矛盾的迫切要求。

会议强调，全市各地各单位要统一思想，深刻认识发展和谐劳动关系的重大意义，更加自觉地做好发展和谐劳动关系各项工作。要着力在完善法规政策上下功夫，加强劳动关系立法工作，推动劳动法律法规贯彻实施，加大劳动监察执法力度，把发展和谐劳动关系工作纳入法制化、制度化、规范化轨道。要着力在解决突出问题上下功夫，在整体推进的同时抓住关键环节、突破重点问题，切实解决好部分职工特别是一线职工工资偏低、部分企业用工不规范、部分企业民主管理不完善、工作发展不平衡等问题。要着力在培育和谐文化上下功夫，加强企业文化建设，抓好职工教育培训，给职工的学习成长提供平台，关注职工精神文化需求，增强职工对企业的认同感、归属感。要着力在深化创建活动上下功夫，认真梳理和总结开展和谐劳动关系创建活动的经验做法，认真研究新生代农民工的特点和需求，研究新时期社会经济结构和生产要求的新变化，进一步完善体制机制，实现创建活动全覆盖，推动创建质量上台阶，形成创建机制长效化。要着力在夯实基础上下功夫，加强企业党群建设，健全完善劳动关系协调机制，支持和促进企业健康发展，打牢工作基础。

会议还强调，发展和谐劳动关系是党的工作的重要组成部分。各级党委、政府和群团组织要切实加强组织领导，及时研究解决企业社会责任建设与和谐劳动关系创建中存在的问题。要加强配合，强化考核，形成发展和谐劳动关系的强大合力。要发挥媒体作用，加大宣传力度，为发展和谐劳动关系营造良好氛围。

据了解，早在2005年，杭州市在全省开展了以“促进企业和谐发展、实现企业与职工和谐共赢”为根本宗旨的劳动关系和谐企业创建活动，目前全市已经形成了党政主导、企业主体、部门监督、工会运作“四力合一”和市、区县(市)、乡镇(街道)、企业“四级联动”的“创建”格局。作为创建劳动关系和谐企业的有效载体，杭州市率先出台工资集体协商实施办法，成为全国第一部工资集体协商地方性法规。为推动这一工作进程，杭州市总工会实行工资集体协商“要约行动”：对工会发出的“要约”，用人单位收到20日之内不给予书面回复、不开展工资集体协商或拒不履行工资协议的，上级工会要向用人单位发出整改意见书；逾期拒不改正的，由市、县(市、区)总工会提请同级劳动保障行政部门责令其限期改正。在各级工会的主动要约下，杭州市企业工资集体协商工作的开展驶入了快车道，特别是2011年开展的企业工资集体协商“百日要约行动”，有6088家企业工会主动向企业提出了开展工资集体协商的意愿，其中新签和续签工资集体协商协议的企业达4762家。据统计，目前全市签订工资集体协商的企业达36553家。

在杭州，衡量一家企业的发展，不仅有财务报表上的产值数据，还有一个社会责任履行的评价分数。在2010年出台的《杭州市企业社会责任评价体系》中，总分值为1000分的评价体系，分值比重最大的是用工责任，为330分。比如工资方面，企业建立正常的工资增长机制，且每年根据企业的经营状况、社会平均工资的增长情况调整工资，工资增长高于杭州市职工平均工资增长率的，均可以得分。企业社会责任评估结果为优秀的企业，政府将以适当政策加以扶持；对不合格的企业加强监控，定期督查。2011年上半年，杭州确定不同行业、不同规模、不同性质的203家企业先行开展社会责任建设的评估试点，由第三方认证机构分别对其进行评估验证。这项工作逐步在全市企业中推开。据统计，2010年杭州1.3万余家和谐劳动关系达标企业的平均工资增长12%，去年全市劳动纠纷案件同比下降了15%，其中重要秘诀是，企业主动落实工资集体协商制度，深入开展劳动关系和谐企业的创建活动。随着全市劳动关系和谐企业创建活动的深入，杭州除了在工资分配上下工夫外，职工的权益保障力度以及外来职工的文化生活都有了很大提高和改善。2011年6月，浙江省首次发布了全省2010年度劳动关系和谐指数，杭州以87.44分居全省第一。

（涂可国）

## “贵州多民族文化复合和谐模式及其与东盟文化关系研究”会议

2011年10月1日至6日由贵州大学、上海师范大学、上海交通大学共同举办的“贵州多民族文化复合和谐模式及其与东盟文化关系研究”项目研究人员培训会在贵州大学举行。法国著名哲学家克劳德·安贝尔（ClaudeImbert）、人类学家安娜·C·泰勒（AnneChristineTaylor）应邀参加了这次会议。该会议以刘康教授的“中国人文社会科学研究的国际化”讲座开场。刘康教授认为在区域研究中关注今天、将来问题，借鉴西方价值观念的同时，要根据实际研究情况，增强文化凝聚力和核心价值观；中国人文社科研究走向世界，应掌握国际话语权，提高各方面的研究能力，建设强大的国际团队，力争文化上走在世界前沿。10月2日，安娜教授开展了题为“当代民族学方法论”的讲座，认为人类学思想与西方启蒙思想有关，她从精神上把人作为研究主题，并用科学的方法进行研究。在讲座中她对三幅绘画作品的历史背景、色彩意义等方面做了详细解读，认为现代社会创造是一种新的行为，使得城市生活的仪式一步一步构建起来。

（涂可国）

## 创新生态科学　促进和谐发展<br>中国生态学学会2011年学术年会

由中国科学院亚热带农业生态研究所承办的中国生态学学会2011年学术年会于10月21日至24日在长沙胜利召开。这次大会的主题是“创新生态科学，促进和谐发展”。来自我国31个省市区以及港澳台地区960位专家学者参加会议。参会单位共284个，其中高校155个、科研院所96个、相关出版单位7个、生态环境有关的仪器/咨询公司企业14个、政府机关8个、非政府组织4个。大会共收到论文489篇，其中摘要390篇，全文99篇。

会议期间，来自不同单位的343位专家学者和青年科技工作者作了分会场报告。内容涉及：气候变化的生态系统响应、植物生理生态与功能属性、生物多样性保育与自然保护规划、生态修复的机理与技术途径、寒旱区生物土壤生态学研究、生态水文过程与环境适应、生态系统服务与生态健康评价的理论、方法与应用、景观规划与景观管理的原理和技术、生态学模型与数学生态学、城市生态管理的机理、模式和技术、可持续农业的原理与途径、海洋生物多样性与生态功能、生态旅游与旅游生态的挑战与对策、生态文化与生态文明等。大会同期还举行了“自然生态保护科学立法研讨会”和以“生态服务维持的若干热点问题”为主题的青年生态论坛。

本次会议规模大，专题多，内容丰富，参与广泛，充分展示了我国生态学研究和应用的最新进展和成果。专题“生态健康企业的科学发展和社会责任”着眼于生态学对经济社会发展的作用，使得企业、公司和更多的社会人士参与到推动生态学发展和普及生态学的队伍中来，具有极其重要的现实意义。这次学会年会的成功召开，不仅为生态学相关领域的广大人员提供了学术交流的平台，也促进了生态学相关领域科研院所、企业、公司、政府部门之间的协同合作，更加增强了互相之间的理解和沟通。这是中国生态学学会成立以来规模最大的一次学术大会，也是中国生态科技工作者的一次盛大聚会。

（哲夫）

## 中华和谐文化工程第三次代表会议——暨“幸福广东、和谐文化”活动第一次工作会议

2011年11月10日中华和谐文化工程第三次代表会议暨“幸福广东、和谐文化”活动组委会第一次会议在深圳深华大厦举行。中华和谐文化工程执行主席陈泽民博士及北京、香港、广东和深圳地区的二十多位代表、精英一起参加了会议。

会议由陈博士主持，首先宣读了《和谐文化的历程》、《中华和谐文化工程宣言》、《中华和谐文化的使命》等多项重要文件和重要决定，以及给中央、广东省、江西省有关部门的多种申请报告。随后，陈博士向大家通报了“幸福广东，和谐文化”系列活动的活动内容及筹备情况，并初步决定了各主要部门的设立和相关人员安排。陈博士演唱了原创歌曲《这是一个爱的约定》，策划大师刘品良先生演唱了原创歌曲《兄弟进行曲》。会议决定广东著名歌手马仕健演唱的歌曲《感谢政府感谢党》、北京歌手顾凯演唱的歌曲《和谐天下》与《兄弟进行曲》三首歌，作为“幸福广东、和谐文化”系列活动的主题歌。“警官雷锋”鲍金萍女士表演的诗朗诵《我们护卫着你，国旗》，成为活动的主题诗。会议同时决定由陈泽民博士负责邀请国务院、国家发展改革委员会的首长，由吴天南先生负责邀请香港《大公报》总经理彭启尧等参加活动新闻发布会。吴天南先生同时负责邀请香港著名艺人刘德华、成龙等参加相关公益演出，由组委会安排路费与食宿。医促会广东办事处技术总监刘小康先生表示，他的团队将拿出100万张总价值25亿元的保健疗养卡赠送中华和谐文化工程的相关活动和演出及爱心义卖，并赠送两台总价值33.6万元的医疗设备给予中华和谐文化工程深圳办事处。

（涂可国）

## 社会转型心理和谐幸福生活——江苏省社科界第五届学术大会

2011年11月25－27日，江苏省哲学社会科学界第五届学术大会·学术聚焦活动暨江苏省心理学会2011年学术大会在江苏技术师范学院召开。会议由江苏省委宣传部、江苏省哲学社会科学界联合会、江苏省心理学会共同主办，江苏技术师范学院承办，常州哲学社会科学界联合会和常州市心理学会协办。

江苏省社科联党组副书记汪兴国出席开幕式并讲话。他对江苏省心理学会迎来60华诞表示祝贺，并对江苏省心理学领域的专家学者提出了殷切的期望，希望他们以本次大会为契机，加强心理学研究，探索心理学发展与服务社会大计，构建公众心理社会预警系统，提高广大群众的心理健康水平，维护社会安定团结，为促进和谐社会建设做出应有的贡献。

本次学术聚焦的主题为“社会转型·心理和谐·幸福生活”。与会的164名专家学者和业内人士围绕工业与管理心理、普通与实验心理、犯罪与法制心理、家庭社区心理与早期教育、心理咨询与医学心理、心理测量与职业心理、大学生心理健康教育、中小学生心理健康教育等八个专题进行了深入研讨。中国心理学会

副理事长、候任理事长、华南师范大学副校长、博士生导师莫雷教授在会上作了《心理量表的构成原理与心理健康量表的使用》的学术报告。莫雷教授指出,心理量表的使用促进了研究和应用的范围,但量表的测评方式与构成仍有局限性。针对自陈型量表的缺陷,要淡化测评的评价意义,使被试无法估计测验项目目的、混合编排分测验项目、编制若干测谎项目。心理测量的外部形式包括指导手册、测试卷和答题卷,内部形式包括测量系统、评价系统和质量参数。测量系统包括施测说明、测试题和答卷,评价系统包括计分键、计分方法和常模与分数的解释。质量参数包括取样构成、项目参数、信度和效度。量表取样要有代表性,样本能代表总体,项目要难度恰当、区分度要高,信度通常要求0.9以上,效度要求相关系数达显著水平。在使用心理健康量表的过程中应注意几个问题。第一,要正确认识评估型心理测验的能力。第二,要正确认识我国当前心理测验编制的水平。第三,要正确理解中国中小学生心理不健康的比例。第四,要正确理解对个人测验成绩的解释。

南京大学心理健康教育与研究中心主任桑志芹教授作了《从现象学理论来解读来访者心理知觉场》的学术报告。桑志芹教授首先描述了现象学与现象学方法,从哲学视角解释了胡塞尔现象学中的生活世界及海洛-庞蒂的知觉现象学,从心理学视角解释了勒温的心理动力场论、罗杰斯等人的人本主义心理取向的心理场。在心理咨询中可充分利用同感、价值观中立、尊重、真诚,以及悬搁、描述、水平化等现象学方法来了解来访者的知觉场。最后,她阐释了心理学现象的种种影响。她认为,人真正的知识是由知觉者的立即经验产生的,人是生活在自己的主观经验世界之中的,人自己特定的主观经验世界就是他的心理现象场。心理现象场提供了人生活的背景和空间,人在即时此刻体验着的心理场才有实在的意义。

南京晓庄学院心理健康教育与研究中心主任陶勑恒教授作了《班级发展及带领中的团体视角》的学术报告。他从令人忧心忡忡的中小学教育着手,指出孩子进人的第一个组织是“家”,但在与家庭分离的过渡期间最重要的就是班级。班级的意义就在于它是孩子进入的第一个正式的社会团体。从团体视角看,作为一个生命单位的班级可分为团体性质、疗效因子、团体发展和团体带领者等四个方面。就团体性质而言,要基于社会缩影和班级凝聚力,不在乎构成,而在于过程与目标。就疗效因子而言,在班级中要对每一个学生,老师尊重,学会多元性的接纳,要真诚、有归属感。就团体发展而言,班级生命周期有初建期、过渡期、规范期、执行期、结束期等五个阶段。就团体带领者而言,班级带领者的态度最重要的是抱持。从社会缩影视角看,班级是个小社会,有主流层人员也有非主流层人员。非主流层者才能真正反应团体与学生的需要,需要给非主流层人员一些主流平台去展示自我。受组织公共关系的启发,要加强班级文化建设,要设法将结构式团体训练的一些方法模式运用到课堂管理中去。

苏州大学特聘教授、博士生导师刘电芝作了《我国当代大学生性别角色的变迁与引领》的学术报告。他首先指出了我国大学生性别角色发展呈未分化、双性化和典型化三足鼎立的现状,传统典型单一的男性化与女性化则不占优势。性别角色在年级发展趋势上呈现“剪刀差”,在年龄发展趋势上呈现双性化、未分化同步增长的现象。刘电芝教授还阐述了影响性别角色形成的主要因素,依次为父母教养方式、父母个性特点、父母期待、玩伴、自我期待和亲子关系等,强调应从社会、家庭、玩伴和自我四个方面着手来加强对大学生性别角色的引领。

南京师范大学心理学国家重点学科负责人、博士生导师郭本禹教授作了《精神分析运动的百年回眸》的学术报告。他以1895年的《癔症研究》一书作为起点，从精神分析运动的发展逻辑和整合逻辑这两个角度，跨越了精神分析运动的百年历史长河。他认为，精神分析内部的不断分裂与重组、演变与发展，其逻辑线索包括古典精神分析、自我心理学、客体关系学派、自体心理学等流派，它们从学科内部推动着精神分析运动向前继续发展。弗洛伊德之后的精神分析从外部学科，如医学、社会学、文化学、哲学、语言学等积极汲取养分，一些精神分析学家把传统精神分析学与其他学科相结合，分别出现了精神分析社会文化学派、存在精神分析学、马克思主义精神分析学、后现代精神分析学以及神经精神分析学等，它们推动了精神分析运动继续向外拓展和向前发展。

（涂可国）

## 中国传统文化创新论坛暨环境生态文明保护与和谐人居易学研讨交流会

2011“中国传统文化创新论坛”暨环境生态文明保护与和谐人居易学研讨交流会于2011年11月30日至12月2日在中国广西巴马长寿之乡隆重举行。是次会议由国际名人文化传播联合会、国际（香港）易经风水研究院、中国龙易环境风水策划院等联合主办。中国海峡两岸易经文化研究院、中国国际周易风水文化研究院、宜州市西竺寺名胜古迹、古月轩华夏风水研究院、辽宁鞍山问我来隆升酿名应用堂、柳州市建西机械铸造厂等联合协办。大会的主题是：弘扬传承文化、突显风水文化精髓、搭建世界学术交流平台、树立现代生态文明理念、促进社会经济和谐发展。

会议以务实求真、公平公正为原则，重点对巴马长寿乡进行了实地风水考察和推断，这对初学者也是一次实践的学习机会，有助于提高初学者自身的学术水平，也为中国风水学注入新鲜血液，有力推动中国风水学的进步和风水行业健康发展。大会对优秀风水师进行了年度最佳评选，并为入选的嘉宾颁发了年度最高学术奖和年度优秀荣誉奖。

（哲夫）

## 福建深化和谐企业创建、促进劳动关系和谐工作会议

福建省深化和谐企业创建、促进劳动关系和谐工作会议2011年12月20日在福州召开。省委副书记、省和谐企业创建工作领导小组组长陈文清出席会议并讲话。会议强调，要坚持依法治国基本方略，准确把握新形势下劳动关系发展变化的新趋势、新特点，积极开展和谐企业创建、促进劳动关系和谐工作，充分调动企业和职工的积极性和创造性，为科学发展跨越发展凝聚力量。

会议指出，近年来，福建全省各级各部门积极开展深化和谐企业创建、促进劳动关系和谐工作，服务和促进发展更加有力、维护职工利益更加有效，职工队伍保持稳定，工作机制不断完善，取得了明显成效。劳动关系是否和谐，不仅关系到企业发展和职工利益，而且关系社会和谐稳定与发展进步。要深刻认识到深化和谐企业创建、促进劳动关系和谐是巩固党的执政地位、推动科学发展跨越发展、保障和改善民生、加强和创新社会管理的必然要求。要把握重点，正确处理企业发展与职工权益的辩证关系，把维护职工权益摆在更加突出的位置，切实维护职工合法权益；大力支持和促进企业健康发展，解决企业发展中的困难和问题。要攻克难点，着力推动职工工资较快增长，提高职工收入水平，切实维护农民工和劳务派遣工两大特殊劳动群体权益；大力弘扬福建精神，培育和谐企

业文化，增强职工对企业的认同感、归属感和幸福感；健全长效工作机制，把劳动关系的建立、运行、监督、调处全过程纳入法制化轨道。要严格执法、公正司法，紧紧围绕完善社会主义市场经济体制，发展和谐劳动关系，深入实施依法处理信访事项“路线图”，引导广大职工依法表达利益诉求、维护自身合法权益。各级党委、政府要进一步强化责任意识，及时研究解决劳动关系中出现的新情况新问题；坚持党建带工建，深化企业工团联建活动，打牢基层基础；大力宣传先进典型、做好舆论引导，为发展和谐劳动关系营造良好氛围。

（涂可国）

## 山东省加强和谐劳动关系建设会议

2011年12月21日山东省加强和谐劳动关系建设暨深化创新厂务公开民主管理工作会议召开。会议的主要任务是，认真学习贯彻全国构建和谐劳动关系先进表彰暨经验交流会、全国深化创新厂务公开民主管理工作会议精神，总结成绩，交流经验，部署任务，进一步提高全省构建和谐劳动关系、厂务公开民主管理工作水平。

省委书记、省人大常委会主任姜异康在讲话中指出，要认真学习贯彻全国构建和谐劳动关系先进表彰暨经验交流会议、全国深化创新厂务公开民主管理工作会议精神，明确构建和谐劳动关系、深化创新厂务公开民主管理工作的任务要求，进一步增强责任感和紧迫感，努力推动构建和谐劳动关系、深化创新厂务公开民主管理工作深入发展。要坚持统筹兼顾，突出工作重点，进一步做好构建和谐劳动关系的工作。着力推动劳动法律法规贯彻实施，依法协调劳动关系；认真贯彻国家有关规定，不断完善企业工资收入分配制度；建立健全协调劳动关系机制，妥善化解矛盾纠纷；充分发挥企业党群组织作用，支持促进企业健康发展。要适应形势发展，坚持改革创新，进一步推动厂务公开民主管理工作深入发展。努力在强化工作基础、扩大制度覆盖上下功夫，在拓展公开领域、充实公开内容上下功夫，在完善工作机制、规范制度运行上下功夫，在创新方式方法、增强工作实效上下功夫，不断增强厂务公开民主管理在加强和创新社会管理、推进基层民主政治建设中的功能和效果。

会议强调，要加强组织领导，强化协作配合，进一步提高构建和谐劳动关系、深化创新厂务公开民主管理工作水平。各级党委、政府要把构建和谐劳动关系和厂务公开民主管理工作纳入经济社会发展规划，各有关部门要分工协作，配合联动，共同推进，积极构建和谐劳动关系，不断深化创新厂务公开民主管理工作，为实现“十二五”时期经济社会发展的目标任务、加快建设经济文化强省作出新的更大贡献。

（哲夫）

## 发展中保护　保护中发展
## ——第七次全国环境保护大会

2011年12月21日第七次全国环境保护大会在北京圆满闭幕。李克强副总理作重要讲话。国务院副秘书长丁学东主持会议，发展改革委、财政部和江苏省、湖北省、重庆市人民政府负责同志介绍了加强环境保护工作的经验，环境保护部部长周生贤作了会议总结。

周生贤强调，各级环保部门要认真学习贯彻大会精神和李克强副总理重要讲话，坚持在发展中保护、在保护中发展，积极探索环境保护新道路，切实解决影响科学发展和损害群众健康的突出环境问题，全面开创环境保护工作新局面。

周生贤指出，会议期间，与会代表们认真学习、深入讨论了李克强副总理的重要讲话和《国务院关于加强环境保护重点工作的意见》，一致认为，李克强副总理的重要讲话，以前瞻的战略思维和鲜明的务实风格，从我国经济社会发展全局的战略高度，深刻阐述了新时期加强环境保护的重要性紧迫性，充分肯定了“十一五”环保工作取得的显著成绩，系统分析了当前环境保护中存在的突出问题和深层次矛盾，明确提出要坚持在发展中保护、在保护中发展，积极探索代价小、效益好、排放低、可持续的环境保护新道路，切实解决影响科学发展和损害群众健康的突出环境问题，全面推进我国环保事业新发展。讲话统揽全局、立意深远，重点突出、举措得当，思想性、针对性强，对于指导当前和今后一个时期环保事业科学发展具有重要意义。大家普遍反映，《意见》既注重固化已有理念和经验做法，又将改革创新精神贯穿始终，明确了今后一个时期我国环境保护的重点任务和保障措施，是开创环保工作新局面的纲领性文件。他表示要认真学习、深刻领会李克强副总理的重要讲话和国务院《意见》精神，不折不扣地认真执行，切实抓好保护环境这件关系当前和长远、国计与民生、和谐与稳定的大事，为科学发展固本强基，为经济增长添加动力，为人民幸福增进保障。

周生贤强调，现在环保大政方针已定，任务措施明确，关键是心无旁骛狠抓落实。一要在统一思想认识上抓落实。李克强副总理的重要讲话和国务院《意见》都提出，要坚持在发展中保护、在保护中发展，积极探索环保新道路，全面开创环境保护工作新局面。这是第七次环保大会的标志性成果，也是做好“十二五”环保工作的重要指南。全国环保系统要把思想认识统一到对环境形势的科学判断上来，统一到对环保目标任务和重点工作的部署要求上来，统一到对第七次环保大会标志性成果的准确把握上来，牢固树立不以牺牲环境为代价换取一时一地的发展和繁荣，不单纯追求经济增长无视资源环境的瓶颈约束的发展理念，积极探索走出一条代价小、效益好、排放低、可持续的环保新道路。二要在组织实施环保规划上抓落实。各地区、各部门要依据国务院《意见》和《国家环境保护“十二五”规划》的要求，抓紧编制并组织实施环境保护各专项规划。环保部门要会同其他部门科学编制节能减排、农村环境保护等专项规划，加强与规划主管部门的沟通，积极配合各有关部门完成相关规划的编制和实施工作。各地区要制定“十二五”环境保护重点工程项目实施计划，建立项目责任制，明确各项工程的责任单位、进度要求和资金来源，确保领导到位、措施到位、投入到位。三要在实现“十二五”良好开局上抓落实。“十二五”是我国环保事业充满希望的5年，李克强副总理的重要讲话和国务院《意见》对此作出了全面部署。地方各级政府和有关部门要认真落实国务院的工作部署，统筹谋划，牢牢把握“十二五”环保工作的难点，正确处理好经济发展与环境保护的关系；突破重点，切实解决影响科学发展和损害群众健康的突出环境问题；应对热点，继续抓好污染减排，不断推动环保事业迈上新台阶。四要在着力解决突出问题上抓落实。要下更大决心，集中人力物力，优先解决大气、重金属、化学品、土壤、持久性有机物等污染问题，力求尽早取得突破。进一步深化“以奖促治”和“以奖代补”政策，大力推进农村环境综合整治。继续加强环境监测、监察、应急、信息、宣教等基础能力建设，有效防范环境风险和妥善处置突发环境事件，切实保障环境安全。五要在提高环保监管水平上抓落实。严格执行环境影响评价制度，科学设定环境准入门槛，制定实施分区域分阶段的环境保护标准，加强对产业布局、结构和规模的统筹。强化环境执法监管，继续开展环保专项行动和日常执法检查，严格依法办事，坚决清理地方土政策，严厉查处环境违法行为。六要在加强组织领导和部门协作上抓落实。地方各级政府要严格履行环境保护责任，进一步健全领导体制和工作机制。各有关部门要按照职责分工，各司其职，各负其责，出台有利于环境保护的政策措施，将环保任务完成情况纳入绩效考核，实行环境保护“一票否决”制。环保部门要切实履行职责，加强环保综合管理，统一环境规划，统一执法监督，统一发布环境信息，主动加强与有关部门的联动，形成部门间共同推进环保工作的强大合力。

（哲夫）

## 首届中国和谐文化报告会

为积极贯彻党的十七届六中全会会议精神，“首届中国和谐文化报告会”暨广东民营企业协会迎春会2011年12月28日在深圳市民中心隆重举行。国务院参事、九届和十届全国政协常委任玉岭作重要讲话，和谐中国网总编、《弟子规》现代修订者李耀君教授作《中华文化是人生幸福社会和谐的法宝》演讲，并向大会赠送了书法作品“莫道今年春将尽，明年春色倍还人”（温家宝语），深圳金联通电子公司为参会的全体人员赠送了李耀君“现代修订版《弟子规》”。

本次活动由中华和谐文化工程组委会、中国治理荒漠化基金会、广东省民营企业文化协会、深圳市企业投资者联合会等机构联合主办，深圳正和合文化传播有限公司等承办。报告会特邀了国务院参事任玉岭，国家发改委研究员卢嘉祥，著名学者巴湘、国际友人巴伦女士，和谐中国网总编辑、《弟子规》现代修订者李耀君教授，中华和谐文化工程执行主席陈泽民先生等来自有关部门的领导和专家作主题报告。

李耀君教授认为，不论是有毒食品、伪劣药品，还是校园血案、跳楼事件，抑或是低俗文艺作品和淫秽网络信息，以及商业欺诈、贪污腐败、环境污染和有些自然灾害等，其深层次原因均在于人们的伦理道德出了问题，导致人们放松了自身的心灵修炼和精神追求，拜金主义严重，漠视公平正义。那么如何解决这一社会问题？《论语》告诉我们“道之以政，齐之以刑，民免而无耻；道之以德，齐之以礼，有耻且格。”就是说，治理国家和社会，首先应该抓住道德教育这一根本，与此同时再辅之以法制建设。1988年，诺贝尔奖获得者《巴黎宣言》也告诉我们：“人类要在21世纪生存下去，必须回到2500年前，从孔子那里重新寻找智慧。”现在，对于我们来讲，就是要长期进行以《弟子规》等为基础和代表的中华传统文化教育，并一代一代地传承下去，不断提高国民文化道德素质，使人们正确认识人生的真正意义，促进社会深层次问题的解决，从而促进社会和谐，实现中华民族伟大复兴，让每一个人都能获得一个幸福的人生、和谐的家庭，从而使社会更加和谐。

深圳是我国改革开放的窗口，也是邓小平南巡讲话的目的地，对于带动和促进我国的经济文化发展，起到了不可替代的积极作用。“首届中国和谐文化报告会”在深圳的成功举办，不但增强了人民群众建设和谐深圳、幸福广东的积极性，也促进了传统文化、和谐文化的学习与弘扬，将对广东省和深圳市的和谐发展起到非常积极的推动作用。

主办单位中华和谐文化工程组委会还分别向有关单位和个人颁发了“和谐社会贡献奖”等，鼓励各级干部和人民群众为和谐中国与和谐世界建设作出更大的贡献。报告会上，中华和谐文化工程执行主席陈泽民先生带领全场观众同声齐唱《爱的奉献》后，还举行了新年祈福活动，祝福深圳平安、广东幸福、伟大的祖国繁荣昌盛，祝愿世界持久和平、共同繁荣。

（涂可国）

# 和文化节

## 和谐城东文化节

为深入贯彻十六届六中全会精神，全面落实区委“立足科学发展，促进社会和谐”的战略部署，着力打造富裕和谐的新城东，浙江省定海区城东街道党工委、办事处确立“以城而立、环境创和谐；以市而兴，发展争实力”的工作目标，以和谐城东文化节为载体，以节为媒，以节传情，以节会友，以节合力，同谋发展，共创和谐。

第四届“和谐城东文化节”系列活动于2011年5月8日晚启动，历时8个月，以“共建和谐”为主题，围绕“环境和谐、人文和谐、发展和谐”三大主线，来组织开展“花园城东”美化活动、“人文城东”德育活动、“平安城东”创建活动三个系列主题活动，旨在通过举办主题活动，倡导和谐理念，培育和谐精神，推进和谐建设，通过街道上下齐心努力，把城东建设成为一个“人居环境优美，服务功能齐全，经济结构优良，社会文明和谐，城乡发展协调，人民生活富裕”的新城东。

第四届“和谐城东文化节”活动共有三个内容组成：1、城东青少年成长护航基地授牌仪式；2、“忆童年、暖童心”城东干部牵手民工子弟；3、“美丽家园”外来建设者文艺晚会。

“和谐城东文化节”与创建平安城东相结合，与打造海岛和谐相结合，与建设海洋经济强区相结合，与建设海洋历史文化名城相结合，与创建省级示范文明城区相结合，与创建国家卫生城市相结合，力求打造城东特色，达到同创共建富裕和谐新城东的目标。

“和谐城东文化节”自2007年开展至今年已有五个年头。近年来，城东街道立足有城有农有外来、稳定发展的工作大局，设计“环境和谐、人文和谐、发展和谐”三大主线，组织开展“花园城东”美化活动、“人文城东”德育活动和欢乐活动、“平安城东”创建活动。本着“活动体现主题、活动促进教育”的目的，文化节以节为媒，弘扬新风；以节传情，增进和谐，繁荣城东群众文化。

“和谐城东文化节”特色纷呈。与社区文化艺术节呼应成景，坚持“月月有活动、季季有主题、全年一主线”有序开展，呈现四大特点：一是主题鲜明。各社区、村艺术节紧扣时代主题，立足推进当前工作为出发点，唱响了“双拥情深”、“文明社区”、“共创和谐”、“美好家园”主题。二是立足实际。各社区、村在设计艺术节活动中，根据居民喜好、文艺骨干人才力量、小区环境资源、辖区单位情况等因素综合考虑，确保艺术节活动形式多样，符合众意，组织便利。三是合作共赢。各社区、村根据文化结亲对子，依托各地的财力、人力、物力优势，通过“走出去、请进来”的方式，互补共享，合作开展。四是有序开展。为了避免集中性、短暂性，一阵风现象，确保艺术节此起彼伏，连绵不断，持久效应。街道把好全局，将社区文化艺术节的大型活动进行错时安排，从5月中旬一直延续到10月国庆。

（涂可国）

## 北京朝阳门第三届和谐邻里文化节

北京朝阳门第三届和谐邻里文化节2011年12月9日正式启动。今年的和谐邻里文化节以“邻里和睦我出力社区和谐我受益”为主题。在为期一个月的和谐邻里文化节期间，各社区开展了形式多样、内容丰富的活动，在邻里间架起一座和谐亲情之桥，以形成相识、相知、相助、团结、文明、和谐的邻里关系，构建有序、和谐、文明的生活氛围。

与往年一样，随着第三届和谐邻里文化节的开幕，还启动了百名“好邻居”、“好居民”评选活动。社区内的居民、单位等都提名推荐“好邻居”、“好居民”候选人，对最终获选的“好邻居”、“好居民”进行了表彰。评选“好邻居”、“好居民”旨在通过挖掘社区居民身边的榜样和先进事例，引导、感染大家从身边小事做起，从一言一行做起，营造平等友爱、团结互助、共同进步的邻里关系和积极向上的社区氛围。

（哲夫）

## “幸福广东和谐社区”

### ——首届广东社区文化节

2011年7月16日“幸福广东，和谐家园”首届广东社区文化启动仪式在佛山市禅城区弼唐小学举行，此后，佛山市及其他城市全面举行各类文化夏令营。

为贯彻落实《广东省建设文化强省规划纲要（2011－2020年）》和《关于举办“幸福广东和谐社区”首届广东社区文化节的通知》精神，中共广东省委宣传部、广东省文化厅、广东省民政厅、广东省妇女联合会、广东省残疾人联合会、南方报业传媒集团、羊城晚报报业集团、南方广播影视传媒集团联合举办了“幸福广东，和谐家园”首届广东社区文化节。这是活跃社区群众文化生活、保障人民群众基本文化权益、建设文化强省的重要举措；也是加快转型升级、建设幸福广东、让民众共享改革发展成果的具体行动。本届社区文化节坚持“根植社区，贴近百姓，惠民利民”的原则，以满足广大城乡社区群众文化需求为出发点和落脚点，引导各地组织开展以社区家庭、企业和个体为单元，以社区居民为主体，群众喜闻乐见的系列文化活动。

佛山市的文化夏令营活动分为“艺术夏令营”和“阅读夏令营”两部分，各招收200名学员，招收对象均为持有佛山居住证的外来务工人员子女。“艺术夏令营”开设舞蹈、美术和语言艺术三类课程，为外来务工人员子女提供基础的艺术美育，并邀请优秀辅导老师，为学员编演节目或辅导创作美术作品，并在夏令营结束时作汇报展示，借此激发学员的艺术兴趣，挖掘其艺术潜能。“阅读夏令营”则以多元化、趣味性的活动形式引导学员们在纸质阅读、视听阅读、网络阅读中，增长知识、寻找快乐。活动中，“名著赏析”读书沙龙通过阅读经典名著与欣赏经典名著改编影片相结合的多角度的阅读方式，发挥经典文学著作强大的感染力，把作品中无形的德育力量渗透进学员的心灵，使学员们开拓思维，获得灵感，提高对阅读的兴趣和乐趣，更好的培养和提高其文学素养。此外，还会开展“我身边的图书馆”素质拓展活动，通过认识图书馆和文献信息检索的讲座，提升孩子们对图书馆了解的深度和广度，了解检索的途径，增长文献信息检索知识，从而达快速准确查找信息的目标。

除教学课程外，文化夏令营还安排学员到佛山具有代表性的景点参观，帮助孩子进一步了解佛山的历史与现状，增强对佛山的认同感、归属感和热爱之情；并组织学员到高明生态农庄体验生活，让学员感受绿水青山的乐趣，在活动中锻炼孩子的团队合作精神。

（涂可国）

## 沙家浜镇第二届和谐家庭文化节

以“文明、健康、和谐”为主题的沙家浜镇第二届和谐家庭文化节于2011年9月14日胜利闭幕。活动历时6个月，切合现代家庭的需要，在展示家庭文化成果、提升家庭成员素质、推动沙家浜妇女工作方面起到了积极的作用。

一是第二届沙家浜镇和谐家庭文化日益成为全镇精神文明建设中的一道亮丽风景，成为展示家庭文化建设成果的有效载体。第二届沙家浜镇和谐家庭文化节活动，以灵活有效的机制、鲜明突出的主题、贴近需求的形式吸引了千家万户的热情参与。“走进低碳·追求时尚”镇妇女、儿童及家庭手工制作才艺大赛，共收到作品58件，参赛者中年龄最小的只有11岁，最大的已有50多岁，他们运用灵巧的双手，发挥自己的智明才智，将低碳和时尚理念融入其中，以丝网花、十字绣、芦苇画、手钩花、藤编、卷纸等形式，热情讴歌幸福的生活、展望美好的明天。第二届和谐家庭文化节联合风景区举办了“放飞天使爱心系沙家浜”第六届国际风筝节，吸引广大家庭参加，不仅可观赏到材料和设计各不相同的风筝模型，了解风筝的历史，孩子们还能与父母一同放飞他们的欢乐。以家庭成员为主体的活动为广大家庭成员提供了发挥特长、展示才华的机会和舞台，在亲子同乐中增进了感情，融洽了关系。

二是第二届沙家浜镇和谐家庭文化节成为展示沙家浜妇女工作的广阔平台。镇妇联以贴近家庭、贴近妇女为准则，在尽展家庭文化建设成果的同时，找到了妇女工作展示与群众性精神文明建设活动的最佳切入点。联合宣传、文化部门开展了首届十佳好夫妻、十佳好婆媳、十佳学习型家庭评比表彰活动，并分别表彰了15户优秀好夫妻、优秀好婆媳、优秀学习型家庭，还开展和谐家庭先进事迹巡回展，大力弘扬“尊老爱幼、男女平等、夫妻和睦、勤俭持家、邻里团结”的家庭美德。

三是家庭文化节成为引领家庭成员提升素质的有效形式。在举办和谐家庭文化节时，与时俱进地丰富和发展家庭美德的时代内涵，积极构筑为广大群众所拥护和接受的新的家庭美德规范，用符合现代文明和现代化建设需要的理念，进一步提高家庭成员的思想道德素质，促进社会的文明进步和安定团结。举办了“亮魅力、展风采”巾帼文体团队展演，展示沙家浜妇女积极向上、不断进取、追求美好生活的精神风貌。坚持把掌握科学技术知识、依靠科技致富作为抓家庭美德建设的重要内容，根据新形势新要求，激励家庭成员学习新知识、掌握新技术，举办低碳生活知识讲座、巾帼创业培训班等活动。

（涂可国）

# 和文化论著选介

## 论文选介

### 毛泽东社会主义建设思想中的和谐意蕴探析

杨相琴　撰

《中州学刊》郑州,2011 年第 4 期

1956 年社会主义改造完成以后,毛泽东在探索找到一条适合中国国情的社会主义建设道路的过程中,写了《论十大关系》、《关于正确处理人民内部矛盾的问题》等著作,提出了很多关于社会主义建设的正确理念,具有深邃的和谐意蕴。一是从辩证认识社会矛盾出发,主张推动社会和谐发展,这是毛泽东社会主义建设思想形成的重要方法论基础。二是从辩证系统观出发,主张统筹协调发展社会主义。毛泽东关于建设社会主义的很多思想,都是把社会主义社会作为一个有机体,一个生产力与生产关系、经济基础与上层建筑、社会存在与社会意识、社会主体与社会客体等矛盾要素互动互生的复杂

系统，把社会主义社会的历史看成是一个合力交互作用的过程。三是从社会主义核心价值出发，主张实现社会公平和平等。通过建立平等的劳动关系实现社会公平和人人平等，是毛泽东的一个重要思路。四是从培养社会主义新人入手，主张实现人的全面发展。“人的全面发展”是毛泽东社会主义建设思想的理论归宿。五是坚持以人民根本利益为本，要求保持党与群众的密切联系。“以人民根本利益为本”，是毛泽东社会主义建设思想的出发点和落脚点。诚然，由于中国特殊的国情以及国际国内的复杂形势，毛泽东对社会主义建设道路的开创性探索难免有曲折和失误，其社会主义建设思想中也存在一些不正确认识。但毛泽东社会主义建设思想中的和谐意蕴，对我们今天建设和谐社会仍有启示意义。

## 对构建社会主义和谐社会理论误区的澄清

### ——兼论构建社会主义和谐社会的理论基础

夏东民　陆　扬

《河南社会科学》郑州，2011 年第 2 期

在构建社会主义和谐社会理论研究中，存在着一定程度的将思想资源与理论基础相混淆的方法论迷误，其中最常见的就是有意或者无意地将儒学思想作为社会主义和谐社会的指导思想、理论基础。这对构建社会主义和谐社会易产生误导。

社会主义制度是社会主义和谐社会的本质属性。生产资料公有制与对人自由而全面发展的追求是社会主义和谐社会区别于其他社会形态和谐状态的本质规定性，也是社会主义和谐社会得以成立的两大逻辑基点，它们决定了社会主义社会所追求的和谐社会必定是一种具有必然性的、持久的、全面的、高级的和谐状态。此外，当代中国所构建的社会主义和谐社会，仍是以社会主义初级阶段和现代化进程为基本背景的中国特色的社会主义和谐社会状态。这也是理解社会主义和谐社会不可忽视的基本特征。关于社会主义和谐社会，从其基本内涵、根本动力、政治经济基础到根本价值取向等基本要素、基本逻辑构架都是建立在马克思主义基本原理基础之上的，具体来说，就是建立在辩证唯物主义与唯物史观基础上，且是对科学社会主义的继承与发展。这就是“马克思主义是社会主义和谐社会理论基础与指导思想”的深刻意蕴。构建社会主义和谐社会是在马克思主义基本理论及其中国化理论成果指导之下完成的。因此，构建社会主义和谐社会的理论基础、指导思想只能是马克思主义，儒学等其他思想体系只能是构建社会主义和谐社会的有一定借鉴意义的思想资源。消除思想资源与理论基础混淆的方法论迷误，坚持以马克思主义和中国化的马克思主义为理论指导，明确社会主义形态的本质属性，是构建社会主义和谐社会根本前提。否则，社会主义和谐社会的建设就会因偏离方向而误入歧途。

## 和谐正义：社会主义和谐社会的价值旨归

诸凤娟

《理论导刊》西安，2011 年第 2 期

社会正义是实现社会主义和谐社会的重要一维。社会主义和谐正义既不同于形式正义，亦有别于实质正义，它旨在实现形式正义和实质正义两者的和谐，是以和谐为最高取向的正义。和谐正义在构建和谐社会的进程中处于十分重要的基础地位，它也是和谐社会的价值旨归。

和谐正义是构建和谐社会的基本价值取向:和谐正义是以和谐为最高价值取向的正义,是构建和谐社会价值体系的基石。

和谐正义是维护和谐社会秩序的机制保证:和谐正义是判定和谐社会性质的根本依据,是维护和谐社会秩序的道德规则。

和谐正义是推动和谐社会发展的动力源泉:和谐正义是一个社会具有凝聚力、向心力和感召力的重要源泉,是通向和谐社会的必由之路。

## 科学发展与社会和谐的实践诠释

——天津市实现新突破新崛起的经验和启示

逄锦聚　张海鹏

《南开学报》(哲学社会科学版)天津,2011 年第 3 期

天津市以国家加快滨海新区开发开放为起点,以转变发展方式和应对世界金融危机为契机,实现了新一轮的突破与崛起。天津的做法和经验可以概括为五个方面,即:坚持又好又快,把转变发展方式作为战略主题;坚持可持续发展,把资源节约环境保护作为战略措施;坚持全面协调,把经济社会协调发展和社会和谐作为重要目标;坚持开拓创新,把改革开放作为持久动力;坚持以人为本把改善民生作为根本宗旨。天津的经验对全国具有重要启示,最主要的是:立足实际,把握大势,攻坚克难,化危为机;在转变发展方式中,努力实现经济社会发展的协调和加快发展与根本宗旨的统一;发挥制度优势,以新的增长极带动改革开放的深化和经济的可持续发展。天津继续发展需要进一步研究的问题包括:关于环渤海和北方经济中心作用的发挥与行政块块的关系;关于发展高端制造产业、高端现代服务产业和自主创新;关于加快推动经济增长由主要依靠投资、出口拉动向依靠消费、投资和出口协调拉动转变等。

## 构建和谐劳动关系的路径选择

吕国泉

《思想政治工作研究》北京,2011 年第 5 期

当前,劳动关系问题引起广泛的关注。劳动关系已成为企业是否健康发展、社会是否和谐稳定的晴雨表和风向标。劳动关系问题的极端重要性促使党和政府对劳动者、对劳动关系问题高度重视。

当前我国劳动关系总体是协调稳定的。与此同时也要看到,劳动关系领域出现一系列新变化新特点,提出许多新课题新任务。一是劳动关系类型多样化并且非公企业占主体。二是职工队伍规模日益扩大、内部结构多样、利益诉求多元,农民工、灵活就业者、劳务派遣工大量出现。三是劳动关系影响范围信息化、网络化、社会化。四是劳动关系矛盾呈现显性化态势。所有这些变化,无疑对构建和谐劳动关系、维护职工队伍和社会稳定提出新挑战。

针对我国劳动关系与职工队伍的新变化,有必要把构建和谐劳动关系摆在更加突出的位置,作为推动科学发展、促进社会和谐的一项重要的基础性工作来抓。其一,把握构建和谐劳动关系的目标原则。其二,强化党政在构建和谐劳动关系中的主导作用。其三,推动企业建立健全劳动关系协调机制。其四,发挥工会在构建和谐劳动关系中的重要作用。

## 构建和谐劳动关系的困境与对策

周春梅

《南京社会科学》南京,2011 年第 6 期

建立和谐稳定的劳动关系是构建社会主义

和谐社会的重要基础和基本内容。学界关于"和谐劳动关系"的内涵和特征已经形成一定的共识,概括起来主要有以下要素构成:第一,和谐劳动关系应当是建立在法制基础上的。第二,和谐劳动关系应当是民主化的。第三,和谐劳动关系应当体现公平正义。第四,和谐劳动关系应当有化解矛盾冲突的有效机制。第五,和谐劳动关系应当处于良性运行中。

建立"和谐劳动关系"面临着矛盾与困境。构建和谐劳动关系的制约因素主要有:其一,市场价值观和政府部分行为方式的影响。其二,我国工人理论上的参与权与实际行使障碍的影响。其三,"国家悖论"的困扰。其四,工会职责定位与履职的尴尬。其五,增加和提高劳动者收入与企业经营困难的矛盾。劳动关系不和谐表现在:一是有法不依或者蓄意规避法律。二是缺乏民主、通畅的利益表达渠道。三是劳动者不能公平地分享改革成果和劳动所得。四是政府职能部门对劳动关系监管调控的效率低,难以实现劳动关系的良性运行。当前劳动关系的不和谐状况已对社会造成严重影响,一方面,社会和谐与稳定受到了的冲击。另一方面,不能解决好劳动关系的矛盾,将削弱党执政的阶级和社会基础。

构建社会主义和谐劳动关系的可能性首先要有政治法律制度的保障。其次,利益分配制度的合理性、能为双方所接受是双方合作的必要条件。第三,劳动关系对立统一的理论基础,也为构建和谐劳动关系提供了可操作的前提和依据。第四,马克思的劳动价值理论也为劳动关系双方的合作共赢提供理论基础。基于上述可能,构建和谐劳动关系可以着力于下面几方面:一是加强政府职能部门对劳动关系的调控作用。二是进一步完善劳动法律及配套措施。三是建立维护职工权益的工会组织、完善职工代表大会制度和三方协商机制。四是构建立体化的劳动关系矛盾化解机制。五是进一步发展和完善社会保障制度,保护劳动者合法权益。六是加强企业的社会责任,激励企业自主改善劳动关系。

## 和谐劳动逻辑关系的演进逻辑及发展方向

韩喜平　徐景一

《社会科学战线》长春,2011 年第 3 期

劳动关系的本质是利益关系,其平衡根本上取决于劳资双方的力量博弈。通过对现阶段中国劳动关系现状进行深刻分析,同时对西方劳动关系理论适应度进行考核,可以看到,中国特色和谐劳动关系的演进逻辑应当是以个人经济自由为基础的劳动与资本的深度合作。这种演进逻辑既体现市场化劳动关系的本质,也符合社会主义制度本质属性,即以"共同富裕"与"社会和谐"为基础的劳动权益与资本权益的统一。以此逻辑设计,和谐劳动关系发展方向应分为两个阶段:近期目标是针对"强资本、弱劳动"失衡格局,构建对劳动者倾斜保护的政府主导型劳资关系协调机制;长期目标是以此为基础促进劳资力量均衡后,建立以个人经济自由为基础的劳动与资本深度合作机制。和谐劳动关系的演进逻辑作为一种发展共识,可以看作是一种社会资本,对政府来说它具有工具性和规范性的功能,通过大众对现状的认同和增强各级政府机构的凝聚力而减少交易费用和协调成本。以此逻辑设计的和谐劳动关系机制对于构建公众参与机制引导下的公民社会,促进经济社会的稳定和持续发展都具有十分重要的意义。

## 劳动关系和谐指数构建

曹永平　顾龙芳　郭忠良

《中国劳动》北京,2011 年第 10 期

劳动关系是社会关系的重要组成部分,也是一种与社会和谐有序发展直接相关并发生重大影响的经济关系。尽管和谐仍然是我国劳动关系的主流和基调,但对抗和冲突也时有发生。因此,迫切需要对于劳动关系进行量化,量化的目的在于能够及时准确地把握劳动关系变化的态势,为监测劳动关系的变化提供有力的工具,更好地服务于社会主义和谐社会的建设。

劳动关系和谐指数是衡量劳动者和用人单位处于和谐状态具体程度的主客观指标数值。劳动关系和谐指数评价体系是通过建立一个科学合理的数学模型,利用一整套指数化的指标对地区劳动关系和谐程度进行统计分析,并反映区域性劳动关系和谐程度。本文以杭州市的实际情况为例,拟构建杭州市劳动关系和谐指数的指标体系,并就杭州市某城区 2009 年的数据进行实证分析。

## 构建和谐劳动关系与劳动关系法治化

常　凯

《思想政治工作研究》北京,2011 年第 9 期

构建和谐劳动关系,作为建设社会主义和谐社会的重要基础、巩固党的执政地位的必然要求和完善中国特色社会主义制度的重要组成部分,已经成为党和政府以及全社会所面临的重要而紧迫的政治任务。实现劳动关系法治化,既是构建和谐劳动关系的基本途径,也是劳动关系是否和谐的基本的衡量指标。为此,在构建和谐劳动关系的过程中,实现劳动关系法治化,不仅是当前的一项具体工作,而且是一项长期的战略任务。

劳动关系法治化应以劳工权益保护为宗旨、以劳资力量平衡为中心、以劳资共同发展为目的。劳动关系法治化,包括个别劳动关系法治化、集体劳动关系法治化和社会劳动关系法治化三个层面的构成。其中,个别劳动关系法治化是构建和谐劳动关系的基础。为此须进一步贯彻实施劳动合同制度、健全落实劳工标准、完善规范企业劳动规章。另外,集体劳动关系法治化是构建和谐劳动关系的中心和重点,当前须以“劳工三权”为主导,发挥工会作用、推进集体谈判、规范集体争议。而社会劳动关系法治化是和谐劳动关系的目标,社会和谐的基本指标是社会劳动关系和谐,为此须强力推进三方协商、社会对话及民主参与。

劳动关系法治化,是以个别劳动关系的调整为基础,以集体劳动关系的调整为中心,以社会劳动关系的调整为目标。这种调整是从个别劳动关系的从属性出发,通过集体劳动关系的对等性,来实现社会劳动关系的协调性;换一个角度说,以社会劳动关系的协调性为目标,通过集体劳动关系的对等性,来校正个别劳动关系的从属性,和谐劳动关系即是在这种劳动关系法治化的过程中实现的。

## 中国工会在构建和谐劳动关系中的合作博弈

许晓军

《中国劳动关系学院学报》北京,2011 年第 1 期

市场经济中的劳动关系是生产过程中生产要素之间的经济利益关系。在我国劳动关系中出现的不和谐根源于利益关系的失衡,并直接危害到我国的经济发展、政治稳定和社会和谐。劳动关系的不平衡已成为我国各种社会问题的

重要根源。劳动关系不平衡状态的改变，在于企业内部的劳资双方能否在力量均衡基础上形成自调节、自平衡的机制。构建和谐劳动关系需要工会的博弈制衡。

博弈论是研究劳动关系的有效理论工具。合作博弈是参与者可以协调相互之间战略选择的博弈，得到的解为合作博弈解。按照合作博弈理论的解释，企业作为一个生产经营的经济组织，既是各种生产要素的集合体，又是一个非完全共同利益群体。工会作为企业内部劳动者群体的代表者和利益实现者，与资产所有者及代理人经营管理者之间既存在着合作，又存在利益的博弈。这种合作大前提下的博弈，即是所谓在劳动关系范围内非完全共同利益群体的合作博弈。

中国工会追求的是劳动关系中的合作博弈。首先，完全照搬西方工会的非合作博弈行为模式，并不符合中国国情下的工会特征。其次，工会企图只合作而不博弈就能实现劳资关系的平衡，既不现实也不可取。在我国国情下的工会博弈行为只能以合作博弈为基本形态。

工会实现合作博弈在实践操作中表现为三个机制：一是理性机制，二是效用转移机制，三是协商机制。在合作博弈当中，工会的行为逻辑包括两个方面，一是决策行为的目标；二是追求目标的能力。在工会合作博弈的基本原则和行为逻辑中包含了四个必不可少的要素：一是博弈主体。二是博弈规则。三是博弈目标。四是博弈策略、手段。

## 论先进企业文化建设与发展和谐劳动关系

### ——兼论工会抓企业文化建设的立足点

赵健杰

《中国劳动关系学院学报》北京，2011 年第 4 期

先进企业文化是构建与发展和谐劳动关系的必要条件。判定一个企业的企业文化先进与否，其重要标准之一，就是企业内部劳动关系是否和谐、稳定。在企业一切现实关系中，劳动关系作为企业的基本关系层面，是决定企业生存与发展的全面价值关系。劳动关系矛盾的直观表现在于劳资双方经济利益的摩擦和冲突，这是引发利益矛盾的现实基础和根本原因；其深层文化根源则在于企业价值观与职工价值观之间的矛盾与冲突。

工会组织抓企业文化建设是维护职工权益的重要途径，应以此为基点，通过开展职工文化活动，将职工价值观与企业价值观有机地统一起来。工会组织在建设企业文化具体实践过程中，应当鲜明地提出要建设先进的企业文化，因为只有先进的企业文化才是构建与发展和谐劳动关系的最重要的文化基础。工会组织抓先进企业文化建设，应在以下几方面下工夫：其一，企业文化并不等同于“老板文化”，必须校正这种错误认识。其二，工会组织抓企业文化，要营造一个符合职工人性要求的文化环境，要关注职工群众多重利益需求。其三，工会抓企业文化建设的同时，必须抓好职工文化建设，这是一个同时态的过程。其四，通过工会组织开展各种文化活动，调动职工生产积极性，推动企业发展，进一步对企业开展企业文化建设发生影响。其五，工会组织抓企业文化建设，切忌不要做表面文章，而应脚踏实地地推动企业文化建设健康发展。

判断和谐劳动关系的基本标志是企业内部劳动者与企业实现“双赢”，亦即“双赢”是体现和谐劳动关系的主要表现形态。企业工会组织应根据“十二五”规划提出的各项要求，以维护职工群众利益及合法权益为基点，以企业发展为关注点，发动职工与企业共同营造劳动关系和谐、共促企业发展的良好的企业文化氛围。

## 和谐社会视域下企业发展与社会责任

刘志军　陈　斌

《企业研究》长春，2011 年第 22 期

企业是社会就业的主阵地，是社会公益事业的主要承担者，企业对和谐社会建设有着至关重要的关系。和谐社会建设为企业发展在处理与社会关系、企业内部人员关系、与自然的关系等多方面提出更高的社会责任要求。

按照和谐社会建设目标的要求，企业社会责任以企业管理与和谐为出发点，以社会和谐为目标，向外辐射企业与社会对接者、企业与社会对接区、企业与社会融洽度、企业与环境的和谐与共。企业文化价值观的构建是核心，也是关键所在。

企业发展与社会责任互容互动。企业的发展不是孤立的行为，而是与承担的社会责任紧密联系在一起的。企业以社会存在和发展为自我发展的前提。社会为企业提供政策支持和法律保障。企业发展需要平稳的环境支持。社会为企业提供机会和动力。社会以企业发展为自己增添动力。

企业应如何承担社会责任呢？首先，企业要充分认识社会与企业之间的密切关系。其次，社会要建立企业社会责任机制。再次，企业设置专门的机构来负责社会责任的推行，并设置相应的社会责任考核指标。同时，要把企业承担的社会责任纳入日常生产生活活动之中，经常比对，易于执行。

企业社会责任是摆在我国企业面前的一个新课题。完善企业社会责任报告，建立社会责任管理体系的知识，加强社会责任管理，不仅是企业国际化进程的要求，更是建立和谐社会的有效途径。

总之，社会责任是企业义不容辞的责任和义务，是企业发展不可或缺的重担。在社会主义和谐社会建设中，在全面建设小康社会的旅程中，在落实科学发展观的背景下，企业更明晰自身承担的社会责任，为和谐社会建设做出自己的贡献。

## 境遇与选择：社会主义和谐社会政治文化创新论析

赵建平

《学术交流》哈尔滨，2010 年第 8 期

创新政治文化，适应国际国内形势的深刻变化和发展要求，已成为构建社会主义和谐社会十分紧迫的任务。在社会转型不断深化、文化认同危机与观念冲突不断加剧、世界趋向多元化的今天，社会主义政治文化面临国际国内的双重挑战。面对各种挑战，社会主义和谐社会政治文化的创新，必须坚持以马克思主义为指导，发展面向现代化、面向世界、面向未来的，民族的、科学的、大众的政治文化的总体目标，形成一种整体思维。必须构建一个体现和谐社会精神的政治文化价值指标体系；必须正确处理好政治文化创新与当代中国政治文化转型的关系，处理好政治文化创新与中国政治文化传统、西方政治文化的关系；必须构建一个包括政府、社会公众和政治精英等在内的结构动力机制。在综合创新中全面提高全民政治文化和法文化素质，解决国家、民族和社会和谐发展的种种问题，铸就新的民族精神。

## 三位一体的社会主义和谐政治模式探讨

韩 升

《理论与改革》成都,2011年第5期

社会和谐必然要求政治和谐,政治和谐内在地规定着社会和谐。在我们积极构建社会主义和谐社会的进程中,必须要正视并妥善处理政治和谐问题。我们在此提出我国三位一体的社会主义和谐政治模式问题——现代公民的法权意识、责权统一的服务型政府、充满包容性的社会氛围三者有机协调相互配合从总体上展现为崇尚和谐的善治——并加以深入探讨,以期能丰富我们对于社会和谐的认识和理解,从而赋予我们营造和谐的更大力量。

崇尚和谐的善治是我国和谐政治模式的总体性展现。三位一体的和谐政治模式是我国社会主义和谐社会建设的重要内容。其中,包含理性的规范意识、普遍的人类意识、深度的宽容意识、开放的竞争意识的现代公民的法权意识是基础性要素。体现为理念上的人本政府、体制上的权限政府、机制上的法治政府、行动上的绩效政府、后果上的责任政府的责权统一的服务型政府是主导性力量。以社会稳定为前提、以多元协作为基础、以充分的创造力发挥为动力、以畅通的利益表达为保证、以成果共享共同发展为目标的充满包容性的社会氛围是背景性支撑。三者有机协调相互配合从总体上展现为崇尚和谐的善治。

我国和谐政治模式的构建是一项重大的系统工程,内生于社会主义和谐社会发展的宏大背景之中,需要广泛动员一切有助于推动社会和谐的力量,共同参与,协调互动,塑造和谐共同体,为我们共同的美好未来展开积极筹划!

## 社会主义和谐社会构建中的国家阶级性与社会性

顾玉平

《西北民族大学学报》(哲学社会科学版)

兰州,2011年第3期

本文拟从国家起源入手探究国家的阶级性与社会性问题。结合马克思主义社会国家化和国家社会化的论述思考国家的定性问题以及发展趋势,再结合个人发展的三阶段理论思考由政治解放到人类解放的逻辑与历史进程,最后结合我国当前面临的挑战,思考和谐社会建设过程中应把握的尺度。

国家是阶级性与社会性的统一体。从国家的起源看,阶级性是主导。从国家的运作看,社会性是基础。从国家的道义看,以共同体的名义维护统治阶级的特殊利益。

国家社会化是理想社会的必经历程。从发展趋势看,社会化是国家消亡的必由之路。从实现途径看,循序渐进是必然原则。从价值目标看,经由政治解放迈向人类解放。

今天,在新的历史方位下,我们必须结合时代特征,国情转化,坚持无产阶级专政不动摇,突出国家的社会服务职能,促进我国各项事业又好又快发展,在实践中坚持国家阶级性与社会性的统一。从文化多元碰撞背景思考,以阶级性指导社会性。从全球化背景思考,以社会性维护阶级性。从改革攻坚阶段思考,以阶级与社会性统一促进人的全面发展。构建社会主义和谐社会应坚持阶级性,突出社会性,培育公民社会,促进人的全面发展,为国家社会化创造条件。

## 社会契约论视野中的和谐社会的构建

郑　镇

《贵州师范大学学报》(社会科学版)
贵阳,2011年第1期

作者主张应从我国当前的社会主义市场经济的现实出发,寻找与之相适应的思想文化资源,以促进社会主义和谐社会的发展。这就是本文拟以社会契约论的视角,探讨我国社会主义和谐社会建设的理论旨趣。

发源于古希腊的社会契约论是商品经济社会调节人际关系的重要思想武器,在不同的历史时期对西方社会的协调发展起过重要作用。

社会契约论蕴含着丰富的社会和谐思想内容。对于社会契约论,我们不应当仅仅把它看作国家起源学说来研究,而且应当看作市场经济条件下的"社会和谐论"来研究,以从中获取构建社会主义和谐社会的思想价值。第一,保护每个公民的生命、自由、财产与平等的权利是一个社会有序、和谐运转的根本前提。第二,公民的理性妥协精神是一个社会有序、和谐运转的重要条件。第三,信守承诺是一个社会有序、和谐运转的另一个重要条件。第四,由社会契约所产生的政府是服务型的政府,这种政府为社会有序、和谐运转提供了制度保证。

社会契约论对于我们今天构建社会主义和谐社会有重要的借鉴意义。第一,顺应市场经济发展的历史趋势,使社会成员的角色从"身份"向"契约"的转化。第二,进一步从法律上和实际行动上维护个人的生命权、财产权、自由权。第三,不断提高公民的道德意识,尤其是诚信守约意识。第四,学会理性的妥协,在民主宪政的政治框架内解决社会利益矛盾与其他社会矛盾。第五,转换政府角色,建设服务型政府。

## 论和谐政治生态视阈下宽容机制的构建

丁友文

《求实》南昌,2011年第1期

政治生态观是人类社会与现代政治发展的产物,它突破了传统政治仅从人与人、人与社会的关系角度去理解政治的理论局限,而把政治—社会—自然三者视为三位一体的大系统,把社会更把自然纳入政治视野,运用生态学的多元思维,调整人与人、政治与社会、社会与自然的关系。这是政治价值观的一种转变。理性而客观地分析和谐政治生态系统的本质内蕴和内在结构,并努力寻求和谐政治生态视野下良性运行的政治宽容机制的建构,对和谐社会的践行无疑具有重要的现实意义和理论价值。

和谐的政治生态就是把自然、社会、经济、文化诸因素的和谐发展视为社会发展的祈求目标,政治只不过是达此目标的工具和手段。和谐政治宽容观的本质特征在于追求和实现政治生态系统之间的和谐与整合。政治宽容作为一种调节机制,是一种建立在底线政治和谐基础上的政治生态伦理,这种政治生态伦理以承认最基本的政治差异为前提,其自身既是价值目标,又是价值工具,是目标性价值与工具性价值的统一,其实质就是一种追求实现和谐政治生态的宽容观。

按照系统论、结构功能主义理论,从政治生态系统结构的维度,政治宽容调节机制的建构可以通过两大路径来实现:一是"内生态"路径,二是"外生态"路径。首先,"内生态"路径是指在特定政治意识导引下的政治人在现实的政治机制平台上进行政治行为与政治生活,以不断实现政治价值体系中最基本的要素,即自由、平等、公平、正义、民主、权利、宽容以及其他价值

要素，从而推动政治生态系统的发展。其次，政治宽容机制的“外生性”途径，是指经济、社会、文化、生态等系统对政治生态系统所产生的价值需求，这也是政治系统对来自经济、社会、文化、生态等系统的压力所作出的回应。

## 论和谐社会下的社会救助制度之完善

林艳琴

《东南学术》福州，2011 年第 3 期

我国现行社会救助制度存在的种种不足主要原因在于社会救助法律制度的不健全。就现实而言，我们需要一部规范的社会救助法。在这部法律的诞生过程中，我们至少需要完善以下几个方面：第一，我们需要转变社会救助的价值理念。改变传统的社会救助的“施恩”观念，确立社会救助是一项具有“权利与义务相一致”的带有“责任性”的价值理念。第二，把握社会救助法的特点。社会救助法是实体法与程序法相统一的法律。在对社会救助法律框架进行设计时，适当考虑法律的稳定性与开放性、变动性之间的关系，预留出适度的调整空间，以实现社会救助法的自我调整。第三，以促使受救助人群自立为立法的出发点。第四，以实现社会公平和可持续发展为社会救助法的立法原则之一。第五，明确社会救助的管理部门和受救助人群的责任。第六，鼓励民间组织参与社会救助活动。从立法的角度鼓励民间组织参与，建立社会互助机制。同时完善有关捐助、慈善机构的立法。第七，规范社会救济基金的筹集和管理。明确中央和各级政府要设立专项社会救济基金，并明确规定中央和地方的财政分担。同时鼓励民间和社会的资金投入社会救助事业，将政府救助为主的社会救助模式转变为政府与社会共同合作的社会救助模式。第八，规定社会救助的救济途径和监督机制，保障受救助者的合法权利。最后，完善相关社会救助配套制度，用法律手段调节收入差距，共同促进社会主义和谐社会的建立和发展。

## 农村和谐社区建设中的组织管理制度创新研究——以川西 M 村为例

赵晓峰　王习明

《中共宁波市委党校学报》宁波，2011 年第 4 期

农村和谐社区建设的根本目标是构建适宜人居住的社会生活共同体，这就必然要求社区整体能够得以发展。川西 M 村以“新村发展议事会 + 社会服务和公共管理下乡试点”为基本形式的社区建设试点工作，通过构建自上而下和自下而上相结合的“五级权力运作体系”，借助于国家财政支农资金划拨体制变革，以及有限权力政府理论和参与式民主理论的实践探索，以组织管理制度创新的方式为推进社区整体发展，建设新农村和谐社区提供了必要而又可能的前提条件。

深入分析 M 村的社区建设，我们可以看到其组织管理制度呈现出“五级权力运作体系”的鲜明特征，具体如下所述：1. 村民拥有项目需求偏好的表达权。2. 新村发展议事会拥有项目实施的决策权。3. 政府、市场和村委会明确分工，村委会拥有划归社区自我发展项目实施的执行权。4. 县、乡政府拥有项目实施过程的监督权以及部分项目结项的验收权。5. 中央和省、市级政府通过财政转移支付保障了村一级提供公共服务的能力。

我们可以在 M 村的社区建设中发现其组织管理制度有三大适应时代发展要求的探索性实践创新：1. 中央和省、市政府财政支农惠农资金划拨体制的变革使国家财政具备了参与式财政的性质。2. 县、乡地方政府迈出了职能转型的重要一步，进一步从无限权力政府向有限权力

政府转变。3. 村民自治制度实践由单纯偏重"民主选举"的阶段进一步转向"民主选举、民主决策、民主管理、民主监督"四个轮子一起转的全面参与式民主探索阶段。

农村社区组织管理制度创新的实践绩效评析:1. 有利于提高国家财政转移支农资金的利用效率。2. 有利于重塑村级组织的权威,打造一个适应时代发展要求的致力于维持乡村社会基础性秩序的常规性力量。3. 有利于培养社区成员的民主意识,推进乡村社会的民主化进程。4. 有利于推进农村社区整体发展,构建适宜人居住的社会生活共同体。

## 利益和谐是和谐社会的核心

龚先庆　沈　晖

《河南师范大学学报》(哲学社会科学版)
新乡,2010 年第 6 期

利益和谐是和谐社会的核心。没有利益的和谐,就不会有人与人之间的和谐,更不会有和谐社会。实现利益和谐,构建社会主义和谐社会,必须认真把握这样几个基本点:市场经济推动利益和谐,政府保证利益和谐,动态渐进实现利益和谐。实现利益和谐,必须以邓小平理论和"三个代表"重要思想为指导,贯彻落实以人为本的科学发展观,以广大人民的根本利益为立足点,正确处理好各方面的利益关系。具体地说,必须坚持以下基本原则:包容,包容意味着共享与普惠,先富带动后富,实现共同发展;开放,开放不仅包括对外开放,也包括全方位、多层次、宽领域的对内开放;兼顾,统筹兼顾国家、集体与个人利益,不同地区、阶层、人群的利益,长远利益与眼前利益,物质利益与精神利益,使全体人民都在改革开放和现代化建设事业中受益;公正,社会公正是利益和谐的关键。只有社会公平和正义,才能正确处理各种利益关系,实现社会稳定。

## 我国社会转型中的利益矛盾与和谐社会建设

牛先锋

《中共福建省委党校学报》福州,2011 年第 6 期

当前,我国社会转型正处于关键时期。认真分析当前我国社会转型期的特点和转型中社会矛盾的表现形式,选择最佳的解决社会矛盾的路径,对于建设社会主义和谐社会具有极其重要的意义。

当前我国社会转型期呈现出整体性、急剧性、关键性、政府主导性、社会主义性质等几个明显特点。

转型时期我国的社会矛盾主要有如下主要特点:第一,我国社会的矛盾性质主要不再是阶级矛盾,而是人民内部矛盾,矛盾的焦点主要是利益问题。第二,利益冲突处于多发和突发的阶段。第三,在协调利益关系,化解利益矛盾时,政府经常成为利益矛盾的焦点。

在这一阶段,我国社会转型有自己的特殊性。这些特殊性决定了我国转型时期的矛盾主要是利益矛盾而不是阶级矛盾。所以,解决利益矛盾的方法只能是基于和谐思维主导下的利益协调方法,而不能采取极端对立的或简单化的斗争方法。化解社会矛盾,推进建设和谐社会的路径是:首先,用增进利益总供给的办法来化解利益矛盾。这是社会转型过程中一条行之有效的办法。第二,适时调整利益分配原则,化解社会利益矛盾。第三,逐步构建有序的社会流动机制和合理的社会结构。第四,塑造诚信与和谐的伦理规范,树立法律的权威。此外,建设和谐社会需要培育社会力量。社会自组织能力的提高既是建设和谐社会的一项重要举措,又是实现社会和谐的重要目标。

## 和谐社会·后现代·宽严相济刑事政策

王立志

《河南省政法管理干部学院学报》郑州,2011年第4期

构建和谐社会是当前中国学术界关注的热点问题。和谐社会、后现代、宽严相济刑事政策分属于政治学、哲学和刑法学的研究领域,表面上风马牛不相及,但从本质上来讲,三者却有着天然的勾连。和谐社会及宽严相济刑事政策是后现代哲学理论在政治学和刑法学中的具体适用,切换视角对三者关系也可以做类似罗列。将哲学和政治学引入刑法视阈,可以增加刑法社会治理功能的技术含量,并扩展刑法知识范围。中国刑法应对这种研究方法给予足够的关注。

后现代与和谐社会有内在的联系。后现代反对主客观对立的二元思维模式,提倡主客相融合的主体间性。后现代坚决摒弃现代个人主义所主张的人我之间的对立。而构建和谐社会,则必须抛弃现代主义所强调的“斗争哲学”,吸纳后现代思想,尊重他异性,强调理论的相对合理意义。构建和谐社会需要人们确立以和为主的整体思维,放弃二元对立的现代主义思维模式。后现代哲学观在中国传统文化中有着具体的体现,这也为人们借助后现代哲学构建有中国特色的和谐社会奠定了良好的思想基础。

刑法作为一种重要的公共制度,应该积极回应社会变革。宽严相济刑事政策标志着刑法由镇压型向治理型的策略性转变,以更合理的方式应对犯罪。在和谐社会语境中,宽严相济刑事政策能够使刑法发挥其治理而非镇压的技术功能,而后现代理论则为刑法的这种转向提供哲学上的合理性依据。

相对主义是后现代的实质精神。本文借助相对主义解释了后现代在哲学方面给宽严相济刑事政策提供正当性依据的理由所在,并从刑罚之相对性、秩序之相对性、客观主义与主观主义之相对性三个方面做出详细论证。

中国刑事法应重视对本土资源的利用。中国刑事法学应当立足中国现实,促进自身发展以求更好地服务中国刑事司法实践。这才是中国刑法学者应当优先思考的重要问题。

## 论以民族关系和谐促进社会和谐

李大健

《黑龙江民族丛刊》哈尔滨,2010年第6期

良好的民族关系是衡量我国社会主义和谐社会的一项重要指标,是构建和谐社会的重要条件。当前,国际国内形势发生了深刻变化,对我国的民族关系产生了多方面的影响。我国民族关系面临着国际政治和民族问题、少数民族地区经济及人力资源和文化贫困、宗教、民族意识非均衡性发展等带来的一些不和谐因素。鉴于此,我们应始终用科学发展观来统领民族地区的发展,处理好民族地区发展中的各种关系和矛盾,解决好涉及民族地区发展的各种难题。应通过多种措施来发展和谐民族关系,以促进民族地区和谐社会的构建:(一)消除民族分裂隐患,为构建和谐社会提供重要的政治保障。(二)发展少数民族地区经济,为构建和谐社会奠定雄厚的物质基础。(三)正确认识和妥善处理宗教问题,为构建和谐社会创设良好的社会氛围。(四)加强民族地区少数民族干部队伍建设,为构建和谐社会搭建坚实的心灵桥梁。

## 民族和谐与系统观

乌 杰

《系统科学学报》太原,2010 年第 4 期

本文阐述了研究民族系统的传统方法和系统方法,强调了民族系统演化的条件性、环境性及民族精神的重要性。提出了民族系统的特点,主要包括民族的演化、融合的乘数原理,民族系统的复杂性、长期性以及民族系统的宗教性。本文认为,民族差异的多样性是民族整体和谐的基础。民族系统是由民族产生的环境、民族的精神和民族的状态三要素构成,并在此基础上阐述了民族的现代化问题。

本文小结:

(1)民族事物是有复杂结构的一个生命系统,它是人类社会构成的基本要素单元。用系统思想与系统工程的方法去研究和解决处理,才能产生民族乘数放大效应,否则就是反向的。

(2)民族与民族国家的差异性、多样性是社会进步的推动力;处理不当就是社会进步的阻力或破坏力。

(3)解决民族问题的最好方法是协商、谈判,就是中国传统思维的合和理念。

(4)发达的民族不要骄傲,不发达的小民族也不要沮丧,民族大家庭的共同目标是融合共进、协同放大、差异中和谐。

(5)中华民族改革开放的前提条件必须要进行思维方式、工作范式的转换,才能产生 56 个民族的乘数放大效应,诞生一个崭新的伟大民族。

(6)民族问题说到底,源于傻瓜、疯子、狂热分子的自信。民族问题说到底是社会发展问题。因此,方法、态度具有决定性意义。这恰恰说明民族问题不是一个纯理论问题,它是一个实践问题。

(7)一个民族与宗教或类似宗教的信仰或主义联系起来,这个民族与这个民族国家将是没有前途的,淡化宗教与各种主义的意识,应该是全人类的追求。

(8)民族和谐是一个过程。它包括起点、过程、终极态的和谐。对于发展中的民族国家,所进行的任何改革,都必须进行总体设计,这是一条自然的规律。

## 社会和谐发展的<br>民族认同及其教育研究

张立军 曲铁华

《东北师大学报》(哲学社会科学版)长春,2011 年第 2 期

民族问题始终是我们建设中国特色社会主义必须处理好的一个重要问题,也凸显了民族认同始终是关系我国社会和谐发展的一项主要任务。

笔者追溯了民族认同的源起,详细解析了“民族”、“认同”、“民族认同”的概念。本文的民族认同包括少数民族的族群认同和中华民族整体认同(国族认同)。我们可以把我国的民族认同的过程概括为:从少数民族的族群认同到中华民族整体认同。这种认同发展的未来趋势是:族群认同——国族认同——世界认同。笔者认为这种认同发展的逻辑假设具有一定的合理性。

笔者认为民族认同的条件包括各民族文化的交流与融合,各族群机会均等和需求的满足以及民族历史、文化的相似性。在族群文化认同、族群机会均等认同、族群态度及行为认同的基础上,最终形成中华民族整体认同。民族平等、国族认同和社会一体化是建立和谐稳定多民族国家的基本要素。先进的国家性质、民主合理的国家形式、平等团结的民族政策,这三者的统一便构成了社会和谐发展的基本要素。

民族认同及其教育在中华民族多元一体和谐社会中具有重要价值。一般认为,以民族认同为核心的民族意识在民族交往中既有积极作用,同时也有消极作用。民族认同对社会稳定的协调和有序起着十分重要的作用,它是民族地区社会稳定机制构建的重要因素。同时要注意消除其消极作用,最有效的途径就是将民族认同意识维持在一个合理的"度"内,即把握民族认同意识的积极作用与消极作用的分界线。在现阶段,中华民族多元一体格局面临着进一步巩固和提升的任务。积极开展民族认同教育,有利于民族团结和社会稳定,有利于各民族发展与和谐社会的构建。长期有效的民族认同教育,可以激发各民族学生的民族进取心和民族自豪感,我们希望这种文化底蕴能够生生不息、代代相传。

## 论社会交往过程中的和谐民族关系构建

### ——以天津市A社区为例

陈　纪

《西南民族大学学报》(人文社会科学版)
成都,2011年第12期

伴随城市化进程而来的民族间社会交往逐步加深,成为当前民族关系发展的现实条件之一。从实践层面上看,研究社会交往过程中的和谐民族关系构建,就是要深入分析各民族在日常生活中因交往加深而形成的现状与结果,通过深入分析民族间社会交往过程中产生的关系网络、互惠规范、信任合作等社会资本,分别探讨多民族社区和谐民族关系构建的基础条件、保障条件和关键条件。在此基础上,探究和谐民族关系构建的有效途径,以此来推动各民族共同发展、共同繁荣。

以天津市A社区为例,我们认为由中国城市化进程带来的民族间社会交往加深,为当前民族关系发展提供了基础条件、保障条件和关键条件。各民族在日常生活中形成的社会关系网络为构建和谐民族关系提供了基础条件。互惠的社会规范为民族关系和谐发展提供重要的保障条件。信任合作作为一种社会资本,更多呈现了民族间在社会交往中需要努力达成的一种积极结果,是构建和谐民族关系的关键条件。

通过对上述天津市A社区民族间社会交往的深入研究,在分析和借鉴其经验的基础上尝试提出日常生活中和谐民族关系构建的途径。第一,加强基层政府的民族工作。第二,推进社区文化建设。第三,重视社会资本的积极作用。第四,建构社会交往的良性循环机制。

## 民族与国家何以和谐

### ——建国60年来国家与佤族的互动历程研究

袁　娥

《西南民族大学学报》(人文社会科学版)
成都,2011年第11期

本文基于笔者的实证调查,以沧源佤族为例,描述了建国60年来国家与佤族的互动历程,从而探寻民族与国家和谐共生的条件。

新中国成立60年来,为了维护国家的统一稳定,防止国内外敌对势力的渗透,国家通过各种措施,帮助少数民族脱贫致富,创建全国各族人民的平等地位,促进各民族团结共同发展,赢得各族人民对国家的依赖和归属,国家认同意识不断高涨。建国以来,由于党的正确领导,国家的大力扶持,以汉族为主体的各民族相助以及佤族人民的忘我劳动,阿佤山在社会主义改革和社会主义建设诸方面取得了巨大成绩,原始落后的社会面貌从根本上得到改变。佤族的认同意识产生了很大变迁,过去只知有"族",不知有“国”,而今既知有“族”,又知有“国”。新中国成立完成民族－国家的建构后,使得边界、边疆产生实体意义,佤族的历史发生了质的变化,这都源于国家对佤族的国家认同的建构。佤族内生了深刻的国家亲和感。佤族对国家的发展和本民族的发展感到满意,佤族人亲身感受着中国经济所发生的翻天覆地的变化,在纵向对比中更加坚定了佤族人民对祖国的热爱之心。政府已经认识到,只有增强统一国家的凝聚力,才能达成民族与国家的和谐共存。多民族国家要创造社会凝聚力,吸引具有文化差异的各类族裔群体,最重要的就是在国家的一切公共生活中体现出制度化的平等。佤族文化中表达对制度平等的渴望之情就是“江三木洛”,它具有公正、自然、和谐、宁静的意向,是佤族人民一切理想事物的代名词,也是佤族与国家和谐共生的重要条件。

## 陆疆多民族“和谐社区”的建构与社会安全

徐黎丽　夏　妍

《兰州大学学报》(社会科学版)兰州,2011 年第 4 期

本文以历史陆疆中多民族聚居形成与发展为纵坐标,以当代国内外陆疆多民族聚居的类型创新与实践为横坐标,从中国历史与现实、中国与其他多民族国家陆疆民族居住格局比较角度出发,分析多民族“杂居社区”在构建和谐边疆社会中的功能和和谐社区的内容。

中国陆疆经历了从四夷各自聚居到多民族逐渐杂居的历史演变。从其演变过程来看,汉族居中、少数民族聚居陆疆是生态、经济、社会及文化在分分合合的历史发展过程中互相交织和作用的结果。现代中国的陆疆社会的发展只能建立在继承历史、解决当今面临的陆疆问题的基础之上。

民族区域自治制度则是继承历史的制度创新。它的实行,进一步推进了边疆民族聚居格局的发展。建国 60 多年以来,边疆已呈现出城镇杂居、乡村聚居的居住格局,这种居住格局为和谐边疆的构建奠定了地域及文化基础。除此之外,诸多发展中国家和发达国家多民族杂居格局的范例表明,多民族杂居的和谐边疆社区对国家安全意义重大。

我们认为,边疆多民族杂居社区的构成内容是:市场经济条件下基于业缘而形成的杂居社区是其经济基础,地缘是其地理基础,社区多元文化是其精神依托,民族关系与公民关系日益融合是其社会基础,国家认同则是其政治基础。如果这样的多民族杂居社区得以构建,边疆社会动态安全的目标将会实现。

## 关于在和谐社会构建中发挥宗教积极作用的思考

齐晓飞

《世界宗教文化》北京,2011 年第 1 期

今天,根据构建社会主义和谐社会的时代任务,根据社会主义条件下宗教存在和发展的新特点,根据我国宗教积极与社会主义社会相适应的新面貌,中国共产党提出了“发挥宗教的积极作用”的科学论断。党在同一时间点上提出转变经济发展方式和“积极作用论”,不会是偶然的。对此本文提出三点思考:一是“积极作用论”是否是马克思主义宗教观?二是怎样对宗教作定义性理解?三是如何发挥宗教的积极作用?

“积极作用论”是否是马克思主义宗教观呢?回答当然是肯定的。从“鸦片论”到“积极作用论”,似乎代表了两个不同的极端。但是,只要不止于表象并深究其里,就能发现二者之间其实有着深刻的内在关联、内在的一致性,即

"积极作用论"与"鸦片论"一样,都坚持了马克思主义的基本立场、观点和方法,而且体现了一个马克思主义政党在社会主义初级阶段处理宗教问题的执政意识。因此,"积极作用论"属于马克思主义宗教观,而且其对马克思主义宗教观不仅是坚持,更是发展。

怎样对宗教作定义性理解?从缪勒之说到马克思、恩格斯的定义,我以为,对宗教作定义性理解,需要认识和把握宗教的超越性、排他性、教化性等特征。了解和理解这些特征对做宗教工作很重要。长期以来,党内同志对宗教的特性多有研究,从"五性说"(长期性、群众性、民族性、国际性和复杂性)发展到"三性说",即宗教存在的长期性,宗教问题的群众性和特殊复杂性。"三性说"是新时期党认识宗教问题的基本观点,是开展宗教工作的理论基础。

如何发挥宗教的积极作用?我认为要从三个方面着手:1、贯彻基本方针以求有力政治保障。2、探索发挥积极作用的多元路径。3、注意把握政策界限。

我们当谨记,宗教具有特殊的复杂性,其社会功能始终具有积极和消极两重面向,所有宗教,概莫能外。

## 党建与和谐的理论探索

孙书行　张仲华

《昆明理工大学学报》(社会科学版)昆明,2011 年第 4 期

"以增进党内和谐促进社会和谐",是党的十七大在新时期作出的重大战略部署;是加强党的建设,提高党的执政能力,构建社会主义和谐社会的重要内容之一。构建和谐社会,一个重要方面就是要不断增进党内和谐,以党内和谐促进社会和谐。

党的建设与和谐社会建设是一个需要在理论和实践上不断探索和解决的重大课题。深入研究党的建设与和谐社会建设的关系,如何以党内和谐促进社会和谐这个重大的课题,对于增强党的执政能力,推进社会主义和谐社会建设,具有十分重要的理论与实践意义。

社会和谐是中国共产党人对社会主义本质属性的新概括。在思考社会主义本质问题上,马克思主义理论家作出了各自的贡献。在改革开放和现代化建设进程中,邓小平对社会主义本质进行了新的思考和新的理论概括,深化了人们对社会主义本质的认识。十六届六中全会进一步指出"社会和谐是中国特色社会主义的本质属性",深化了人们社会主义本质属性的认识。总之,这一重要论断,继承、丰富和发展了科学社会主义理论,开辟了中国特色社会主义事业的新境界。

以增进党内和谐促进社会和谐,是构建和谐社会的关键。历史经验告诉我们,要充分体现党的先进性,不断提高党的执政能力,实现党执政的历史任务,需要保持党内和谐。党内是否和谐也是衡量党自身建设成效的重要标志。加强执政能力建设,是推进中国特色社会主义事业和党的建设新的伟大工程的连结点,是带领全党全国人民实现和谐社会的根本保证。

## 新形势下构建和谐党群关系的探索和思考

杨仲林

《中共浙江省委党校学报》杭州,2011 年第 2 期

在中国共产党建党 90 周年到来之际,我们更需要从党长期执政的高度来思考构建和谐党群关系的重要性。中国共产党要巩固其执政地位,带领人民群众再创辉煌,关键在于密切党和群众的联系,充分发挥党的政治优势。

在新的历史时期,由于党经受执政的考验、改革开放的考验、市场经济的考验、外部环境的

考验，党群关系越来越趋向于复杂化，面临不少新的问题和挑战。我们看到，在一些地方、一些部门群众利益并没有放到重要位置，甚至损害群众利益的事也时有发生。因此，党群关系不那么融洽，甚至出现严重对立已是不争的事实。党群关系受损原因是多方面的，有直接诱因，也有深层根源。从直接诱因来看，这与我们工作中存在问题、失误、以及消极腐败现象有关。从深层次来看，这与我们所处的历史环境和条件变化有关。首先，执政党的地位容易使党群关系颠倒。其次，市场经济条件下，党群关系容易模糊。再次，现代化管理的应用，党群关系容易动摇。

在新形势下构建和谐的党群关系，从认识层面来说，我们必须进一步深化对构建和谐党群关系重要性的认识。要认识到执政党最大的危险是脱离群众。市场经济条件下党的宗旨不能丢。这也是我们必须有清醒认识的。现代化管理的应用不能代替群众路线和群众工作的方法。对此我们也要有清醒认识。

在新形势下构建和谐的党群关系，从实践的层面来说，就要努力践行党的全心全意为人民服务的宗旨。首先，要端正对人民群众的态度。这是践行党的宗旨的前提。其次，要创新联系和沟通人民群众的方法。这是践行党的宗旨的关键。再次，要完善联系和沟通人民群众的机制。这是践行党的宗旨的保证。

## 和谐思想多视角考察论纲

李江舟

《上海党史与党建》上海，2011 年第 5 期

和谐思想内涵丰富、寓意深刻，蕴藏着哲学、政治、社会等多方面内容。和谐思想的历史、传承、发展，不仅为人类社会的发展提供了价值性目标，而且提供了原则性手段，既是目标又是手段，是世界观和方法论的统一。顾名思义，和谐意味着内与外统一、多与少的互补、复杂与简单的融洽。它既可以是社会运行的良性状态，也可以是人与人、人与自然之间的友好相处，还可以是个体的身心和谐。多视角、多层次分析、考察和谐思想，不仅有助于我们深化对和谐社会重要性的认识，帮助我们以辩证眼光看待当前的文化建设、思想交流，而且对中国软实力建构的战略定位具有重要的理论价值与实践意义。

### 一、关于世界观的和谐思想

关于世界观的和谐理论，是把和谐看作其他是整个世界的总的特征和本质属性的理论。这种思想从古到今，自中而外，不绝如缕。在中国传统文化中，和谐被当作一种万物得其位、名其分、得其所的理想状态。作为一个系统，社会中的各个部分或个体只有保持适度，才能确保整体的和谐。适度就是“中”，各得其所的“和”就体现在“中”上。和谐不仅是一种“适度”，更是不同事物之间相辅相成、共生共长的良性运作，“和与同异”只有杂多和对立的事物才能相济相成，“同”只是相同事物的叠加，“和”才是不同事物的结合。也正因为有了对立面的存在，有了多样性的差异，才有了“相成”和“相济”。在西方，以古希腊毕达哥拉斯、赫拉克利特、柏拉图为代表对和谐思想进行了早期的研究阐释。

### 二、关于政治意义的和谐思想

和谐理论不仅具有世界观意义，而且具有政治学意义。人类除了从世界整体的宏观角度思考和谐之外，还经常深入到特殊的政治领域，把和谐看作其他是社会的良性状态和远大理想，并以此出发对现实制度、社会状态展开批判。从这个意义上说，和谐思想也是一种政治思想或政治理念。

### 三、关于社会实践的和谐思想

马克思主义认为，认识世界的目的是改造

世界,只有自觉地把和谐社会学说应用于生产实践,才能真正发挥其指导实践、改造社会的功能。马克思、恩格斯创立的科学社会主义提出了关于和谐社会的科学设想。中国共产党在进行社会主义革命与建设中,创造性地将马克思主义原理与中国实际相结合,在继承传统和谐社会思想基础上,不断总结经验,丰富发展了具有中国特色的和谐社会理论。

## 富裕、民主、公正、和谐:中国特色社会主义的核心价值理念

马俊峰

《湖北大学学报》(哲学社会科学版)武汉,2011 年第 3 期

我们今天讨论中国特色社会主义的核心价值理念,首先应明确,第一,这不是某个人、某个阶层、某个政党的价值理念,而是整个中国社会的价值理念,是这种社会价值理念的核心;第二,这种价值理念的基本性质或特质不是前现代的封建主义,也不是资本主义,而是社会主义,是中国的社会主义价值理念;第三,它立足的是当代中国实际,是社会主义初级阶段的基本国情,它的主体是当代中国人民大众,是当代中国人民的核心价值理念。

富裕、民主、公正、和谐,作为中国特色社会主义的核心价值理念,较好地表现了当代中国人民的价值诉求,体现了中国人民处理国际国内矛盾的总体价值原则,既符合理想化的要求,也合乎理性化的规定,既体现了社会主义的发展方向,也照顾到了中国将长期处于社会主义初级阶段的实际国情,因此容易获得比较广泛的认同和遵从。富裕、民主、公正、和谐这几个方面又相互联系,相互制约,相互支持,共同作用,如将它们拆分开来,孤立理解,单兵独进,那就会产生一些消极的结果,甚至背离了原来的方向。

## 道德内在和谐论要

马永庆

《齐鲁学刊》曲阜,2010 年第 6 期

和谐问题是当下道德建设所要关注的重要内容。道德内在和谐的研究有着理论和实践的意义。

道德内在和谐是指道德的内在要素的协调一致和运行机制的功能优化。道德内在和谐既是道德外在和谐的前提,又是道德自身存在和发展的基本要素。道德内在和谐是道德自身的需求,是道德完善发展的条件和基础,道德内在和谐状况直接关系到道德整体的实现。

道德内在和谐涉及诸多因素之间的关系,从其内在结构上,道德是主体、客体、目标、现实任务、方法手段、评估反馈等环节的结合。一般意义上,道德内在和谐的表现态势可从以下几个层面进行把握。首先,从主体的视角,道德的内在和谐表现为社会主体和个体主体的和谐、社会主体自身的和谐、个体主体的内在协调一致等。从运行过程看,道德的内在和谐是其调控机制、动力机制、保障机制和活动机制的协调一致。从实现的角度,道德和谐是理论和实践的结合。从体系来说,道德也是原则、规范、范畴、具体要求的统一。可以说,道德的内在和谐是多视角的和谐。

道德内在和谐的实现是一个系统工程,有着深刻的社会基础和其自身的条件。从道德自身来说具体的步骤和环节应该包括以下几个方面:首先,道德主体的和谐建设。其次,构建良性运行的道德内在和谐建设机制。再次,从重点论与两点论统一的视阈,道德内在和谐建设需要确立突破口、关键点及其所要解决的主要问题。

## 人际和谐取向对知识共享行为的影响研究

路　琳　陈晓荣

《管理评论》北京，2011 年第 1 期

本文聚焦人际关系中的和谐取向对组织内部知识共享行为的影响，根据个体员工在人际和谐取向上的差异，将和谐取向细分为价值观型、工具型以及否定型三种类型，并研究不同的和谐取向对知识共享行为的影响作用。研究还进一步加入组织公民行为和沟通作为中介变量，建立和谐取向对知识共享行为影响的理论模型，据此开展问卷调查，在不同的企业中上司与下属配对收集了 168 套问卷，验证了理论模型中的路径关系。

价值观型和谐取向对知识共享具有正向作用，这一作用通过组织公民行为和人际沟通发挥影响。工具型和谐对知识共享没有显著影响，否定型和谐对知识共享有负面作用，人际沟通在其中发挥了中介作用。这一研究结果对知识管理实践也带来一些启示和参考：知识管理是现代企业追求卓越，提高核心竞争力的有效途径。但是，一些企业对知识管理的理解和实施仅限于先进硬件设备的引进和知识管理软件的推广，忽略了知识管理的主体应该是企业中的员工以及他们所拥有的技能和经验。结果，昂贵的知识管理系统常常因为缺乏员工的主动参与和贡献而变成徒有虚名的闲置资产。知识管理工作者和企业高层主管应重视知识共享的人文因素影响，尤其是企业内部人际互动过程中员工的心理和行为因素，了解员工在知识共享中的心理需求和环境推动力。不同的人际和谐取向对知识共享发挥不同的作用，以价值观型和谐为目的的人际相处模式最有利于知识共享。漠视和谐，否定和谐的想法会阻碍知识共享。而刻意制造的工具型和谐只能带来表面化的一团和气，掩盖矛盾，却不会推动知识共享。鉴于这些结果，管理者应当考虑从组织文化和组织规章制度层面上提倡价值观和谐，引导否定和谐和工具型和谐转化为对和谐价值观的追求。

## 和谐社会建构背景下中国传媒改革转型路径思考

董小玉　韩　敏

《新闻与传播研究》北京，2011 年第 1 期

随着传媒产业化快速的发展进程，它对社会产生了日益重要的影响，因媒介资源分配不公等因素所引发的社会问题也日益突出，因此，当前改革转型成为传媒发展的关键问题。

过度市场化引发了中国传媒诸多问题。当前和谐社会建构背景下的中国传媒改革的深化，应该从传媒的外在环境与内在环境方面展开，外在环境的改革是传媒改革的根本，即从当前的二元传媒格局向多元传媒格局的转向；内在环境的改革则是传媒改革的核心，即以和谐社会建构为目标，重构新闻专业主义。把建构多元媒介格局和强化新闻专业主义精神结合起来，并积极寻找它们之间结合的平衡点，在内外结合当中进一步推动中国传媒业制播分离制度的改革，从而推动中国传媒业的和谐发展和文化产业的健康发展。

从外在环境来看，中国传媒格局应该从形式的二元媒介向实质上的二元或者多元媒介格局转变，以遏制当前过度市场化的都市类媒介所带来的负面社会效应。建构多元媒介格局，我们认为可以从以下路径入手：一是有力促进党报党刊的亲民化，改变当前“形式上”的二元媒介格局。二是尝试建立由学者参与建设的第三类媒介系统，或者是第三方社会媒介监督系

统。

从内在环境来看，传媒界必须在内在理念塑造上重构新闻专业主义，重塑新闻从业者的角色与专业操守。第一，杜绝对某些阶层的“窥视”与“游戏”视角，营造公民交往的真实与平等的社会交往空间。第二，突破传媒惯常使用的阶层化叙事方式，彰显传媒是社会共识的建构者而不是阶层的分化者。第三，传播主流价值观念与社会规范，凸显传媒成为公民教育的重要平台。

我们在强调发展市场时，在加强新闻专业理念时，在内外齐头并进打造时，一定要有一个硬性的制度的跟进，那就是编营分离制度。内外结合，深化编营制度改革，从而推进传媒转型中和谐社会的建构。

## 构建和谐社会视域下成人教育的功能定位

蔡成芹

《河北大学成人教育学院学报》保定，2011 年第 1 期

构建社会主义和谐社会是促进社会经济稳定发展的必然趋势，然而，目前我国还存在着许多影响构建和谐社会的不利因素。面对和谐社会构建中存在的若干问题，成人教育须进行新的功能定位，从而更好地为和谐社会的建设服务。充分发挥成人教育的功能，有利于全民整体素质的提高，有利于社会持续稳定的发展，更有利于激发社会的活力与创造力。

成人教育在构建和谐社会中有其必要性。和谐社会与成人教育有着内在的联系。构建和谐社会极大地推动了劳动者提高综合素质的发展趋势，强化了人们接受教育的意识，从而为成人教育的普及与持续发展奠定了坚实的基础，以人为本以及由此所构成的人性化理念价值趋向是和谐社会与成人教育发展观的最本质联系之所在。成人教育在和谐社会构建中的作用体现在：成人教育为和谐社会的构建提供了强有力的经济支持、健全的民主法制保障以及诚信友爱的良好社会风气。

成人教育作为构成终身教育体系的一个重要主体，在构建社会主义和谐社会的过程中也发挥着自身所具有的独特的重要功能：一是提高人的整体素质，促进人的全面发展和完善；二是促进人际关系的和谐；三是推动社会的公正与公平；四是保持生态平衡，促进可持续发展。

## “和谐社会”处境下和谐家庭建设与中国特色家庭福利政策框架

刘继同　左芙蓉

《南京社会科学》南京，2011 年第 6 期

家庭是社会生活和社会福利制度最重要的社会单元。改革开放三十年来，中国家庭的结构功能与地位角色发生重大结构转变，传统的“家庭问题”演变为当前的“问题家庭”。笔者参考发达国家家庭福利制度模式，首次提出中国特色家庭福利政策框架，指明家庭福利服务体系建设目标、原则和制度化途径，提出家庭福利体系建设战略构想与若干政策建议。

本文基本结论是，构建和谐家庭、社区和谐与和谐社会的家庭幸福观至关重要，亟须建立。家庭政策、家庭福利制度与家庭津贴是典型“公共服务、公共产品”。儿童福利、妇女福利、健康与福利的整合与“以家庭福利为基础”社会福利制度框架建设是福利社会建设的核心。家庭福利的主要功能是“社会预防与社会投资”，关系儿童福利、妇女福利和家庭生活质量。家庭福利、家庭津贴与社会福利制度是“社会基础结构体系”核心部分，是衡量社会福利制度成熟度的最佳视角。中国社会建设与社会发展的战略愿景是构建中国特色的民主—福利—市场社会主

义社会。

## 心理和谐是经济发展方式转变与自主创新的保证

林崇德　刘春晖

《北京师范大学学报》(社会科学版)
北京,2011年第1期

心理和谐是经济发展方式转变与自主创新的重要保证,它是指一个人能经常处于正确对待自己、他人和社会,正确对待困难、挫折和荣誉的心理健康状况。心理和谐是经济社会和谐发展的基础,这就要求我们必须处理好人与自我的关系、人与他人的关系、人与社会的关系、人与自然的关系、软件与硬件的关系以及中国与外国的关系。心理和谐也为经济社会和谐发展提出了如下几种新的指标体系:人类发展指数、幸福指数、信任(信仰)指数、儿童青少年发展指数以及教育发展指数。心理和谐为自主创新营造了文化氛围,有利于人们创新意识、创新活动和创新才干的发展,有利于激发人们的创新热情。通过"人文关怀,心理疏导"的心理和谐方法能够为经济社会发展与自主创新扫除障碍,加大几类重点人群的"人文关怀",大力开展心理健康教育,可以促使人们更好更快地达到和谐心理。

## "反全球化"对"全球化":一个全球正义的视角

### ——兼论"和谐世界"理念的深度启示

徐艳玲

《理论探讨》哈尔滨,2011年第5期

近年来,伴随着全球化进程的加快和世界范围内反全球化思潮的兴起,国际范围内关于全球化的论争达到了新的高潮。与此同时,伴随着全球化纵向和横向上的拓展所导致的全球不平等、不公正现象越来越突出,"全球正义"问题凸显。"全球正义"不仅是当今人类社会一个重要的价值追求,也成为整合全球化与反全球化冲突的基本线索之一。在当下,"全球正义"的实现还是一个长期的、历史的过程,既不能完全依赖于全球化,也不能完全依赖于反全球化,而是要依赖于两者的互动,依赖于全球主义者和反全球化者所提出的问题的双重反思。如果说全球化是一个正题,反全球化是一个反题,那么,"和谐世界"就是一个合题。和谐世界最鲜明的特征是和谐,和谐世界的实质就是不同国家、不同文明之间的和谐共生,这恰恰是"全球正义"的视野中所致力的全球秩序的未来。从这一意义上说,"和谐世界"理念是一种全新的"源于中国、属于中国"的世界理想,不仅有深厚的马克思主义理论底蕴,更有着浓郁的东方和谐文化的智慧,同时以其浓郁的全球视野体现着对全球化与反全球化冲突的深刻反思和理性回应,因而不啻为一种新型的全球正义观,为促进全球和谐打开了新的认识视野。其实,尽管全球不同国家间政治制度、发展层次、文化传统迥异,但和谐的理念和方法,对各国共同探讨全球性争端,解决全球性矛盾,促进全球发展,达到一定程度的全球和谐,提供了新的思路和方法论启迪,同时也为其他国家谋求健康稳定的现代化发展,提供了一个有效的范式。因而,从某种程度上说,共建"和谐世界"不是一个针对全球化与反全球化的冲突进行回应的策略问题,而是一个长期指导方针,对于整合全球化与反全球化的冲突、最终促进"全球正义"的实现具有政治和伦理上的长期规范、指导意义。

## 从“主客批判逻辑”到“尘世和谐逻辑”

### ——对“马克思辩证法本质”的重新审视

曹典顺

《理论探讨》哈尔滨,2011 年第 3 期

传统形而上学视野的“主客辩证法”夸大意义逻辑功能,神秘化由意义逻辑衍生的“同一性”,从而导致对马克思辩证法本质的理解只能围绕传统形而上学的“本质主义”展开——“主客批判逻辑”。后现代性哲学视野中的“否定辩证法”认为辩证法是始终如一的“非同一性意识”,马克思辩证法本质上是对同质性思维予以批判的“同质否定逻辑”。传统形而上学和后现代哲学对马克思辩证法本质理解的最大困境都是根源于意义逻辑,前者把意义逻辑置于天国思维,后者遮蔽意义逻辑。因此,应该超越传统形而上学和后现代性哲学的视野,在现代实践哲学的视野中重新审视马克思辩证法本质。在现代实践哲学的视野中,马克思辩证法本质应被理解为“尘世和谐逻辑”,即对现实生活世界的哲学反思。如果太多关注“现象世界”的世界和谐,对现实生活世界的现代实践哲学反思,很容易被流俗化和庸俗化。因此,对马克思辩证法本质的内在逻辑探讨,不仅有利于克服传统形而上学和后现代性哲学的困境,也有利于克服现代实践哲学的可能弊端,同时,“尘世和谐逻辑”作为马克思辩证法本质的逻辑表达,又能够为深化理解现代实践哲学提供新的理论视野。至于如何界定“尘世和谐逻辑”,“尘世和谐逻辑”在当今时代具有怎样的价值,我们将另文探讨。

## 贵和精神与当代中国政治认同建构

常士訚

《晋阳学刊》太原,2011 年第 6 期

贵和精神已经作为一种文化意识进入到理论之中,成为中国目前政策的重要内容。本文试图从民族政治的角度对中国的贵和精神做一分析探讨。

**一、贵和精神的基础:文化中国**

中国文化中所含有的贵和精神主要表现在下列几个方面:一是柔和方式,主要体现在“和合”价值观念上。基本精神就是中国古代思想家提出的“和而不同”。二是交往关系渗透。三是权威渗透。文化中国所形成的基础和传统深深影响了中国这一多民族国家的政治建构。

**二、贵和精神的意蕴**

“和合”作为贵和精神价值的精髓,重点在和谐,前提是承认差异的存在,而目标是通过和睦相处达到不同差异的融合。贵和精神在现代条件下依然具有重要的价值,它构成了当代中国处理多民族关系的基本文化逻辑。主要体现在:其一,整体第一。其二,和而不同,相互参和。其三,互爱亲和,同情理解。其四,中和精神。其五,天人相和。其六,和达精神。上述几个方面只是贵和精神的基本内涵与价值。中国的贵和精神已经发展成为了一个丰富的文化思想体系和哲学理念。

**三、贵和精神与政治认同**

贵和精神构成了中国多元一体格局的思想文化基础。中国的政治认同是在贵和精神环境中培育起来的认同。贵和精神注重不同事物之间的和合关系。中国是多民族国家,不同民族之间正是在这种融合的氛围中形成了多元一体格局。中国政治认同的构成具有复杂性,其基础是关系认同。在这种认同中,既保证了权威

的存在，也保证了不同族群之间的整合。中国的贵和精神奠定了人际关系的网络基础和认同基础，是中国政治认同的基础。

**四、贵和精神面对的挑战及未来**

思想文化价值上的多样化、文化与认同的变革引起的权利意识的增长以及族群意识的增长对中国的贵和精神提出了挑战，但从贵和精神发展起来的文化与体制，为权利的实现，特别是族群权利的实现提供了坚实的物质基础。中国的贵和精神随着中国现代化的发展，在适应外部挑战时会作出新的调整，但这种调整依然是在中国现有体制和文化环境中的调整，而决不是彻底否定贵和精神。

## 《周易》的“太和”理念及和谐社会建构

郑万耕

《北京师范大学学报》（社会科学版）北京，2011 年第 5 期

崇尚“和谐”是中国文化的一大特色。以“保合太和”作为最高的价值理想，是《周易·彖传》提出来的。关于和谐理念及其构建和谐社会的探讨，也以《周易》最为丰富。然而，它有着怎样的来龙去脉，又体现着怎样的哲学道理，我们确实不甚了了，仍然有进一步加以清理的必要。《周易》的太和观念有着深厚的文化和思想渊源。晏婴的和同之辨突显了相反相济、相异相成的道理，实乃《周易》“君子以同而异”的来源之一；孔子的“宽猛相济”所达到一种“和之至”的状态，也即《周易》所谓的“太和”；而《论语》中有关“和为贵”的论述又开启了《周易》“履以和行”的先河。《周易》关于构建和谐社会的目标、原则和具体措施，可归纳为：上下交感；求同存异；分配公平；节以制度；树立与保持忧患意识；不断变革，使社会充满活力；天人谐调。

总起来说，《周易》不仅在继承和阐发先贤思想资料的基础上，提出了“保合太和”的最高价值理想，而且试图将其付诸实践，提出了构建和谐社会的许多理论原则和具体要求，具有强烈的现实意义和重要价值，是值得我们汲取与借鉴的。

## 和：《礼记》礼乐教化的旨归

贺更粹

《西北师大学报》（社会科学版）兰州，2011 年第 4 期

《礼记》礼乐教化的旨归是“和”。而致和又是一个循序渐进的生命化的过程。“和”首先表现为“君子和而不流”的“己和”，即身（形体）心（精神）之和。其次是由“己和”而推衍为人人“安其位而不相夺”的“人和”。“和”的最高境界，是“道并行而不相悖”的“天人和”，即“太和”。《礼记》礼乐教化之“和”的内涵，是通过礼乐教化而孳生的个人、社会、天人之间的各素其位、各正性命、生生不已的和谐有序的发展关系。这种和的精神特质，通过传统文化的遗传因子，早已深深植根于中国人的实际生活中。中国传统的“和”观念，具有丰富的内涵，它贯穿于人们对自然界、社会、人与自然、人与社会、人与人之间以及民族、国家之间的认识中，成为具有中国特色的一种价值观念和思维定势，是中华民族海纳百川的气度与生生不已的力量之来源。

## 墨子的和谐管理思想

张金山

《辽宁经济》沈阳，2011 年第 6 期

墨子认为导致社会动荡的原因是人与人不兼爱；要结束动乱，使社会走向和谐，人与人之间就必须“兼相爱”。墨子认为构建和谐社会，

就要对各种社会关系进行平衡，其实是将“兼相爱”落实到不同的社会关系中。为此，墨子梳理出六种最基本的社会关系，并提出相应的平衡之道。

**一、自我关系的平衡：修身**

墨家的修身终极目的是通过塑造君子人格而实现“兼相爱”。修身首先是做人要真诚。其次，要善于自我反省。再次，要慎重交友。最后，修身还表现在人要发自内心地敬畏和遵守自然法则。

**二、家庭关系的平衡：节葬**

墨子主张节葬，认为厚葬久丧会导致家庭甚至整个社会的不和谐。首先，墨子认为厚葬是浪费社会财富和不人道。其次，墨子认为，这种守丧的规制会对社会造成严重的危害。

墨子认为真正的孝道是厚养薄葬。

**三、君与士的关系平衡：尚贤**

君王要平衡好与贤士的关系，就必须尚贤和爱士。首先，要提拔和重用贤才。其次，对待贤才要因才是用和量能授官。最后，要在物质和精神上给贤才以相应的待遇。

**四、上下级关系的平衡：尚同**

墨子认为天下大乱的原因之一是社会各层级在思想认识上不统一，要使整个社会走向和谐大治的状态，就必须“尚同”，使全社会的思想和舆论达到高度的一致，下级思想都要统一于上级，层层递进，最后都统一于天子的意志。

**五、君民关系的平衡：节用**

墨子认为统治集团平衡君民关系最重要的举措就是减轻人民的负担。为此，墨子主张统治集团要带头节用、非乐。首先，墨子主张统治者在灾害之年要削减俸禄。其次，墨子主张统治者要节约用度。

**六、国际关系的平衡：非攻**

在国际关系上，墨子提出“非攻”思想，主张国与国要兼爱。首先，墨子提出兼并战争是最大的罪恶。其次，墨子认为兼并战争会破坏生产，耗费财富和导致百姓死亡。最后，墨子认为，进行兼并战争是得不偿失。

墨子以“兼爱”为其理论基础，以维护广大人民群众的根本利益为出发点，抓住社会六种最基本的社会关系，提出了自己和谐社会的治理主张。虽然墨子的和谐管理思想并没有为当时统治者所采纳，也没有阻止当时的社会动乱和兼并战争，但从政治和哲学意义上看，墨子的和谐管理思想给后来的思想家以深刻的启迪，特别是为当前中国构建和谐社会提供了一个参照体。

## 和生与仁生

### ——论和合学之新仁学面向

彭永捷

《学术界》合肥，2011 年第 11 期

“和生”是和合智慧的宇宙论基础。“仁生”是仁爱思想的世界观。和生包含着仁生，但和生不限于仁生。和合学的世界观，汲取了中国传统和生思想，把整个世界看成是和合而生生的整体结构。在和合学看来，和合是中国文化儒、释、道、墨诸家共同的思想倾向和共同的人文精神。即和合学对于传统文化资源的汲取是综合的、多元的，不限于儒、释、道、墨等某一家。但和合学中新儒学的面向却是现成的，并且也是和合学理论的再完善中所必须的。理由在于：首先，和合学对于儒家思想有认同，存在着明显的新儒学面向。其次，和合学的理论资源主要还是儒家。再次，和合学每当论及冲突的具体解决，往往还是要回到儒学。又次，和合学所倡导的和合思维，必须安立于儒学的仁义之道，才能使和合学成为一个有价值立场、有取舍方向的学说，也就是和合学所意识到的理论上的“大本”、“大原”。又次，和合学开出和显现为新儒学，才能有效落实和发挥和合思维的

思想影响力。和合学作为哲学,与和合学作为儒学,二者并不相排斥。和合学的"和合",既包含了"和生",也包含了"仁生"。由仁生则为儒家的仁爱之说奠立了宇宙论和世界观。换言之,和合学存在着新仁学面向,和合学亦可开展为新仁学。就此而言,和合学也就是一种当代的新儒学。

总之,和合学本身虽是对中国传统文化和合精神的总体转生,但经由"和生"至"仁生"的过渡,可以确立儒家仁学的宇宙论和世界观,开出儒家仁学的当代形态。和合学作为一种当代新儒学,不仅丰富了当代儒学,而且也从儒学领域为当代世界提供了最富价值的思想资源。

## 英国劳资关系中的工人参与权对中国构建和谐劳动关系的启示

赵祖平

《中共福建省委党校学报》福州,2010 年第 12 期

工业化,是西方发达国家现代化进程中所经历的一个重要阶段,也是我国正在经历的发展过程。由于经济飞速发展和经济结构、社会结构的重大变化,工业化、城市化进程也是一个各种矛盾冲突和激荡的过程。在众多社会矛盾中,劳资矛盾是一项重要的新内容。如何协调各集团或各阶层间的关系,尤其是劳动关系,成为一个亟待解决的重要课题。

发达国家的经验表明,化解劳资矛盾的关键是通过立法,赋予工人参与权;而大多社会动荡的发展中国家恰恰未能切实解决工人的制度化参与问题。由于较早享有了经济和政治参与权,英国工人由早期的体制外暴力抗争逐步转向了改良式议会道路,并最终成为了体制内的合作力量。英国劳资关系的发展轨迹,对我国社会主义市场经济条件下和谐劳动关系的构建具有十分重要的理论和现实意义。

我国改革开放以来,大量雇佣劳动者的出现,使劳动关系成为社会关系中的重要内容,和谐劳动关系的构建遂成为和谐社会构建的重中之重。而西方发达国家如英国的发展经验,充分证明赋予工人广泛的经济政治生活参与权是构建和谐劳动关系的关键。将"劳资同权"、"劳资平等"引入我国的工人参与理论体系,使它成为我国工人对经济生活参与权的理论基础,结合工人作为公民所享有的宪法权利,将为我国工人全面参与经济、政治生活打下坚实的理论基础。完善我国现有的工人参与渠道,必须从工会制度和选举制度两方面着手。完善工会制度,加强我国工人的经济参与权;完善选举制度,落实我国工人的政治参与权。

总之,及早赋予工人经济和政治参与权是英国工业化和城市化进程中化解劳资矛盾的重要经验。我国正处于快速工业化、城市化进程中,借鉴发达国家的经验,落实和完善工人的参与权,化解频发的劳资矛盾和冲突,构建和谐的劳动关系,是构建和谐社会的基础和重要内容。

(姜宏闻　编)

# 著作选介

刘兴明　选介

## 和谐社会视野下的城乡居民主观幸福差异研究：以成都市为例

方纲　著

西南交通大学出版社 2011 年 1 月出版　257 千字

该书在对成都市 433 名城区、郊区和农村居民的结构式访问基础上，以“整体生活满意度”和“具体生活满意度”作为主观幸福的核心维度，运用卡方检验、方差分析（均值比较）、因子分析以及多元回归分析等方法，对城乡居民的主观幸福差异及其影响因素进行了较为全面而深入的分析。著者通过分析认为：第一，分别生活在城市、郊区和农村的居民的主观幸福在一些维度上存在明显差异，而在另一些维度上没有显著差异。第二，城市、郊区和农村居民存在着影响主观幸福的共同自然环境、人文环境以及经济社会发展基础。第三，城市、郊区和农村居民分别存在着增进和损害其各自主观幸福的条件和因素，这些条件和因素包括工作状况、家庭收入、居住条件、家庭生活、人际关系、闲暇活动、健康状况、生活城市等。著者在对研究发现进行总结和讨论的基础上，针对个体和政策制定者分别给出了追求幸福的建议。

全书共分七章。第一章导言，论述了研究的背景、城乡居民主观幸福的相关实证研究、问题的提出与研究的假设、城乡居民主观幸福研究的意义、研究的方法与资料的获取。第二章主观幸福的概念、理论与影响因素，阐述了中西思想史上对幸福的理解、主观幸福的界定、主观幸福的理论解释、主观幸福的影响因素。第三章主观幸福的测量，分析了早期对幸福的测量、幸福的客体测量法及其局限、幸福的主体测量法及其可能性、幸福测量方法的发展趋势、本书采用的测量方法及问卷结构说明。第四章成都市城乡居民主观幸福现状，论述了中国城乡发展的巨大差异、城乡居民主观幸福得分差异及检验、影响城乡居民主观幸福各可能因素的差异及检验。第五章影响城乡居民主观幸福的共同环境，探讨了影响主观幸福的成都自然环境、成都人文环境、与改善民生相关的经济发展和城乡一体化建设。第六章影响城乡居民主观幸福的差异因素，对城乡居民总体生活满意度影响因素、城乡居民收入状况满意度影响因素、城乡居民居住条件满意度影响因素、城乡居民家庭生活满意度影响因素、城乡居民人际关系满意度影响因素、城乡居民闲暇活动满意度影响因素、城乡居民生活城市满意度影响因素进行了分析。第七章结论与讨论。

## 社会和谐决定论

龙斧　等著

社会科学文献出版社 2011 年 1 月出版　468 千字

针对当前中国社会与经济发展重大问题，该书从和谐社会视角，交叉运用历史和逻辑实证主义、计量分析、数理模型等现代社会科学方法，对影响中国发展模式、政策、方法及手段的许多相关理论与观点进行剖析。尤其在思想观和方法论上，该书科学剖析了那些打着“马克思主义中国化”、“社会主义特色化”旗号的非马克思主义、非社会主义理论观点（如上海指数模式、中国科学院中国现代化研究中心的和谐指标、市场经济决定论、发展与和谐线性因果论）。与此同时，该书在交叉科学方法框架下，把现代社会科学的多种理论与中国社会发展大量实践问题紧密结合，展开论证分析并提出了社会和谐决定理论。借此，著者既对那些否定社会主义建设史的历史机会主义、唯心主义观点所造成的影响正本清源，又展现了历史与辩证唯物主义方法论在探索今天中国社会发展重大相关理论时的科学威力，并示范了现代社会科学研究方法与唯物主义方法论的高度统一。

全书共分方法篇、理论篇两部分。在方法篇，论述了“社会和谐”的共性与特性内涵、“社会和谐”的西方化衡量、“社会和谐”的数理化衡量、经济利益关系作为最根南性决定变量、社会主导价值观、社会心理状态作为约束变量、政府功能定位、政府行为特征、政府运行效率效益、社会和谐的决定理论。在理论篇，论述了怎样科学确立社会发展理论的内涵、社会发展理论的币斗学性检验、理论建设中的形而上学、马克思主义与“和谐社会”的理论定位、西方社会科学与“和谐社会”的理论定位、中国传统文化与“和谐社会”的理论定位、论资市的社会和政治属性、论现代社会契约理论的唯心主义市质、评和谐社会的市场经济决定论、经济发展与社会和谐的非线性关系、经济发展与社会和谐的非线性关系、经济发展与社会和谐的非线性关系、经济发展与社会和谐的非线性关系、用对立统一规律看社会主要矛盾的政治经济学本质。

## 走向和谐经济：兼论 21 世纪制浆造纸业的革命

李潮旺　著

中国农业出版社 2011 年 2 月出版　208 千字

该书试图从理论与实践的结合上阐述和谐社会的经济基础——和谐经济，力求以“天地人合一”的科学发展观剖析和谐经济与自然经济、市场经济、计划经济以及循环经济的同和异，着力论述了人类在全球范围内应对来自自然、社会、人类自己向自己发起的一次比一次猛烈的灾难性挑战和难以掌控的空气、水源、土壤、食用农产品污染以及瘟疫、战乱、灾害等毁灭性灾难的挑战。作者苦十年心力，集亿元资金，与百千同仁一起潜心研究化解 21 世纪极可能出现的无地可种、无水可饮、无煤可烧等现代顽疾之策。三拜宗师，发明“自偶氧化清洁制浆工艺”和“农林纸一体化”良性生态循环经济产业链，敲开了和谐经济的理论大门；六次建厂，尝试植物纤维组分分离综合利用技术，可造房造衣、治沙治水、产菜产米，拓展了和谐经济的实践之路；九攻难关，探索科技创造新价值天地人协调发展的“生物地毯”、“羟基粮油再生法”、“光电氧综合反应器”、“甲基纤维素”等高新实用技术，奠定了和谐经济的财富根基。一个小小的“和谐新村”，就足以引领千百万想富、已富、正在发家致富的勤劳村民实现“人人是股东”的良好愿望；一项大大的“和谐工程”，怎能不牵动每一位读者尝尝“劳动既是享受，又能创造财富”

的莫大乐趣?!《走向和谐经济:兼论21世纪制浆造纸业的革命》共分四部分:一、理论篇。对和谐经济的雏形做了抛砖引玉的剖析,重点阐述了在和谐社会指导下的和谐经济和在和谐经济基础上的和谐社会是人类实现世界大同的必由之路;凭借艰辛的实践和稍纵即逝的灵感悟出了“世界的本原”,从而为彻底战胜唯心主义提供了科学依据;对和谐经济时期的生产力与生产关系的内涵做了深入探讨和阐述,尤其是把“科技成果”作为主要生产资料并直接参与分配从而形成全新的和谐社会生产关系,在哲学、经济学领域具有重大理论突破。二、实践篇。以作者的亲力亲为揭示了和谐经济在其发展历程中的种种不和谐音符和人类发展轨迹。特别强调经济发展与生态环境之间的尖锐矛盾,发出:“水体污染,鱼虾虽死,人尚能活;空气污染,万物灭绝,人还能活到几时”的警示。三、产业篇。从不同侧面描绘了和谐经济通天彻地、呼风唤雨、点石成金的巨大能量和繁荣富足、幸福美满的愿景;重点剖析了以“自偶氧化清洁制浆工艺”为基础实现荒山绿化、治沙治水、治理污染、富厂富民的典型范例。四、技术篇。通过对“自偶氧化清洁制浆工艺”、设备、成本、效益的描述,展现一幅人类认识自然、改造自然、利用自然并与自然和谐发展的现实性、可操作性和控制空气、水源、土壤、食用农产品污染以及变废为宝、修旧利废、发家致富、创造财富的方法、技巧与诀窍。该书寓理论于纪实中,融数据于文学里,亦实亦虚,既是发聋振聩的呐喊,又是循循善诱的解疑;既像涤污荡垢的檄文,又似启蒙开智的课本,令人一览为快。

## 社会主义和谐社会视域下政府信用问题的伦理审视

周文翠　著

中国社会科学出版社2011年3月出版　193千字

该书以社会主义和谐社会为背景,较为系统地从伦理学视角研究分析了中国的政府信用问题,揭示了中国政府信用建设中一些带有规律性的问题,提出了一些对策性建议,对构建社会主义和谐社会将有积极作用,也为从事这方面研究的读者提供了一些参考资料。

政府信用问题涉及政治学、经济学、社会学、法学等众多领域,伦理学是这其中基础的、而又容易受到忽视的一个维度。该书正是从伦理的视角切入,力图在发挥中国传统文化中德性传统优势的同时,借鉴国外政府信用建设中伦理立法等合理因素,从制度伦理、组织伦理和行政人道德三个维度,探寻提升政府信用、促进社会和谐的具体路径。

该书所做的理论分析有着独到的见解,对于提升政府信用、促进社会和谐建设的“三维立体网络”的构建,提高政府能力、克服信任危机、提升政府形象、促进社会和谐,有着十分重要的实践价值。

全书共分六章。第一章社会主义和谐社会的特征及对政府信用的伦理要求,论述了社会主义和谐社会的特征及伦理属性、政府信用的特点及对和谐社会的伦理价值、社会主义和谐社会对政府信用的伦理要求。第二章社会主义和谐社会构建中政府信用的伦理困境,讨论了政府制度信用失范破坏社会公正与秩序、政府组织信用失范有碍政府自身及其与社会的和谐、行政人信用失范影响人际和谐。第三章政府信用伦理困境的原因解析,探讨了制度的合理性、科学性不够,政府组织的公共性不足及理念缺陷，行政人的道德异化。第四章制度伦理：提升政府制度信用促进社会和谐的宏观维度，讨论了制度伦理及其对政府制度信用伦理困境的回应、以制度公正协调利益关系促进社会和谐、以伦理立法引导道德行为促进社会和谐。第五章组织伦理：提升政府组织信用促进社会和谐的中观维度，探讨了组织伦理及其对政府组织信用的提升、以行政价值观的正位促进社会和谐、以政府职能与行为的规范促进社会和谐。第六章行政人道德：提升行政人信用促进社会和谐的微观维度，论述了行政人道德的信用建设作用及培育机制、养成伦理自主性，促进行政人的外在和谐、重塑行政人格，促进行政人的内在和谐。

## 等级本分补偿：中国传统和谐政治思想和治国方略研究

黄义英　著

中国社会科学出版社 2011 年 3 月出版　256 千字

该书为国家社会科学基金项目研究成果，它是在前人研究的基础上，尝试从新的分析角度和理论高度回答如下三个问题：第一，中国传统和谐政治思想和治国方略的各种命题与主张之间是否存在着某种结构上的关联？如果存在，则这种关联究竟是什么？第二，中国传统和谐政治思想和治国方略与历史上一治一乱现象的关系是什么？第三，如果上述问题得到肯定的回答，那么传统和谐政治思想和治国方略中蕴含的经验教训能够给社会主义和谐社会建设以怎样的启示？

该书认为中国古代的治理模式，可以概括为"等级、本分、补偿"模式，即将人们分别纳入不同的等级结构中，赋予不同等级身份的人以不同的要求，确保人们恪守本分，同时对各个等级的人们因恪守本分而暂时得不到满足的物质或者精神方面的利益给予相对合理的补偿，以调节等级之间的紧张关系。"等级、本分、补偿"是中国传统和谐政治思想和治国基本方略的基本取向、基本内容、基本思路，是今天的人们理解传统社会一治一乱现象的一把钥匙。

## 中国传统法律文化与和谐社会研究

崔永东　著

人民出版社 2011 年 3 月出版　187 千字

该书着眼于"中国传统法律文化"与"和谐社会"，运用法律思想与法律制度结合、传世文献与出土文献结合、古今结合与中西比较的方法，展开专题性的深入探讨，不仅力图探索法律制度（法典）背后的观念基础，揭示中国传统法律文化对今天构建和谐社会所能发挥的积极作用，而且将中国传统法律文化置于异质文化（如西方文化）的背景下，通过比较的视角观察不同文化对和谐理念的表达，以启发我们对和谐理念的多维思考。作者认为儒家追求社会和谐，道家与法家也追求社会和谐；封建时代的立法、司法、治国方略及犯罪防治策略都在一定程度上体现了和谐价值观；传统和谐价值观对今天的诉讼法制改革与法制建设仍能发挥积极作用。

主要内容有：道家与法家法律思想中的和谐精神，中国传统法律思想中的和谐精神，先秦儒家治国之道中的和谐精神，汉简《二年律令》与《唐律》中的和谐理念，中西方法律传统与现代和谐社会，中国传统犯罪防治策略与和谐社会，中国司法传统对构建现代和谐社会的借鉴，和谐文化视野中的道德与法律、德治与法治，中国传统司法思想中的人道价值与和谐精神，简帛中的司法思想及其反映的和谐精神，中国古代司法制度中的人道性因素与和谐精神，中国传统监狱文化中的道德理念与和谐精神，传统和谐价值观与现代行政诉讼法改革，传统和谐价值观与现代刑诉价值观的更新。

## 中国和平发展与构建和谐世界研究

李景治　等编著

中国人民大学出版社 2011 年 3 月出版　384 千字

该书是“国家哲学社会科学成果文库”中的一本。为充分发挥哲学社会科学研究优秀成果和优秀人才的示范带动作用，促进我国哲学社会科学繁荣发展，全国哲学社会科学规划领导小组决定自 2010 年始，设立《国家哲学社会科学成果文库》，每年评审一次。入选成果经过了同行专家严格评审，代表当前相关领域学术研究的前沿水平，体现我国哲学社会科学界的学术创造力，按照“统一标识、统一封面、统一版式、统一标准”的总体要求组织出版。

全书分九章。导论，和平发展道路与和谐世界理念的提出、和平发展道路与和谐世界理念的主要内涵与研究意义、现有主要研究成果的梳理及评析。第一章大国崛起模式的比较，大国崛起的模式：近代大国争霸的历史启示，大国崛起的模式：和平发展道路的早期探索，中国和平发展道路的特点。第二章中国和平发展与国际秩序，国际秩序为中国和平发展道路提供的机遇，现行国际秩序对中国和平发展的制约，中国和平发展有利于公正合理国际新秩序的建立。第三章中国禾口平发展与世界安全，中国和平发展面临的安全问题，中国和平发展应对各种安全挑战的举措，中国和平发展有利于世界安全。第四章中国和平发展与经济全球化进程，经济全球化为中国和平发展创造有利的国际环境，中国和平发展推动国际经济新秩序的建立，中国和平发展进程中的国际经济摩擦与问题。第五章中国和平发展与全球资源环境，全球资源环境压力与中国面临的资源环境形势，资源环境问题对中国和平发展的影响，中国克服资源环境瓶颈的途径及意义。第六章中国和平发展与中国外交关系，加强与相关国家的战略互信，谋求对历史遗留问题的理性解决，增强中国外交的软实力。第七章中国和平发展与两岸关系，两岸关系问题：中国和平发展的必解之题，两岸关系和平发展：顺应时势的必然选择，国际视野下的两岸关系和平发展。第八章中国和平发展的国际战略，中国国际战略的基本思路，中国国际战略的基本特征，国国际战略面临的挑战。第九章坚持和平发展与推动建设和谐世界，中国和平崛起是历史发展的必然趋势，和谐世界是中国和平发展的合理期待，中国坚持和平发展道路有利于建设和谐世界，中国和平发展的主要经验。

## 社会和谐与边疆稳定

鲁刚　等著

中国社会科学出版社 2011 年 3 月出版　406 千字

该书是国家社科基金项目〈边疆民族地区构建社会主义和谐社会进程中的社会稳定问题调查研究——以云南为例〉（立项号 05BSH034），结项号 20070415）的最终成果。该书以云南边境沿线地区作为主要空间范畴，对现阶段边疆民族地区的社会稳定问题展开了调查研究，分别从区域国际地缘环境、民族关系和民族团结、突出社会问题、民族宗教四个方面，深入探讨了云南边疆民族地区尤其是边境沿线地带，在新形势下维护社会和谐稳定的各种有利因素和存在的主要问题及隐患，并提出相应的对策和建议。

## 经济和谐理论研究

李松龄　著

湖南大学出版社 2011 年 3 月出版　363 千字

该书依据马克思主义经济学的基本原理及其创新成果，深刻揭示生产关系、分配关系、交换关系和消费关系的理论内涵，着力分析生产资料所有制形式对经济和谐所起的决定性作用，以及法律法规的健全程度、市场的完善和均衡程度对经济和谐的作用机理，探讨了提高经济和谐程度的政策建议和制度安排，说明了我国坚持以公有制为主体、多种经济成分共同发展的基本经济制度的必要性。同时，也对社会主义新农村建设的理论与实践问题进行了初步的分析和研究。

全书共分五篇：生产和谐编；分配和谐编；交换和谐编；消费和谐编；新农村建设编。

## 从盲流到产业工人：农民工问题与和谐社会建设研究

马雪松　著

江西人民出版社 2011 年 3 月出版　305 千字

该书首先对农村劳动力转移的历史进行了回顾，这一回顾使我们能更清晰地掌握我国农村劳动力转移的历史脉络；接着，分析了了“农民工”形成的原因和条件、农民工的主要特征、农民工的历史贡献、农民工进城后的主要社会问题及问题的成因、农民工融入城市的主要障碍；通过分析，得出“不完全城市化”是造成目前农民工问题的主要原因。最后，用三章的篇幅讨论了解决农民工问题与和谐社会建设的制度创新问题；主要包括：一、加快户籍制度改革，彻底消除农民工融入城市的身份障碍；二、为进城农民放弃农地作出制度安排；三、制度创新应遵循的原则；四、编制城镇体系规划，促进区域和谐发展；五、加快建立具有农民工特色的社会保障制度；六、加快住房制度改革，多渠道、多种形式解决农民工住房问题；七、加快建立城乡平等的就业制度，营造有利于农民工参与公平竞争的就业环境；八、加快解决农民工子女义务教育问题；九、采取有效措施，加强对农民工合法权益的保护；十、赋予农民工在城市政治生活中应有的权力和地位；十一、重视和加快进城农民工的再社会化进程；十二、创建和谐社会评价指标体系等。

## 建设和谐内蒙古的环境道德保障体系研究

魏智勇　著

中国环境科学出版社 2011 年 4 月出版　200 千字

该书主要是著者在其承担的国家社会科学基金项目“内蒙古全面建设和谐社会的环境道德保障体系研究”（批准号 07BSH037）基础上完成的一项研究成果。内容包括：环境道德保障体系的基本内涵及特点、环境道德保障体系与和谐内蒙古的效应关系、中国古代环境道德思想及保障体系对建设和谐内蒙古的启示、蒙古族传统文化中环境道德思想及保障体系对建设和谐内蒙古的启示、内蒙古环境道德现状、突出问题及建议、构建内蒙古环境道德保障体系的目标及实施途径、构建内蒙古环境道德保障体系的制度保障、内蒙古环境道德保障体系建设案例分析。

著者作为内蒙古地区一位从事环境与可持续发展教育的高校科研人员，以敏锐的科研意识和高度的工作责任感，基于内蒙古生态环境不断恶化的现实，从构建环境道德保障体系入手，进行了深入的思考和研究。在认真研究国内外环境道德建设的基础上，运用了文献、调查、评估和案例分析等方法，探讨了内蒙古区域生态环境特点及突出问题，分析了环境道德保障体系与和谐内蒙古的效应关系，构建了内蒙古建立具有区域特色的环境道德保障体系的理论框架和实践模式，提出了加强环境道德建设的对策建议和评价体系。毫无疑问，这一研究成果不仅为内蒙古自治区可持续发展的环境道德保障体系的建立提供了现实的指导意义，而且对加快内蒙古自治区建设人与自然友好相处的和谐社会的工作进程，也将发挥重要的促进作用。

## 劳动关系：社会和谐发展的风向标

谭泓　著

人民出版社 2011 年 4 月出版　320 千字

该书是国家社会科基金青年项目资助项目，并获山东省邓小平理论研究中心资助。主要内容：劳动最重要的社会现象，是社会存在和发展的前提。劳动关系是社会经济生活中最基本、最重要的关系，劳动关系问题涉及每个劳动者的切身利益，也涉及企业的稳定与发展。在现代社会中，劳动关系的和谐稳定是和谐社会发展的最根本的基础和前提。构建和谐劳动关系，对于保证整个社会的和谐稳定、对于调动广大职工群众参与社会主义和谐社会建设，对于提高企业的竞争力并促进社会经济的可持续发展，都具有十分重要的意义。

## 智能空间：人类与自然和谐共处的新范式

余涛　余彬　著

浙江工商大学出版社 2011 年 5 月出版　510 千字

该书从人类对空间的探索和理解、智能空间的计算基础、智能空间的重要框架等角度来论述智能空间，提出基于智能空间建立人类与自然和谐共处新范式的理念。智能空间时代不仅是云计算、物联网、智慧地球的时代，而且是对地球进数字化重构——堪称第二次地理大发现的时代，更是一个信息无所不在、计算无所不在、服务无所不在的“U”时代！

全书共分三篇九章，主要内容为：第一篇智能空间，第 1 章古代对空间的理解，包括以自我为中心的空间认知、天圆地方与盖天说、地圆观念与浑天说；第 2 章第一次地理大发现，探讨了第一次地理大发现的背景、第一次地理大发现的重大事件、第一次地理大发现的主要影响；第 3 章第二次地理大发现，讨论了第二次地理大发现的背景、第二次地理大发现的主要特点（利用空间平台进行数字式全球探索、利用信息技术对地球进行数字化重构、对全球信息和知识资源的优化配置）、第二次地理大发现的主要影响（强化重视国家信息主权，争夺制信息权”成为全球战略新的制高点、基于信息霸权”建立国际政治新秩序、改变人类对地球空间的认识——从物理地球空间向数字地球空间转变、促进科学技术全面进步、改变了世界人口智力的空间分布数字地球：21 世纪认识地球的方式）；第 4 章当代对空间的理解，综述：近现代对空间的认知、智能空间、物联网、智能尘埃、增强现实、赛博空间。第二篇智能空间的计算基础，第 5 章计算的本质，讨论了计算的本质、计算模式的演变；第 6 章普适计算，说明了普适计算的起源、不可见:消失的计算机、嵌入性:嵌入式智能、自然交互:随时随地的服务、电子神经网络、面向服务的架构;第7章情境感知,讨论了情境与情境感知、情境信息的获取、情境信息的处理、情境信息的建模、情境信息的推理、情境感知系统。第三篇智能空间的重要框架:地理空间智能,第8章地理空间信息与地理空间智能,讨论了地理空间信息、地理空间智能;第9章地理空间智能应用:位置服务,论述了位置服务现状分析、基于无线局域网的位置服务、位置服务的隐私安全问题。结束语:云计算来临之后:从"e-战略"到"u-战略"。

## 和谐社会语境下的老龄问题研究

郅玉玲 著

浙江大学出版社 2011年5月出版 300千字

该书共八章。第一章人口老龄化:当代社会发展的重要挑战因素,讨论了人口老龄化的全球发展趋势、人口老龄化成为社会发展的重要挑战因素、应对人口老龄化挑战有赖于正确的理念先导、我国人口老龄化的发展状况及应对策略。第二章老年福利与老年服务的国际经验,探讨了发达国家的老年福利政策、老年服务方面的国际经验、发达国家的老年福利与老年服务对我国的启示。第三章探析养老模式:中国的路径选择,探讨了相关概念的理论阐释和政策解析、中国居家养老服务的实践探索、居家养老服务中存在的问题及对策。第四章城镇社区老年服务,城镇社区老年服务需求分析、当代信息技术发展对社区老年服务的影响、发展未来城镇社区老年服务的对策构想、社区老年服务评估指标体系的建构。第五章农村老年人状况及其养老,探讨了江南三镇农村老年人的生活状况、农村老年人养老支持力的实证研究、农村老年人物质生活质量的性别差异、从社会性别视角看农村老年贫困问题。第六章老年人的社会支持,对老年妇女的社会支持系统、高龄老人的社会支持系统、老年人家庭代际互助关系进行了分析研究。第七章老龄问题与老年发展,关注老龄问题、推动社区志愿服务、建构老年人生活质量评估体系。第八章老年社会工作理论与实务,探讨了老年社会工作概述、老年社会工作的基础理论、老年社会工作教育及其本土化实践、老年社会工作实务运用。

## 和谐社会的实践内涵与中国知识分子问题

赵睿 著

中国书籍出版社 2011年7月出版 256千字

该书是当代中国学术文库之一。内容简介:知识分子问题是中国现代化进程中的一个重要而复杂的问题。对知识分子问题进行新的思考和更深入的研究,不仅是该问题得以重新审视的客观需要,而且对于推进社会主义和谐社会的建设具有重要的现实意义。该书主要以社会主义和谐社会的实践内涵作为思考的主要切入点,从主体、关系、文化、过程这四个方面来论述知识分子问题,同时将其放在历史的视野之中,以时间为经线,以知识分子政策、文艺理论等为纬线来探究其变迁和发展。

## 和谐文化的溯源与辨析

杨倩 著

世界知识出版社 2011年7月出版 198千字

近年来,随着构建和谐社会、建设和谐文化的战略任务相继提出,有关这方面的著述也日渐丰富。由于"和谐文化"的界定本身还没有一个确定的、统一的、公认的版本,给这个领域留出了很大的研究空间。学者们角度各异地提出了许多颇有见地的理论观点，该书围绕"和谐文化"展开的阐述就是其中有益的尝试之一。该书对"和谐文化"的理论渊源作了较为详尽梳理，并以马克思主义和谐观为发力点，对其中的一些争论焦点作了必要的甄别分析。

该书主要内容包括：导论，"和谐文化"何以盛行、"和谐文化"从何而来、"和谐文化"路在何方。1. 中国传统文化孕育的和谐理念，中国古代先秦时期和谐理念的发端、中国古代秦汉时期和谐理念的糅合、中国古代宋明时期和谐理念的分流。2. 西方哲学思维透视的和谐理念，西方文明奠基时期和谐理念的源流、古希腊先哲的和谐理念、中世纪神学的和谐理念、文艺复兴的和谐理念；西方文明崛起时期和谐理念的转向，科技进步的和谐理念、启蒙学者的和谐理念、古典终结的和谐理念；西方文明定格时期和谐理念的追寻，空想社会的和谐理念、人本向度的和谐理念、文明批判的和谐理念、发展危机的和谐理念、后现代思潮的和谐理念。3. 中西和谐观的异同比较，中西和谐观的共通之处，音和数的比例和谐、杂多与对立的起源和谐。4. 和谐文化建设的理论超越。5. 和谐文化建设的历史方位。6. 和谐文化建设的发展逻辑。

## 和谐世界与东亚和谐

刘昌黎　著

东北财经大学出版社有限责任公司

2011 年 7 月出版　239 千字

该书认为，"和谐世界"理念内容丰富自成体系，继承传统反映现实，立足中国观照全球。"建设和谐世界"的核心是"和谐共处"。它不仅要求维护和平，实现"和平共处"，而且要超越和平，促进和睦、合作和共同繁荣，实现"和谐共处"。全书共分五章：第一章和平崛起思想与和谐社会建设，包括：和平崛起思想的形成及其意义、和谐社会的思想、和谐社会建设、构建和谐社会的新思考——"服"与实现"服"的途径。第二章和谐世界理论与和谐世界建设，包括：和谐世界的提出及意义、和谐世界的主要标志与主要障碍。第三章中国推进和谐世界建设的实践，包括：推进世界和平发展的实践、推进世界和平的实践、推动国际新秩序建设等方面的实践。第四章东亚和谐与中日和谐，包括：建设和谐地区及其意义、东亚和谐与中日和谐、中日关系的发展、中日和谐的基本途径。第五章东亚共同体与东亚和谐，包括欧盟与欧洲和谐、东盟与东南亚和谐、东亚和谐的新途径——东亚共同体、日本政府对东亚共同体的新姿态与"鸠山构想"、中日合作共同推进东亚共同体。

## 和谐组织研究

凌文辁　著

科学出版社 2011 年 7 月出版　360 千字

该书分为组织和谐篇、组织沉默篇、组织冲突篇和总结篇，共 22 章。组织和谐篇以实证的研究方法探讨了和谐组织的内容结构、影响效果及其作用机制。第 1 章导论，讨论了"和谐组织"的思想起源、和谐组织的研究意义与目标。第 2 章西方和谐思想辨析，论述了柏拉图的理想国、西方空想社会主义的和谐社会、马克思主义与和谐社会。第 3 章中国传统思想与和谐，论述了儒家思想与"和谐"、道家思想与"和谐"、墨子"兼爱非攻"的和谐思想、法家思想与"和谐"、中国近代空想社会主义思潮与"和谐"。第 4 章和谐组织内容结构之实证解析，进行了研究设计、问卷的研制、和谐组织内容结构模型的建构、和谐组织内容结构模型的验证、和谐组织问卷的信度和效度检验、中国内地与台湾地区和谐组织内容结构比较。第 5 章和谐组织对员工态度行为的影响,研究目的与假设、效果变量猜测量工具的质量分析、结果。第6章组织认同对和谐组织影响效果的中介作用,组织认同的概念、研究方法、研究结果。第7章cpm领导行为模式的中介效应,讨论了领导与和谐组织、cpm领导模式在和谐管理中的动力学、c因素在和谐组织与员工态度行为之间的中介作用、p因素在和谐组织与员工态度行为变量之间的中介作用、m因素在和谐组织与员工态度行为变量之间的中介作用、cpm领导行为模式对和谐组织效能的中介效应小结。第8章易经与和谐组织理论,和谐组织理论与中国哲学思维、易经与八卦、邵雍的“先天图”及“宇宙观”、“和谐组织”的八维度结构与易经八卦系统的比对。第9章和谐组织的“太极动力学”,“太极”的含义、太极的基本模型:太极图、“太极动力学”微妙法则、“和谐组织生成图”与“太极动力学图”说。

组织沉默篇揭示了组织中员工为什么会沉默的动机和行为表现,并对员工沉默的类型及其对员工态度行为的影响进行解析。第10章组织沉默概论,讨论了研究背景、组织沉默的定义与形成的原因、组织沉默的影响机制、组织沉默的影响性质。第11章组织沉默的内容结构探讨,进行了问卷研制、组织沉默内容结构模型建构、组织沉默内容结构模型的验证、组织沉默问卷的信度、效度检验。第12章组织沉默对员工态度行为的影响研究,效果变量测量工具的质量分析、组织沉默对效果变量的影响。第13章组织沉默对员工态度行为的影响机制之一——中介效应探讨,探讨了中介变量问卷的质量分析、管信任的中介作用、主管支持的中介作用、感情承诺的中介作用、中介作用之小结。第14章组织沉默对员工态度行为的影响机制之二——调节效应探讨,讨论了理论依据与工具的质量分析、主管品德的调节作用、主管人际能力的调节作用、组织气氛的调节作用、调节作用小结。第15章员工组织沉默行为表现结构的探讨,组织沉默行为表现结构的预研究、组织沉默行为表现内容结构模型建构、员工组织沉默原因维度与行为表现维度之间的关系分析。

组织冲突篇针对组织中不同人际关系,解析了关系双方的冲突处理方式及其效果。第16章组织冲突概论,研究背景、组织冲突概论。第17章人际冲突处理方式结构模型探讨,进行了问卷研制、人际冲突处理方式内容结构模型建构、人际冲突处理方式内容结构模型验证、关于人际冲突处理方式的内容结构小结。第18章人际冲突处理方式的影响效果研究,讨论了测量工具的质量检验、人际冲突处理方式对效果变量的影响。第19章中介变量的作用,论述了中介变量问卷的质量分析、主管支持感的中介作用、感情承诺的中介作用、中介变量小结。第20章调节变量的影响作用,调节变量问卷的质量分析、主管品德的调节作用、主管信任的调节作用、人际信任的调节作用、调节作用小结。

总结篇是对上述三项研究结果的精炼和讨论。第21章组织中的沉默与冲突,员工沉默与组织和谐、组织中的人际冲突。第22章组织和谐论,本书的主要结论、本书成果对管理的启示、本书的社会价值。读者从该篇能看到对研究成果的本土化的理论概括。

## 科技富民强县与中国和谐发展

申茂向　等著

社会科学文献出版社2011年7月出版　573千字

县(市)是国家行政体制的基本单元,是构建社会主义和谐社会的基础,而县域经济的发展必须依靠科技的支撑。该书以“科技富民强县”为指引,对县(市)经济社会发展和科技发展的一系列理论与实践问题进行了研究和总结,提出了推动城乡统筹发展、加快农业产业化合新型工业化、推动产业升级、培育新的经济增长点的政策建议，并对县(市)科技工作的基本导向、重点和工程实施方案进行了探讨。该书共六章节，主要内容为调查研究摸清家底，理清思路提出对策，承前启后鼓舞人心，试点示范引导发展等。

## 从和谐中国到和谐世界

闫立金　著

五洲传播出版社 2011 年 8 月出版　187 千字

该书共五章。第一章：和谐理念的历史渊源及现代价值，论述了“八音克谐”——和谐的理念与传统；“保合太和乃利贞”——《周易》和谐论；“德莫大于和”——儒家和谐论；“天和”、“人和”、“心和”——道家和谐论；“和合故而能谐”——墨、法及《管子》和谐观；“和也者，天下之达道也”——和谐是中国传统文化的核心；“什么最美好？和谐！”——西方和谐观的发展；“民主法治、公平正义、诚信友爱、充满活力、安定有序、人与自然和谐相处”——当代中国和谐理论。第二章：和谐理论的体系及思考，“君子以厚德载物”——对人与人关系和谐的思考；“每个人的自由发展是一切人自由发展的条件”——对人与社会和谐相处的思考；“独与天地精神往来，而不敖倪于万物”——对人与自然和谐的思考；“君子坦荡荡，小人长戚戚”——对心理和谐的思考。第三章：和谐创造了中国辉煌的历史文明，“唯天为大，唯尧则之”——尧帝和谐实践与中华民族的兴起；“政之所行，在顺民心”——管仲的和谐实践与齐国的“富民”崛起；“凡事皆须务本，国以人为本”——对“贞观之治”和谐盛世特征的剖解；“三教虽殊，同归于善”——中国宗教的和谐共处与共创和谐；“柔远人，则四方归之”——从“和亲”看中国民族关系和谐的实践。第四章：和谐发展是中华民族伟大复兴的最强声，“凡治国之道，必先富民”——改革开放三十年带来的社会和谐发展；“民亦劳止，汔可小康。惠此中国，以绥四方”——在小康社会建设中走向和谐的复兴之路；“为生民立命，为万世开太平”——和谐、民主、稳定、发展的思辨；中国经济最活跃的因素——中国电子信息产业的快速发展；“君子和而不流，强哉矫”——中国电子企业家构建和谐的历史使命。第五章：“和谐世界”——世界发展的大趋势，“圣人能以天下为一家”——中国古代天下观及国际和谐秩序；“不战而屈人之兵，善之善者也”——从孙子兵法看战争与和谐；“视人之国，若视其国”——从墨子的“非攻”看科技抑战思想；“仇必和而解”——从春秋会盟看和解是解决争端的最佳方式；“协和万邦”——“和谐世界”的理念及内涵；“四海之内皆兄弟”——“和谐世界”是中国对外交往与合作的核心理念；“天下同归而殊途，一致而百虑”——和谐：世界发展大趋势。

## 经济生活世界的意义追问：经济正义与和谐社会的构建

毛勒堂　著

人民出版社 2011 年 8 月出版　385 千字

该书是国家社会科学基金项目。经济正义是对经济生活世界中人们的经济方式和经济关系所进行的正义追问和价值检审，指在经济效率和社会正义的辩证张力中，历史地诉求人的自由发展和人民的幸福。然而，经济正义在某种程度上的缺失，使得现代社会普遍遭遇人际关系失衡、人际关系紧张以及人与自我生命疏离的存强境遇。该书正是基于这一存在情势，立足马克思经济哲学的理论视野，借助哲学、经济学、伦理学、政治学和社会学等学科的基本原理，对经济正义课题作了跨学科的综合性专题研究，初步确立了对“经济正义”的经济哲学阐释定向和解释框架。在此基础上，对经济正义思想作了历史的梳理，对经济活动正义作了深入的阐释，对经济制度正义进行了哲学的反思，对全球经济正义进行了深刻的批判，对代际经济正义展开了批判性的探讨。同时，结合当代中国的深刻实践，对经济正义在实践中所面临的难题及其应对方案，进行了探索性思考，并深刻揭示了经济正义与构建社会主义和谐社会之间的辩证张力关系，为当代中国的科学发展提供了必要的思想支援和价值支持。

## 农民契约意识与和谐社会研究

张振国　等著

中国检察出版社 2011 年 9 月出版　441 千字

该书是“经贸法学论丛”之一，全书分为中国传统契约意识；长三角农民契约意识调查；环渤海农民契约意识调查；西部农民契约意识调查；现代农民契约意识与社会和谐等内容。

主要内容：绪论，讨论了人治、法治与民主；遵守法律：和谐社会的内在基础；遵守法律与信守契约；研究现状、方法及意义。第一章中国传统契约意识，论述了传统公共契约意识、传统民间契约意识。第二章长三角农民契约意识调查，进行了浙江农民契约意识调查、江苏农民契约意识调查。第三章环渤海农民契约意识调查，进行了辽宁农民契约意识调查；天津农民契约意识调查。第四章长江中游省份农民契约意识调查，进行了四川农民契约意识调查；湖北农民契约意识调查；安徽农民契约意识调查。第五章西部农民契约意识调查，进行了山西农民契约意识调查、陕西农民契约意识调查。第六章现代农民契约意识与社会和谐，论述了长三角农民契约意识与社会和谐、长三角地区农民宪法意识与社会和谐、长三角地区农民行政法意识与社会和谐、长三角地区农民民法意识与社会和谐、长三角地区农民刑法意识与社会和谐；环渤海农民契约意识与社会和谐，讨论了河北省农民契约意识与社会和谐、辽宁省农民契约意识与社会和谐、天津农民契约意识与社会和谐；长江中游省份农民和西部农民契约意识比较与社会和谐，讨论了四川省农民工和陕西省农民工契约意识比较分析与社会和谐、长江流域农民和西部农民诚信意识比较分析与社会和谐、长江流域农民和西部农民调解意识比较分析与社会和谐；现代农民契约意识与社会和谐；中西契约意识之比较。

## 和谐经济论

杨仲杰　著

中国轻工业出版社 2011 年 9 月出版　330 千字

从亚当·斯密建立系统的经济学开始。经济学经过了分化、细化。一方面，形成了微观经济学和宏观经济学的分立，在此基础上形成了庞杂的部门经济学等学科，另一方面，又形成了所谓西方经济学与马克思主义政治经济学的对立，秉承西方主流经济学传统的计量经济学在应用数学方面达到极致。“制造”了不少诺贝尔经济学奖得主，使得学术论文达到如没有数学模型就不能发表的程度。2008 年金融危机暴露了形式经济学的严重局限性，经济学必须正视和深入研究影响经济和谐运行的所有因素，由杨仲杰编著的《和谐经济论》是作者在这方面的一种努力。

该书共分八章：和谐思想与和谐经济系统、和谐生产、和谐分配、和谐交换、和谐消费、和谐经济、中国经济的和谐问题、经济与经济环境和谐、和谐经济测度。

## 中国式人力资源管理:和谐人本管理

曾庆学　著

中国物资出版社 2011 年 9 月出版　412 千字

该书共分九章。第一章中国式管理,阐述了中国式管理的提出、中国式管理思维、中国式管理与西方式管理的区别与联系、中国式管理成功案例。第二章中国式人力资源管理,论述了服务利润链与企业的使命、人力资源管理的使命与中国式人力资源管理、人力资源管理 SP 模式、中国式人力资源管理 5P 模式、中国式人力资源管理与西方式人力资源管理的融合、中国式人力资源管理成功案例。第三章中国式组织与人才体系,讨论了现代企业以事为本的组织管理、中国式以人为本的组织管理、以人为本的无边界组织——和谐的组织、中国式人才观、中国式人才大厦体系构建、中国式领导。第四章中国式人才招聘,论述了选人比培养人更重要、中国式人才标准的确立、如何识别人才的"德"与"才"、中国式人才之道、招聘的六字真经、甄选人才的程序。第五章中国式人才开发与教育培训,讨论了关于人才开发与教育培养、培训的现状和误区、企业本质:两大"工厂"、企业教育培训开发系统、中国式教育培训系统建设。第六章中国式激励,讨论了激励理论回顾、中国式激励:以人为本,志同道合、中西方激励方法比较、中国式薪酬激励、中国式奖惩制度设计。第七章中国式绩效管理,阐释了绩效的基本概念、传统绩效方法回顾、常见绩效管理的误区、中国式绩效管理、中国式绩效管理的基本流程、中国式绩效管理的实施与评价。第八章中国式企业文化建设,讨论了企业文化概述、中西方企业文化差别、企业文化的创建、中国式企业文化创建。第九章中国式人力资源管理的实施,讨论了麦立金 M 管理体系背景、M 管理体系构成、通过 M 管理有效实施中国式人力资源管理。

## 宽容:和谐一生的秘诀

程知远　编著

外文出版社 2011 年 9 月出版　200 千字

宽容能成就伟大,宽容是自我思想品质的一种进步,也是自身修养、处世素质与处世方式的一种进步。该书从以下八个方面阐述了宽容的内涵:宽容就是要胸怀博大、宽容就是要善待自己、宽容就是要谦忍退让、宽容就是要学会忘却、宽容就是要为对方着想、宽容就是要以情管人、宽容要从心开始、宽容也要有原则。

宽容,是一股无形的感召力和凝聚力,是人格魅力光环中最最闪耀的一束光芒。它往往折射出处世的经验,待人的艺术,良好的涵养。宽容是一种难求的美德,它能驱散生活中的痛苦和眼泪;宽容是一种博大的胸怀,它能包容人世间的喜怒哀乐。

宽容不是浅薄的玩世不恭、看破红尘,更不是无原则的宽大无边,而是建立在自信、助人和有益于社会基础上的适度宽大,必须遵循法制和道德规范。宽容不是对假、丑、恶的投降和妥协,而是对他们的包容和吸收,对于绝大多数可以教育好的人,宜采取宽恕和约束相结合的方法:而对那些蛮横无理和屡教不改的人,则不应手软。

## 和谐世界理论基础探析:全球治理和目标建构的新范式

周树春　著

中国社会科学出版社 2011 年 9 月出版　380 千字

该书在概括基本内容并提出核心问题的基

础上，着重从思想资源和理论基础、历史条件和物质基础、规制建设和观念基础三个方面，对“和谐世界”主张进行理论化探讨，努力揭示“和谐世界”理念作为一种新的文明范式所蕴涵的关于世界发展趋势的规律性认识，尝试为推广这一重大思想丰富科学依据。

## 程序控权与社会和谐

赵宝华　著

人民出版社 2011 年 10 月出版　240 千字

该书共分四个部分：第一部分引出构建和谐社会的根本问题。通过对和谐社会基本要素的考查，揭示其根本问题乃是实现掌握公权力的政府同人民群众之间的和谐，进而论述只有建立起民本位的社会秩序，真正的干群和谐、特别是社会和谐才能实现。第二部分在宏观上讨论只有权力分工才能实现控权。通过对古今中外国家权力承继的经验教训，揭示了只有对国家权力进行分工并自守边界，才能实现国家权力的自我控制、规范运行。第三部分从微观上讨论控制国家行政权力的各种手段。通过对传统的及现代的控权方式进行比较、考察和评判，揭示了行政权力善治的实现应当是在有所为有所不为的前提下，综合各种手段进行控制行政权力，特别突出法律控权作为首要手段。第四部分提出在法律控权的问题上，现代社会应当突出以程序法治来控制权力。通过对法律控权中，实体法和程序法各自价值的比较分析，特别重视事中的程序控制，通过行政主体自觉以程序法规范自己的行政行为，才能有助于全面提升政府的公信力，建立和谐社会。

该书从构建和谐社会必须摈弃官本位、建立民本位的立场出发，纵向阐述了人类有史以来控制国家权力的经验教训，同时横向分析了控权的各种手段。作者认为，无论是立法控权、道德控权，还是舆论控权，都是实体控权；实际上，控制权力运行还有程序控权这一重要手段。对立法行为的法律规制、对诉讼行为的法律规制、对行政行为的法律规制都体现了程序控权。与立法和司法手段等外在的控权不同，行政程序控权旨在发挥立法、司法控权的优点的同时，着重行政主体自身的自我控权、自我约束。

## 马克思主义和谐世界建设论

房广顺　著

人民出版社 2011 年 10 月出版　251 千字

和平发展的时代主题提出了建设持久和平、共同繁荣的和谐世界的时代任务。马克思主义关于事物存在的形式及其发展规律的理论揭示了建设和谐世界是符合客观规律的必然进程，关于人的本质及其发展规律的理论揭示了建设和谐世界的目标与人的社会性特质具有内在联系，关于国际分工和世界市场的本质及其规律的理论揭示了建设和谐世界是国际关系的内在要求，关于人类社会发展进程及其规律的理论揭示了建设和谐世界是与人类自由解放理想相互联系的历史进程。当今世界深刻而广泛的变化以及由此带来的复杂矛盾影响和制约着建设和谐世界的历史进程。高扬和平发展的伟大旗帜，坚持世界和谐的前进方向，就是要努力实现各国和谐共处，建立民主的世界；实现全球经济和谐发展，建立公正的世界；实现不同文明和谐进步，建立包容的世界；实现各国和谐安全，建立和睦的世界。

全书共分九章：建设和谐世界理论的历史文化渊源、建设和谐世界理论的科学根据、建设和谐世界理论的内容体系、建设和谐世界的推进路径、马克思主义和谐世界理论在中国的新发展、建设和谐世界理论的外交战略创新、建设和谐世界的外交战略目标、建设和谐世界的外交战略内容、建设和谐世界的外交战略实施。

## 本体诠释学、民主精神与全球和谐

成中英　冯俊　主编　中国人民大学国际中国哲学与比较哲学研究中心　译

中国人民大学出版社 2011 年 10 月出版　497 千字

该书为"国际中国哲学精译系列·第 2 辑"之一。首要在厘清心灵理解与诠释的基础,如此方能面对重大问题而提出正确的解决之道。当前国人及世人所必须关注的两个重大问题为民主精神与全球和谐,前者涉及对民主的理解与诠释,是要参照历史经验、现实经验及终极价值来进行思考,才能得到具有"实践理性"意义的结论;后者亦然,涉及中西方对当前与未来人类社会的构想与实际组合及整合问题,对现实的人类处境要讲求更实际可行的方法,凸显理解与诠释之内含的行为规范的含义。尤其在理解与诠释和谐与和谐化问题上,不能不涉及人类行为的基本的宇宙认知与道德典范。就此言之,理解诠释为思考澄清问题之本,而民主精神与全球和谐则为理解诠释构建价值目标之用。

全书共四篇:第一编中国哲学诠释学思维,包括:诠释学:哲学理解与基本定向;构建和谐化的辩证法:中国哲学中的和谐与冲突;今日的庄子——现象学试释;孔子与伽达默尔之缘;一条新的通达古代中国文本的诠释学路径:以《论语》为例;小论三种孔子研究 - 论朱熹的诠释学说;捉贼:朱熹的诠释学艺术。第二编现当代中国诠释学,包括:存在与意义的持续性:所有的认知都是介入式的诠释;对方东美广大和谐哲学的评论;东西方哲学对话的新渠道;走向视域交融的诠释学:伽达默尔、蒯因和成中英。第三编民主与中国哲学,包括:价值律和中国政治哲学;民主与精英——一种儒家视角;新儒家与民主宪政——重探 1958 年唐君毅等儒学大师的《为中国文化敬告世界人士宣言》;中国古典哲学中的人格尊严理念——《墨子》新诠;民主的理想和实践:批判性的反思;无为之悖论;内心世界的情感与观念:中国与欧洲之比较。第四编全球正义和全球和平,包括:一个多元化世界社会的政治性宪章;康德与儒家思想中的正义与和平;对正义、人道与其他全球和平文化条件的哲学反思;正义中的人类声音;历经困难走向未来;早期墨家著作中的人的能动性和"尚同"理念。

## 美善和谐论

李咏吟　著

浙江大学出版社 2011 年 11 月出版　414 千字

"美善和谐论"本身,一是为了捍卫中国古典审美道德思想,即"生生之德"、"生生之谓易",从生命本身出发,将美的追求与善的追求统一起来;二是从生命本身出发,不断地体验美与善的生活,不断地丰富美与善的内容,不断地拓展美与善的疆域,使美善和谐变成生命存在的普世价值;三是强调以生命自由为前提的"美善和谐论",不是对生命存在者的压抑,而是为了张扬生命存在者的力量。著者先从审美的本源性和道德的本源性与美善和谐论的关系入手,探讨了审美与道德创造的特殊价值,继而在审美与道德的本源性联系中考察了美善和谐的文明构成机制,最后,深入探讨了文学艺术解释的美善和谐论原则以及美善和谐论对民族国家自由秩序建构的积极意义。

全书共六章:第一章美善和谐论的理性价值反思,讨论了美善和谐论观念探源及立论依据、非理性凸显与美善和谐论的语境、文艺的极境在于审美与道德感通、美善和谐论与新理性精神的统一、寻求生命价值的审美充盈与和谐。第二章审美的本源性与美善和谐论,论述了审美目的与人生目的之内在关联、存在者的文化命运及其审美反思、审美意识与审美观念的文化确定性、美的认知与审美创造的自由意志、文艺目的论的双重视界及其审美判断。第三章道德的本源性与美善和谐论,论述了道德的起源与道德创建的历程、道德创建及其对自然的精神归依、道德创建与道德的文化话语权力、道德归类分析与生命价值体认、良知论的道德解释学意义及其局限。第四章审美与道德间的本源性联系,阐明了审美与道德活动的自由本质设定、重建真善美之间的新型思想关系、审美意向性与道德意向性之间、审美与道德和谐的文明构成机制、道德虚假的文化分析与诗性正义力量。第五章文学艺术的美善和谐论解释,论述了审美意识与道德意识向艺术生成、形象创制与审美道德意识的呈现、文学形象谱系与审美道德价值判断、审美道德解释与批评家的思想立场、道德革命与文学的革命道德理想。第六章美善和谐论与自由秩序探索,探讨了美善和谐论与心态自由秩序的建立、权力欲望对自由秩序的强大挑战、美善和谐论重建的自由思想资源、法律自由秩序优先于审美道德秩序。

## 现实与理想:全球化背景下的国际合作与和谐世界

赵长峰　著

中国社会科学出版社 2011 年 11 月出版　300 千字

该书从全球化视角出发,分析了全球化的动因、分期、影响、轨迹以及对全球化的不同看法,分析了全球化与国际合作的关系,重点论述了"和谐世界"理念,并探讨了全球化与"和谐世界"的关系,阐明了"和谐世界"理念对于中国的意义以及该理念指导下的中国外交。

## 创造和谐

成中英　著

东方出版社 2011 年 11 月出版　290 千字

中国思维中的道的"有无相生"与易的"无极而太极""一阴一阳谓之道"的眼光也自然显示了一种深度和谐化的辩证智慧。在一个极不和谐的时代里极力想创造出一些和谐,也想在诸多价值的概念中深入到和谐的核心来掌握创造的真理,以使创造和谐成为可能。和谐是形上学,真理是诠释学,正义是道德学,而美感则是包含和谐、真理及正义的价值学。

宇宙中有些基本问题也是人生中的基本问题,其中之最大者是有无问题与因果问题。生命因何而起,人的修持究竟能否把人带到圣智之境? 这都是因果问题。生命的本质是有是无,何为有,何为无,这都是有无问题。这些问题的重要性在于它们涉及到生命的价值与生命内涵的持续的创新问题。它们也构成了思索人类处境与个人存在的意义的隐密边界与其解说的终极背景。事实上,人之所以为人,正是人能思考这些问题,面对这些问题,也能对这些问题进行一些深度的理解。也因为对这些问题的深度理解,产生了不同的文化信仰与生活态度,也导致了不同的文化景观与生活方式。世界是这些不同的信仰与景观形成的。人类必须要在这些不同的信仰与景观之上建立一个共同或共通的沟通层面,透过这个层面不但可以和谐共处,而且能够相互滋养、相互丰富,甚至相互转化、相互导引,开辟出新的生活景观、新的生活方式或新的表达生活价值的方式。但建立一个完全一致而又普遍共通的沟通层面并非易事,其困难在于一方面要保持共通的语言与所指,而另方面又不能把一切生活的体验化约为此一层面或其某一先入为主的观点之上。这里也见出我

说的和谐的创造或创造和谐的深度意义，因而和谐的创造最终必须假借对人生与宇宙问题的深度思考与再思考，不但使个别的差别明显出来，也使差别的彼此更能欣赏与郑重彼此的差别，再进而产生一种融合差别的崇高意志：无论融合或郑重都是创造和谐的开始。故而崇高的融合的意志来自于对根源的思考，而和谐的创造则决定于崇高的融合的意志。真理指的是基于差别的大度包含，是力求整合的创造过程。真理是和谐的创造。最大的真理是最大的和谐的创造。

全书共分五章：易学思维、范畴与主题、古典儒学与宋明儒学、文化民主与社会正义、东西比较与本体诠释。

## 重返本源和谐之途

尹航　著

中国社会科学出版社 2011 年 11 月出版　260 千字

该书从哲学主体间性的全新视角切入，研究世界著名美学家杜夫海纳的现象学美学思想，揭示了主体间性何以成为其学术思想的精髓和总线及其突出理论贡献与现实意义之所在。著者系统而深入地揭示了杜夫海纳思想的主体间性内涵所呈现出来的“主体间性思维方式——主体间性范畴建构——主体间性终极关怀”的逻辑发展轨迹，这一思想发展轨迹囊括了人—物关系层面的审美经验维度、人—人关系层面的个体主体维度，以及人—自然层面的终极本源维度，这三大维度交汇成一种对“和”的主体间性诉求，从而在生存论的审美领域，展现了对人之本真生存与精神逍遥游的不懈追寻，探索了人类对自身与世界本源和谐之境的重返与回归之途，及其对人类在后现代语境下妥善处理自我与外部世界（包括人与物、与他人、与世界、与自然）的关系所具有的重要的启示价值。

该书以其美学及文艺理论为出发点展开全篇论述。在具体文本的篇章结构上，本书采取兼有分析与综合，先综合再分析再综合的“总—分—总”结构。首先揭示杜夫海纳主体间性的总体研究思路，接下来从不同内容和角度揭示其主体间性的多重维度，最后将这多重维度加以综合回顾，一并纳入现当代美学、哲学主体间性思想理论与主体间性思维及关怀的庞大发展网络中，加以最终的综合把握。

## 区域防洪体系与社会经济和谐发展研究

宋巧娜　著

清华大学出版社 2011 年 11 月出版　300 千字

该书以辽宁省辽河流域防洪体系综合评价研究项目为支撑，本着总结过去、认清现状、把握未来、体现五个统筹的指导思想，贯彻社会、经济可持续发展的战略方针，以框图分析、定性和定量相结合、理论与实践相结合以及历史与现实相结合分析为主要研究方法，对区域防洪体系与社会经济和谐发展进行了系统的研究。

该书系统阐述了区域防洪体系与社会经济和谐发展的基本内容，共分 6 章，包括绪论、区域防洪体系与社会经济和谐发展的理论分析、区域防洪体系与社会经济和谐发展指标体系的构建、区域防洪体系与社会经济和谐发展和谐度模型构建及求解、实证研究和结论及展望。本书在阐述区域防洪体系与社会经济和谐发展的基本理论的同时，也对区域防洪体系与社会经济和谐发展的评价和实施途径等问题进行探讨，对水利规划和评价人员拓展管理手段和方法，综合提高防洪体系评价效率有较实际的参考作用。

## 和谐社会的价值追求研究

王伦光　著

人民出版社 2011 年 12 月出版

该书是《中国价值哲学研究丛书》之一。该书从价值哲学的视域,在全面考察中西方古代和近现代社会的价值追求、马克思主义社会建设的价值追求和系统研究价值追求的本质、类型、层次和意义的基础上,从人的价值追求与社会的价值追求的内在逻辑出发,深入分析人的价值追求与社会的价值追求的辩证结构,科学论证价值追求与和谐社会构建的内在关系,系统论述人的价值追求与和谐社会构建、社会的价值追求与和谐社会构建的互动过程,揭示价值追求对社会主义和谐社会构建的导向作用,明确构建社会主义和谐社会应倡导的价值追求和社会主导价值观建设的实践路径,从哲学层面为和谐社会建设提供理论支撑。

该书通过系统梳理社会建设与价值追求的辩证关系,从人的价值追求与社会的价值追求的内在逻辑出发,研究人的价值追求与社会的价值追求的辩证结构,全面论证人的价值追求与和谐社会建设、社会的价值追求与和谐社会建设的互动过程,深入探讨和谐社会价值追求发生、发展的内在规律,深入探究价值追求与和谐社会构建的关系,科学分析价值追求的本质、类型、层次和意义揭示价值追求对社会主义和谐社会构建的重大作用、价值追求对和谐社会建设的导向意义。

## 和谐生态经济发展

杨文进　著

中国财政经济出版社 2011 年 12 月出版　339 千字

该书是国家出版基金资助项目之一。党的十六大以后,以胡锦涛为总书记的党中央,科学分析我国全面参与经济全球化的新机遇、新挑战,全面认识工业化、信息化、生态化、市场化、国际化深入发展的新形势、新任务,正确把握当今世界和当代中国发展的面临的新课题、新矛盾;不仅认真总结发展中国特色社会主义的实践经验,而且高度重视世界各国发展的实践经验,从而提出科学发展观、构建和谐社会、建设生态文明、发展绿色经济等一系列崭新发展理念和重大战略思想,集中体现了新世纪新阶段我们党、国家、政府在中国特色社会主义发展与经济发展问题上重大理论与实践的双重创新。

全书包括九章:第一章绪论;第二章主要范畴的界定(生态文明、可持续经济发展、生态经济、和谐社会与和谐经济、和谐生态经济、若干范畴的解释);第三章生态文明制度下的绿色和谐经济本质;第四章和谐生态经济的经济学内容;第五章市场经济与和谐生态经济;第六章资本性质与和谐生态经济;第七章资源节约的经济发展之路;第八章和谐生态经济社会中的国际经济关系;第九章我国和谐生态经济的战略模式。

## 统一战线与和谐社会建设

王珊　著

首都师范大学出版社 2011 年 12 月出版　163 千字

该书共分为十部分,主要内容包括:统一战线在构建社会主义和谐社会中具有重要作用;

正确认识和处理政党关系，巩固和发展中国共产党与各民主党派和无党派人士的团结合作等。全书共分十部分：第一部分统一战线在构建社会主义和谐社会中具有重要作用；第二部分正确认识和处理政党关系巩固和发展中国共产党与各民主党派和无党派人士的团结合作；第三部分正确认识和处理民族关系促进“各民族共同团结奋斗、共同繁荣发展”；第四部分正确认识和处理宗教关系实现信教群众和不信教群众、信仰不同宗教群众之间的和睦相处；第五部分正确认识和处理社会各阶层关系推动和实现全社会和谐相处、共同发展；第六部分正确认识和处理海内外同胞关系在爱国主义旗帜下加强海内外中华儿女的大团结；第七部分充分发挥人民政协的作用为和谐社会建设提供有力的政治保障；第八部分充分发挥工商联的作用为和谐社会建设提供坚实的桥梁纽带；第九部分充分发挥党外代表人士的作用为和谐社会建设提供更广泛的力量支持；第十部分充分发挥知识分子的作用为和谐社会建设提供有效的智力支持。

## 建构社会主义和谐社会伦理秩序研究

梅萍　等著

中国社会科学出版社 2011 年 12 月出版　336 千字

该书从我国的实际出发，结合我国经济社会发展的现实和新世纪构建和谐社会的要求，就建构社会主义和谐社会伦理秩序问题做了深入、系统的研究，分析了我国建构社会主义和谐社会伦理秩序过程中的问题及其原因，提出目标建议和政策建议，主要内容包括建构社会主义和谐社会伦理秩序的历史渊源、现实困境、理论难题、价值目标、主要内容和运行机制等。

该书共分六章。绪论伦理秩序：社会主义和谐社会的内在诉求，认为和谐社会既是一种制度期待，也是一种伦理期待；探讨了伦理秩序之于和谐社会的价值解读、和谐社会伦理秩序的研究意义。第一章建构社会主义和谐社会伦理秩序的历史渊源，中国传统和谐伦理思想的产生与发展、中国传统和谐伦理思想的主要内容、中国传统和谐伦理思想的现代价值。第二章建构社会主义和谐社会伦理秩序的现实困境，利益失衡诱发伦理失序、内外转型消解政治认同、文化多元削弱道德信仰、突发灾难诱发恐慌心理。第三章建构社会主义和谐社会伦理秩序的理论难题，传统伦理与现代伦理的转换、经济理性与道德理性的整合、法律秩序与伦理秩序的交汇、开放——冲突的文明体系中主导伦理精神的生成。第四章建构社会主义和谐社会伦理秩序的价值目标，人与自然的和谐：和谐共生价值目标的确立、人与社会的和谐：和谐共进价值目标的确立、人与人的和谐：和谐共处价值目标的确立、人自身的和谐：主体性人格发展价值目标的确立。第五章建构社会主义和谐社会伦理秩序的主要内容，尊重个体权利、保障权利平等，弘扬民族精神、增强价值认同，建设执政伦理、稳固执政基础，维护社会公正、实现利益均衡，提升幸福感、建设和谐社会心态。第六章建构社会主义和谐社会伦理秩序的运行机制，建构和谐社会伦理秩序的内在运行机制，建构和谐社会伦理秩序的外部保障机制。

中国德育求索：和谐德育研究之路

## 科学发展观的传统思想渊源研究

董根洪　著

人民出版社 2011 年 12 月出版　275 千字

科学发展观作为马克思主义中国化的最新理论成果。有着中华文明的深厚根基。该书系统阐发了科学发展观与中国传统发展思想的理论渊源关系。分章分别揭示了科学发展观体系中关于发展第一要义、以人为本核心等内容的传统思想基础。深入剖析了科学发展观对传统发展思想的继承性和超越性，对于今天深入学习实践科学发展观具有一定启迪帮助。该书资料翔实、分析缜密、论涉系统、观点新颖，其结构和内容在同类研究成果中具有独特创新性。

该书的特点在于，一是比较注重理论体系的内在逻辑性，二是重视全面深入分析中国传统发展思想与科学发展观的继承和发展的关系，三是在揭示科学发展观的传统思想文化渊源上，该书分别从传统的儒、道、墨、法等众多流派及诸多经典中，从先秦到明末清初的众多思想家中，采撷其中代表性的发展思想，以为科学发展观的思想渊源，其中有许多是多年以来被忽视的，如先秦《尚书》中的传统发展思想等。

# 论著索引

## 论文索引

### 一、中国化马克思主义和谐思想研究

(一)综论

近代和谐与斗争哲学的嬗变与中国政治变迁/任云仙//南昌航空大学学报(社会科学版)2011.4

迈向理性、和谐和民生——中国共产党文化战略的转型/徐敏 王晓波//南京晓庄学院学报2011.2

(二)以毛泽东、邓小平、江泽民为核心的三代领导集体和谐思想研究

毛泽东社会主义建设思想中的和谐意蕴探析/杨相琴//中州学刊2011.4

论抗战时期中共"三三制"与和谐政党关系的形成/陈思 李建//河北师范大学学报(哲学社会科学版)2011.4

建国初期中国共产党促进社会和谐的艰辛探索/史成虎//江苏广播电视大学学报2011.4

张闻天待人接物思想对构建和谐社会的现实意义/邹开明//学理论2011.30

(三)以胡锦涛为总书记的党的新一代领导集体的和谐思想研究

1.和谐社会思想研究

对构建社会主义和谐社会理论误区的澄清——兼论构建社会主义和谐社会的理论基础/夏东民 陆扬//河南社会科学2011.2

基于唯物史观的社会主义和谐社会构建/魏兆和//前沿2011.14

和谐社会理论继承和发展了唯物史观/张强 张涛//克拉玛依学刊2011.5

和谐正义:社会主义和谐社会的价值旨归/诸凤娟//理论导刊2011.2

利益均衡机制与和谐社会的构建——以历

史唯物主义为视角/路向峰//江汉论坛 2011.5

论人的全面发展与构建社会主义和谐社会/时统君 花文潇//辽宁医学院学报(社会科学版)2011.1

论构建和谐社会与促进人的全面发展/袁滢//发展 2011.10

论和谐社会构建中人的需要的合理满足/谢维楚//湖湘论坛 2011.5

社会和谐理论链条上的一个缺环——阶级社会和谐问题论析/袁杰//天中学刊 2011.4

社会主义和谐社会导向的人性塑造/韩昌跃 孙良//当代世界与社会主义 2011.3

和谐社会就是快乐最大化的社会/茅于轼//杂文月刊(选刊版)2011.4

自由·秩序与和谐社会/李雪//今传媒 2011.8

精神生产是构建和谐社会的关键/牛秋业//济南大学学报(社会科学版)2011.2

构建和谐社会的精神黏合剂/仲呈祥//人民论坛 2011.31

确立促进社会和谐的法律、道德、宗教等规范权威/喻冰//云南行政学院学报 2011.6

推进工程与社会研究　推动和谐社会发展——第一届科学、技术和工程社会学学术研讨会综述/张恒力//自然辩证法通讯 2011.1

空间的文化解读与转型期中国的和谐发展/孔翔 苗长松//世界地理研究 2011.2

建设农村文化　唱响和谐强音/刘建榕//时事报告 2011.4

当代新农村和谐文化建设的体制障碍与创新刍议/韩美群//华中农业大学学报(社会科学版)2011.1

社会质量理论视阈下的农村和谐文化建设/蒋占峰 张栋//理论探索 2011.5

建设新农村和谐文化应夯实特色文化建设/刘庆琳//大众文艺 2011.14

让和谐的文化之音走入农家大院——浅谈新时期农村群众文化的现状与对策/朱晓红//大众文艺 2011.20

新农村和谐文化建设不可忽略弘扬孝道/张元中//青年文学家 2011.4

警惕农村宗族活动对构建和谐社会的消极影响/沈江平//唯实 2011.6

浅析在共建和谐新农村过程中如何加强村居文化建设/吴颖//科技情报开发与经济 2011.10

繁荣农村文化　构建和谐社会——厦门市同安区农村文化建设之我见/宋永贤//群文天地 2011.4

古戏台在构建乡村和谐文化中的作用——以成都洛带江西会馆万年台为例/刘立云 宋显彪//四川戏剧 2011.6

社会认同视角下中国农民心理和谐现状研究/李辉 吴燕 赵志良//西南农业大学学报(社会科学版)2011.11

中国农民心理和谐的结构特征/李辉 白新杰 赵志良//心理研究 2011.5

黑龙江省农民心理和谐状况的人口学变量分析/齐金玲 文丽波 陈云辉 曹运华//中国健康心理学杂志 2011.4

谈新生代农民工和谐心理的反思与构建/石夏莉//大舞台 2011.2

打工者自尊与自我和谐状况的调查及相关研究/顾水云 李建明 江滟 张瑶瑶//中国健康心理学杂志 2011.7

创建民工文化品牌　构建和谐精神家园——创婺城区农民工文化活动品牌初探/郑慧娜//大众文艺 2011.1

临床心理学在构建和谐社会中的作用——从农村教师的心理健康说起/曹静//青年作家(中外文艺版)2011.3

以社会主义核心价值体系引领云南和谐文化建设/杨晶//学理论 2011.16

建设中国特色的和谐文化以及云南的实

践/张雯//云南行政学院学报 2011.3

论多元文化共生与青海和谐社会之构建——以文化和谐为视角/吴秀兰//青海师范大学学报(哲学社会科学版)2011.4

四川方言中的言语禁忌与社区和谐/张桂英//语文学刊 2011.2

论心理和谐与社会公平感的关系——基于重庆民众的调查研究/潘文敏 潘孝富 张永红//湘南学院学报 2011.4

发挥文化资源优势　推进张掖和谐发展/徐晓霞//发展 2011.7

论地域文化与东北旅游经济和谐机制的构建/唐利芹//吉林省教育学院学报(学科版)2011/11

龙江文化与和谐产业社会的互动关系分析/郭振 张成新//黑龙江对外经贸 2011.10

龙江文化促进和谐产业体系构建的作用机理分析/李陈亚//商业经济 2011.5

论和谐中原文化的科学内涵及基本特征/王艳红//河南理工大学学报(社会科学版)2011.1

刍议豫商文化的和谐特性/张静//河南商业高等专科学校学报 2011.3

提升唐山市居民心理和谐对策与路径研究/杜彩芹 孟宪玉//唐山师范学院学报 2011.6

邢台文学的发展应与和谐社会建设方向保持一致/秦桂敏//邢台学院学报 2011.3

加快文化建设　促进和谐发展——包头市公共文化服务体系建设调研报告/张雅妮//大众文艺 2011.2

江南文化与和谐创新/连续//语文学刊 2011.22

他者作为自由的基础与目的——他者伦理视域中的安徽人际和谐建设/王振钰 陈静//阜阳师范学院学报(社会科学版)2011.2

唱响城乡和谐曲——湖北省恩施州巴东县创新丰富群众文化生活/谭德忠 谭学早 黄渝//民族大家庭 2011.6

浙江文化发展与和谐社会构建/袁爱萍//大众文艺 2011.19

和谐社会里的岭南文化价值新取向/饶品良//玉林师范学院学报 2011.1

岭南民俗文化传播思考——亚运背景下以和谐理念为核心/袁征博//艺术研究 2011.2

梅山文化中的和谐思想/马铁鹰//湖南人文科技学院学报 2011.1

科学发展与社会和谐的实践诠释——天津市实现新突破新崛起的经验和启示/逄锦聚/张海鹏//南开学报(哲学社会科学版)2011.3

多样与和谐:上海城市发展中的语言规划构想/张民选 张日培//云南师范大学学报(哲学社会科学版)2011.3

构建和谐劳动关系的路径选择/吕国泉//思想政治工作研究 2011.5

构建和谐劳动关系的困境与对策/周春梅//南京社会科学 2011.6

构建和谐劳动关系调研报告/中央有关部门联合调研组//中国劳动关系学院学报 2011.6

和谐劳动逻辑关系的演进逻辑及发展方向/韩喜平/徐景一//社会科学战线 2011.3

劳动关系和谐指数构建/曹永平 顾龙芳 郭忠良//中国劳动 2011.10

构建和谐劳动关系与劳动关系法治化/常凯//思想政治工作研究 2011.9

搭建平等协商平台构筑和谐劳动关系——关于东风汽车有限公司推行民主管理“四项制度”的调查报告/湖北省机冶建材工会、省总工会民管部调查组//中国职工教育 2011.9

中国工会在构建和谐劳动关系中的合作博弈/许晓军//中国劳动关系学院学报 2011.1

论先进企业文化建设与发展和谐劳动关系——兼论工会抓企业文化建设的立足点/赵健杰//中国劳动关系学院学报 2011.4

建构和谐医患关系的伦理思考/余世建//

辽宁行政学院学报 2011.12

试论非物质文化遗产预警指标体系的构建——基于社会和谐稳定模型的思考/赵立兵 史甲庆//重庆文理学院学报(社会科学版)2011.3

文化与科技的和谐互动/王祥本//岭南文史 2011.2

技术转移与文化生态和谐论析/杨明//北方论丛 2011.2

论人与自然和谐是构建社会主义和谐社会的基础/陈勇//前沿 2011.20

人与自然和谐的思考/本刊评论员//企业经济 2011.7

人与自然的和谐发展/张志勇 刘慧慧 张振海//才智 2011.14

从哲学角度浅谈人与自然和谐发展/石小辉 李冬阳//科教导刊(中旬刊)2011.8

回归自然　和谐相处/程雪霞//长城 2011.6

“以人为本”价值理念的伦理学解读——兼谈人与自然关系的和谐发展/王常柱 武杰//玉溪师范学院学报 2011.3

浅谈和谐社会中如何做到人与自然的双重和谐/李洁//改革与开放 2011.22

从伦理学视野下看怎样构建人与自然的和谐/张立//出国与就业(就业版)2011.12

人与自然和谐发展的哲学解读/崔延军//湖北经济学院学报(人文社会科学版)2011.2

推动人口、环境与社会和谐发展的有效途径探讨/陈芳//华章 2011.30

浅析人与自然和谐生态思想与协调可持续发展理论/麻丽爽//商业文化(下半月)2011.1

论人与自然的和谐美/刘铭 黄桂标 朱向红//广东工业大学学报(社会科学版)2011.1

朱鹮:30 年,从 7 只到超过 1800 只一个人与自然和谐相处的传奇/陈永强 刘颖//今日中国论坛 2011.8

冲突与和谐:人与自然关系的协调发展——评《人与自然关系中的伦理与法》/谌鹏飞//大学教育科学 2011.4

经济——伦理——环境的生态建构——环境与经济和谐发展的应然选择/王传峰//道德与文明 2011.1

基于文化生态模式比较的和谐思想研究/杨育华//管子学刊 2011.3

生态与和谐——关于和谐之美的生态学思考/陈才生//安阳师范学院学报 2011.6

从生态美学看和谐社会与人的全面发展/张涛 王益锋//西安航空技术高等专科学校学报 2011.6

生态美感的“和谐”与“整生”/张鸣//内蒙古农业大学学报(社会科学版)2011.3

生态美感的“和谐”与“整生”/张鸣//安徽电气工程职业技术学院学报 2011.2

人与自然的和谐与冲撞——草原文化守护者满都麦生态作品中的家园之虑/姚雅锐//前沿 2011.24

人水和谐:水文化教育的时代价值/郑大俊 张添烨 庄道永//河海大学学报(哲学社会科学版)2011.1

科学技术同人与自然的和谐发展/翁喜丹 方家增//科学咨询(科技·管理)2011.5

略论科学技术和伦理道德的相互支撑与和谐发展/王铎//商业文化(上半月)2011.3

论和谐技术观/黄威威//科技信息 2011.35

论和谐生命观/刘衍永 刘永利//武陵学刊 2011.3

外语人才培养中的生命教育与和谐城市建设关系之研究/曹金梅//海外英语 2011.14

和谐社会下政治文化的构建/姜友维//四川职业技术学院学报 2011.5

境遇与选择:社会主义和谐社会政治文化创新论析/赵建平//学术交流 2010.8

三位一体的社会主义和谐政治模式探讨/

韩升//理论与改革 2011.5

社会主义和谐社会构建中的国家阶级性与社会性/顾玉平//西北民族大学学报(哲学社会科学版)2011.3

社会契约论视野中的和谐社会的构建/郑镇//贵州师范大学学报(社会科学版)2011.1

论和谐政治生态视阈下宽容机制的构建/丁友文//求实 2011.1

论和谐社会视野下法治的道德基础/万斌 吴坚//浙江社会科学 2011.7

法制与社会和谐——在中国政法大学的演讲/吉米·卡特 孙广星//文苑 2011.5

和谐税收与“十二五”时期我国税收发展/邓力平//税务研究 2010.10

伦理视域下的现代社会保障与和谐社会的构建/汤剑波//贵州社会科学 2011.9

论和谐社会下的社会救助制度之完善/林艳琴//东南学术 2011.3

“和谐管理理论”决胜未来/席酉民//人民论坛 2011.17

社区文化对城市构建和谐社会之意义/董永辉//哈尔滨市委党校学报 2011.2

论构建和谐社区的伦理支撑/黄文胜//中南林业科技大学学报(社会科学版)2011.3

发展群众文化　促进社区和谐/黎雪萍//科技信息 2011.17

做好学校、社区心理健康教育　构建和谐社会/王达渊//新农村 2011.1

构建和谐社会视野中的社区文化建设和发展探究——基于对闽东社区文化建设的调研与思考/叶木全 黄重 周晓景//东南学术 2011.3

以民间传统文化为载体　推动成都和谐社区建设/曾智//中华文化论坛 2011.3

以茶馆文化为载体　推动成都和谐社区建设/曾智 余梦伽//中华文化论坛 2011.5

农村和谐社区建设中的组织管理制度创新研究——以川西 M 村为例/赵晓峰 王习明//中共宁波市委党校学报 2011.4

浅论和谐视野下的社团文化建设/杨辉//学会 2011.4

利益和谐是和谐社会的核心/龚先庆 沈晖//河南师范大学学报(哲学社会科学版)2010.6

我国社会转型中的利益矛盾与和谐社会建设/牛先锋//中共福建省委党校学报 2011.6

和谐社会·后现代·宽严相济刑事政策/王立志//河南省政法管理干部学院学报 2011.4

如何构建监狱警察和谐人际关系/王妞荣//晋城职业技术学院学报 2011.3

论以民族关系和谐促进社会和谐/李大健//黑龙江民族丛刊 2010.6

民族和谐与系统观/乌杰//系统科学学报 2010.4

试论多样并存和谐发展的民族文化/迟绍轶//思想战线 2011. S1

陆疆多民族“和谐社区”的建构与社会安全/徐黎丽 夏妍//兰州大学学报(社会科学版)2011.4

论社会交往过程中的和谐民族关系构建——以天津市 A 社区为例/陈纪//西南民族大学学报(人文社会科学版)2011.12

民族与国家何以和谐——建国 60 年来国家与佤族的互动历程研究/袁娥//西南民族大学学报(人文社会科学版)2011.11

以社会主义核心价值体系统领多民族地区的和谐文化建设/欧阳恩良//乌蒙论坛 2011.1

促进多元文化和谐　建设民族地区和谐文化/陈宪章//大连民族学院学报 2011.4

我国民族地区和谐文化建设发微/张旭东//甘肃高师学报 2011.1

主流引领与多元共生:民族地区和谐文化建设的关键/徐魁峰//前沿 2011.14

文化自觉缺失与民族地区和谐文化建设/徐魁峰//前沿 2011.16

民族地区和谐文化建设与民族精神弘扬/徐魁峰//大家 2011.10

夯实西部民族地区新农村和谐文化建设的基础/李晓明//新西部(下旬.理论版)2011.4

社会和谐发展的民族认同及其教育研究/张立军 曲铁华//东北师大学报(哲学社会科学版)2011.2

和谐社会视角下民族地区文化认同建构路径分析/曹清波//内蒙古财经学院学报 2011.5

和谐文化下少数民族村寨文化的发展探究/侯锡彪//科学之友 2011.11

边疆多民族地区和谐网络文化建设研究/王果 张艳 赵飞//南阳师范学院学报 2011.7

跨界族群非物质文化遗产互动的特点及和谐价值/刘海池//内蒙古民族大学学报(社会科学版)2011.2

全球化时代多民族地区的语言竞争与语言和谐/张梅//中央民族大学学报(哲学社会科学版)2011.4

语言和谐:民族多元文化融合的枢纽/刘启珍//青海社会科学 2011.3

促进民族母语与国家通用语的和谐发展——第八届国际双语学研讨会综述/戴宗杰//玉溪师范学院学报 2011.5

和谐社会视角下民汉双语教材的现状调查及思考/阿达来提//延边教育学院学报 2011.1

西部多民族地区双语教学与和谐双语社会构建/乌达巴勒//产业与科技论坛 2011.8

语言和谐视域下民族生大学英语学习障碍反思/张春红 何丽//贵州民族学院学报(哲学社会科学版)2011.6

论民族音乐文化的和谐发展/方光耀//扬州大学学报(人文社会科学版)2011.5

论民族声乐在构建和谐社会中的功能/戚晓思//决策探索(下半月)2011.6

和谐社会背景下民族舞现代化模式研究/樊艳 刘薇薇 马国义 刘徽//中国校外教育 2011.18

简论中国民族民间舞蹈艺术对培养大学生和谐审美观的作用/李鑫 沈畅//高等教育研究学报 2011.2

和谐社会建设中红河少数民族文化保护和发展的主要措施/王洪 周峰//中国市场2011.48

湖北少数民族地区城乡文化和谐发展研究/陈晓丹//凯里学院学报 2011.1

论少数民族习俗文化在社会主义和谐社会构建中的价值/荀利波//前沿 2011.24

贵州少数民族地区隔代教养与儿童人际和谐的关系/冯晓芳 简才永//社会心理科学 2011.10

贵州民族地区青少年自我和谐与人际和谐的关系/简才永 彭彪 植凤英 韦磐石//兴义民族师范学院学报 2011.5

文化涵化与民族关系——湘西民族关系和谐发展研究之四/胡晨 胡炳章//吉首大学学报(社会科学版)2011.5

试析广西多民族和谐共生的历史渊源/秦海燕//边疆经济与文化 2011.11

白汉双语社区的和谐语言生活——云南省安宁市糍粑铺村语言使用、语言态度研究/周辉//齐齐哈尔大学学报(哲学社会科学版)2011.4

“西藏传统文化与和谐社会建设暨纪念《西藏民族学院学报》创刊 30 周年”学术研讨会综述/索珍//中国藏学 2011.1

保护西藏优秀传统文化　促进和谐社会建设/陈敦山//西藏民族学院学报(哲学社会科学版)2011. S1

《时轮根本略续》及其宇宙和谐论/索南才让//青海民族大学学报(社会科学版)2011.3

藏族格言诗中的和谐社会思想/蔡晓菁//福建省社会主义学院学报 2011.4

多元文化共生背景下拉萨市建设和谐文化的对策分析/王虎 林咏梅//长江大学学报(社

会科学版)2011.7

论青海藏族传统文化与社会主义核心价值体系的和谐发展/韩小雁//攀登 2011.3

藏族传统文化与四川藏区生态和谐发展研究/贾秀兰 唐剑//西南民族大学学报(人文社会科学版)2011.6

藏区文化建设与社会稳定和谐——以阿坝藏族羌族自治州藏区为例/陈颜//西南民族大学学报(人文社会科学版)2011.10

蒙古族传统文化中的和谐思想及其当代价值/包斯日古楞//集宁师专学报 2011.2

草原文化背景下的内蒙古和谐心理构建/李慧 利爱娟 延立夫//内蒙古工业大学学报(社会科学版)2011.1

蒙古王爷府的装饰画——蒙古民族文化中的和谐观/兰云峰//前进论坛 2011.10

回族文化与和谐社会/陈凤林//广州社会主义学院学报 2011.4

试论回族文化对构建和谐社会的价值/马伟 王白中//改革与开放 2011.20

壮族"艮郭"仪式与乡村和谐社会构建——以桂西大新县下雷镇土湖社区为个案/许晓明//歌海 2011.4

弱势语言生态环境的自我建构——云南省镇雄县丁目术村苗族语言和谐研究/王仲黎 王国旭//遵义师范学院学报 2011.6

彝族文化与儒家文化的和谐共融——历史小说《先生与祖摩》简评/安静//毕节学院学报 2011.6

傣族传统文学中的和谐思想及其社会功能/刀承华//云南民族大学学报(哲学社会科学版)2011.3

和谐是三川土族纳顿节的灵魂/王秀花 徐秀福//中国土族 2011.2

外来文化与民族地区和谐文化建设——基于长阳土家族自治县的调查/韦玮//边疆经济与文化 2011.4

以羌为本——重建羌区环境伦理的和谐美/黄琦//艺术教育 2011.5

大众传媒与民族地区和谐发展——从侗族和谐文化建设及侗族文化传承之角度/吴定勇//西南民族大学学报(人文社会科学版)2011.2

和谐的生命之歌——贵州布依族审美文化的核心内涵/江冬梅//艺术百家 2011.S1

试析我国哈萨克当代小说作品中所蕴含的精神生态和谐思想/王吉祥 吴孝成//石河子大学学报(哲学社会科学版)2011.3

少数民族传统文化在和谐社会构建中的价值——以摩梭文化为例/徐艳//黑河学刊 2011.6

宗教在和谐社会建设中的作用/李淑霞//赤峰学院学报(汉文哲学社会科学版)2011.3

关于在和谐社会构建中发挥宗教积极作用的思考/齐晓飞//世界宗教文化 2011.1

"宗教和谐"何以可能/张祎娜//华中科技大学学报(社会科学版)2011.6

谈谈宗教的传播与和谐/王黎珏//文学教育(中)2011.6

正视宗教认同功能 服务和谐社会建设/周海生//延边党校学报 2011.3

宗教认同在华人华侨精神家园建设中的和谐意蕴/余晓慧 张禹东//青海社会科学 2011.2

宗教认同:华人华侨和谐共生的精神依托/余晓慧 张禹东//华侨大学学报(哲学社会科学版)2011.1

海外华人传统宗教与社会和谐——以东南亚为例的观察与思考/张禹东//华侨大学学报(哲学社会科学版)2011.3

试论宗教和谐的东方模式/张祎娜//西南民族大学学报(人文社会科学版)2011.10

在宗教道德视域下推进和谐社会建设/李华华//内蒙古民族大学学报(社会科学版)2011.5

和谐人生的一个选择——现代化处境中的宗教信仰/孙恪廉//甘肃理论学刊 2011.2

信仰重建与构建和谐人生——从宗教信仰的作用谈起/赵文舟//河北学刊 2011.5

弘扬宗教善文化 促进宗教为和谐社会建设服务——以香港宗教善文化建设为借鉴/周云//时代教育(教育教学)2011.2

多元宗教兼容并包和谐发展——以云南跨境民族为例/陈文清//楚雄师范学院学报 2011.10

和谐社会视阈下云南宗教文化融合摭谈/张建成//民族论坛 2011.20

内蒙古呼和浩特地区三大宗教和谐共存的政策原因/贺雨微 王天 赵渊杰//黑河学刊 2011.6

青海共和县尕寺村佛教苯教和谐共存现状调查/聂玛才让//青海师范大学学报(哲学社会科学版)2011.6

攀附与逃遁:民族信仰和谐共生——以藏传佛教与纳西族民族信仰为例/郭志合//青海民族研究 2011.4

闽南多元宗教文化和谐共处探源——以泉州为例兼谈闽南文化生态保护/吴幼雄//泉州师范学院学报 2011.1

“佛教文化与西藏和谐社会建设”第三次学术研讨会在我校成功举办/魏冬//西藏民族学院学报(哲学社会科学版)2011.5

体育视野下藏密文化对构建和谐西藏的意义/杨建军 耿献伟 宋健//西藏民族学院学报(哲学社会科学版)2011.4

伊斯兰文化的和谐理念在构建当代和谐社会中的价值/李倩 祝光//华章 2011.21

论清真寺的法组织功能及其对构建和谐社会的影响/王刚//青海民族研究 2011.1

解读“赛俩目”文化中的和谐理念/海宝明//中国穆斯林 2011.3

发挥农村基督教正功能为构建和谐社会服务——以河南为例/潘薇//四川省社会主义学院学报 2011.3

从赞美诗学的角度谈和谐教会的建设/周志治//金陵神学志 2011.2

构建和谐教会 服务和谐社会/雷家培//中国宗教 2011.5

和谐之光——淄川教会创建和谐教堂侧记/田素良//天风 2011.7

我国民间信仰对构建社会主义和谐社会的现实意义——以福建地区为例/沈也地//学理论 2011.5

民间信仰与村落和谐空间的建构:对大义店村冰雹会的考察/侯杰 段文艳 李从娜//宗教学研究 2011.2

多元并存与和谐共生:中国民间信仰的基本形态——以杭嘉湖地区蚕神信仰为个案的考察/施敏锋//民俗研究 2011.2

论布洛陀信仰与和谐社会的构建/王琪//传承 2011.20

生态和谐视野下的布依族图腾崇拜/吴文定//河池学院学报 2011.1

构建和谐社会的文化品牌——南永前图腾诗研讨会摘要/龚保华//作家 2011.19

两性对立与两性和谐/黎珊//长城 2011.12

和谐社会需要情感导向——林徽因和三个男人情感经纬的现实意义/田瑞娟//新闻爱好者 2011.22

论潘向黎轻松和谐的社会女性观/段秋羽//现代妇女(下旬)2011.4

繁荣与发展海峡西岸网络和谐文化的对策思考/杨立英 张航忠//福建师范大学学报(哲学社会科学版)2011.4

加大培养创作人才力度 促进海西和谐文艺建设/黄国清//群文天地 2011.4

党建与和谐的理论探索/孙书行/张仲华//昆明理工大学学报(社会科学版)2011.4

新形势下构建和谐党群关系的探索和思

考/杨仲林//中共浙江省委党校学报 2011.2

2. 和谐文化思想研究

和谐文化是中国共产党在新时期的理论创新/张小平//中共杭州市委党校学报 2011.5

胡锦涛和谐文化建设思想初探/于伟峰 任江海 安蕾//宁波职业技术学院学报 2011.4

胡锦涛和谐文化建设思想浅析/于伟峰 安蕾//襄樊职业技术学院学报 2011.4

胡锦涛和谐文化建设思想初探/于伟峰 任江海 安蕾//十堰职业技术学院学报 2011.4

浅谈和谐文化/张桐娟 吴倩//商业文化(上半月)2011.6

关于和谐文化几个基本问题的探讨/钱斌//东方企业文化 2011.14

关于和谐文化建设的几点思考/孙玉清//学理论 2011.5

和谐文化建设的实践与思考/张胜宇//群文天地 2011.5

三位一体:和谐文化的三维解析/赵允福//宁夏党校学报 2011.1

和谐文化建设研究的一部力作/冯刚//西安石油大学学报(社会科学版)2011.2

开掘和谐文化研究的新意蕴——读韩美群《和谐文化论》/贺祥林//湖北省社会主义学院学报 2011.5

社会主义和谐文化研究动态/白立强//衡水学院学报 2011.2

社会主义和谐文化探析/杨豹//长江论坛 2011.2

我国社会主义初级阶段和谐文化的基本构成及其构建途径/贺玉兰//商丘职业技术学院学报 2011.4

论社会主义和谐文化的时代内涵和基本要求/任娟 林闵馨//商品与质量 2011.S4

社会主义和谐文化基本内容体系探析/李保忠 移哲源//理论学刊 2011.5

简论社会主义和谐文化的基本特征/张艳斌//华北水利水电学院学报(社科版)2011.1

论社会主义和谐文化的基本特征/戚畅 张森林//社会科学战线 2011.8

浅谈和谐文化在当今社会的重要作用/冀玉然 柳青 罗占军//科技致富向导 2011.27

论和谐文化与中华民族凝聚力/诸芳//红河学院学报 2011.3

建设社会主义和谐文化应注意的几个问题/刘憬遐//山西财经大学学报 2011.S1

浅论社会主义和谐文化的构建/刘敬伟//科技风 2011.21

社会主义和谐文化建设的思考/施则祥//发展 2011.4

全球化背景下中国和谐文化建设存在的问题探析/赵文峰//贵州社会主义学院学报 2011.3

关于差异性社会和谐文化构建路径的思考/钱立洁//泉州师范学院学报 2011.5

中国特色社会主义文化的构建与和谐文化建设/房栋//西安社会科学 2011.2

当代和谐文化建设和研究的新探索/王海琳//学习月刊 2011.18

论和谐社会与和谐文化建设/王菁//学理论 2011.31

论和谐文化与和谐社会的关系/戚畅//东北师大学报(哲学社会科学版)2011.3

中国特色社会主义文化与和谐社会/涂途//武陵学刊 2011.4

以和谐文化建设促进社会和谐/陈丽//现代营销(学苑版)2011.3

社会主义和谐社会文化创新的思路探析/沈春梅//继续教育研究 2011.10

社会主义和谐社会之文化和谐初探/张玺//学理论 2011.34

以文化建设助推和谐发展/易炼红//红旗文稿 2011.19

“文化”新解与文化的社会和谐功能/陈超

群//上海行政学院学报 2011.5

谈和谐社会建设中的文化资源支撑/王丹阳//兰台世界 2011.30

社会主义和谐文化建设的价值原则/张闯//马克思主义哲学研究 2011.00

论社会主义和谐文化建设中的价值引领/鲁春霞//思想教育研究 2011.6

社会主义和谐文化建设的价值出发点与价值原则/罗本琦//当代世界与社会主义 2011.2

人类实践特质视野中的和谐文化建设/夏文斌//中国特色社会主义研究 2011.1

和谐社会的文化建设要体现时代性/何寿松//大众文艺 2011.16

借鉴外来优秀文化　丰富创新中华和谐文化/朱建成//湖北函授大学学报 2011.1

接触与融合路径下的和谐文化/李香玲//吉林师范大学学报(人文社会科学版)2011.4

从"文明的冲突"到和谐文化建设/田文斌//青春岁月 2011.22

浅谈坚持"双百"方针对建设和谐文化的影响/王东华//科技信息 2011.3

"和""创"范畴与中国特色社会主义和谐文化建设/王冬 李军松//常熟理工学院学报 2011.7

"和谐"词义考/张之楠//青岛大学师范学院学报 2011.1

"和谐"释义考源/汪启明 赵静 才颖//绵阳师范学院学报//2011.4

和谐之"义"/殷铬//江南论坛 2011.10

和谐之意蕴/宋家典//南昌教育学院学报 2011.8

传统和谐精神与和谐社会的构建/张颖//湖南省社会主义学院学报 2011.4

立足文化话"和谐"/马凤桐//新长征 2011.6

关于"和谐"概念内涵与外延的初探/陈莉 吴霖平//内蒙古煤炭经济 2011.1

和谐思想多视角考察论纲/李江舟//上海党史与党建 2011.5

论"和谐"的思想价值观/付文忠//神州 2011.26

和谐的价值/王满荣//浙江传媒学院学报 2011.4

从对立思维向和谐思维的哲学转变/刘向江//江汉论坛 2011.5

以"和谐思维"引领和包容"异质思维"/李中华 朱开君//理论观察 2011.4

论辩证思维与普通思维、和谐思维与对抗思维的关系——兼与左亚文教授商榷/马佩//西南大学学报(社会科学版)2011.5

由"异"与"同"探讨实现和谐的现实可能性/蒯群//科教文汇(上旬刊)2011.8

差异、系统与和谐/刘国章//系统科学学报 2011.3

和谐与竞争/范建巡//中国监察 2011.16

论略竞争与和谐/郑文//湘潮(下半月)2011.2

对称与和谐/高续增//银行家 2011.10

和谐与包容/孙晶//北京联合大学学报(人文社会科学版)2011.3

宽容是和谐的通行证/张达明//政府法制 2011.26

论和谐的动力机制/沈根华//青岛科技大学学报(社会科学版)2011.4

和谐信息生态系统的模型构建/孟凡生 孙瑞英//情报资料工作 2011.3

和谐之道的简单性原则/刘长明 郗春梅//山东师范大学学报(人文社会科学版)2011.2

生活世界、和谐理性与发展哲学新建构/胡宜安//求索 2011.9

和谐发展理念与实践理性选择/程华//社科纵横 2011.8

文化民主化:构建和谐社会的文化政策——基于文化公民身份视点的分析/李康

化//中国文化产业评论 2010.9

关于先进文化、和谐文化、创新文化关系的探析与思考/龚文静//柳州职业技术学院学报 2011.1

和谐文化与先进文化关系论析/管仕廷//中外企业家 2011.12

试论发展社会主义先进文化的具体路径——基于和谐社会建设的视角/浦仕勋//中共乐山市委党校学报 2011.6

大力发展社会主义先进文化　为构建和谐社会提供强大精神力量——学习中国共产党十七届六中全会精神体会/才玉峰 吴晓宇 孙峰//军事交通学院学报 2011.12

建设和谐文化与承继革命文化/张芳//青海社会科学 2011.1

以社会主义核心价值体系为根本推进和谐文化建设/韦春姝//现代营销(学苑版)2011.10

运用社会主义核心价值体系推动和谐文化建设/李锐//才智 2011.18

富裕、民主、公正、和谐:中国特色社会主义的核心价值理念/马俊峰//湖北大学学报(哲学社会科学版)2011.3

和谐文化的建设与社会主义意识形态的提升/杨晶//科技致富向导 2011.12

浅析构建和谐文化背景下民族精神的培育/汪德智//吉林建筑工程学院学报 2011.6

试析道德在构建和谐社会中的作用/刘灿江//中共贵州省委党校学报 2011.2

当代视野中个人与社会的和谐发展/吴楠//攀登 2011.2

道德:自由个性与和谐社会统一的内在支撑/孙余余//中国成人教育 2011.11

道德内在和谐论要/马永庆//齐鲁学刊 2010.6

道德悖论与和谐道德社会的构建/张雅楠 刘叶涛//河北北方学院学报(社会科学版) 2011.2

试论和谐社会视野下德性重建的主要内容/刘东峰//学校党建与思想教育 2011.8

道德自我的内在自然和谐与理性主义修养/杨伟涛//南昌大学学报(人文社会科学版) 2011.3

“道德人”与和谐社会/梁辰瑾//法制与社会 2011.24

道德教育和谐发展——道德教育功能实现的理想路径/冯芸//理论学刊 2011.7

和谐社会视域的道德权利及其制度化建设初探/周仁准//巢湖学院学报 2011.5

精神世界中道德与自然的对立和谐运动/唐荣双//求索 2011.9

和谐社会中的公正伦理建设启思/潘朝珍//改革与开放 2011.24

和谐社会义利观刍议/刘雅超//鸡西大学学报 2011.3

和谐社会的义利观刍议/李绍松//党政干部论坛 2011.5

底线伦理:构建社会主义和谐社会的道德基础/仇永民 陈兰芝//理论参考 2011.5

当今和谐社会构建中民生伦理建设存在的问题及解决对策/白一蕙//唐都学刊 2011.3

关怀伦理与构建和谐社会的关系/邬小燕//学习月刊 2011.2

培育社会主义市场道德　促进经济社会和谐发展/胡希宁 范彩军 李峰//理论学刊 2011.3

和谐理念的经济伦理学分析/杨宏力//理论学刊 2011.5

社会主义和谐社会视角下经济伦理的构建/黄嫱//中国证券期货 2011.6

经济伦理:经济社会和谐发展的矫正器——李建华教授主编《伦理学研究书系·经济伦理》评述/牛磊//湖南城市学院学报 2011.1

和谐视阈下的消费道德教育价值探究/姜莉莉//学术交流 2011.8

论和谐社会语境中权力道德生态的不平衡

性/唐土红//甘肃社会科学 2011.6

建构和谐社会的科技伦理维度/乔文娟//前沿 2011.16

和谐语境下工程的伦理规约/张铃//自然辩论证法研究 2011.7

论全球化语境下和谐共存的道德教育/张玉欣//大家 2011.15

论和谐社会公民身份的伦理向度/高湘媛 高炜//学术交流 2011.1

公民精神的培育与转型时期群体文化和谐的实现/李丽华//三峡大学学报(人文社会科学版)2011.3

“挟尸谈价事件”的伦理透析与和谐伦理的构建/文志勇 傅艺伟 邱念平 位一 张唯巍 商建//经营管理者 2011.2

构建人的内心世界和谐的“五个品格”与“五伦关系”/田天沐//办公室业务 2011.10

论理解是和谐交往的基本道德心理诉求/匡促联//湖南社会科学 2011.3

人际和谐取向对知识共享行为的影响研究/路琳 陈晓荣//管理评论 2011.1

论转型时期群体文化和谐的团结友爱理念/李丽华//河南财政税务高等专科学校学报 2011.1

朋辈团体辅导对寝室和谐人际关系建设的作用/梅思佳 陈庆健 金伟琼//医学与社会 2011.3

和谐社会的俭约之道/许建良//武陵学刊 2011.5

论礼仪素养与和谐社会建设/刘亚萍//商业文化(上半月)2011.12

幽默是最完美的和谐音符/刘耀兰//黄河.黄土.黄种人 2011.4

“生存——实践”与和谐人格的生成/李金和//东方论坛 2011.2

在理性与欲望之间:谈 80 后的和谐人格/王智汪//昌吉学院学报 2011.3

跨文化交际贵在和谐/游甦萍//中国科技信息 2011.17

和谐社会建构背景下中国传媒改革转型路径思考/董小玉 韩敏//新闻与传播研究 2011.1

广播电视在构建和谐社会中的舆论引导作用/刘善杰//青年记者 2011.17

网络文化与社会主义和谐文化的构建/唐霞//大庆师范学院学报 2011.1

冯友兰“无为”生活方法的和谐追求及其内在矛盾/李雪辰//理论界 2011.1

从《新世训》看和谐社会理想人格的构建/张萍//天水行政学院学报 2011.2

和生与仁生——论和合学之新仁学面向/彭永捷//学术界 2011.11

“和谐”是塑造论哲学的思想精髓/王秀成//山东社会科学 2011.12

和谐辩证法新论/杨晓平//西南大学学报(社会科学版)2011.1

矛盾过程中的正义斗争与社会和谐的关系探究/刘国章 龚培河//吉首大学学报(社会科学版)2011.2

以美学角度带动和谐社会理念/蔡扬//大家 2011.3

从实践、创造实践到自由与和谐——论新实践美学的发展历程/黄健云//甘肃社会科学 2011.3

生态美感的“和谐”与“整生”/张鸣//安徽电气工程职业技术学院学报 2011.2

和谐美学与中国电影产业化/王昕//现代传播(中国传媒大学学报)2011.1

周来祥和谐美学思想的理论贡献与历史价值/周纪文 戴孝军//文史哲 2011.5

美育在构建和谐社会中的作用研究/闫萍//青年文学家 2011.1

美育与构建和谐社会/宋薇//领导之友 2011.8

“和谐社会”审美理想探源/管兰生//美术

界 2011.2

审美活动与和谐社会/蔡艳山//美与时代(下)2011.5

创新审美教育　塑造和谐人格/林永红 周亚东//皖西学院学报 2011.1

构建和谐社会视域下成人教育的功能定位/蔡成芹//河北大学成人教育学院学报 2011.1

沟通与和谐:汉语全球传播的渠道与策略研究/张国良 陈青文 姚君喜//现代传播(中国传媒大学学报)2011.7

汉语借词与和谐社会/陈明富 张鹏丽//科学经济社会 2011.4

论普通话和方言的和谐共处/谭汝为//北华大学学报(社会科学版)2011.3

论和谐理念下的批判性语言教育/陈令君//教育评论 2011.1

和谐语言视阈下新闻人的语言特点/刘全花//新闻爱好者 2011.20

建设和谐城市之和谐语言建设/王静 王皓//商业文化(下半月)2011.1

论和谐视野下的城市文明语言/宋国庆 赵广德//学理论 2011.15

以博弈论原理探析母语文化与外语文化教育和谐关系之构建/欧阳国华//中国成人教育 2011.9

略谈构建和谐英语培训市场之浅见/李曼琳//当代教育论坛(综合研究)2011.6

从残奥会翻译看翻译的文化和谐——基于目的论视角/胡晓英 杨廷君//现代语文(语言研究版)2011.6

浅论翻译中归化与异化的和谐统一/罗铮 李二飞//赤峰学院学报(科学教育版)2011.8

谈社会主义和谐社会构建中文学艺术的作用/姚晓燕 于静之//时代文学(上半月)2011.4

发展繁荣和谐文化是文艺工作者的责任/段怀颖//黄河文学 2011.2

构建和谐社会　发展群众文艺/黄敏//黄河之声 2011.22

试论群众文艺在构建和谐社会中的意义/黄敏//文学教育(中)2011.12

论和谐社会构建中文艺批评力的匮乏与提升/邓楠//社会科学 2011.7

浅谈丰子恺的和谐思想/秦月花 冯超//桂林师范高等专科学校学报 2011.3

论文学和谐观价值取向构成与构建/梁慧珺 张利群//商丘师范学院学报 2011.5

从自由到和谐:文学审美命题的传统面向与现代审视/周彦每//牡丹江大学学报 2011.12

心理能量视角下的文学传播与社会和谐心理构建/百里清风 李海鸥//辽宁师范大学学报(社会科学版)2011.6

论文学批评和谐美的价值取向生成与构建/张利群//钦州学院学报 2011.2

寻求生存的和谐:新时期文学的"人学"进步/蔡梅娟 张灿贤//东岳论丛 2011.9

试论文学翻译主体间和谐关系的构建/覃玖英 郑禄英//作家 2011.24

论和谐社会构建中的网络文学建设/邓楠 汤小红//湖南科技学院学报 2011.9

论《边城》中的和谐美/罗路 付路//剑南文学(经典教苑)2011.12

沈从文和谐审美观探析——重温《边城》札记/林玲//文学界(理论版)2011.6

论汪曾祺小说中日常生活与诗意的和谐/王文霞//四川职业技术学院学报 2011.2

一曲纯真的人情美与人性美的颂歌——《受戒》和谐之美探析/林玲//剑南文学(经典教苑)2011.6

呼唤和谐:自然生态危机下的精神生态救赎——审视生态题材长篇小说《可可西里狼》/彭静//安徽文学(下半月)2011.6

论六六小说的和谐人生主题/谢子军//学语文 2011.4

人与自然的和谐——浅析《还乡》的生态思想/陈缘梅//莆田学院学报 2011.3

维护生态和谐的另类呐喊——评长篇小说《女乡长》/周丽萍//南都学坛 2011.1

和谐社会的构建与女性文学/蔡雨//商业文化(上半月)2011.10

生于“身”而出于“身”——和谐社会构建中女性“身体写作”的困境与出路探析/邓楠//中国文学研究 2011.1

谈女性文学创作的最佳境界——“双性同体”与“双性和谐”/赵素花//重庆科技学院学报(社会科学版)2011.21

从《到灯塔去》看男女两性的和谐之美/吕莉莉//文学教育(中)2011.1

走向两性和谐之境——论张洁的《知在》和《灵魂是用来流浪的》/李木桂//玉溪师范学院学报 2011.7

女性与男性之间的碰撞与和谐——乔叶小说女性叙事中两性关系分析/王文霞//山花 2011.20

和谐社会视域下《恋爱中的女人》之研究/吴荣兰//浙江树人大学学报(人文社会科学版)2011.3

从自然主义到生态女性主义——《海上扁舟》中男权中心制的颠覆和生态社会和谐的建构/杨钦//安徽文学(下半月)2011.5

构建人类的和谐家园——《我亲人的殿堂》的生态女性主义解读/许莹婧//怀化学院学报 2011.7

自然·女性·生命的和谐——《紫青稞》的生态女性主义解读/杨冯磬//剑南文学(经典教苑)2011.7

与人共舞中的对峙与和谐——论 1980 年代以来动物生态小说主题分类/刘晓飞//扬子江评论 2011.2

冲突是最美的和谐——文艺心理学视角下的《荷塘月色》解读/李爱娟//边疆经济与文化 2011.10

由“崇高”至“和谐”:六十年新诗核心审美范畴之变迁/万志全//三峡论坛(三峡文学.理论版)2011.2

和谐背景下的家庭伦理剧透视与思考/刘天宇//大众文艺 2011.18

期求和谐——曹禺戏剧的一种伦理向度/陈永明//河南师范大学学报(哲学社会科学版)2011.4

论家庭伦理剧对于社会和谐的促进——以电视剧《媳妇的美好时代》为例/桑琪//东方企业文化 2011.12

搭建医患和谐的“鹊桥”——评电视连续剧《医者仁心》/闫玉清//求是 2011.5

现实生活与艺术的和谐发展/岳娜//中国证券期货 2011.3

艺术风气与社会和谐/徐建融//国画家 2011.1

浅析音乐与建构和谐社会的关系/徐欣//北方音乐 2011.6

浅谈音乐在构建和谐社会中的特殊功效/邵彬//音乐创作 2011.4

浅谈音乐欣赏对社会和谐的作用/吴美明//中国城市经济 2011.17

浅析音乐与建构和谐社会的关系/徐欣//北方音乐 2011.6

和谐视野中的音乐社会价值论/周甜甜 杨建萍//作家 2011.12

试论音乐艺术在构建和谐社会中的作用/曾素艳//青春岁月 2011.24

中国当代流行音乐在构建和谐“代际理论”的应用研究/姚宗华//青春岁月 2011.10

合唱构建和谐社会/严跃明//大家 2011.10

社区合唱与构建和谐社会/李强//考试周刊 2011.9

红歌合唱对构建和谐社会的积极作用/李强//艺术教育 2011.5

浅析红歌合唱对和谐社会的意蕴/唐新//民族音乐 2011.6

传唱红歌凝聚力量构建和谐社会/史春梅//黄河之声 2011.8

群众舞蹈在构建和谐社会中的意义及作用/张南 黄敏//黄河之声 2011.22

造型艺术在构建和谐社会中的作用初探/曹传熠//职业时空 2011.6

和谐与当代中国美术的发展/路云霞//剑南文学(经典教苑)2011.11

浅谈现代壁画艺术的和谐美/叶莹//大舞台 2011.6

城市雕塑是城市和谐文明的符号/赵建军//群文天地 2011.4

卡通雕塑文化的社会责任——谈该文化对社会和谐的制约与促进/吴建英 汤政//雕塑 2011.2

民间剪纸传统组合造型中的和谐意识/李蕾//飞天 2011.16

艺术设计与和谐社会建设——略论和谐社会、和谐文化与艺术设计的关系/周凡//数位时尚(新视觉艺术)2011.2

浅谈现代设计中装饰色彩和谐美的体现/司浩 杨柳//现代装饰(理论)2011.4

基于商品包装设计中的和谐观研究/陈旭辉 詹秦川 舒晶//文教资料 2011.5

和谐:电影发展的世界语/王鹏英//电影文学 2011.6

追求生态人格美——浅析中国生态电视纪录片中人与自身和谐的审美关系/金鑫//青年文学家 2011.5

充分发挥群众文化在和谐社会中的作用/宋清//大众文艺 2011.11

浅析群众文化在构建和谐社会中的作用/周翠玲//神州 2011.14

浅谈群众文化在构建和谐社会中的作用/李颖//大众文艺 2011.4

通过繁荣群众文化促进和谐社会的构建/白玉梅//企业家天地 2011.11

浅谈和谐社会群众文化的构建/王启荣//大舞台 2011.2

发展群众文化 促进社会和谐/于向华//剧作家 2011.1

群众文化与社会和谐的关系/邢芳//神州民俗(学术版)2011.1

普及群众文化促进和谐发展/姜棋元//群文天地 2011.20

搞好群众文化 构建和谐社会/李建波//安徽文学(下半月)2011.3

建小康促和谐——浅谈群众文化产业化/王雅男//大众文艺 2011.16

经济社会和谐文化形态的理论创新与实践——构建精英文化与大众文化的对接/郭丹丹//经济师 2011.11

让文化进入百姓生活促进和谐文化建设/刘颖//才智 2011.31

浅论基层文化建设在和谐社会中的作用和途径/刘新梅//中国城市经济 2011.5

图书馆在和谐文化建设中的作用探析/袁永久//现代情报 2011.4

略论图书馆的职能与和谐文化建设的关系/宋红兰//中小企业管理与科技(下旬刊)2011.11

论繁荣广场文化与和谐社会建设/薛志龙//文教资料 2011.1

“和谐社会”处境下和谐家庭建设与中国特色家庭福利政策框架/刘继同 左芙蓉//南京社会科学 2011.6

充分发挥师德建设在创建高校和谐校园中的作用/姜素兰//思想教育研究 2010.12

高校工会主导下的民主管理在和谐校园构建中的作用/袁宁汉 胡少云//文史博览版(理论)2011.7

学生和谐人际关系探析/章红 张跃刚//学

校党建与思想教育 2011.6

营造和谐师生关系　提高课堂教学效率/冷旭辉//中国校外教育 2011.5

论委婉语对和谐师生关系构建的促进作用/唐建福//鸡西大学学报 2011.8

培养良好学习品质促进学生心理和谐/林苾芬//广西教育 2011.19

高校艺术教育在和谐文化建设中的作用分析/董茉//才智 2011.1

高校艺术教育对培养和谐人格、和谐社会建设之价值研究/毛艳//中国科教创新导刊 2011.23

高校艺术教育在大学和谐校园建设中的作用分析/张迎芬//大众文艺 2011.2

和谐视域下高校公共艺术教育课程建设原则研究——以云南省保山学院为例/周鑫//大众文艺 2011.5

和谐社会视角下高校校园音乐文化的构建/王宇晨//艺术研究 2011.3

论音乐教育在构建和谐大学校园中的作用/于子贻//北方音乐 2011.7

论当前高校音乐教学中师生和谐关系的建构/麻华//大舞台 2011.8

论合唱教学中如何培养学生的自我和谐/吴蕾//华章 2011.22

红色经典音乐对构建和谐高校的作用/樊潇潇//大家 2011.10

从"和谐"视角看高校信息化美术教育/曹凯//艺术教育 2011.12

技术和艺术的和谐——对艺术设计专业课程建设的思考/朱傲楠//华章 2011.34

和谐教育理论与大学英语教学/颜妮娜 刘利梅//经济研究导刊 2011.1

论和谐教育思想在高校大学英语教学中的应用/彭军//云梦学刊 2011.5

浅谈构建和谐校园需关注大学生的心理和谐/魏艳清//中小企业管理与科技(上旬刊) 2011.9

重视大学生心理健康教育,促进全社会和谐稳定发展/季雅芳//才智 2011.25

构建和谐社会背景下的大学生心理健康教育探微/何桂华//当代教育理论与实践 2011.9

大力推进大学生心理健康教育工作,创建和谐校园/郭庆//才智 2011.19

构建和谐社会大环境下的大学生心理健康教育/贺练军//当代教育论坛(综合研究) 2011.6

陕北大学生自我和谐及其与心理健康的关系研究/艾娟//延安大学学报(社会科学版) 2011.2

大学生心理和谐量表的编制/吴九君 郑日昌//中国健康心理学杂志 2011.5

心理学视角下大学新生自我和谐与自我同一性的相关研究/刘幸娟 纪伟//吉林省教育学院学报(学科版) 2011.7

和谐校园语境下大学生心理健康教育保障平台的构建/闫明 郭安宁 刘伟 李亮//高等农业教育 2011.8

自我分化在大学生家庭功能与自我和谐关系中的中介作用/安芹 邱剑 刘玉利//中国心理卫生杂志 2011.11

大学生自我和谐与家庭亲密度和适应性的研究/陈小建 焦卉//教育学术月刊 2011.2

大学生自我和谐与家庭亲密度的关系研究/刘靖姝 黄卫东//兰州教育学院学报 2011.3

大学生自我和谐与父母教养方式的关系/梁瑞琼 王苑芮//中国健康心理学杂志 2011.12

大学生自我和谐与父亲教养方式的相关分析/梁瑞琼 王苑芮//中国健康心理学杂志 2011.3

大学生自我和谐与人际关系的相关研究/陈晓美 罗红格 彭焱 牛春娟 李建明//中国健康心理学杂志 2011.3

大学生人际信任水平与自我和谐的关系/

解晓莉//中国科教创新导刊 2011.29

大学生自我和谐、人际信任与主观幸福感的关系研究/王希平//学周刊 2011.6

承德市高校大学生人际信任、自我和谐与交往焦虑的相关研究/李明 何雪娟 尚文晶 刘海宁//承德石油高等专科学校学报 2011.1

大学生自我和谐和自信心对时间管理倾向的影响/薄建柱 杨绍清 石国兴 朱小茼 张珊珊//河北师范大学学报(教育科学版)2011.5

阅读疗法对大学生自我和谐的影响/肖燕秋 姚仁斌 李志刚//中国学校卫生 2011.6

发挥音乐教育德育功能促进大学生和谐发展/杨滢//艺术教育 2011.12

体育锻炼与大学生学业倦怠水平、自我和谐的实验研究/周喜华//中国健康心理学杂志 2011.4

大学生心理健康的不和谐因素与和谐的心理健康教育思路/刘尔丹//吉林省教育学院学报(学科版)2011.1

和谐校园建设中大学生心理危机干预机制的构建/戚建良 温杰 陆振华//今日财富(金融发展与监管)2011.11

大学生压力应对、自我和谐感与心理适应的关系/宋迎秋 张韬//职业与健康 2011.11

大学生自我和谐与烦恼的关系研究/李然 肖海雁 李婷婷 马存根//山西大同大学学报(自然科学版)2011.2

大学生自我和谐与日常烦心事及其应对方式的关系研究/张丽芳 王益民 李志军//河北农业大学学报(农林教育版)2011.3

大学生危险行为与自我和谐应对方式的关系/陈凤琼 黄进 张华东 马爱霞//中国学校卫生 2011.10

社会支持对女大学生自尊、自我和谐的影响/杜智娟//鸡西大学学报 2011.10

贫困大学生社会支持与自我和谐的关系/李志勇 许江荣//绥化学院学报 2011.1

新建本科院校大学生人际关系与自我和谐的关系研究/林艳艳 赵洁//济宁学院学报 2011.1

和谐校园视野下师范生心理健康状况的调查研究/刘九林 华炜//萍乡高等专科学校学报 2011.2

师范类大学生自我和谐状况的调查与分析/产飞龙 查李妹//科教导刊(上旬刊)2011.3

师范大学生人格特质、社会支持与自我和谐的关系/王刚 李志勇//长江师范学院学报 2011.4

大学生自信与自我和谐的关系研究——以内江师范学院为例/赖建权//内江师范学院学报 2011.8

师范大学生自我和谐与孤独感的相关研究/王东宇 张晓戍//辽宁师范大学学报(社会科学版)2011.3

师范类大学生父母养育方式与自我和谐的相关研究/杨美玲//社会心理科学 2011.Z2

语言态度与高师语言生态和谐——以云南曲靖师范学院为例/张明仙//文教资料 2011.14

太原理工大学生自我和谐健康教育效果评价/范舒云 张彩峰 梁海峰//中国学校卫生 2011.12

优化理工科学校艺术教育,构建和谐校园文化/刘春燕//华章 2011.15

医学生自我和谐现状分析/王文娟 胡炳炎 沐林林 祝亚丽 朱琳//中国学校卫生 2011.3

医学硕士研究生总体幸福感与自我和谐、人格特质的相关研究/薛本洁 张静 钱荣//蚌埠医学院学报 2011.2

温州医学院学生幸福感与压力应对方式、自我和谐的相关性研究/杨晨虹 谢茜茜 汤茗月 蒋索//医学与社会 2011.10

和谐人际交往教育对贫困医学生的心理影响/周媛婷 秦振华 宋凌 姜波 顾惠敏 何红玲//卫生职业教育 2011.12

浙江省某医学院离异家庭大学新生自我和谐与心理健康调查/李心怡 陈莉//医学与社会 2011.8

医学生网络成瘾与总体幸福感、自我和谐关系的调查/田冶 徐芳芳 酒卫华//中华全科医学 2011.3

当代高等职业大学生自我和谐现状调查/王国诚//校园心理 2011.4

高职大学生人格与自我和谐的关系/王国诚//中国健康心理学杂志 2011.12

高职学生自我和谐与主观幸福感关系的研究/汪杰//中国校医 2011.4

高职生自我和谐的多因素影响模型/王国诚//南昌教育学院学报 2011.10

高职生自我和谐发展的课堂干预研究/温娟娟//中国健康心理学杂志 2011.12

高职生家庭环境、自我和谐与网络成瘾关系的研究/张海涛 苏苓 王美芳//学校党建与思想教育 2011.2

高职学生自我和谐影响应对方式、网络成瘾的实证研究/张伟东 洪骏 沈莉萍//浙江外国语学院学报 2011.3

教学策略与学习需求的和谐架构——后方法时代的高职高专英语教学探究/胡艳秋//湖北经济学院学报(人文社会科学版)2011.5

高职英语教育之工具性与人文性的和谐统一/曹兰//常州信息职业技术学院学报 2011.5

构建和谐师生关系,促进高职英语教学/孙雪梅//安徽科技学院学报 2011.1

和谐教学在高等职业英语教学中的探索与研究/毛正勇//华章 2011.9

自我和谐和社交焦虑对民办高校大学生人际信任的影响/林依爽//学理论 2011.30

大专生人际信任水平与自我和谐的关系/朱锦//科技致富向导 2011.29

关注留守生心理健康　促进教育和谐发展/常丽青//成功(教育)2011.1

和谐社会视域下企业发展与社会责任/刘志军 陈斌//企业研究 2011.22

高中生自我和谐与心理健康的相关研究/叶静 吴成军 简才永//社会心理科学 2011.1

“心理和谐”的感悟/管红//党政干部论坛 2011.1

也谈“内心和谐”/陈乃举//群言 2011.7

心理和谐是社会和谐的基础/黄乐览 黄伟萍//广东第二师范学院学报 2011.1

心理和谐是经济发展方式转变与自主创新的保证/林崇德 刘春晖//北京师范大学学报(社会科学版)2011.1

心理和谐是构建和谐单位的基石/马龙//民营科技 2011.9

心理和谐与生活满意感的关系研究——以重庆民众的调查为例/陈正//四川理工学院学报(社会科学版)2011.4

和谐社会视域中的心理和谐建构/康伟//贵州社会主义学院学报 2011.4

和谐社会构建中社会心理探析/郭士波//现代营销(学苑版)2011.9

关注公众的心理取向是“以人为本”和谐社会的重要内容/吴继华//理论与改革 2011.5

论和谐社会建设中心理健康服务体系的构建/吴卫东//继续教育研究 2011.10

重新理解和谐社会——基于心理学的视角/燕国材//探索与争鸣 2011.11

国民心理和谐与构建和谐社会的心理学探析/陈道明//商丘师范学院学报 2011.10

社会心理学:探索人与社会的互动推动社会的和谐与可持续发展/王芳 刘力 许燕 蒋奖 孙晓敏//中国科学院院刊 2011.6

道德矛盾心理与心灵和谐/朱林//江西社会科学 2011.10

身心和谐、德性与真实自我/寇东亮//学习与实践 2011.4

熵增原理对构建心理和谐的理论探讨/阮

学云 胡坤//心理科学 2011.5

形成性评价与人的身心和谐发展/殷世东//现代远距离教育 2011.2

构建和谐社会背景下心理健康教育工作的发展趋势/马慧//中国报业 2011.6

加强心理咨询师队伍建设 提升服务和谐社会的能力/王文清 孙钰根 金沈珏 时凤英 张玮//健康教育与健康促进 2011.3

与"时间就是金钱"建立更和谐的关系/陈兴//黄金时代 2011.7

自我和谐的哲学意蕴/杨建毅//社会科学家 2011.2

和谐社会中的自我和谐蕴义/徐萍萍 马向真//求实 2011.3

论社会个体的和谐/胡勇//许昌学院学报 2011.1

论和谐自我观的教育建构/杜二敏//石河子大学学报(哲学社会科学版)2011.2

舟曲救灾官兵心理创伤与社会支持及自我和谐关系/周喜华//中国公共卫生 2011.7

青年失业人员心理健康与自我和谐的相关研究/刘军 范喜瑛//中国民康医学 2011.14

自我和谐在社会支持与网络成瘾倾向之间的中介效应/阮鲁君 张林 李文涛//中国健康心理学杂志 2011.8

虚拟自我的最终归宿:回归现实达至自我和谐/谢俊//信阳师范学院学报(哲学社会科学版)2011.5

预防变态心理犯罪 促进心理和谐建设/赵晓风//黑河学刊 2011.9

浅析和谐发展观与生态心理学/杨有福 杨振波//中外企业家 2011.22

自我认同之于青少年心理和谐/陈卫平//青春岁月 2011.8

和谐视域下青少年儿童心理精神疾病问题分析/周红梅//教育与职业 2011.29

多方寻求促进幼儿身心和谐发展的支点/毛元梅//中国科教创新导刊 2011.3

论少子化时代的幼儿个性和谐发展/何静 张立新//皖西学院学报 2011.4

3. 和谐世界思想研究

和谐世界思想的哲学基础/冷树青//求索 2011.4

和谐世界的哲学意蕴略论/马建新//中共山西省直机关党校学报 2011.6

倡导文化自觉 共创世界和谐/张梅颖//群言 2011.6

"反全球化"对"全球化":一个全球正义的视角——兼论"和谐世界"理念的深度启示/徐艳玲//理论探讨 2011.5

对"文明冲突论"的几点思考——兼评和谐世界文化观的优越性/刘思萍//党史文苑 2011.16

构建和谐世界背景下提升我国文化软实力的思路探索/金颖 李亿//改革与开放2011.10

图腾文化与和谐世界/南永前//作家 2011.19

推进文化交流 开展和谐外交/樊彦泓//新闻传播2011.10

加强中印文化交流 促进亚洲和谐发展——"第三届中国——南亚国际文化论坛"综述/李涛//南亚研究季刊2011.4

Jimmy Choo,让中国和谐理念走向世界/段奇清//科学大观园 2011.5

和谐宗教 从经开始——"比较经学与宗教间对话"专栏引介/游斌//民族论坛 2011.18

**二、马克思主义和谐思想研究**

(一)综论

论马克思主义实践观对构建社会主义和谐社会的现实意义/卢允庆//重庆科技学院学报(社会科学版)2011.22

马克思主义价值论构建和谐社会若干问题研究/李保峰//赤峰学院学报(科学教育版)2011.1

论和谐社会建设下的马克思主义人学/张年荣//和田师范专科学校学报 2011.1

人与自然和谐——待解的马克思主义课题/彭雷//吉林省教育学院学报(学科版) 2011.11

马克思主义“和谐人格”的哲学诠释/张青兰//学术研究 2011/05

马克思主义哲学对和谐校园建设的影响探析/肖和寿 罗琳//职业时空 2011.6

浅析唯物辩证法与构建和谐社会之关系/刘笔利//吉林省教育学院学报 2011.2

(二)马克思和谐思想研究

从“主客批判逻辑”到“尘世和谐逻辑”——对“马克思辩证法本质”的重新审视/曹典顺//理论探讨 2011.3

论马克思关于人的本质思想与社会主义和谐社会的构建/刘文沛//丝绸之路 2011.2

马克思人学视阈中人的和谐发展/汤文隽//江西社会科学 2011.11

关系和谐:马克思人的全面发展理论再认识/张文静//江苏技术师范学院学报 2011.7

浅析马克思关于人的全面发展理论与构建和谐社会/安红霞//郑州铁路职业技术学院学报 2011.1

从奥康纳回到马克思——马克思主义生态观的发展对构建人与自然和谐交往关系的启示/贾真//中共四川省委党校学报 2011.3

论马克思实践思维方式下的人与自然环境和谐发展/刘海涛//重庆邮电大学学报(社会科学版)2011.6

从冲突到和谐:马克思的多元文化观/付秀荣//学习与探索 2011.3

马克思美学视野中的和谐社会构建/陈竞飞//佳木斯大学社会科学学报 2011.4

和谐同盟:比较视野下的马克思与孔子/段学品//云南行政学院学报 2011.5

(三)关于前苏联和谐问题研究

苏联在社会和谐问题上的教训与启示/王科//北华大学学报(社会科学版)2011.6

布哈林的平衡论及其对构建社会主义和谐社会的启示/杨煌//当代世界与社会主义 2011.6

**三、中外和谐思想研究**

(一)中国古代和谐思想研究

1. 综论

试论中国传统文化在构建和谐社会中的价值/刘军汉//党史文苑 2011.4

中国传统文化对建设和谐社会的影响/李明国//人民论坛 2011.11

弘扬中国传统文化　构建社会主义和谐社会/王永丽//中国城市经济 2011.29

发扬传统文化　构建和谐社会/张希旺//科技风 2011.8

试析中国传统文化对构建社会主义和谐社会的启示/张文娟//经济师 2011.8

中国传统文化精神对和谐社会建设的价值/陆卫明 李红//西安交通大学学报(社会科学版)2011.5

中华文化是社会和谐的思想道德基础/张凤莲//群文天地 2011.24

全球化语境下中国传统文化和谐观的社会功能/陈绪石//宁波教育学院学报 2011.6

中华传统优秀文化与社会主义和谐文化建设/黄超英 许海东//经济与社会发展 2011.5

论中华文化和谐思想的当代价值/张玲 高德钦//天津市社会主义学院学报 2011.4

中国传统文化的和谐思想及其当代价值审视/杨昕//社科纵横 2011.3

略论中国传统文化和谐思想的基本内容和价值/张广才 刘信洪 李福生//广东水利电力职业技术学院学报 2011.3

中国传统和谐思想导论/唐镜//吉首大学学报(社会科学版)2011.2

浅谈中华文化和谐思想与构建和谐社会/

邵中//黑龙江省社会主义学院学报 2011.3

传统和谐思想的源流考辨/田啸 魏明//科技创业月刊 2011.14

中国古代"和谐"思想的三重解读/林国标//船山学刊 2011.4

中国传统文化与和谐理念/秦措//学理论 2011.36

中国传统文化的和谐之美/王孝春//呼伦贝尔学院学报 2011.1

传统和谐观及其当代价值/陈晋红//青海民族大学学报(教育科学版)2011.1

传统和谐精神与和谐社会的构建/张颖//湖南省社会主义学院学报 2011.4

贵和精神与当代中国政治认同建构/常士訚//晋阳学刊 2011.6

"网开三面"与中国和谐文化/杨钦//青春岁月 2011.10

浅议中华文化与我国阶层关系和谐/张有恒//天府新论 2011.5

中国"和"文化的历史命运——从中共文献中一个新概念"和谐"谈起/李燕 周良书//安徽农业大学学报(社会科学版)2011.6

弘扬传统"和"文化加强和谐文化建设的研究/池志勇 李荣菊 刘杰 樊超//青年文学家 2011.6

追溯传统"和合"文化　构建和谐人际关系/董耀金 赵立国//新课程研究(中旬刊)2011.4

浅谈国学精髓与构建社会主义和谐社会/韦诸霞 段丽君//科教导刊(中旬刊)2011.3

研读国学经典　构筑和谐人格/冯占辉 董耀金//学理论 2011.12

国学精髓对大学校园和谐发展的作用/鲍兆飞//世纪桥 2011.19

"古代智慧与和谐社会"国际学术研讨会综述/陈硕 陈贻绎//圣经文学研究 2011.00

2. 儒家和谐思想研究

论儒家和谐思想对构建社会主义和谐社会的现代意义/胡琴 李青嵩//经营管理者2011.24

儒家"和"的思想与和谐社会构建/汤恺//顺德职业技术学院学报 2011.3

浅析儒家和谐思想及其现代价值/王静 王风姣//山东行政学院学报 2011.3

儒家和谐思想与现代和谐社会/张排房//语文教学通讯·D刊(学术刊)2011.6

儒家"中和"思想对人与自然和谐发展的意义及局限性/刘金平//湖北大学学报(哲学社会科学版)2011.6

论儒家文化对构建和谐社会的现实价值/李静//湖北省社会主义学院学报 2011.6

论吸收儒家文化精髓构建和谐社会/史堃//现代商贸工业 2011.16

构建和谐社会的传统智慧——从儒学的视域来看/丁成际//华北电力大学学报(社会科学版)2011.6

浅议儒家文化在社会主义和谐文化构建中的意义与作用/崔玉娈//学理论 2011.1

儒家文化与和谐文化构建/刘雅文//东北师大学报(哲学社会科学版)2011.4

儒家德性伦理对社会和谐与生命发展的价值/李忠红 王贺//深圳大学学报(人文社会科学版)2011.3

儒学救世论的现代化透视——以"仁爱"与"和谐"为例/肖玉峰//自然辩证法研究2011.12

儒家"仁"的思想与人的心理和谐/唐天勇 贺争平//传承 2011.5

儒家孝文化与和谐社会的建设/刘燕凌//江苏省社会主义学院学报 2011.1

儒家孝文化与和谐社会浅议/王廷信 刘太恒//黄河科技大学学报 2011.6

儒家孝文化与和谐税务机关建设/王娟//湖南税务高等专科学校学报 2011.5

论贫困大学生和谐人际关系的形成——儒家交往伦理的视角/孟凡平//阜阳师范学院学

报(社会科学版)2011.5

儒家修养论与心态和谐的构建/安尊华//贵州社会科学 2011.12

儒家生态和谐思想对现代人与自然和谐相处的启示/彭虎 孔祥林//江苏省社会主义学院学报 2011.4

“内圣外王”:和谐世界诉求的儒家文化根源/游浩云//新闻爱好者 2011.24

先秦儒家的和谐思想及其当代价值/杨继学 杨明娟//河北学刊 2011.1

先秦儒学“天人合一”思想与和谐社会构建/代海燕 刘志新//辽宁工业大学学报(社会科学版)2011.1

个体知与行和谐发展思想探析——以先秦儒家教育为论域/李丽丽 王凌皓//成人教育 2011.6

先秦儒家孝道对当今构建和谐家庭的启示/王芳//山西高等学校社会科学学报 2011.12

试论《周易》思想对和谐社会构建的启示/陆跃升//咸宁学院学报 2011.2

《周易》中的和谐思想与构建社会主义和谐社会/岳江勇 赵兴洪//石家庄经济学院学报 2011.2

《易经》的和谐思想及其当代价值/顾其银//兰台世界 2011.25

《周易》的“太和”理念及和谐社会建构/郑万耕//北京师范大学学报(社会科学版)2011.5

《周易》的智慧在于“和谐”/余敦康//现代国企研究 2011.9

论《周易》在和谐社会中的应用/姚舸//中小企业管理与科技(下旬刊)2011.4

大易之复:一种生生不已的和谐循环智慧——从《易》之“复”卦的圆润通变图式谈起/刘兴明//山东师范大学学报(人文社会科学版)2011.1

浅议周易“乾坤卦”和谐美的设计思想/姜亦金//设计艺术研究 2011.6

论《诗经》的和谐世界/焦兵新//科教文汇(中旬刊)2011.2

论孔子的和谐思想:源起、内容与现实意义/杨光//教书育人 2011.6

从孔子的和谐思想看和谐社会建设/于然欣//文教资料 2011.31

论孔子思想中的“和谐”因素/浮伟忠//现代语文(文学研究)2011.6

孔子思想中的和谐理念/白立强//阿坝师范高等专科学校学报 2011.4

孔子“和而不同”思想对建设和谐社会的启示/刘明慧 张海军//产业与科技论坛 2011.16

孔子儒家传统伦理思想在构建社会主义和谐社会中的价值/陈亮//中国市场 2011.52

试析孔子的和谐人际关系思想/丁翌//济宁学院学报 2011.5

孔子的“和谐人际关系”思想及其当代价值/孙全胜//焦作大学学报 2011.4

略论孔子“推己及人”道德思想在当代构建和谐社会的实践价值/张珍 李艺//广西社会主义学院学报 2011.4

探析孔子的“仁爱”思想及其和谐社会理念/韩延明 李文婷//江苏社会科学 2011.4

从和谐社会视阈看孔子“仁爱”观的现代价值/代海燕 付洪安//渤海大学学报(哲学社会科学版)2011.3

孔子的“忠恕”之道与构建和谐世界/王宏伟//安顺学院学报 2011.3

孔子心理和谐思想探析/唐天勇 贺争平//柳州师专学报 2011.2

试论孔子礼制思想对和谐社会构建的启示/陆跃升//黑龙江史志 2011.23

论孔子法律思想中的和谐理念/牛淑贤//科教文汇(中旬刊)2011.11

试论以人为本的社会和谐观在《论语》里的体现/洪英莲//作家 2011.6

从《论语》看先秦儒家的和谐观/姚晓娟 曹

微//华夏文化论坛 2011.00

承《论语》孝悌　促社会和谐/李聪亮//鸡西大学学报 2011.3

《论语》中师生的和谐关系及其现代价值/王伊薇//内蒙古农业大学学报(社会科学版)2011.2

浅谈《侍坐》中的社会和谐意识/杨来胜//大家 2011.23

解析中庸思想的和谐意蕴/田花//文教资料 2011.19

中庸之道在构建社会主义和谐社会中的意义/李霄红//中共郑州市委党校学报 2011.2

中庸之道对构建和谐社会的现实意义/康剑//现代交际 2011.2

中庸哲学对构建和谐社会的积极意义/张贵安 杨大燕//高等函授学报(哲学社会科学版)2011.2

中庸之道在构建和谐社会中的时代价值/徐元英//学习月刊 2011.2

和谐处世的中道原则/那秋生//思维与智慧 2011.5

中庸思想与构建和谐生态环境/祝敏杰//青年文学家 2011.12

中庸之道与和谐医药/赵玉华//开卷有益(求医问药)2011.9

茶自和谐道中庸/逸名//茶. 健康天地 2011.6

"忠恕之道"对建构和谐人际交往体系的启示/李儒斌//学校党建与思想教育 2011.25

大力弘扬中华孝文化　夯实构建和谐社会之基/王位东//前进论坛 2011.5

孝慈文化是实现社会和谐的基石/张晓兵//前沿 2011.8

以慈孝促和谐弘扬慈孝文化的实践与思考/江鲁//宁波通讯 2011.14

新农村和谐文化建设不可忽略弘扬孝道/张元中//青年文学家 2011.4

论和谐社会下农村孝道观念的重塑/武慧俊 黄博//山西农业大学学报(社会科学版)2011.1

诚信:构建和谐社会之基石/史秋琴//上海人大月刊 2011.7

敬畏之心的存有与和谐社会的建构——"君子三畏"及其现代意义/余卫国//湖北社会科学 2011.6

从和谐社会视阈看孟子"仁爱"观的现代价值/代海燕 艾志强//辽宁工业大学学报(社会科学版)2011.4

荀子"义分则和"礼学思想及其对构建和谐社会的意义/魏银立//经济研究导刊 2011.27

荀子和谐伦理思想探微/刘桂荣 钱广荣//齐鲁学刊 2011.6

荀子的和谐管理思想/张金山//辽宁科技大学学报 2011.2

浅论荀子的教学观与和谐发展/周更武//太原大学教育学院学报 2011.3

浅谈荀子《乐论》中的和谐之美/石程 赵悦彤//安徽文学(下半月)2011.12

和:《礼记》礼乐教化的旨归/贺更粹//西北师大学报(社会科学版)2011.4

析《中庸》思想元素中的和谐价值/张信容//福建论坛(人文社会科学版)2011.6

《乐记》中的礼乐文化在构建和谐社会中的现实指导意义/张桂琴//内蒙古煤炭经济 2011.3

孝:构建和谐的"至德要道"——重读《孝经》札记/李若夫 李冬//焦作大学学报 2011.2

董仲舒哲学思想中的"和谐"意蕴/孙彩霞//产业与科技论坛 2011.13

试论傅玄自然与人文和谐的思想/姚凤莲 吴点明//西安电子科技大学学报(社会科学版)2011.5

宋明理学和谐思想探微/韩美群//武汉理工大学学报(社会科学版)2011.5

周敦颐和谐思想及现代价值反思/韩丽红//牡丹江师范学院学报(哲学社会科学版)2011.2

我国传统文化的现代价值选析——张载《西铭》的和谐思想及其现代价值/苏振武//价值工程2011.16

朱子和谐四重奏与当代社会/朱人求//合肥学院学报(社会科学版)2011.4

论朱熹的诚信观及对和谐海西建设的启示/李星//三明学院学报2011.1

“天地万物与人原为一体”——王阳明的物我和谐观/陈奇 陈瑜//青岛科技大学学报(社会科学版)2011.1

王艮哲学的和谐性/刘卫儒//前沿2011.16

论王艮的平等与和谐/张树俊//陇东学院学报2011.3

论清初理学名臣汤斌与和谐社会建设/张鸿欣//兰台世界2011.7

从血气心智到内心和谐:论戴震的人性论/王智汪//北方论丛2011.2

论魏源的社会和谐思想/周小喜//湖南科技学院学报2011.7

曾国藩和谐伦理思想探析/孙富磊//商丘职业技术学院学报2011.3

现代新儒家的人际和谐观/于军//鲁东大学学报(哲学社会科学版)2011.5

3.道家、道教和谐思想研究

道家的和谐理念与社会转型期道德的建构/宋辉 方雷 宋晓璐//淮北师范大学学报(哲学社会科学版)2011.6

论道家伦理精神与和谐交往/汪怀君//桂海论丛2011.3

大道周行与和合共生——宗教和谐的道家资源/刘仲宇//中国道教2011.6

道家思想对大学生自我和谐的启示/李晓红//文学界(理论版)2011.2

“齐”“一”与“和”“顺”——道家的和谐如何可能/吴先伍//道德与文明2011.5

“真化”和谐对“礼化”和谐的超越及其意义——和谐视域下传统道家“真人意识”的反观与激扬/魏涛//兰州学刊2011.2

先秦道家和谐思想及现实意义/吕慧燕//社会科学战线2011.9

浅议先秦道家“为我”所蕴涵的和谐智慧/景云//漳州师范学院学报(哲学社会科学版)2011.2

老庄心理和谐之道分析/贺争平 唐天勇 唐瑞//湖南科技学院学报2011.9

《道德经》和谐思想的现代启示/黄海德//中国宗教2011.6

《道德经》对构建和谐社会的借鉴意义/程远//理论导报2011.1

《道德经》“自我和谐”思想之现代观照/史少博//学术交流2011.7

浅析《道德经》外译与“和谐世界”理念的跨文化传播/陈巧玲//沈阳大学学报2011.6

老子哲学与社会和谐/胡家全//湖北省社会主义学院学报2011.1

浅析楚文化精神与构建和谐社会——对老子哲学的现代思考/王丽梅 田士轻//高校社科动态2011.4

老子论和谐/梁静 宋晓璐 宋辉//郑州航空工业管理学院学报(社会科学版)2011.4

老子的尚和思想及其“和谐”社会理念/张申平 田正学//重庆科技学院学报(社会科学版)2011.21

论《老子》道之本体论的和谐意蕴及现代指向/刘占虎//管子学刊2011.2

试论老子“中和”思想的“和谐”意蕴/吴之清//云南行政学院学报2011.3

《老子》思想中的和谐与“无为”/王俊华//学理论2011.1

老子无为思想的和谐意义/张国良//管子学刊2011.4

论老子“不争”的思想与社会和谐/李程//理论月刊 2011.10

“上德若谷”与和谐人生/葛荣晋//中共宁波市委党校学报 2011.1

老子“尊道贵德”与“和谐共生”之道/梁发//中国道教 2011.6

老子论人的身与心的和谐/沈素珍//阜阳师范学院学报(社会科学版)2011.4

老子心理和谐思想及其启示/唐天勇 贺争平 罗艳妮//淮海工学院学报(社会科学版)2011.9

庄子的生命观及其对和谐社会的贡献/姜万生//作家 2011.8

庄子“与天和”“与人和”思想对人心理和谐的启示/罗艳妮 贺争平 唐天勇//法制与经济(中旬刊)2011.3

试论庄子心灵和谐思想及对现代人的启发/刘瑞娟//太原师范学院学报(社会科学版)2011.5

生命之“道”与“自然”和谐之美——庄子生命哲学的美学精神再现及其现实价值探求/计艳贺 金晓凤//承德民族师专学报 2011.3

从庄子《逍遥游》谈和谐/秦克祥//宿州教育学院学报 2011.2

《淮南子》人与自然和谐思想及其现实意义/吕慧燕//东北师大学报(哲学社会科学版)2011.2

4. 佛教和谐思想研究

论佛教伦理精神与和谐交往/汪怀君//济南大学学报(社会科学版)2011.2

试论佛教心理和谐思想精华/唐天勇 贺争平//四川民族学院学报 2011.2

弥陀净土对和谐社会构建的重要启示——和谐从心开始/雷彩华//企业家天地(理论版)2011.3

生活禅:人间净土与终极关怀的和谐统一/梁世和//河北学刊 2011.4

禅宗静坐与心理和谐的构建/王建润//江海纵横 2011.1

论慧能“三无”思想对人类心灵和谐的终极意义/徐建华//法音 2011.3

事事融通　万物和谐——看佛教圆融思想在《达摩流浪汉》中的体现/张东燕//英语广场(学术研究)2011.Z4

5. 墨家和谐思想研究

墨家和谐观探析/郑奕//理论界 2011.7

墨家“兼爱”思想与和谐社会构建/张一强//商业文化(上半月)2011.3

墨子的“和谐观”与当代中国和谐社会建设/薛玉刚//传奇.传记文学选刊(理论研究)2011.1

墨子的和谐社会思想及其当代价值/沈跃春//中共青岛市委党校.青岛行政学院学报 2011.6

论墨子和谐社会思想/李光辉 陈天涯//河北经贸大学学报(综合版)2011.4

全球化时代墨子思想与中华民族之和谐发展/刘焕云//职大学报 2011.5

墨子的“兼爱”理想与和谐社会建设/江秀玲//理论导刊 2011.11

墨子的和谐管理思想/张金山//辽宁经济管理干部学院(辽宁经济职业技术学院学报)2011.6

墨子的和谐管理思想/张金山//辽宁经济 2011.6

6. 其他

和谐:礼乐文明的本质特征——对中国古代文明构建路径的理性思考/张自慧//理论月刊 2011.7

伏羲文化是中国原始的和谐文化/张崇琛//天水师范学院学报 2011.3

寻根溯源论虞舜——《寻根文学与舜文化根源性地位》《舜文化传统与和谐境界》悟读/吴同和//语文教学通讯·D刊(学术刊)2011.6

中国传统哲学“和谐”思想及其时代价值/陈家长//社科纵横 2011.12

中国传统“和合”哲学思想与和谐社会的构建/周秀菊 丁利锐//河北青年管理干部学院学报 2011.3

扬弃传统伦理道德,促进社会和谐发展/赵志浩//华北电力大学学报(社会科学版)2011.1

传统伦理对于构建和谐社会的价值/吴旻//华北水利水电学院学报(社科版)2011.5

基于身体的中国传统和谐文化研究/李佳王冬舟 王丽娜//大家 2011.17

中国传统文化与和谐理念/秦措//学理论 2011.36

唐宋时期汉壮和谐的文化表征/袁咏心//长江大学学报(社会科学版)2011.4

论唐贞观时期社会和谐繁盛的原因/赵军//白城师范学院学报 2011.6

和谐社会与法治保障——以大唐盛世为视角的分析/王炤 魏文超//赤峰学院学报(汉文哲学社会科学版)2011.10

浅析“康乾盛世”的经验教训对当今构建和谐社会的借鉴意义/徐鸿//安徽文学(下半月)2011.5

清乾隆时期的治新政策及和谐边疆的构建/桑娟红//昌吉学院学报 2011.1

重审“从俗从宜”治藏思想对构建“和而不同”和谐社会的意义/王丹屏 王玉青//法制与社会 2011.25

“和谐”语境之下的回眸——对近代思想史上的激进与保守之关系的再认识/俞祖华 赵慧峰//学术研究 2011.1

论维新思想家的三重和谐理念/赵璐//社会科学家 2011.1

论《黄帝内经》和谐文化观在和谐社会建设中的价值/林艺鸣//昌吉学院学报 2011.6

灵渠:人与自然和谐相处的杰作/李云鹏//中国三峡 2011.8

和谐的审美之维——中国古代文艺学范畴的现代转换/寸悟//河南社会科学 2011.3

《林泉高致》的“和谐”之美探析/王万发//艺术探索 2011.1

试论中国古典诗词的中和追求与构建社会主义和谐社会的关系/李福燕//湖北第二师范学院学报 2011.5

论陶渊明诗歌中的和谐思想/万雪//青春岁月 2011.10

中国唐代诗歌的和谐观/何京敏//湖北社会科学 2011.5

唐诗物我和谐的生态世界及其现代意义/李金坤//鄱阳湖学刊 2011.2

论王维诗中自然界的和谐美/刘丽红//湖南第一师范学院学报 2011.6

山水游记:人与自然和谐共生的华美篇章——古代山水游记兴盛原因初探/王方钊//青春岁月 2011.22

《赤壁赋》对和谐的诗意表达/陆红梅//文理导航(中旬)2011.7

传播环境与《西游记》的和谐家庭观/杨林夕//名作欣赏 2011.24

融融弦诵中的和谐境界——《红楼梦》之风雅场景透视/张凯//辽宁工程技术大学学报(社会科学版)2011.4

薛宝钗形象和谐内核探析/徐建兵//文教资料 2011.31

论和谐在中国书法及传统文化中的地位与作用/萧李雷//语文教学通讯 · D 刊(学术刊)2011.9

书法艺术在构建和谐社会中的特殊作用/朱崇昌//中国成人教育 2011.3

浅谈书法与健身的和谐与统一/白瑞//搏击(体育论坛)2011.3

浅析中国绘画艺术之和谐美特征/王会三//华章 2011.33

中国古典绘画的和谐精神/田龙//大家

2011.18

论传统中国山水画的和谐观/冯兆杰//美术观察 2011.11

中国音乐中的和谐精神/白雪//贵州大学学报(艺术版)2011.2

中国传统音乐美学中的“社会和谐”理念/楮晓冬//艺术百家 2011.2

传统戏曲在构建社会主义和谐社会中的价值/赵巍 赵洁//大舞台 2011.7

诵读经典对构建和谐语言生活的意义/王青 张红梅//新闻爱好者 2011.10

构建和谐社会须弘扬传统节日文化/赵红杨昭//南华大学学报(社会科学版)2011.4

凤文化蕴含的和谐因子与当代价值/吴艳荣//武汉科技大学学报(社会科学版)2011.5

徽州文化中的和谐思想探析/李玉//传奇.传记文学选刊(理论研究)2011.2

赣南“风水”及其和谐意蕴/周小艺 魏志龙//黄冈师范学院学报 2011.2

“花城”广州花文化和谐理念内涵浅析/袁征博//大众文艺 2011.15

和谐与超越的仪式展演——固义傩戏的个案研究/朱燕 任靖宇//石家庄学院学报2011.5

7. 各家和谐思想比较研究

儒道释伦理精神与当代社会和谐交往/汪怀君//广西社会科学 2011.2

儒释道心理和谐思想之比较/贺争平 唐天勇//传承 2011.9

论儒道心理和谐思想的现代价值/贺争平 唐天勇//广西民族大学学报(哲学社会科学版)2011.6

先秦儒道心理和谐思想及其比较/贺争平 唐天勇//南昌大学学报(人文社会科学版)2011.5

先秦儒道心理和谐思想之比较/贺争平 唐天勇//吉林师范大学学报(人文社会科学版)2011.4

儒道法的和谐/袁奕//商周刊 2011.2

法墨两家的和谐社会思想及其现代启示/廖秀峰//河南广播电视大学学报 2011.3

(二)外国和谐思想研究

1. 西方和谐思想研究

西方传统文化中的和谐思想探究/杨经录//生产力研究 2011.4

在欧洲认识的“和谐”/段文武//海燕 2011.11

论和谐——《理想国》的启示/吴亚菲//学理论 2011.16

试论柏拉图的正义论对和谐社会的启示/王俊华//学理论 2011.13

浅析柏拉图《理想国》中的正义思想及其对我国构建和谐社会的启示/阎菲丽//传承 2011.25

柏拉图正义之探——论《理想国》的社会正义对建设和谐社会的启示/曹微//萍乡高等专科学校学报 2011.2

毕达哥拉斯音乐理论中的“和谐”与“秩序”/金红莲//南京艺术学院学报(音乐与表演版)2011.1

论亚里士多德平衡政体思想中蕴含的和谐思维/唐琼//四川省干部函授学院学报 2011.2

奥古斯丁的宗教幸福观及其对构建和谐社会的启示/孟凡芹//理论界 2011.2

和谐为美的艺术追求——试论贺拉斯《诗艺》中“合式”原则/袁锐//现代交际 2011.10

康帕内拉的思想对我国构建和谐社会的启示/张晓珊 吴秋虹//新西部(下旬.理论版)2011.5

席勒美育思想对我国建构和谐社会的理论启示/陈宁 祝莹莹//社科纵横(新理论版)2011.1

个体之于和谐的作用及其现实意义——从莱布尼茨的单子论谈起/栾林//理论月刊 2011.12

康德二律背反思想对构建和谐社会的启示/王静//宜春学院学报 2011.2

黑格尔和谐社会观的伦理意蕴/苗贵山//道德与文明 2011.2

作为审美及价值之和谐——怀特海和谐观之一斑/管小其//哈尔滨师范大学社会科学学报 2011.3

和谐社会构建的一面镜子——马尔库塞《单向度的人》读后感/邓晔//湘潮(下半月)2011.9

马尔库塞“新技术”构想视阈下的和谐思想探微/孙常青 李崇//商业文化(下半月)2011.7

马尔库塞的生态思想探析——自然的解放与人的解放的和谐统一/李博//世纪桥 2011.23

科技与宗教:实现生态和谐与活力社会的仆从——访美国著名建设性后现代思想家菲利普·克莱顿教授/张果//武汉科技大学学报(社会科学版)2011.4

论基督教伦理中的爱与和谐/方晓波 杨宝国//出国与就业(就业版)2011.12

天主十诫中的和谐理念/刘金成//中国天主教 2011.2

“焚而不毁的荆棘”从天主教圣母信仰管窥社会主义和谐观/丁杨//中国天主教 2011.5

欧美文学中的生态和谐观/邱畅//沈阳农业大学学报(社会科学版)2011.1

试用中国的儒学和谐观解析美国的多元文化/李海岚//边疆经济与文化 2011.8

英国劳资关系中的工人参与权对中国构建和谐劳动关系的启示/赵祖平//中共福建省委党校学报 2010.12

休止符之后,启动和谐音乐之旅——试论欣赏西方古典音乐在音乐老师构筑本身内在和谐以及教学中的作用/王冬青//音乐时空 2011.6

拉斐尔圣母像的和谐人性美/王鲲//文艺研究 2011.8

从生态伦理学角度解析《溪畔天问》中的和谐思想/刘冰 苗学华//黑龙江教育学院学报 2011.11

《瓦尔登湖》——人与自然的和谐共生/罗茜//新闻爱好者 2011.4

人与自然的和谐乐章:梭罗的《瓦尔登湖》/王丹红 姜男//长春工业大学学报(社会科学版)2011.2

天人合一的和谐意蕴——生态批评视角下的《瓦尔登湖》/杨丽//黑龙江教育学院学报 2011.12

生态和谐之美与理性之光——《瓦尔登湖》的美学艺术赏析/刘宝//考试周刊 2011.57

和谐之美——析罗伯特·弗罗斯特的《牧场》/于长青//商业文化(下半月)2011.5

人类与土地的和谐共生——评薇拉·凯瑟的《死神来迎接大主教》/孙凌//文艺评论 2011.9

和谐相处　自然之道——解读《蓝色的海豚岛》/麻哲//时代文学(上半月)2011.10

走向和谐之路——索尔·贝娄早期小说犹太人发展主题模式研究/高迪迪//外语学刊 2011.3

对峙与和谐——托妮·莫里森对美国黑人文化生态构建的探索/梁玉龙//伊犁师范学院学报(社会科学版)2011.3

对抗与和谐——《白鲸》的生态批评解读/王坤 杨毅//山花 2011.14

朴素和谐的生态观——以评价理论重新诠释《老人与海》/张欢雨//时代文学(下半月)2011.1

丹·布朗与小说《达·芬奇密码》尾声的和谐性/武端理 张焕珍//科技信息 2011.13

小说《达·芬奇密码》开放式结尾及其和谐性/武端理 王秀银//大家 2011.12

茜丽:黑色的和谐之母——评美国小说《紫色》/李新霖//作家 2011.10

《紫色》:一幅和谐美好的人类生存图景/高跟娣//人文杂志 2011.6

探索两性和谐共存的道路——《紫色》标题象征意义的多重解读/宣菁//名作欣赏 2011.15

生存在和谐文化下的西丽——初探《紫色》中的生态女性主义/李佳//佳木斯教育学院学报 2011.1

浅谈电影《阿凡达》对构建社会与自然和谐关系的启示/陈楠//湖北函授大学学报 2011.1

蕴含在混乱表面之下的意蕴和谐——论卡明斯“古怪的印刷体式”诗歌的“陌生化”技巧/陈燕//太原大学学报 2011.2

约翰·邓恩爱情诗中的爱情和谐观/付君秋 闫桂娥//名作欣赏 2011.15

对立中的和谐——简析邓恩的《宣布成圣》和《日出》/彭颖//重庆科技学院学报(社会科学版)2011.11

试论威廉·布莱克笔下的和谐世界/舒慧香 杨颖//现代交际 2011.8

论《天真之歌》的和谐观/唐梅秀 王静//长沙理工大学学报(社会科学版)2011.2

和谐之美——基于语料库的济慈生态智慧研究探微/罗美玲//宜春学院学报 2011.10

朴素的和谐观——评《呼啸山庄》中的生态意识/蔺学才//辽宁行政学院学报 2011.12

人与自然和谐关系的建构——解读约翰·罗斯金《金河王》中的生态伦理思想/赵晓凤//作家 2011.2

论《织工马南传》中的和谐主题/李慧君//柳州职业技术学院学报 2011.2

和谐新境界——探析伍尔夫的女性主义思想/傅霞//语文学刊 2011.7

解构中建立和谐:伍尔夫小说《奥兰多》的启示/余陈乙//江苏教育学院学报(社会科学)2011.2

走向和谐——解读伍尔夫《奥兰多》中的“双性同体”观/傅霞//湖北广播电视大学学报 2011.5

论《蝇王》中对和谐社会的诉求/田金婵 陈吉兴 陈亚云//中国科技信息 2011.22

解析劳伦斯小说中的“两性和谐”/张伟//作家 2011.6

从矛盾到和谐——再读《查泰莱夫人的情人》/方科大//考试周刊 2011.15

“和谐”思维的极致——论经典读本《查泰莱夫人的情人》/邓满姣 苏艳飞 杨东旭//中南林业科技大学学报(社会科学版)2011.6

生态和谐之虹——论劳伦斯小说《虹》中的生态和谐思想/席战强//河池学院学报 2011.6

劳伦斯诗歌中的和谐主题/毛雪青//飞天 2011.18

探析《古舟子咏》中人与自然的生态和谐关系/朱姗姗//当代教育理论与实践 2011.2

对立、依存与和谐——女性哥特视域下的《蝴蝶梦》及作者的女性观/范晓航//作家 2011.14

自然美与人文美的和谐统一——英国摄影家席乐诗(Celest)女士摄影作品赏析/余西明 关宏臣//美术大观 2011.5

浅谈马蒂斯的《红色的和谐》/杜雅男//大众文艺 2011.1

论威廉·海因泽的小说《阿尔丁海洛与幸福岛》对荷尔德林和谐观的影响/赵蕾莲//德国研究 2011/04

隐秘的和谐:论西班牙当代女作家马约拉尔/杨玲//外国文学研究 2011.3

库切小说的和谐生态观解读/张莉 张静雯//名作欣赏 2011.26

主体性的消融与和谐社会的构建——解读库切小说中的主体性思想/陈京明 陈永国 王翡//萍乡高等专科学校学报 2011.5

《裂缝》中的和谐世界/向云富 田祥斌//世界文学评论 2011.2

多丽丝·莱辛的《裂缝》的和谐主题分析/

杜坤 刘玉红//赤峰学院学报(科学教育版)2011.9

2.东方和谐思想研究

伊斯兰文化的和谐理念在构建当代和谐社会中的价值/李倩 祝光//华章 2011.21

伊斯兰文化中的和谐理念/李倩 肖琼//华章 2011.20

伊斯兰文化与社会和谐/陈广元//中国宗教 2011.3

论伊斯兰文化中和谐自然观的宗教特质——基于宗教信仰视域下的认识/马文祥//中国穆斯林 2011.6

伊斯兰教福利场域与穆斯林和谐社会的构建/马燕//青海民族大学学报(社会科学版)2011.1

泰戈尔短篇小说中的和谐之美/孙倩//洛阳师范学院学报 2011.6

泰国清莱拉祜族和谐双语生活剖析/乔翔 朱艳华//民族论坛 2011.20

论池田大作的和谐哲学思想/施保国 俞娟//西南石油大学学报(社会科学版)2011.5

论池田大作构建和谐社会的思想之维/刘景兰//江汉论坛 2011.3

浅谈池田大作的和谐世界思想/李自豪//改革与开放 2011.4

(三)中外和谐思想比较研究

中西和谐观异同比较研究/尹红//考试周刊 2011.20

“和而不同”:中西文化下人际互动和谐相容模型比较/赵菊 佐斌//心理学探新 2011.6

论中西方艺术的和谐美/樊娟//艺海 2011.11

中西方艺术境界的比较:和谐与冲突/张觅奇//大众文艺 2011.7

自然和谐与数理和谐——论中西方音乐的和谐观之异同/李红梅//音乐天地 2011.5

儒家文明与基督教文明:和平、富足与和谐/霍普金斯//文史哲 2011.6

老子与毕达哥拉斯“和谐”思想比较/李荷蓉//华北水利水电学院学报(社科版)2011.2

生命秩序和谐性是建构人的真正生命的必要条件——再论托尔斯泰的宗教观与老子的学说/蔡宝玺//贵州社会科学 2011.4

论孔子和柏拉图关于社会和谐美的追求/李丽//工会论坛(山东省工会管理干部学院学报)2011.4

和谐与美好——马修·阿诺德与孔子精神的契合/梁佳英//飞天 2011.20

和谐社会的两种建构模式——荀子霍布斯政治哲学思想比较/雷震//学术交流 2011.2

交相辉映的中西和谐思想——《暴风雨》中莎士比亚和谐观与中国古典和谐观的契合/郑月莉 宋慧玲//疯狂英语(教师版)2011.3

(姜宏闻)

## 著作索引

社会主义和谐社会研究/李君如 严书翰 叶庆丰//中共中央党校出版社 2011 年 10 月

构建社会主义和谐社会的理论与实践/申小翠//上海交通大学出版社 2011 年 7 月

社会和谐决定论/龙斧等//社会科学文献出版社 2011 年 1 月

社会主义和谐社会经济基础研究/侯廷智//首都经济贸易大学出版社 2011 年 9 月

和谐社会的价值追求研究/王伦光//人民出版社 2011 年 12 月

和谐社会构建中体制改革绩效评价问题研究/周小亮//经济科学出版社 2011 年 7 月

经济和谐理论研究/李松龄//湖南大学出版社 2011 年 3 月

和谐经济论/杨仲杰//中国轻工业出版社 2011 年 9 月

经济生活世界的意义追问:经济正义与和谐社会的构建/毛勒堂//人民出版社 2011 年 8 月

和谐新农村墙板报宣传实用丛书/天禧工作室//印刷工业出版社 2011 年 9 月

农民契约意识与和谐社会研究/张振国等//中国检察出版社 2011 年 9 月

从盲流到产业工人:农民工问题与和谐社会建设研究/马雪松//江西人民出版社 2011 年 3 月

区域协同科学发展与社会和谐/戴桂英//浙江大学出版社 2011 年 11 月

首都和谐社会软环境研究/杨军 谷军 周宇宏//中国经济出版社 2011 年 1 月

建设和谐内蒙古的环境道德保障体系研究/魏智勇//中国环境科学出版社 2011 年 4 月

郑州市构建社会主义和谐社会研究/中共中央党校课题研究调研组//人民出版社 2011 年 12 月

广东经济市场化进程二元性与社会和谐发展研究/安晓云 罗恢远 吕景春 杨荣 谢鸿飞 朱永德//暨南大学出版社 2011 年 4 月

客家文化与和谐广西/徐天河//浙江大学出版社 2011 年 11 月

广府文化与和谐广东/刘傅峰 林加祥//广东人民出版社 2011 年 6 月

百年梦想共创和谐:上海世博会保险管理与实践纪实/周廷礼//上海人民出版社 2011 年 8 月

科技富民强县与中国和谐发展/申茂向等//社会科学文献出版社 2011 年 7 月

劳动关系:社会和谐发展的风向标/谭泓//人民出版社 2011 年 4 月

和谐治水与绿色水电:新中国水利水电事业的效益和贡献/中国水木发电工程学会//中国电力出版社 2011 年 1 月

区域防洪体系与社会经济和谐发展研究/宋巧娜//清华大学出版社 2011 年 11 月

生态和谐与林业发展/温作民//中国林业出版社 2011 年 8 月

石漠化地区人地和谐发展研究/但文红//电子工业出版社 2011 年 8 月

与自然和谐相处:岩溶地区石漠化综合治理的探索与实践/杜鹰//中国林业出版社 2011 年 12 月

走向和谐经济:兼论 21 世纪制浆造纸业的革命/李潮旺//中国农业出版社 2011 年 2 月

生态旅游经济关系和谐发展论/唐静//中国环境科学出版社 2011 年 10 月

和谐生态经济发展/杨文进//中国财政经济出版社 2011 年 12 月

智能空间:人类与自然和谐共处的新范式/余涛 余彬//浙江工商大学出版社 2011 年 5 月

程序控权与社会和谐/赵宝华//人民出版社 2011 年 10 月

和谐司法之理论与实践(2010)/陈华杰 杨万明//人民法院出版社 2011 年 3 月

和谐文化理念视角下的中国仲裁制度研究/乔欣//厦门大学出版社 2011 年 5 月

和谐执行/张建坤//人民出版社 2011 年 2 月

和谐之基:中国劳动者权益保障之路/杨志明//中国劳动社会保障出版社 2011 年 7 月

和谐社会语境下的老龄问题研究/郅玉玲//浙江大学出版社 2011 年 5 月

科学发展:社会管理与社会和谐/北京市社科联、北京师范大学//北京师范大学出版社 2011 年 12 月

和谐社会的治理之道(第 4 辑)/王梦奎//中国发展出版社 2011 年 4 月

基于和谐管理理论的知识型人才管理研究(社科文献论丛第 29 辑)/张向前//线装书局 2011 年 4 月

和谐共赢幸福管理体系/裴亚波 裴冠雄//

上海财经大学出版社有限公司 2011 年 12 月

中国式人力资源管理:和谐人本管理/曾庆学//中国物资出版社 2011 年 9 月

虚拟企业和谐互动的社会管理研究/唐魁玉//哈尔滨工业大学出版社 2011 年 8 月

中国和谐社区:建邺模式/陆志鹏//中国社会出版社 2011 年 9 月

中国和谐社区:朝阳模式/袁玉树 谢华维//中国社会出版社 2011 年 6 月

中国和谐社区:上城模式/陈微 马丽华//中国社会出版社 2011 年 8 月

和谐组织研究/凌文轮//科学出版社 2011 年 7 月

社会主义和谐社会的利益协调机制研究/蒋永穆等//经济科学出版社 2011 年 5 月

多元化纠纷解决机制与和谐社会的构建/范愉等//经济科学出版社 2011 年 7 月

中国社会科学论坛 2010 年会报告集:发展与和谐应对后危机时期的挑战(中国社会科学论坛文集)/李扬//社会科学文献出版社 2011 年 12 月

社会和谐与边疆稳定/鲁刚等//中国社会科学出版社 2011 年 3 月

军事工程建设和谐管理研究与实践/林茂光等//科学出版社 2011 年 4 月

统一战线与和谐社会建设/王珊//首都师范大学出版社 2011 年 12 月

中华和谐:中国 56 个民族影像/陈海汶//上海文艺出版集团发行有限公司(上海锦绣文章)2011 年 5 月

行进在社会和谐发展的康庄大道上研究/黄蓉生//西南师范大学出版社 2011 年 9 月

多民族地区构建经济社会和谐系统评价研究/李晓曼//经济科学出版社 2011 年 6 月

民族传统体育文化传承与民族和谐社会建设关系研究/夏思永等//西南师范大学出版社 2011 年 8 月

走向和谐:广西民族关系发展的历史地理学研究/刘祥学 刘玄启//民族出版社 2011 年 12 月

回族社会的和谐与发展:第十九次全国回族学研讨会论文集/丁宏//宁夏人民出版社 2011 年 11 月

四川盐源县各民族的语言和谐/戴庆厦//商务印书馆 2011 年 10 月

宗教与社会主义和谐社会建设:以北京地区为例/佟洵 编//宗教文化出版社 2011 年 7 月

和谐社会的实践内涵与中国知识分子问题/赵睿//中国书籍出版社 2011 年 7 月

性别统计与中国的和谐发展/陈澜燕//天津人民出版社 2011 年 10 月

科学发展的先锋促进和谐的楷模(党的十六大以来先进模范人物巡礼共 5 册)、中共中央宣传部宣传教育局//学习出版社 2011 年 6 月

和谐文化的溯源与辨析/杨倩//世界知识出版社 2011 年 7 月

和谐之旅/胡应南//社会科学文献出版社 2011 年 11 月

宽容:和谐一生的秘诀/程知远//外文出版社 2011 年 9 月

和谐真好/李群高玮//浙江少年儿童出版社 2011 年 8 月

家和万事兴,国和天下平:社会主义核心价值体系与和谐乡村建设/陈洪江 钟慧容 吴世韶//广西师范大学出版社 2011 年 7 月

和谐思想政治教育研究/张志安等//山东人民出版社 2011 年 5 月出版

建构社会主义和谐社会伦理秩序研究/梅萍等//中国社会科学出版社 2011 年 12 月

中国德育求索:和谐德育研究之路/中国伦理学会德育专业委员会和谐德育研究与实验总课题组//首都师范大学出版社 2011 年 4 月

和谐社会视阈下的公民道德建设研究/魏雷东//中国社会科学出版社 2011 年 9 月

月与刺猬共舞:建立和谐的人际关系/(美)菲利普斯 著,王怡 译//中国商业出版社 2011年10月

社会主义和谐社会视域下政府信用问题的伦理审视/周文翠//中国社会科学出版社 2011年3月

美善和谐论/李咏吟//浙江大学出版社 2011年11月

新闻传媒发展与构建和谐社会关系研究/罗以澄等//经济科学出版社 2011年8月

图书馆在和谐社会建设中投入与运行模式研究/马静//中国社会科学出版社 2011年6月

中国和谐家庭建设报告/洪天慧//社会科学文献出版社 2011年1月

建和谐家庭　享幸福生活:北京市和谐家庭建设论坛论文集/北京市妇女联合会//中国农业大学出版社 2011年9月

和谐城市十讲/秦光荣//云南人民出版社 2011年12月

和谐的进步:吴建中、张露城市发展对话录/吴建中 张露//东方出版中心 2011年10月

打造和谐企业/吴冀林//人民出版社 2011年3月

打造和谐企业文化提升员工职业素养/杨鼎家//中国言实出版社 2011年10月

和谐油田研究/席酉民 高静乐//机械工业出版社 2011年6月

杨一青与和谐教育/教育部师范教育司组//北京师范大学出版社 2011年4月

共生与和谐:生态学视野下的学校发展/范国睿等//教育科学出版社 2011年9月

自由与和谐:大学教师学术生态研究/耿益群//知识产权出版社 2011年4月

课堂生态论:和谐与创造/李森 王牧华 张家军靳玉乐//人民教育出版社 2011年5月

和谐体育的哲学探究:现代体能的文化哲学批判与构建/布特//北京体育大学出版社 2011年1月

教育学与心理学的和谐变奏/燕国材//人民教育出版社 2011年1月

内观之说:心灵和谐的疗法/(日)真荣城辉明 著,陈幼寅 译//上海交通大学出版社 2011年8月

和谐社会视野下的城乡居民主观幸福差异研究:以成都市为例/方纲//西南交通大学出版社 2011年1月

马克思主义和谐世界建设论/房广顺//人民出版社 2011年10月

和谐世界理论基础探析:全球治理和目标建构的新范式/周树春//中国社会科学出版社 2011年9月

中国和平发展与构建和谐世界研究/李景治等//中国人民大学出版社 2011年3月

从和谐中国到和谐世界/闫立金//五洲传播出版社 2011年8月

和谐世界与君子国家:关于国际体系与中国的思考/高飞//世界知识出版社 2011年4月

世界的和谐/(德)开普勒 著,张卜天 译//北京大学出版社 2011年6月

现实与理想:全球化背景下的国际合作与和谐世界/赵长峰//中国社会科学出版社 2011年11月

从宗教和谐到世界和谐/卓新平 王晓朝 安伦//上海学林出版社 2011年12月

和谐世界与东亚和谐/刘昌黎//东北财经大学出版社有限责任公司 2011年7月

文明的和谐与共同繁荣为了我们共同的家园责任与行动:北京论坛(2010)论文选集/程郁缀 谷雪//北京大学出版社 2011年11月

科学发展观的传统思想渊源研究/董根洪//人民出版社 2011年12月

中华文化与和谐社会建设/王才 张荣芳 纪宗安//暨南大学出版社 2011年4月

对话:中国传统文化与和谐社会/陈声柏//

中国社会科学出版社 2011 年 2 月

等级本分补偿:中国传统和谐政治思想和治国方略研究/黄义英//中国社会科学出版社 2011 年 3 月

中国传统法律文化与和谐社会研究/崔永东//人民出版社 2011 年 3 月

创造和谐/成中英//东方出版社 2011 年 11 月

和谐拯救危机/净空法师 陈大惠//甘肃人民美术出版社 2011 年 1 月

客家文化与社会和谐:世界客属第 24 届恳亲大会国际客家文化学术研讨会论文集/国际客家文化学术研讨会专家组//广西师范大学出版社 2011 年 11 月

重返本源和谐之途/尹航//中国社会科学出版社 2011 年 11 月

本体诠释学、民主精神与全球和谐(国际中国哲学精译系列〈第 2 辑〉)/成中英 冯俊 主编;中国人民大学国际中国哲学与比较哲学研究中心 译//中国人民大学出版社 2011 年 10 月

(刘兴明)

# 和文化机构团体及其活动

## 中国人民大学和合文化研究所

中国人民大学和合文化研究所是中国人民大学为推动中国传统文化研究、发掘传统和合文化价值、弘扬现代和合文化而成立的专门学术机构。该研究所成立于1993年，由中国人民大学哲学系教授、和合学的创始人张立文先生发起创立。现任所长为张立文教授，该所现有专制科研人员9人，并有外聘国内外学者30余名担任兼职研究员。

中国人民大学和合研究所自成立至今18年间，为推动和合文化研究、宣传和合文化做出了不懈努力，并取得了丰硕成果。和合研究所的发展历程可以分为两大时期，从1993年到2002年为第一时期，这是和合文化研究所的创立发展时期；自2002年至今为第二时期，这是和合文化研究所与中国人民大学孔子研究院一体办公、共同发展的时期。

中国人民大学和合文化研究所的成立，是以张立文先生为首的人大学者长期开展和合文化研究的结果。早20世纪80年代，张立文先生为了推动中国哲学形态创新、实现中国文化的现代转生，就对中国传统文化中的和合价值引起了高度重视，并于1989年撰写了《从宋明理学到和合学》一文(后改为《新儒家哲学与新儒家的超越》收入了《中国近代新学的展开》一书)。在这篇文章中，他提出了“和合学的建构”，探讨了和合学的定义、内容、及其价值根据，认为和合学是中国文化的精髓，是中国文化生命的最完美的体现形式。此后，张先生带领人大同仁加大了对和合文化的研究力度，展开了对和合文化的全面研究，并着手进行“和合学”体系的建构和完善。到20世纪90年代前期，张先生的和合学体系逐渐趋于成熟。为了推动和合学的进一步研究，更好地弘扬和合文化，中国人民大学决定成立和合文化研究所。

和合文化研究所成立以后，迅速展开了和合文化的研究和推广工作。这主要包括以下几个方面：

一、深入开展对和合学和和合文化的学术研究，出版了近百部学术著作，发表数百篇学术论文，承担多项重大科研项目。1996年，张立文所长的《和合学概论——21世纪文化战略的构想》由首都师范大学出版社出版。2011年，张立文主编的国家社科基金“九五”重点课题成果“东亚哲学与21世纪丛书”出版。该丛书包括《和合与东亚意识——21世纪东亚和合哲学的价值共享》(张立文著)、《东亚的转生》(陆玉林著)、《和合之境》(李振纲、方国根著)、《和魂新思》(李甦平等著)、《君子国的智慧》(姜日天、彭永捷著)登5部系列专著。同年，张立文著《中国和合文化导论》由中共中央党校出版社出版。2004年，张立文著《和合哲学论》出版。2005年，张立文主编的《圣境》、《空境》、《和境》《玄境》系列丛书在出版。2006年，张立文著《和合学》(《和合学概论》的修订版)在中国人民大学出版社出版。2007年，张立文著《自己讲讲自己：中国哲学的重建与传统现代的度越》由北京师范大学出版社出版。这些专著从多角度多层次对中国和合文化传统、和合文化在东亚的影响、中国和合文化的未来走向等许多重大学术问题展开了深入研究，并构建了和合学体系。和合文化研究所还围绕中国和合文化展开了对整个中国传统文化以及东亚文化的研究，并出版了《李退溪思想研究》、《正学与开新》、《中国学术通史》、《中外儒学比较研究》等数十部学术专著，并以中国人民大学孔子研究院的名义召集国内外学者编纂《国际儒藏》(现已出版《国际儒藏·韩国编·四书部》，约1500万字)。在出版学术著作的同时，张立文先生还发表了《中华和合人文精神的现代价值》(《社会科学研究》，1997年第5期)《东亚意识与和合精神》(《学术月刊》1998年第1期，《新华文摘》1998年第5期转载)、《儒家和合文化人文精神与二十一世纪》(《学习与探索》1998年第2期)、《中国伦理学的和合精神价值》(《浙江大学学报》1999年第1期)、《和合方法的诠释》(《新华文摘》2002年第8期)等百余篇有关和合学研究以及中国传统文化研究的学术论文。和合研究所的向世陵、彭永捷、罗安宪等其他学者也发表论文数十篇。此外，和合文化研究所还承担了人民出版社“中国学术通史”项目、教育部“中国古代的德治与法治”；教育部“孔子研究与中国传统文化”项目等多项重大课题。

二、召开学术会议，加强和合文化的研究交流。1996年《和合学概论》出版后，为了加强与学术界的交流，和合文化研究所举办的“《和合学概论》首发式暨‘和合学’思想学术研讨会”在首都师范大学召开，国内许多著名学者参加会，张岱年先生等许多著名学者都对和合学给予了积极评价。2001 年 4 月，“东亚哲学与 21 世纪丛书”首发式暨和合学与东亚社会学术研讨会召开，华东师范大学出版社社长朱杰人等全国著名学者数十人参加会议，对和合文化及其在东亚的影响展开研讨。2002 年 11 月，中国人民大学在和合文化研究所的基础上成立了中国人民大学孔子研究院，并召开了中国人民大学孔子研究院成立庆典暨“孔子与当代”国际学术研讨会。全国人大常委会前副委员长谷牧、时任全国政协常委民进中央副主席楚庄、中华人民共和国教育部副部长章新胜、香港孔教学院院长汤恩佳、著名学者张岱年、汤一介、成中英、钱逊、牟钟鉴、余敦康、楼宇烈等来自海内外的专家、学者 300 余人参加会议。与会专家就孔子学说的当代价值、孔子思想对后代的影响、孔子思想对世界的影响、孔子思想与当代中国文化、孔子思想与当代全球文化、近现代孔子研究历程的回顾与反思、孔子学说大众化的前景与思路，以及与孔子相关的其他研究课题等进行了研讨。2004 年 12 月，由和合文化研究所暨孔子研究院承办的“国际儒学论坛：儒家思想在世界的传播与发展”国际学术研讨会在北京召开，来自中国、韩国、日本、马来西亚、新加坡、越南、巴西、瑞典、俄罗斯、柬埔寨等 10 个国家的 130 多名专家学者参加了会议。全国人大常委会副委员会许嘉璐先生出席了会议开幕式并发表讲话。中国人民大学校务委员会主席程天权先生、韩国高等教育财团总裁金在烈先生、民进中央名誉副主席楚庄先生、日本国士馆大学理事长西原春夫先生等在开幕式上致辞。中国人民大学孔子研究院院长张立文先生、韩国翰林大学李东俊先生、瑞典斯德哥尔摩大学罗多弼先生做了大会主题发言。本次会议共提交论文 70 多篇，就儒家思想在世界各地的传播、孔子思想及哲学精神的再认识、儒学在中国的发展历史、儒学的现代价值及现代转型与发展等相关问题进行了深入研究。此后，“国际儒学论坛”每年召开一次国际儒学会议，现已召开 7 届，分别以“儒学与亚洲人文价值”（国际儒学论 · 2005）、“儒家思想与跨文化交流”（国际儒学论 · 2006）、“儒家文化与经济发展”（国际儒学论 · 2007）、“儒家仁爱思想的现代价值”（国际儒学论 · 2008）、“儒家的安身立命之道”（国际儒学论 · 2009）“儒家思想与社会治理”（国际儒学论坛 · 2010））为主题对包括中国和合文化在内的中国传统文化及其在和谐社会与和谐世界建设中的作用进行广泛研讨。2005 年 4 月，和合文化研究所召开“和合学与和谐社会的建构暨庆祝张立文先生 70 华诞及从教 45 周年”学术研讨会。牟钟鉴、周桂钿、王国轩等专家学者共计 50 余人参加了座谈，与会学者对和合文化在当今时代的重要价值以及和合学的时代意义进行了交流探讨。

三、广泛开展对外交流，积极宣传和合文化。

早在和合文化研究所酝酿筹备时期，所科研人员就十分重视对外开展和合文化交流。1991 年 3 月，张立文赴日本参加“现代化与民族化——亚洲现代化过程与民族性因素国际研讨会”，并于 3 月 28 日在东京大学中国哲学研究室作了主题为“和合学建构”的演讲，3 月 30 日在京都大学会馆又作题为“和合学概述”的演讲，阐发了他的和合学思想。和合文化研究所成立后，本所科研人员加大了对外开展和合文化交流、和合学宣传的力度。1994 年 4 月，张立文参加了在日本福冈召开的“东亚传统文化国际学术研讨会”，并提交论文《中国传统文化的精髓——和合学》，引起与会各国学者的兴趣，得到冈田武彦、荒木见悟等著名学者的赞赏，并于会后在九州大学、东京大学作了和合学及和合文化的演讲。1995 年 8 月，张立文参加了在美国波士顿大学召开的第九届国际中国哲学研讨会，并作了题为“中国文化的和合精神与 21 世纪”的学术演讲。1997 年 11 月，张立文所长参加了在韩国汉城举行的“第一届高峰哲学国际学术会议”，并于 24 日在高丽大学做了题为“和合学——21 世纪文化战略的构想”的学术演讲。1998 年 12 月，由中华炎黄文化研究会、香港中文大学和香港中华文化促进中心共同主办“中华文化与 21 世纪国际学术研讨会”，在香港中文大学召开。张立文教授参加会议，并提交论文《中华和合文化与 21 世纪》。这些学术交流扩大了和合学与和合文化研究所在世界的影响。2000 年，日本将来世代综合研究所所长金泰昌教授在访问联合国教科文组织时得悉该组织在为 2001 年“不同文明间对话年”编纂不同文明对话理念，便提出要以张立文先生的“和合学”为东亚文明对话理念。他们为此专门访问中国，并于 2000 年 12 月与中国人民大学联合召开“东亚‘和’思想与 21 世纪国际学术交流会”。中日韩等各国与会学者对张立文提出的和合学给予高度评价，认为和合学是化解 21 世纪人类五大冲突和危机的新的文明理念。会后，张立文提交的论文《和合学论纲》被翻译成日、英文本，连同会议纪要一并报给了联合国教科文组织总部。2002 年 7 月，张立文所长赴韩国成均馆大学讲授和合学。2003 年 10 月，张立文所长应日本国士馆大学邀请，率团对日本进行了为期 10 天的学术访问。代表团先后访问了国士馆大学、早稻田大学、丽泽大学、爱知大学，参观了涉泽荣一纪念馆及日本近代学术中心足利学校，并与日本部分国会议员以及日本著名企业家进行了会谈。访日期间，张立文院长先后作了五次讲演，代表团与日本各界人士共进行了七次座谈。2004 年 5 月，俄罗斯国立东方学院副院长亚利山达·科日扶尼科夫教授访问和合文化研究所。张立文所长以及副所长彭永捷、罗安宪等人会见了来访客人。张立文院所长向俄罗斯专家介绍了和合学的基本理念、和合与发展的关系。2004 年 12 月，应台湾大学东亚文明研究中心主任黄俊杰教授邀请，张立文所长赴台湾大学参加“法鼓人文讲座”。张先生在台湾作了两次讲座，一次是 2004 年 12 月 17 日，题目是：韩国儒教的特点；一次是 2004 年 12 月 24 日，题目是：和合学与中国哲学的创新。2005 年 12 月，张立文随从温家宝总理出访葡萄牙，参加由葡萄牙教育科技部主办的“中葡文化语言教育合作及文化多样性研讨会”。温家宝总理与葡萄牙高层领导出席会议。张立文教授在会上做主题发言，宣讲了和合理念在处理国际问题中的重要价值。

此外，和合文化研究所还十分重视和合文化的社会普及。为了传承中国和合文化价值，促进社会和谐进步，中国人民大学和合文化研究所自 1991 年开始曾连续十多年开设“和合学”课程，向在校学生讲授和合学。自 2004 年起，中国人民大学和合文化研究所暨孔子研究院每年 9 月举办“孔子文化月”，并专门成立推广部，通过举办文化讲座、专题展览、经典征文等多种形式推广优秀传统文化。同时，和合研究所科研人员积极参与社会各界文化宣讲，弘扬和合文化。特别是中央提出和谐社会建设的重大战略以后，和合研究所科研人员积极参与和谐文化研讨和宣传，受到了社会的重视。

# 河北省和谐文化研究会

河北省和谐文化研究会成立于2009年4月，主管单位河北省社科联。

河北省和谐文化研究会以马列主义、毛泽东思想、邓小平理论和三个代表的重要思想为指导，认真贯彻执行党和国家的方针政策，代表和维护研究会全体会员的共同利益和合法权益。在河北省社科联的领导下，紧紧围绕经济建设这个中心积极开展和谐文化的研究和宣传，融汇和谐之音，传播和谐之声，为河北省的和谐文化建设作出应有的贡献。

河北省和谐文化研究会会址设在河北省临西县万庄村万和宫。业务范围辐射整个河北省。研究会积极动员、组织和引导省内各种社会力量关心、支持、宣传和谐文化。深入基层调查研究，了解各地先进文化，为省委、省政府决策提供服务，当好参谋助手。不定期举办不同层次的和谐文化研讨会，推动和谐文化发展。依法举办有助于和谐文化弘扬和传播的实体。同时编辑、出版、发行有关和谐文化方面的书刊和信息资料，并接受河北省社科联、河北省民政厅的委托，承办有关和谐文化的业务活动。

**一、组织机构**

名誉会长：

刘魁立　中国民俗学会理事长

刘键生　河北原副省长、河北省政协原副主席

李九元　河北省文化厅原厅长

顾　问：

张蔚萍　（中央党校教授、博导、全国思想政治工作委员会主任）等13人

会　长：

王殿明　河北省青华苑高校服务有限公司总经理

副会长：

贾东信　白求恩军医学院原副政委

靳有新　《河北日报》总编室原主任

丁吉槐　石家庄人事局原局长、石家庄人才研究会会长

梁建章　河北省散文学会副会长兼秘书长、《散文风》杂志主编

陈茂才　河北省书法协会副主席、著名书法家

秘书长：

韩凤鹏　河北省邢台市广播电视局原副局长

副秘书长：

何永利　著名诗人

张瑞强　河北青华苑高校服务公司总经理秘书

理事单位(5个)：

河北青华苑高校服务有限公司

河北万通万和文化传播有限公司

河北省当代书画院

河北河之北文化服务公司

河北省荷魂美术馆

**二、主要活动**

1月15日，河北省和谐文化研究会会长王殿明出席在北京人民大会堂举行的“2010年度环球慈善奖表彰大会”。王殿明会长被授予“环球慈善人物奖”和“环球慈善民间奖”两个奖项。全国人大副委员长陈昌智出席大会并接见了获奖者和与会嘉宾。

2月25日，王殿明会长在北京钓鱼台国宾馆会见了韩国光州广域市姜云太市长，向姜云太市长介绍了和文化的研究、建设、宣传成果。在招待晚宴上，王殿明会长亲自向姜云太市长赠送了中国首部和学年鉴——《中国和学年鉴》，并邀请姜云太市长到和文化圣地——万和宫参观。同时，姜云太市长也盛情邀请王殿明会长到韩国光州广域市参观考察。

3月8日，中国新闻社隆重推出《中华尚和园报道专辑》，对正在规划建设中的中华尚和园及它的创建者——河北省和谐文化研究会会长王殿明进行了系统的、全面的、综合的的报道。该专辑经过了详细的策划、全新的设计和认真的编辑，图文并茂，制作精美，兼备了宣传性和可读性，是全面了解中华尚和园、学习领悟和文化的第一手材料。

3月26日，华夏文化纽带工程执行委员会常务副主任李靖和副秘书长阮胜发等一行到中华尚和园参观考察。在王殿明会长的亲自陪同下，首先参观了中华孝道园，王殿明会长详细的介绍了中华孝道园的规划、设计和工程进展情况。接着一同参观了万和宫。参观之后，李靖主任表达了对王殿明会长的和文化的推崇和敬佩之心，并表示愿意尽全力促成双方的合作。

4月7日，河北省和谐文化研究会会长王殿明应邀出席在颐园宾馆举行的河北省人大之友摄影书画协会第二届会员代表大会暨第一次会议。会议全票通过王殿明担任河北省人大之友摄影书画协会副会长。会上王殿明会长做了题为《和文化让摄影书画更美丽》的精彩演讲，得到了与会领导和专家的一致认可，大家纷纷表示，要学习和文化，让和成为人生的信仰。

4月16日，河北工人报第2-3版整版刊登《一宫一园　万和之宗——浅析万庄现象与“和文化”的力量》、《奏响“和”的畅想曲——走近王殿明与“和文化”》

17日-18日，由建设创新型国家战略推进委员会、中国农村商业发展工作委员会牵头并会同河北省委组织部、省委宣传部、省委政策研究室以及河北省和谐文化研究会相关人员共同组成的联合调研组赴万和宫进行调研。

18日-19日，河北省和谐文化研究会会长王殿明应邀出席在北京全国政协礼堂举行的纪念张学良将军(于凤至夫人)诞辰110周年座谈会。隆重纪念伟大的爱国主义将领、民族英雄张学良将军诞生110周年。

6月21日，中华合作时报第D4-D5版整版刊登《夯筑和谐大厦的总工程师——记河北省和谐文化研究会会长王殿明》

24日-26日，王殿明会长在钓鱼台国宾馆参加中国公益事业发展大会，荣获“中国公益楷模奖”，同时河北省和谐文化研究会被授予“中国公益项目奖”。

6月27日，河北经济日报第5、8版整版刊登《一个老兵“和”的信仰》，报道了王殿明会长和文化事业。

6月30日，河北省和谐文化研究会隆重举

行庆祝中国共产党建党90周年活动。

7月13日,河北省和谐文化研究会荣获“纪念中国共产党成立九十周年知识竞赛优秀组织奖”

7月23日-25日,王殿明会长赴北京国务院第二招待所——国家会议中心参加第八届感动中国十大新闻人物颁奖盛典。王殿明会长荣获“第八届感动中国十大新闻人物”,并在会上做精彩发言,阐述了和文化的价值和使命。

9月9日,由河北省委宣传部、省精神文明办,河北省和谐文化研究会和河北省民俗文化协会联合主办的河北省“异乡一家亲”迎中秋话团圆茶话联谊会在人民会堂隆重举行,参加联谊会的有省精神文明办的领导、商会的领导、企业家代表、农民工代表、学生代表、市民代表、藏族学生及各媒体的代表,共三百多人欢聚一堂。

河北省和谐文化研究会会长王殿明在联谊会上做了精彩的讲话,阐述了和文化的美妙性和重要性,获得了阵阵热烈的掌声。和谐小天使张瀛允朗诵了由王殿明会长创作的《十唱和字歌》。之后,由主持人领诵的《和经》(节选),更是将气氛推向了高潮,引起了全体与会者的强烈共鸣。

9月17日-18日,河北省和谐文化研究会会长王殿明应邀出席濮阳市孝道文化促进会成立大会。会上王殿明会长详细介绍了中华孝道园的规划、设计,并向孝道文化促进会赠送了由万和宫书画艺术院精心制作的《二十四孝书法长卷》。王殿明会长与孝道文化促进会王永君会长共同宣布,将加强交流合作共同将孝文化传承、发展、普及、光大,同时王殿明会长还表示愿将中华尚和园景区内的中华孝道园作为濮阳市孝道文化促进会的研究基地,展示基地,交流基地。

9月28日,河北省和谐文化研究会和省民俗协会主办的“九九重阳养老孝亲达人秀联谊会”在石家庄市阳光格瑞酒店举行

9月29日,社区生活报第8-9版整版刊登《溯和之源“华夏和谐文化第一村”——记河北省和谐文化研究会会长、中华尚和园创建者王殿明》

10月2日-4日,《和文化建设规划纲要2012-2021》研讨会在万和宫隆重举行。本次研讨会由河北省和谐文化研究会举办,重点对《和文化建设规划纲要2012-2021》(讨论稿)进行了研讨。

10月13日上午十点,品味和文化——第三届和文化节暨“万和宫杯”和文化摄影展在石家庄颐园宾馆一楼礼堂隆重举行。

10月20-25日,“万和宫杯”和文化全国摄影大赛获奖作品巡展活动,走进河北师范大学汇华学院。

10月21日,王殿明会长出席河北师范大学汇华学院十年校庆盛典

10月25日,河北省人民政府研究室副主任薛志敏带领调研组赴万和宫实地调研,本次调研主要围绕中华尚和园的规划建设展开。

11月,河北交通电视台“人在旅途”栏目播出万和宫宣传片。

11月30日至12月2日,河北省和谐文化研究会会长王殿明应邀赴宁夏参加百位企业家考察“黄河善谷”活动。宁夏“黄河善谷”考察活动由宁夏回族自治区民政厅、宁夏慈善公益组织联合会共同举办,邀请了世界杰出华商协会主席卢俊卿、壹基金研究院院长王振耀和全国各地的百位企业家、慈善家共同参加。宁夏回族自治区副主席刘慧出席欢迎晚宴,民政厅厅长杜正彬全程陪同考察活动。

王殿明会长向宁夏慈善公益组织联合会捐献善款二十万元，同时表示将在宁夏"黄河善谷"建设中华尚和园和西宫，把和文化播洒在宁夏大地。

11月29日-12月1日，"万和宫杯"和文化全国摄影大赛获奖作品巡展活动，走进石家庄金谈固社区

12月3日，王殿明会长专访以《河北老兵自筹近亿资金传播"和"文化　曝心酸路》为题被凤凰网、中新网等30多家媒体采用。

# 长沙"和文化"研究会

旭日东升，笑脸盈盈；天无私覆，和光同尘；地无私载，岁月峥嵘。禀天地之正清和气，应人类进步之召唤急需，长沙和文化研究会问世了！

这是一个人们面临巨大挑战与空前机遇的新世纪。从传统文化中汲取应对人生挑战和把握时代契机的人生智慧，是当代有志、有识、有为之士成功事业的明智之举。"和"是中国传统文化的基本精神，也是中华民族不懈追求的理想境界。"以和为贵"、"保合太和"，"和而不同"、"和实生物"，体现了中华民族对"和"的本质的追求和实践，并凝练成一种"和文化"。在构建和谐社会成为主旋律的当今中国，作为和谐理念哲学基石的"和文化"，引起了前所未有的关注，也显现了巨大的文化魅力。研究和实践"和文化"，既是社会之需，也是时代之需，应运而生的长沙和文化研究会，就是适应时代潮流的产物。

目前，"和文化"研究和实践如火如荼。全国妇联"建和谐家庭，促和谐社会"论坛、中国国际关系学会"中国梦与和谐世界"研讨会的成功举办，全国首家省级"和谐重庆研究中心"的顺利成立，国内首届"和文化"节、"和文化"论坛在长沙的成功举办，都昭示研究和实践"和文化"有着广阔前景，其社会价值之显著有目共睹。此外，国内高校纷纷开设了文化产业专业，把"和文化"作为重要内容，以"和文化"为核心内容的现代化区域文化中心陆续形成，一大批从事"和文化"产业开发的学者和企业家脱颖而出，也显示"和文化"的研究具有巨大的经济价值。

长沙和文化研究会根据长沙市民政局长民社团〔2007〕110号2007年11月14日批复文件正式成立。研究会以科学发展观为指导，以人本位为落脚点，以发掘和发展"和文化"的精髓、服务现代社会为目标，以"和文化"的应用研究为切入点，致力于打造"和文化"研究、学习、交流和实践的平台，推广"和文化"理念，探讨"和文化"规律，开展"和文化"研究，同时开展社会

咨询、培训交流，积极引导、培育、发展“和文化”产业市场，促进长沙、湖南乃至全国“和文化”事业蓬勃发展。

本会下设：文化旅游研究委员会、房地产与人居环境研究委员会、传统文化研究委员会、公益彩票研究委员会、健康养生研究委员会、科技应用研究委员会、创意产业研究委员会、艺术娱乐研究委员会。

神交古人，义结今人，泽贻后人，“为天地立心，为生民立命，为往圣继绝学，为万世开太平”，是长沙和文化研究会组建的初衷所在。长沙和文化研究会展览平台初具，好戏即将隆重登场。热忱欢迎热心“和文化”的志士同仁加盟，共同为发展和弘扬“和文化”，共同为社会创造物质财富和精神财富，建设和谐社会献计出力！

宣言：“和”是中国传统文化的基本精神，也是中华民族不懈追求的理想境界。从传统文化中汲取应对人生挑战和把握时代契机的人生智慧，是当代有志、有识、有为之士成功事业的明智之举。在构建和谐社会成为主旋律的当今中国，“和文化”引起了前所未有的关注，也显现了巨大的文化魅力。研究和实践“和文化”，既是社会之需，也是时代之需。

“长沙和文化研究会”业务范围

一、组织会员承接“和文化”科研课题，承接政府购买服务；

二、推广典型企业和个人经验，充分利用“和文化”信息网站，扩大会员单位的社会影响；

三、为会员单位提供相关信息和各项咨询服务；

四、搭建“和文化”信息交流平台，组织或参与各种形式的展览会、展示会、交易会、行业论坛和培训活动；

五、组织开展“和文化”理论研究和学术交流，汇编有关方面资料，办好协会有关刊物。

研究会第一届常务理事成员名单

# 和文化国际传播中心

**一、和文化国际传播中心理念**

“和”是中国传统文化的基本精神，是中国传统文化的核心，也是中华民族不懈追求的理想境界。在构建和谐社会成为主旋律的当今中国，构建和谐社会需要建设和谐文化。作为和谐理念哲学基石的“和文化”，引起了前所未有的关注，也显现了巨大的文化魅力。

“和文化”的主要内容包括“天下为公、选贤与能、讲信修睦的大同社会理想观；和而不同、兼容并蓄的文化观；民贵君轻的政治观；德主刑

辅的治理观；仁者仁爱、推己及人的道德观；修身正己、以德化人的教育观；恒产与均平的经济公平观，以义统利、群己和谐的社会伦理观；国家统一、协和万邦的民族国家观；天人合一、天人和谐的自然观等等。

纵观五千年历史，“和”是中国思想文化中被普遍接受和认同的人文精神，它纵贯整个文化发展的全过程，积淀于各个时代各家各派的文化中。因此，“和文化”体现中国思想文化的首要价值和精髓，也是中国思想文化最完善、最富生命力的表现形式。它对国家的统一、民族的团结、经济的发展、社会的安定、文明风尚的养成、人才造就、政德政风的淳化等等，起到了重要的促进作用。直到今天，贯穿其中的人文精神的自强不息、积极进取、厚德戴物等价值取向，仍是综合国力的重要源泉。有学者预言：21世纪应该是“和”的世纪，为顺应“和”的世纪潮流，许多高瞻远瞩的中国有志之士开始在“和”字上作文章，高举“和”旗帜，弘扬“和”精神，光大“和”意蕴。

研究和实践“和文化”，既是社会之需，也是时代之需，应运而生的“和文化国际传播中心”就是适应时代潮流的产物。

“和文化国际传播中心”以科学发展观为指导，以民本思想为落脚点，以人性化为特色，以挖掘和拓展“和文化”的精髓，服务社会主义先进文化，服务现代社会为目标，以“和文化”的研究为切入点，致力打造国内外经济界、政界与学术界之间交流会通的平台，为和文化传播、互动而努力。

**二、和文化国际传播中心机构设置**

和文化国际传播中心于2007年6月18日在青岛揭牌，宣告成立。

（一）组织机构

名誉主任：

冯之浚　国务院参事，教授、博士生导师

主　任：

徐　诚　中国孔子基金会会长助理，青岛科技大学教授

副主任：

王怀岳　中共青岛保税区工委书记、青岛保税区管委会主任

傅振国　人民日报（海外版）科教文卫部副主任

仇维宏　青岛出口加工区管委会副书记、副主任

吉兴亮　青岛保税区管委会副主任

秘书长：

吉兴亮（兼）

副秘书长：

鲁军瑛　青岛保税区管委会主任助理

寿杨宾　青岛市史志办公室副编审

王云升　青岛保税区群工部部长

商　进　青岛保税区文化立区办公室主任

（二）和文化国际传播中心下设研究会、理事会

（三）和文化国际传播中心总部设在青岛保税区管委会

通讯地址：

青岛市黄岛区江山南路青岛保税区　邮编：266555　电话：0532－86769977

手机：13906393997（徐诚）

**三、和文化国际传播中心工作范围**

（一）以青岛保税区为基地建立“和文化”示范区。

（二）承接“企业文化”、“社区文化”等文化研究课题。

（三）组织承办“文化讲座”。

（四）组织承办“和文化”国际高端论坛。

（五）对“和文化”及“和文化”产业发展的战略性问题进行调查研究。

（六）创办“和文化国际传播中心”内部通讯。

（七）创办“和文化”公开发行期刊。

（八）承办出版“和文化”专题论文集。

（九）提供相关信息和各项咨询服务。

（十）创建和文化国际传播中心网站。

# 青岛科技大学和文化研究院

**一、青岛科技大学和文化研究院宗旨**

和，是中华民族文化的重要范畴和基本精神，是中华民族文化的核心价值，是中华民族不懈追求的理想境界。本世纪初，胡锦涛总书记在世界讲台上提出构建和谐社会与和谐世界的理念后，和文化在国内、国际受到空前的关注，显示了其巨大的文化魅力。

和文化之内涵主要可概略为：保合太和的宇宙观、天人合一的自然观、协和万邦的世界观、自强不息的民族观、以和为贵的人生观、和而不同的价值观。

对“和”基础理念的研究、追溯、解读，并行之于实践，是和文化研究的主要方向；研究宇宙、地球、国际、族际、人际以及人和自然之和谐，探索其规律，则是和文化研究的中心内容；和文化研究和现实结合，特别是其在社区、厂企、乡村、学校、兵营的表现和影响，是和文化研究的重要途径。纵观我国五千年文化史，和文化不仅引领历史潮流，积极影响社会发展进程，还融入寻常百姓生活，具有全民性、普适性、连续性、体系性的特征。有学者预言，21世纪应该是“和”的世纪，为顺应“和”的世纪潮流，我们要在“和”字上大做文章，高举“和”的旗帜，光大“和”的意蕴，弘扬“和”的精神，追求“和”的境界。人类正处在21世纪第一个十年末年，和文化研究任重道远，其积极意义未可限量。

**二、青岛科技大学和文化研究院机构设置**

青岛科技大学和文化研究院于2009年6月5日正式成立，并于2009年10月18日召开成立大会。

（一）和文化研究院领导班子

院　长：罗公利

常务副院长：徐　诚

副院长兼秘书长：张福芝

副秘书长：阎　瑜　寿杨宾

（二）和文化研究院指导委员会

主　任：冯之浚　国务院参事、教授、博导

副主任：牟钟鉴　中央民族大学教授、博导

姜　琳　世界华人联合总会主席

（三）通讯地址

1. 青岛市松岭路69号青岛科技大学和文化研究院

2. 青岛市延安三路228号民政大厦1903室

电话/传真:0532－83862839

手机:13906393997　邮编:266071

**三、和文化研究院研究领域**

(一)“和文化”基础性研究

主要是对传统“和文化”的发掘、整理、阐释和发展等基础理论研究,包括:“和文化”思想发展史研究;马列主义、毛泽东思想与“和文化”研究;“和文化”中西比较研究等。

(二)“和文化”建构性研究

在传统和文化研究的基础上,建构新的研究领域,如:“和文化”可持续发展研究;传统“和文化”的现代化研究;和文化和现代生活方式研究;和文化与中国软实力的研究;“和”与“斗”、“和而不同”思想研究等。

(三)“和文化”应用特性研究

这方面研究院将努力寻求“和文化”与社会现实诸方面的结合点,拟建立“和文化”基础上的分支文化研究,包括:企业文化、社区文化、地域文化、德孝文化研究等。

(四)“和文化”书画艺术研究

# 山东财经大学和谐发展研究中心

山东财经大学和谐发展研究中心前身山东经济学院和谐发展研究中心,成立于2004年,主任刘长明教授。中心现有4名专职研究人员,其中有教授1人,博士2人。

中心研究人员长期致力于和谐发展理论的原创性研究,在和谐发展理论园地里潜心拓荒。迄今为止,中心成员共取得了360项研究成果:在《人民日报》、《北京大学学报》、《自然辩证法研究》、《文史哲》、《教育研究》、《复旦学报》、《中国软科学》等报刊发表论文270篇,其中,有120余篇论文被《新华文摘》、《中国社会科学文摘》、《光明日报》、人大复印报刊资料、《高等学校文科学术文摘》、《文摘报》、《深圳特区报》等转载170篇次;主持课题27项;编写著作23部。2007年以书代刊的方式出版《和谐发展研究》;近两年出版专著3部:《和谐发展沉思录》、《和谐管理之道》、《和谐圆道》。

作为和谐发展理论研究的先行者,中心主任刘长明教授12年来先后提出并系统论证的和谐发展、和谐伦理、和谐文明、和谐精神、和谐哲学、和谐思维、和谐教育、和谐正义、和谐社会、和谐经济、和谐生产力等观点,形成了独具特色的和谐理论体系。代表性论文《发展的陷阱》、《我的和谐发展观》、《发展的革命——从可持续发展到和谐发展》、《教育的革命——从工业文明的谋职教育到和谐文明的和谐教育》、《伦理学的革命——从单向伦理到双向不对称伦理再到双向和谐伦理》、《文明的和谐》、《和谐伦理学宣言》、《和谐正义论》、《和谐文明论纲》、《和谐就是力量》等被认为是和谐发展理论的奠基之作。所提出的和谐发展观不但引起了学术理论界的高度关注,而且对国家党政决策部门具有极大的参考价值。

中心共有23项成果获得国家、省级奖励:获第二届全国青年优秀社会科学成果奖1项,获省社会科学优秀成果奖一等奖1项、二等奖5项、三等奖6项,首届省精品工程奖1项,获山东高等学校优秀科研成果一、二、三等奖9项。

理论是灰色的,和谐之树常青。作为国内第一家和谐发展理论研究机构,和谐发展研究中心将继续致力于和谐的理论建构,在和谐发展理论研究的制高点上,推出能够经得起实践检验的理论成果。

# 福鼎市和谐文化学会

2009年4月11日,福鼎市和谐文化学会召开成立大会。市人大常委会副主任领导兰青出席会议,副市长陈梅为大会发来贺电。陈国胜担任学会首届会长

福鼎市和谐文化学会由市民政局同意筹备成立的社会团体,它是一个由热心、支持、从事传统文化和群众文化研究的公民个人自愿结成的全市性的、非营利性的、公益性的社团法人。学会宗旨为:学习、研究、弘扬传统优良文化和群众文化,传播传统美德,净化人心,为创建和谐社会添砖加瓦。学会以和谐为核心,以文化为内涵,以教育为实施手段。学会以"四和志业"为发展纲要,纲要内容文化传播(邀请儒、释、道名家开张讲座及经典导读)、阳光家园(为青少年身心健康进行辅导,老年人生活安置、身新健康辅助,家政及家庭教育等)、才能培养(艺术才能,书法、绘画和摄影;生活之道,健康饮食、茶艺;工作技能,沟通能力、团队协调能力等)和慈善事业四部分组成。

# 济南(平阴)和圣文化学会

2010年9月21日,济南(平阴)和圣文化学会在平阴县孝直镇成立。

柳下惠姓展,名获,字禽,又字季(公元前721年—前621年),因食邑柳下、谥号为惠被世人称为柳下惠。春秋时期鲁国人,周文王之后,官居士师,终生以德处事、以信修身,倡导“和谐相处”“和为贵”等和文化对后世产生了深远的影响,被诸子百家颂扬为“道继唐虞,学开孔孟”,孔子评价其为“言中伦、行中虑”的春秋名贤,被孟子誉为“圣之和者”的“百世之师”,因此世人称其为和圣。

近年,在平阴县孝直镇展洼村出土了明代《和圣柳下惠故里》碑刻,这通石碑是目前发现最早的关于和圣柳下惠故里的碑刻,充分证明孝直镇展洼村是和圣柳下惠的故里。2009年,孝直镇申报的《柳下惠的传说》被列为省级第二批物质文化遗产。为进一步弘扬传统文化,利用和挖掘和圣柳下惠的历史渊源,平阴县成立了济南(平阴)和圣文化学会,打造“和文化”品牌,拓展齐鲁文化,宣传和谐文化。

# 中华和谐文化基金管理委员会

中华和谐文化基金管理委员会(简称:“和谐文化基金”),英文:(简称:C. H. C. F),隶属国家文化部主管。是中国共产党“十七大”后应运而生的、目前国家批准的唯一一家以“和谐文化”为主体工作方向的公益组织。“和谐文化基金”是以研究、弘扬和传播具有中国社会主义特色和谐文化为己任，以开展社会主义和谐文化公益活动，提升和增强和谐文化影响力为手段，以促进和推动构建和谐社会的伟大民族复兴事业为目标的全国性公募型基金（公募基证字第02017号）。

中华和谐文化网是中华和谐文化基金管委会主办的网络媒体。网站的主旨是：继承中华文明传统，宣传中华传统文化、红色文化，宣扬和谐公益理念。网站除提供新闻资讯、搜索发动机、网络接入、电子公告牌、免费邮箱、影音欣赏、电子商务、网络社区、免费网页空间等普通综合类门户网站所能提供的大部分功能外，还同时为党和国家部门提供专属的新闻、理论研讨阵地；为文化产业提供信息、产业动态、趋势走向和理论探索的发布平台；为文化团体及个人提供展示集体和个人文化创作成果的基地；在上级机构的支持下开办会员、俱乐部、联盟等会员性质的联谊组织；自办和联合举办专属活动，进行独家信息发布，并逐步建立自己的独有品牌。中华和谐文化网力求打造成为全球“和谐文化”第一门户。

# 江西省和谐文化研究会

2011年9月25日，江西省和谐文化研究会成立暨首届学术研讨会在南昌举行，江西省委常委、省委宣传部部长刘上洋出席研讨会并作重要讲话，江西省人大常委会副主任陈安众出席研讨会。

大会选举产生了江西省和谐文化研究会首届领导机构，刘上洋当选研究会名誉理事长，陈安众当选研究会名誉副理事长，江西省地矿局局长彭泽洲当选研究会理事长。

刘上洋对江西省和谐文化研究会的成立表示热烈祝贺，认为这是江西省文化思想战线的一件大事。他说，和谐是中国传统优秀文化的核心，中国存留至今的所有重要典故书籍，以及儒、释、道等几家对中国人文精神影响深远的学术派别，其核心理念都有一个共同点：追求和谐，求社会之和谐，寻自我之和谐。和谐文化，以强烈的历史使命感，以极大的包容力和忍耐力，追求有序公正的社会运行系统、健康达成的自我实现系统，成为中国文化、中华文明的闪光点。

刘上洋指出，研究会的成立，对传承中华优秀传统文化、完善和普及社会主义核心价值观，推动鄱阳湖生态经济区建设，加快江西科学发展、进位赶超、绿色崛起步伐，建设和谐江西具

有重要意义。他认为，建设和谐文化，必须坚持以中国特色社会主义理论体系为指导，牢牢把握社会主义先进文化的前进方向；建设和谐文化，要服务社会经济发展，要联系实际，从社会现实出发，化解社会矛盾，服务江西社会经济发展大局，服务鄱阳湖生态经济区建设；开展和谐文化研究，要从中华传统优秀文化入手，深刻认识中华文明绵绵不息的内在原因；要大力发展和谐文化产业，抢占文化产业制高点，以强大的文化产业，推动中华和谐文化走向世界。

据悉，江西省和谐文化研究会由省内外高校、党校、社团等和谐文化研究方面的知名人士和各方专家组成，主要任务是开展和谐文化研究，交流与探索和谐文化的创新发展新模式，推动和谐文化传播，为建设和谐社会提供思想文化基础和理论依据。

# 和文化在港澳台

## 和文化在香港

### 传媒消息与评论

**2011 年 12 月 26 日《国际在线》消息** 中国国家主席胡锦涛 26 日在北京说，当前香港总体形势是好的，求稳定、谋发展、促和谐仍是香港社会的主流共识。

胡锦涛当天下午会见了来北京述职的香港特别行政区行政长官曾荫权，听取了他对香港当前形势和特区政府一年来工作情况的汇报。

胡锦涛说，经济方面，香港保持持续平稳增长，失业率维持在较低水平。政治方面第四届区议会选举和行政长官选举委员会选举顺利，社会氛围更趋平和理性。特区政府施政报告积极回应市民诉求，推出多项改善民生的政策举措，受到社会各界好评。中央对曾荫权特首和特区政府一年来的施政及取得的成绩是充分肯定的。

胡锦涛表示，中央希望并相信曾荫权和特区政府管治团队继续本着对香港、对国家高度负责的精神，同心协力，恪尽职守，积极有为地做好本届政府任期的各项工作，为香港长期稳定和繁荣发展打下良好基础。

国家副主席习近平等参加了会见。

**2011年3月23日《香港文汇报》讯　记者郑治祖发表关于评论文章《和谐指数5.37分香港社会稳定》**　香港近年不时出现较激烈的抗议事件，甚至出现违法的冲突行为。不过，据最新的“社会和谐研究”显示，以10分为满分，2010年的香港社会和谐指数有5.37分，仍属于中度和谐社会。有关研究计划的荣誉顾问、澳门大学副校长何顺文分析，香港的社会和谐仍属于稳定水平，相信未来亦会继续停留在5分或以上的中度和谐水平，但提醒香港特区政府在维持公平竞争、问责精神等多个项目表现并不及格，有必要作出改善。

香港专业及资深行政人员协会委托香港浸会大学传理学院媒体及传播研究中心，于去年12月14日至19日访问了1,2016名市民，并以0分为完全不满意，10分为完全满意，要求他们对多个与社会和谐有关的项目评分，结果发现，香港的“社会和谐研究”录得较大幅度的下降，较上次同类型调查下跌0.25分。

“政府维持良好法治”评分最高

调查发现，在政府管治方面，评分最高的是“政府维持良好法治”，有6.66分，其次为“政府维持廉洁管治”和“政府维持自由”，分别有6.39分和6.29分。

不过，特区政府在4个项目的评分低于5分，其中“政府维持公平竞争，没有偏帮财团”只有4.51分，较上次调查大跌0.97分，而“政府有问责精神，肯承担”亦只有4.61分，下跌0.57分。同时，受访市民对“市民与大财团关系”的评分最低，只有3.93分，较上次调查下跌0.56分。

四方面评分不合格须改善

何顺文认为，特区政府在四个方面的评分录得不合格，而其中多个项目对社会和谐有明显的影响，故建议政府要加强问责精神，重视市民期望，同时要提高施政透明，开放听取民意，鼓励公众积极参与献策。在维持公平竞争方面，他说，政府应关注社会民生，从长远规划角度推出可行措施，纾缓贫富差距问题，减少社会矛盾。

“80后”评社会和谐5.63分较高

另外，据有关调查的进一步分析，受访者所属年龄组别越低，对社会和谐的评分越高：18至29岁组别对社会和谐的评分有5.63分，30至39岁组别有5.53分，40至49岁组别有5.38分，50至59岁组别有5.09分。何顺文认为，虽然“80后”有时表达的行为较激烈，但这只是他们的表达方式，目的亦是推动社会更好发展，并无意破坏社会和谐，所以年轻人反而会对社会和谐的评分较高。

研究计划并就去年多宗大型社会事件对社会和谐的影响进行研究，并选定了设立“关爱基金”、推出“置安心”计划及申办2023年亚运会，发现分别有30.1%和28.4%受访市民认为“关爱基金”和“置安心”计划对社会和谐有正面作用，较持负面影响意见的人多。不过，申办2023年亚运会则有43.1%受访市民认为减弱社会和谐，较持正面作用的22.3%受访市民为多。

**凤凰网2012年3月26日发表孙瑞灼的文章：《看香港如何实现医患和谐》**

香港的医疗机构在市民心目中有很高的信誉，在这里也从未听说过有“医闹”的出现，更不要说出现患者残杀医生泄愤的事件。一项由国际著名调查机构组织的调查结果显示，在所有的公营机构和政府部门当中，香港市民对香港的医疗制度最有信心，信心指数高达72%。香港医生为什么能够排在最受尊重职业的首位？而“医闹”又为何在这里找不到市场呢？香港这只麻雀值得我们解剖。

首先，是政府的大量投入让患者享受质优、价廉的医疗服务。在香港公立医院，所有患者都能享受廉价而优质的服务。最低生活保障领取者更是免交所有费用,经济确实有困难者,只要有合理说法,费用一般也可以免除。所有这一切都是由香港政府"埋单"。其次,医生的良好职业操守赢得了患者信赖。在香港所有医生和病人交谈时都是轻声细语,十分耐心,也不存在医生开大处方的现象。之所以如此,是因为香港医疗界的行业操守非常严格,如果出现严重违规的情况,医生就有可能被拒之于行业门外。最后,完善的投诉渠道化解了医患争端。香港每家公立医院或诊所都有一名病人联络主任,处理口头或书面的投诉,并会有专人进行调查和跟进。患者若对医疗服务或者质量等方面有不满,可以向院方投诉,而院方则会在一段合理的时间内进行答复。如果患者不满意答复,可再向中立的公共投诉委员会投诉、通过民事诉讼等方式来维护自己的权益。

相比香港,内地医疗行业的一些做法,加剧了医患矛盾。首先,是医疗资源仍然匮乏,"看病难、看病贵"问题仍没有得到很好解决。医院里人满为患,排长队成为一个普遍现象,高昂的医疗费压得患者喘不过气来,在这种情况下医患关系能和谐吗?其次,医疗腐败损害了整个医疗行业的形象。药价依然虚高,药品从出厂价到患者手上,价格翻了几十倍甚至上百倍。与此同时,医生收药品回扣、收红包,医药代表曝光医药用品进入医院的攻关内幕等负面丑闻不断,让整个医疗行业和医生的社会形象和地位一落千丈。最后,是部分医生的素质不高、医德缺失,态度恶劣,不愿与患者耐心沟通,成为压垮医患关系的最后一根稻草。

要解决医疗问题,一方面政府要加大投入,改善公立医院诊疗条件,增加医疗资源,提高医疗质量,让更多患者看病更方便、更便宜。另一方面,医疗机构提高医疗质量,改进服务态度。此外,还要建立一个超脱于医院系统的第三方调处机构,让患者的投诉能得到及时处理。

**云浮远教网2011年6月1日讯　香港大学生热情参与苹塘镇美好环境与和谐社会共同缔造的建设**　近日,苹塘镇"引进"香港城市大学34名师生"落户"妥村,举行2011年度第一批粤港青少年城乡交流"2011中国农村服务学习计划"活动。

香港大学生们在义教之余还对妥村的开发旅游进行规划与探讨,与当地镇、村合力共建美好妥村。5月26日下午,香港大学生们组织召集了妥村全部村民举行以"美好环境与和谐社会共同缔造——妥村"为主题的村民大会,妥村在家的300多名村民热情参加村民大会。大学生和村民一起共同商议如何建设好妥村,引导村民自力更生,完善村庄最基本的公共设施,改变农村落后面貌;引导村民把低碳、环保概念赋予到日常的消费和生活当中;引导村民以妥村特有的喀斯特地貌资源和独有人文历史资源开发农家乐生态旅游。与会村民还一致通过了新制订的苹塘镇妥村村规民约,并从定点接待户中选出了9户热情好客的"香港小童群益会"国情教育及交流计划"修学游模范接待户",妥村从而成为全市第一个农户有接待能力的农家乐旅游景点。

在进一步推进美好环境与和谐社会共同缔造行动汇报会上,香港大学生们郑重提交了《妥村的生活设施与基建》、《妥村旅游开发的探讨》、《妥村环境与资源》、《妥村可持续发展的教育方向》4份调研报告。调研报告凝聚了香港学子们几天的心血,他们仔细观察、用心体会,在调研报告中指出了妥村目前的自然景观优美、空气清新、民风淳朴、热情、有机种植农产品等方面优势和教育、卫生、道路、水供应、路牌指引、医疗、污水处理等方面的不足,提出了搞好基本设施、提高村民卫生意识、完善交通网络、优化天然资源、开发农家乐、生态旅游等建议。香港大学生的《妥村美好环境与和谐社会共同缔造调研报告》,为妥村打造农家乐特色名村建设打下了良好的基础。

为了让当地小学的学生们有良好的学习生活环境,大学生们还捐助了3千元给村小学,用于改善用水卫生设施等，为妥村的“美好环境与和谐社会共同缔造”建设贡献自己的一份力量。

（陈瑛、龙月标、李莉玲）

**2011年4月26日中新社香港电　倡和谐世界　第三届世界佛教论坛香港开幕**　第三届世界佛教论坛在26日上午在香港开幕，中共中央政治局常委、全国政协主席贾庆林专门为论坛发来贺信。

论坛由中国佛教协会、香港佛教联合会、中华宗教文化交流协会共同主办，开幕式在位于红磡的香港体育馆举行，会场正中供奉着释迦牟尼佛顶骨舍利。

中共中央统战部副部长朱维群宣读贾庆林的贺信说，世界佛教论坛是弘扬佛教文化、维护世界和平的重要平台。本次论坛主题为“和谐世界，同愿同行”，必将推动世界各国佛教界携起手来，和衷共济，为促进世界的持久和平与共同繁荣作出应有贡献。希望各位高僧大德交流弘法利生经验，挖掘优秀文化资源，阐发佛教义理精髓，探讨人类共同面临问题的化解之道，一道为人心和善、社会和谐、世界和平作出积极贡献。

国家宗教局局长、中华宗教文化交流协会会长王作安宣读来自联合国秘书长潘基文的贺信。信中对佛教宣扬的感恩、奉献、惜缘、包容和分享表示欢迎，认为这些行动能够支持联合国在和平、发展和人权三大支柱领域开展工作，佛教的深厚教义给联合国提供了源源不断的灵感和启示。

中国佛教协会会长传印长老致辞说，进入21世纪，人类科学技术、物质文明，成就空前，但内心的执着烦恼，外在的冲突纷争，却有增无减。追求内心宁静，实现世界和谐，逐渐成为全人类的共同愿望。自2006年首届世界佛教论坛开始，我们始终围绕构建持久和平、共同繁荣的和谐世界这一人类社会的伟大愿景，以佛陀的教导为核心，积极探讨人类自身、人与人、人与自然的和谐之道。

香港佛教联合会会长觉光长老致辞表示，社会和谐，人人有责。履行宗教的社会责任，为构建和谐稳定的社会，缔造和平繁荣的世界作出贡献，是时代赋予佛教的神圣使命。当今世界，社会矛盾错综复杂，人类面临着许多困难。举办世界佛教论坛的目的就是运用佛法的智慧来化解这些矛盾，克服这些困难，让佛法深入人心，让社会更加和谐。

全国政协副主席董建华、香港特别行政区行政长官曾荫权亦出席开幕式并致辞。台湾中台禅寺惟觉长老、第十一世班禅额尔德尼·确吉杰布、全国人大常委会原副委员长许嘉璐，以及来自日本、韩国、泰国、尼泊尔、斯里兰卡等国家的佛教领袖、学者和政府官员发表了主旨演讲。

来自世界数十个国家和地区的近千名佛教界人士、专家学者和其他社会知名人士出席了开幕式。为期2天的论坛期间，与会代表将围绕“和谐世界，同愿同行”的主题，举行论坛大会发言、7场分论坛、6场电视论坛和1场网络论坛等活动。

世界佛教论坛于2005年由两岸三地佛教界共同发起，其宗旨是为世界佛教徒搭建一个交流、合作、对话的机制性的长效高层次平台，为中华佛教界提供一个宽阔的大有作为的舞台，为海峡两岸佛教交流提供良好契机。首届世界佛教论坛于2006年在浙江杭州、舟山举办，第二届世界佛教论坛于2009年在江苏无锡开幕、台北闭幕，都取得了圆满成功，在海内外产生了积极影响。

**中新社香港2011年5月10日电**　香港佛教联合会举行祝佛历2555年佛诞节吉祥大会5月10日为农历四月初八佛诞节（浴佛节），香港佛教联合会于5月9及10日一连两天在香港会议展览中心举行庆典，纪念佛陀释迦牟尼诞生2555年。10日“浴佛大典”中，约万名信众趁佛诞假期参加浴佛仪式。

大典于10日下午3时举行，在香港佛联会

会长觉光长老陪同下，中央驻港联络办公室副主任黎桂康及香港民政事务局局长曾德成主持鸣吉祥钟仪式。

觉光长老在致辞时表示，佛教是一个提倡“和谐”的宗教，而每个人都希望在“和谐”的环境里生活，人与人之间建立起和谐气氛，感觉平和安定，自然幸福愉悦。他相信不同宗教的信徒，或是没有宗教信仰的市民，只要是爱好和谐的，都抱有同样的愿望。他呼吁市民共同维护香港的和谐，政府和市民之间要互相理解、信任。

在9日举行的皈依法会上，由觉光长老、首席副会长永惺长老、副会长智慧法师等联同7名高僧法师一同主持，有逾2000名香港信众正式成为佛陀弟子，当中包括300多名学生。

佛诞节又称为“浴佛节”，在佛诞节浴佛是香港市民庆祝佛诞的方式，加上10日是佛诞公众假期，预计前来浴佛的市民约万人。

两天的庆祝活动，除有各场诵经、皈依及传灯仪典，会展中心三楼前庭亦设公众浴佛亭，市民以香花净水浴佛，浴佛仪式是取香汤花水一杓，从太子佛头顶淋下。在佛教的传统中，浴佛寓意去尘离垢，清净烦恼，主办方希望市民可借此机会净涤心灵，使身心重得祥和。

## 访谈·对话

**2011年2月15日温州都市报发表记者专访:《想让家庭和谐，不妨学学“萨提亚”——访香港心理专家蔡敏莉》**

为了心理成长，很多人建议有一门心理课程是必学的，那就是“萨提亚”。萨提亚模式是一种关注家庭对个人内在心灵的影响，以及个人内在心理如何与外界的人、事、物互动的一种心理成长模式。本周末，著名萨提亚治疗专家、香港家庭治疗导师蔡敏莉将来温为市民进行两场萨提亚模式的讲座。此前，她接受了本刊记者的专访。

问:据说萨提亚家庭治疗模式是目前美国具影响力的心理学流派之一，对于普通市民来说，学习萨提亚课程能够给生活带来哪些好处?

答:萨提亚模式的重点是沟通，一切沟通在于你的话是怎么说出来的。人是家庭的产物，我们总在父母那里学会沟通模式，可往往很多沟通方式不正确。有些年轻人，认为自己的父母不能这样对待他，不能乱打骂他，可等自己当了父母，无形之中又延续了上辈不对的沟通方式。表里一致型是萨提亚所倡导的目标，表情流露和言语一致，内心和谐平衡。这种沟通技巧需要大家学习。而有效的沟通，才有利于人际交往，更有助于夫妻关系、亲子关系等。

问:很多人发现恋爱或结婚久了，感情变得越来越淡，甚至一些夫妇在生活中除了孩子没有其他话题，你认为持久而幸福的两性关系，秘诀在哪里?

答:男女开始拍拖时，都乐于表达自己的情感，待对方很好。可时间久了，双方就不懂表达爱意了。两人感情像银行存钱，恋爱时存入一笔，以后相处之中，你表达爱意存一点，他表达爱意存一点，若吵架一次就如取走几千元钱，若双方不表达情感，关系出现问题，那么银行的存款就会慢慢变少，也意味着感情越来越淡。所以，在生活中，恋人之间、夫妻之间，要多向对方表达自己感情。当两人关系出现问题时，不要冷战、不要逃避，要多倾听对方的心声，进行积极的沟通。

问:现在的家长普遍存在一个误区，就是太重视对孩子的教育，却忘记了和孩子保持一种良好的关系。听说，在良好的亲子关系的家庭里，孩子是不会出现青春期叛逆行为。建立良好的亲子关系，父母要注意哪几点?

答:的确，有良好的亲子关系，孩子是不会出现青春期叛逆行为，所以当孩子有叛逆，父母要在自己身上找原因，而不是孩子身上。

父母不能老想控制孩子，小时孩子会听你话，大了后他有自己的想法，就不会听你的了。父母与孩子的关系要随着孩子年龄增长而改变。3岁之前，父母是孩子的世界，父母是孩子的守护者，要给他足够的安全感。3～10岁，父母是孩子的玩伴。10～15岁，父母是孩子的教练，教他要怎么做事，怎么处理困难等。15岁以上，父母应该是孩子的朋友，多倾听孩子的内心真实的想法。

问：前不久，美国的中国妈妈蔡美儿写了本《虎妈战歌》，引发争议。书中认为育儿方式为严厉式、家长权威式才能培养出优秀的孩子。你个人认为，这样的教育方式，对孩子成长是利还是弊？

答：这主要看孩子是什么性格，讨好型、乖巧型的孩子容易接受严厉的教育，而比较自我、很有想法的孩子就不适合，这样的教育只会弄糟亲子关系，还会导致孩子离家出走。这种教育方式下的孩子，没有太多时间游戏，童年不快乐。我主张父母对孩子不能太严厉。我有三个女儿，我的教育比较宽松，按照孩子们的心理需要去满足她们，尊重她们的意见和选择，只要我没出差，我每天和孩子谈心事。

问：如今“80后”独生子女已经开始面临结婚生子的状态，您有什么好的建议给他们？

答：在香港有结婚辅导班，让准备结婚的小青年去学习，让他们对婚后将发生各类事情有一定的概念，在干家务上避免争吵。我建议“80后”结婚前，一定要做好心理准备，可向心理咨询师做咨询。独生子女的父母总乐意帮忙带孩子，这里要注意的是孩子教育还是自己的责任，希望他们多学一些心理学，不仅助个人的心理成熟，更利于孩子的健康成长。

**凤凰网2011年3月25日发表访谈录**

卢琛：胜选的梁振英先生即将要举行同媒体的见面会，马上我们去会场看看。

好，会场您看到的是梁振英先生，他这回以689票的获胜之后呢，目前正要举行的是同媒体的见面会，当然各方媒体现在都是聚在这里，希望能进一步听一听梁先生他就这一次的胜选自己的一番表态，当然同时他之前所谈及到的很多政纲的内容，也希望听一听到目前为止他有什么最新的阐述。

现在司仪也在讲解，一会梁先生会出来对大家表达他的一些心情，那现场整个今天的媒体见面会会用中文、英文呈现，同时呢之后专门为媒体朋友有安排提问的机会。现场的最新情况为您马上连线的是正在等待这个媒体见面会现场的记者闾丘露薇，闾丘，现在大家媒体各方已经聚在一起了，等待梁先生出来做进一步的表述，您在现场的观察。

闾丘露薇：其实我们来看看，现在站在主席台上的这些呢，其实是从一开始就对他的参选表示支持的，来自商家其他的一些界别的这些人士，我们来看看梁振英的太太其实目前是站在这个主席台上，那么在它的这个现场里面比较著名的一些，一直是立场非常坚定的支持他的，比方说像一些地产商，像有陈启宗、罗康瑞、郑家纯等等，另外在现场也可以看到，像他的罗范椒芬等等，一直以来为他的这样一个选举是一直在做很多的工作，那现在他们都是有一种赢者的姿态来到了这样一个现场，我们现在看到梁振英呢已经是来到了会场，我们现在把镜头交回给现场。

卢琛：好，谢谢闾丘，马上梁先生要做进一步的阐述。

魏颖茵（即时传译）：现场司仪提议大家竖起拇指，以胜利的姿态呈现给媒体，同时要多给半分钟，让媒体从左至右，从右至左的留下这个纪念的影像，希望还能够继续保持这个第一胜利的竖起拇指的姿势，再多拍一些影片、照片。

梁振英：各位香港市民，第四届行政长官选举刚刚有了结果，我很感谢选委对我的信任，以及市民对我的支持，使我可以在未来的五年在行政长官这个岗位上服务香港，服务市民。

我会以谦卑感恩之心肩负这一个重大的责

任,我也要感谢唐英年先生和何俊仁先生,他们的参与为这场行政长官选举带来了实质的意义,选举让我看到了自己的不足之处,我欢迎大家继续提点我、批评我,我也衷心希望日后可以跟唐先生以及何先生合作,共建未来。

选举期间战况激烈,难免火花四起,但现在选举已经结束,合作应该马上开始,我衷心希望大家可以包容、团结,把这股能量重新注入香港。我也期望社会的各阶层、各行业、各地区齐心合作,使得我们的经济发展、社会发展和政治发展可以重回正轨,我明白行政长官的工作非常艰巨,但我一定会恪尽己任,以“行之正道、稳中求变”的治港理念迎难而上。

在过去的选举过程中,我更加深刻的感受到香港人和我一样对维护核心价值有坚定不移的信念,法制、人权、诚信、廉洁、新闻言论以及集会自由,不仅是我们香港人生活的一部分,更是一国两制、港人治港、高度自治的重要元素,在这里我向700万香港市民作出庄严的承诺,我上任之后香港市民今天享有的自由和权利绝对不会有任何的改变,同时我也会以身作则带领公务员,以及整个问责团队,建立一个诚信、廉洁的政府。

这次虽然是一场1200人的选举委员会的选举,但市民的参与已经为22017年普选行政长官奠下了良好的基础,我会把这次选举的经验好好的总结,好好的反思以及好好的检讨,为日后制订公开、公平的选举办法,以及建立健康进步的选举文化做好准备。我们要维护香港的核心价值,同时也要积极解决很多社会问题,包括保持香港的和谐稳定,在经济和民生政策上,我会就分配不公,高物价、房屋、医疗以及教育等社会问题和市民一起共谋对策,解决香港的深层次问题。

香港有许多有利的条件,香港人勤奋、灵活、有创意,加上国家的大力支持,只要我们能够用好这些条件,我们的经济就可以持续的发展,市民的生活也可以改善。我强调我们不需要大改变,只需要适度的有为,稳中求变。各位市民,我们不是小岛的房客,我们是一家人,我们即使没有共同的背景,我们的下一代有共同的未来,他们需要共同的未来。

我生于斯,长于斯,感谢香港的恩惠和栽培,对香港我一直怀着感恩报效的心;感谢大家给我这个机会,我明白一个人的力量是有限的,但齐心就事成。香港有很多有能之士和有心人,只要大家目标一致,携手共进就可以把香港建设成为更繁荣、更进步和更公益的社会。

日后,我会一如既往,继续拿着一张凳子、一本笔记本、一枝笔和我的管治团队走进群众,听取你们的意见,只要你们肯说,我就肯听。我梁振英希望做一个亲民的特首,一心一意为香港。今天我做出的所有承诺将会成为历史的记录,我会在阳光下接受全港700万市民的监督,我深信齐心香港一定会成功,感谢大家。

## 出　版

2011年5月1日凤凰网讯:近日,香港理工大学退休校长潘宗光出版书籍《心经与生活智慧》,由作者亲自撰写了内容简介。

《心经与生活智慧》内容简介:佛教文化博大精深,发展及流传经不同地区历逾两千多年,唯受到不同时间、地域的语言文字所影响,造成了现代人在理解上的困难,而对佛教望之却步。故此,在我出版了《心经与生活智慧》的繁体字增编版后,承蒙恩师净慧法师的鼓励与支持,将这书以简体字出版,在内地发行流布,希望可以令多些人接触到中国佛教文化这瑰宝。

佛法是一门高深的学问,因为除了宗教实践外,它亦以理性的观点去阐释人生问题,条理分明,不带迷信。我接受的教育和从事的工作都和科学息息相关,因此亦很喜欢用同样务实求真的态度去钻研佛法,并且发觉佛学和科学

的理念有很多共通的地方。在这方面;我的另一《心经与生活智慧》《佛教与人生》亦有所阐释。为了使读者更加明了佛法中的缘起和科学的关系,我也就将它加进《心经与生活智慧》中,编集成简体字版的合订本,方便读者参考。

《心经与生活智慧》着重基础性的解释,尽量将佛教义理融合于现实生活中,多用生活例子,令初学者容易明白掌握。我相信任何学问均要从基础着手,有了正确的入门途径,往后的开展自然会很顺利。

可以这么说,《心经与生活智慧》只凭个人一股热忱,将十年来对佛教的理解和体验写下来与众分享。我祈望抛砖引玉,得到有识之土不吝赐教,通过交流来提升我的佛学水平。当然,我也希望这书能引发更多朋友去研习佛法,一起分享到佛法的喜悦。

# 和文化在澳门

2011 年 2 月 14 日《澳门会展经济报》讯

**行政长官:团结各界社团力量共建和谐澳门**

中华总商会于 12 日晚 7 时半假万豪轩举行春茗晚宴,庆祝新春佳节的来临。出席嘉宾包括行政长官崔世安,中联办主任白志健、副主任徐泽,外交部驻澳特派员公署特派员卢树民,立法会主席刘焯华,终审法院院长岑浩辉,行政法务司司长陈丽敏、经济财政司司长谭伯源、社会文化司司长张裕等,以及特区官员及工商界人士出席。

行政长官崔世安在宴会致辞时表示,特区政府秉持“以民为本,改善民生”的方针开展各项工作,特别是为了澳门的可持续发展和提升澳门居民整体的生活素质,特区政府现正致力建立一套健全的社会保障制度、退休保障制度以及公共房屋政策,令市民能安居乐业,令民生不断得到改善,令社会保持稳定祥和,为“一国两制”事业不断向前推进而作出努力。

澳门面临发展新机遇

崔世安指出,当前粤澳合作正站在新的历史起点上,面临前所未有的发展机遇。我们将紧紧把握《珠江三角洲地区改革发展规划纲要》和《横琴总体发展规划》深入实施的良好契机,以及在中央政府支持下,两个国家重点实验室在澳门设立和横琴澳大新校舍的兴建,都为澳门的多元发展和优秀人才的培养,提供了重要的条件和有力的推动,亦为粤澳的合作增添新动力。

随着本澳产业结构的调整,经济进一步的转型,本澳广大中小商号和企业都无可避免地面对新的机遇和挑战,特区政府除继续给与支持和改善投资环境外,亦支持和鼓励工商界朋友,更好地利用澳门的服务平台,特别是中葡论坛搭建的合作新平台,积极地走出去,推介业务,拓展商机。

中总对特区建设起重要作用

澳门特区政府定当以知难而进、敢于承担的态度,深化落实“阳光政府、科学决策”的施政理念,以开拓创新的思维,坚持促进区域间经济融合,推动经济的适度多元发展。在经济发展的同时,有序地、扎实地完善各项社会保障制度,进一步改善民生,让全澳各阶层市民共享澳门特区的发展成果。

崔世安表示,澳门中华总商会作为澳门社团的表表者,在澳门新的发展阶段里,定当继往开来,进一步扩大爱国爱澳的团结,在促进区域合作和经济多元发展、建设和谐社会等方面发挥其独特的和必不可少的作用。在未来的日子里,特区政府必将与澳门中华总商会为首的工商团体和各界社团一起,与全澳各阶层市民一道,同心同德,不动摇,坚定不移朝着建设更美好的澳门未来这个共同目标而努力奋斗。

**2011 年 8 月 17 日人民网《人民日报海外版》特约记者乐天讯　澳门推和谐家庭　示范幸福指导婚姻**

统计数据显示,2008 年开始,澳门离婚率逐年攀升,去年高达 28%。单亲家庭导致青少年犯罪等一系列问题,引发社会关注。今年,澳门首次举办“和谐家庭大使选举”,期望大众看到现实生活的家庭典范,从而正确看待婚姻、家庭。

示范幸福

“和谐家庭大使”推选活动正在进行,9 月 10 日停止提名。全澳门家庭,包括单亲或隔代家庭,只要互敬互爱美满温馨,都可以成为提名对象。年满 18 岁的澳门居民作为提名人,每人限提名一个家庭。

“和谐家庭大使”是澳门第五届“美满 100 婚”活动的特别内容,由美满家庭协进会主办。活动设有“最优秀和谐家庭”、“优秀和谐家庭”奖。评审团将审查所有被提名家庭的资料,并以面谈形式进行选拔。获奖家庭将于 10 月 23 日领奖。

美满家庭协进会是民间组织,专事婚姻家庭问题辅导。该会工作人员表示,父母失败的婚姻对孩子造成不良示范,不少年轻一代或者对婚姻抱着“合则来、不合则去”的强烈想法,或者因为害怕担负婚姻责任,只同居不结婚。“和谐家庭大使”旨在向民众展示美好婚姻和家庭的典范,传扬尊重婚姻和家庭生活的意义。

指导婚姻

澳门报章分析,近年离婚率上升的主要原因是传统婚姻价值观改变和家庭结构转变。此外,女性就业率逐年提高,经济地位提升,独立意识不断增强,也成为高离婚率的另一个诱因。还有统计数据显示,澳门超过六成的离婚者有子女。离婚造成的单亲家庭给大量青少年带来心理冲击,埋下衍生社会问题的隐患。

澳门社会、特别是民间组织已经积极行动起来,因应可能产生的社会问题。以美满家庭协进会为例,该会主办的婚前准备工作坊、个人成长、家庭重塑等项目很受民众欢迎。根据不同阶段婚姻面对的不同挑战,该会也举办“新婚初探”、“七年之痒”、“人到中年”等系列婚姻讲座。如果夫妻关系的确无可挽回,该会也将协助离婚人士和平处理离婚安排,达成双方满意的协议。

**澳门网　2011 年 9 月 27 日讯　澳门睦邻和谐摄影赛报名　由民政总署主办、澳门摄影学会协办的“睦邻社区和谐澳门”摄影比赛现接受报名,主办单位期望透过比赛宣扬睦邻友爱的精神。**

随着社会发展,许多人每天忙於工作,昔日邻里之间的紧密友好关系亦逐渐淡薄,民署期望透过参赛者的镜头带出互助互谅、友爱共融、社区和谐等讯息,共同建造和谐社区。参赛作品大小为 8 寸 10 寸(20.3cm25.4cm),并须用 10 寸 12 寸(25.4cm30.5cm)黑卡装裱,相片黑白或彩色均可,需自订作品名称。

比赛设冠、亚、季军及优异奬(五名),奬金分别为 5000 元、3000 元、2000 元及五百澳门元。另设入围奬十名,可获纪念座一个。得奬作品有机会巡回展览，以及作为民署日後宣传睦邻互助的用途。参加者可将作品及报名表递交至民署市民事务办公室、各社区活动中心、各区服务站、市民服务中心及澳门摄影学会。

**2011 年 10 月 9 日《澳门日报》报道　建和谐社会亦要激励人心**

雷曼爆煲引发的金融海啸，至今已 3 年。金融市场经历各国巨额注资后一度好转，全球股市几乎回升至海啸时水平，唯独深层次结构性问题未有改变。海啸爆发的真正原因众多，普遍归咎于美国人“先使未来钱”；加上当地有优厚生活福利，若失业亦可依赖政府照顾。福利政策如此优惠，政府开支自然沉重。当财政紧张时，又可透过发债向其他国家筹集资金。从 60 年代开始，美债上限已上调 70 多次，平均每 8 个月便上调一次，分析估计美债违约可能性不大，举债陆续有来。

欧洲向来是福利主义地区，部分人靠借贷度日，依赖政府提供的生活补助。近半年来，欧债危机问题越趋恶化，触发点在于占全球国内生产总值（GDP）不足 1% 的希腊出现财困，基于本身是欧元区国家之一，无法透过本国货币贬值来刺激经济及缓解债务问题影响。

债台高筑，希腊为求获得欧洲央行（ECB）及国际货币基金（IMF）的援助贷款。先后推出多项紧缩措施，甚至调减福利开支、公务员工资及计划出售国有资产，可惜引来居民重大回响，出现上街大规模示威，因一直享有的生活福利受到影响。即使希腊获得巨额贷款，目前又要伸手向欧盟寻找援助，一年期的信贷违约掉期（CDS）利率急升至 100% 以上，向市场的融资成本，可谓难以接受，举债风险非常庞大。

债务危机当前，希腊人的生活状况未有因此改变，有外电报道指当地仍然歌舞升平，居民继续享受吃喝玩乐的生活，察觉不到丝毫愁绪。继希腊之后，意大利可能成为下一个被评级机构“攻击”的目标，分析担心债务危机可能蔓延整个欧洲。若欧洲及美国人不改变“大使”及依赖政府的习惯，债务问题谁也改变不了。

回说澳门，以博彩业为龙头，带动本地各行各业的发展，近年赌收不断创新高，年内平均每月赌收达到二百亿元以上，经济发展步伐似乎未受外围环境逆转影响，加上医疗、教育及社会福利措施，无不令邻近地区羡慕。但福利优厚的背后，是否隐藏着欧美过度依赖政府的深层结构问题？令人类惰性发酵？

政府推行优厚福利政策，无非为稳定居民生活，创造和谐社会。但社会福利措施实行时，是否需要考虑同步推出刺激措施，激发澳门人更加努力工作，发挥自我创造财富的本能，避免居民养成欧美的懒人习惯。

**2011 年 10 月 24 日《澳门日报》报道　和谐家庭育乖孩子**

近年本澳未成年人犯罪数量虽下降，但出现低龄化和多样化的趋势，未成年男生性侵女童案、青少年纵火取乐案、少女放火烧屋案、初中生跨境贩运毒品等，为非作歹的行为令社会心寒。青少年作为社会未来的主人翁，预防青少年违法犯罪、保障青少年健康成长，是全社会关心的议题。

当局发现青少年出现偏差行为，多与家庭有关。有社工指出，家长经常会问子女，“喜欢爸爸多点，还是喜欢妈妈多点?”但原来子女更喜欢的是“爸爸爱妈妈，妈妈爱爸爸”。在和谐家庭中成长的孩子，误入歧途的机会亦较低。如检察院长早前在青少年行为与高危因素研讨会上表示，“有其父必有其子”，父母的言传身教对孩子良好品行形成起着潜移默化的作用。

法务局针对“违法青少年教育监管制度”执行后首 3 年（2007 至 2009 年）进行的违法青少年特征调查报告显示，违法青少年犯案年龄以 15 岁为主，3 年间犯案年龄平均值为 13.98 岁。正是刚踏入青春期的青少年，若家庭无法给予足够的照顾及关心时，很易出现偏差或犯罪行为。双职家庭社会所趋，但无论如何忙碌，为人父母者，面对正值青春反叛阶段的子女，特别要多关心照顾、多聆听引导，莫待子女出现偏差行为时，悔错难返。

**2011年10月26日《澳门日报》讯　中西文化共生包容和谐**

**“第三届海峡两岸暨港澳地区艺术论坛”首设的“共话澳门”交流会，昨日上午九时在澳门科学馆会议厅举行。**

两岸四地与会人士对谈，气氛热烈。普遍意见认为澳门地方不大，但文化与历史有其独特性，中西文化并存共生，也具多元的建筑与语言符号，产生良好的文化碰撞。对于推广传统中华文化，具一定包容性，和谐气氛更相融于生活。

王一川赞建筑美

大会邀得北京大学艺术学院院长王一川、中国舞蹈家协会驻会副主席冯双白、台湾沈春池文教基金会秘书长陈春霖、香港东西文化事业有限公司总编辑寒山碧、澳门基金会行政委员锺怡以及全国文联澳门委员、培正中学副校长郭敬文担任交流会嘉宾。王一川赞赏澳门的中西文化建筑很美，是理想的建筑符号，于澳门以外难以找到或感受到。澳门属移民城市，使用不同语言的人共存一起，形成独特的语言景观，生活方式也各适其适。从澳门不同的宗教建筑可见，多年来中西文化得到良性的碰撞与交流，令这小城更具魅力。

寒山碧与在场人士回顾了上世纪60年代的澳门社会面貌，畅谈了个人的濠江情怀与记忆。陈春霖以外来者的角度，阐述了个人对澳门城市发展的看法与观感，相信透过不断强化台澳合作关系，在文化交汇上继续产生良性互动。冯双白特别赞赏现职澳门演艺学院舞蹈学校艺术指导应萼定不平凡的艺术经历，尤其他近年编导的舞剧《奔月》给予高度好评，认为这月亮的意象是充满温情的，藉舞蹈作品表达了对自由的无限向往。

资助政策新方向

澳门代表锺怡有感而发说，中华文化博大精深，丰富多采，很认同日后要宣传推广，和更好地善用新的科技，与时并进。澳基会作为推动澳门文化艺术长远发展的部门，未来资助文化社团或推动文化类活动发展上会确立新的方向。澳门的中西文化背景下，推广中华传统文化有相当优势，因城市文化里有其包容性，可促使世界各地人士一同尊重我国的文化。

郭敬文坦言连续参与了三届艺术论坛，感受良多，进一步了解跨领域的文化碰撞。今届首设“共话澳门”环节，让两岸四地与会者畅所欲言，尤其为澳门艺团带来不少启迪。

**2011年11月7日《澳门日报》消息　街总宣扬和谐小区**

街总家庭服务中心主办的“家庭服务推广日暨会庆13周年”园游会，昨日在白鸽巢公园举行。颁发多个项目的奖项，并设图片展览及安排歌舞表演、摊位游戏等；中心冀透过活动，推广关爱小区、睦邻友好风气。

活动昨日下午3时举行，现场安排多个推广家庭和睦的摊位游戏，吸引大批居民带同一家大小到场参与，气氛欢乐热闹。开幕礼上，中联办社工部处长甄艳花，教青局处长陈旭伟，民政总署公民教育及信息处长林微笑，提柯坊会理事长吴锦清，三巴门坊会理事长刘雁群，街坊会中区办事处副主任李惠萍，小区青年义工发展协会会长谢美玲，街总社会服务办公室协调主任罗玉昆、青少年综合服务中心主任梁宝莹、家庭服务中心义工组策划委员麦浩泉、家庭服务中心主任郑翌媛主持鸣炮。

郑翌媛表示，近年澳门经济飞跃发展，但社会问题变得更复杂多样，如家庭暴力、病态赌博、独留儿童在家、青少年问题等困扰不少家庭。家庭暴力的预防显得尤其重要，需要居民积极参与配合，以及加强法律意识。

中心除鼓励青少年义工参与社会服务，更组织义工到内地参观交流，加强青少年对中国历史的认识，激发青年爱国爱澳情怀，鼓励他们肩负建设澳门的使命感和责任感。同时鼓励家长与子女共同参与社会服务，并组织亲子定期探访单亲家庭、独居老人，为独居老人卖旗筹款等活动。藉此促进家庭成员相互合作、了解，建立关怀互信和自强不息的精神，从而提升家庭及小区的生活质素。

现场颁发“澳门基本法常识问答比赛”、“最紧要正字”改错字比赛，以及华夏文化知多少填充游戏颁奬礼。期间举行歌舞、魔术表演及抽奬助兴，与街坊度过一个欢乐的下午。

**2011年11月11日《澳门日报》讯　弹性上班建和谐家庭**　近年本澳经济以旅游和博彩业为主，不少打工仔需要轮班。人资紧张、工作压力大加上作息时间不稳定，不但削减员工尤其是双职工照顾家庭的时间，更酿成个人身心健康出现问题，致使工作、家庭生活严重失衡，问题不容忽视。

妇联开展的“澳门居民兼顾工作与家庭情况”调查报告发现，逾三百名成年受访者中，一成半在过去半年难以兼顾工作与家庭，两成四则指工作压力达极高和较高程度。调查数字也许是冰山一角，实际上有不少打工仔面对家庭危机隐患。

另一项令人关注的是家庭生活，双职工兼轮班制，休息时间错开见面少，相处和互动时间“点到即止”；长此下去，夫妻间话题收窄至家庭事务，父母与子女间亦衹有学业成绩，分享与关心欠奉，导致感情脆弱，难以应对个人或家庭出现的突变。上述调查反映七成半受访者最近一个月内，与家人进行家庭余闲活动的时间偏低，情况相当严重。

家庭是社会的细胞，没有家庭和谐就谈不上社会和谐，要构建和谐社会就必须从家庭做起。民间团体认为，当局有必要修法保障雇员，同时鼓励雇主因应情况推行“家庭友善”措施，简单弹性上班、设立家事休假，或举办亲子和家庭同乐日等，加强员工家庭成员的沟通与交流，减少家庭危机，亦有助员工安心工作。

**2011年12月2日《澳门日报》消息　徐永智六十画展和谐社会**

由赏心堂（澳门）书画会主办的“杏林春满——徐永智画展”，昨日假金碧文娱中心二楼展览厅开幕，展出现职医生的本澳画家徐永智60幅富个性画作，为其首次在澳举办的个展；赏心堂（澳门）书画会理事长赵维富与岭南画派纪念馆馆长陈永锵赞赏徐永智画富哲理，尽社会责任，予人幽默与风趣，喜欢藉画作表达对和谐社会与和平世代的美好祝福。

展览开幕式昨日下午6时举行，中联办文教部副部长张晓光、外交部驻澳特派员公署办公室副主任沈卫忠、澳门基金会行政委员会主席代表梁雅桃、民署代表余永鸿、岭南画派纪念馆馆长陈永锵、澳门霍英东基金会总干事史濠、怡柱集团主席吕锡柱、《澳门日报》副总编辑廖子馨、澳门美协会长黎鹰、澳门收藏家协会会长吴利勋、澳门文学艺术界联合会主席梁晚年、澳门中华文化艺术协会理事长霍志钊、澳门柳州商会会长周志文，徐永智及赵维富等出席剪彩。

赵维富致开幕词称，徐永智于上世纪30年代生于广西南宁，现为中华医学会会员、澳门执业西医公会顾问、广东美术家协会会员、赏心堂（澳门）书画会副会长、岭南画派美术研究会副会长、澳门中华文化艺术协会副理事长、澳门广西社团联合总会监事长及第八、九届广西政协委员，赞赏他当医生或画家都很成功，为著名漫画家廖冰兄的学生，所画国画富漫画色彩，故称另类丹青。

此展是赏心堂（澳门）书画会继举办“石映濠江——鲁石、杜小月作品展”、“纪念辛亥革命100周年海峡两岸三地书画展”、“赏心堂第二届会员作品展”及“名家画澳门大型书画活动”后的另一大型展览，其不少画作宣扬中庸之道、教人知足常乐，并提出对金钱的看法，展品充满和谐气氛。展期至本月五日，开放时间为每日上午10时至下午6时。活动获澳门基金会、民署、文化局、澳门霍英东基金会、澳门中华文化艺术协会及澳门广西社团联合总会、澳门执业西医公会等赞助。

**2011年12月2日《澳门日报》消息　妇联迈步欢乐行倡和谐**

妇联为庆祝澳门回归12周年，以及加深市民认识世遗，提倡运动对健康的重要性，日前在松山举行“2011迈步欢乐行”活动，吸引了2000多人参与，场面温馨热闹。

“2011迈步欢乐行”活动日前上午10时在松山亭起步，妇联常务副会长杨秀雯、常务副理事长林婉妹、副理事长文绮华及袁小菱等负责人主持起步礼。

文绮华致词表示，近年本澳双职家庭普遍，不少家庭缺乏亲子相处、参与体育活动的时间和机会，妇联一直重视家庭和谐发展和广大市民的身心健康，希望透过是次活动加深参加者对澳门和祖国历史、文化的了解，唤起公众对世界遗产的保护意识，以及让一家大小一起亲近大自然，舒展身心，进一步推广大众体育和全民健身运动，藉此鼓励家长多抽空与子女及长者进行户外活动，达到促进亲子关系、建立和谐家庭目的。

起步礼开始后，超过2000名妇联会员、家属、员工、托儿所家长与小朋友及市民，怀着轻松愉快的心情在松山卅三弯缓步径步行一周。沿途摆设有各世遗景点照片，使参加者除近距离感受大自然气息，还增添一份活动的趣味。现场所见许多市民全家出动，扶老携幼还带着宠物漫步松山径，欢声笑语，乐也融融。

**2011年12月4日《澳门日报》消息　明爱家服宣扬和谐家庭**

澳门明爱家庭服务部主办的“明爱家庭服务部推广日暨亲子关爱颁奖礼”昨日下午3时在佑汉公园举行，现场设多个摊位游戏、表演和展板等，向区内居民推广“关爱家人、共建和谐家庭”的讯息，并向居民介绍明爱家庭服务部门的各项工作。

社工局代厅长区志强、教青局代表邝耀忠、民署管委会委员伍秉贤、家庭代表邝少芬及明爱总干事潘志明、行政主任袁志海主持开幕仪式，共同打开舞台上“家庭关爱之门”，带出维系和谐家庭的重要元素“忍让、接纳、尊重、信任、珍惜、欣赏、体谅、关怀、鼓励、扶持、和睦及互爱”。

为了加强推广“关爱家人、共建和谐家庭”的讯息，明爱早前举办“正向亲子沟通”讲座及口号设计比赛，协助家长掌握正向沟通知识和技巧，更好维系与子女的关系。口号设计比赛已选出得奬者，优异奬由洪焕明及洪焕辉、莫嘉敏、黄永添、吴丽瑜获得；优秀奬由郑啸虎、苏永愉、蔡子豪、郭丽欣获得。昨日活动上，主礼嘉宾分别向得奬者颁奬。此外，明爱亦出版“家·系与爱”感言集，以不同角度了解服务对象的需要，进一步优化家庭服务部门的工作。

**《杨浦时报》2011年12月31报道　人车和谐的澳门**由澳门特区政府旅游局、新闻局和中国新闻社主办，中国地市报新闻摄影学会、人民摄影报、中国新闻社图片网络中心承办的“文化世界、璀璨澳门——中国（澳门）国际摄影论坛暨百家媒体聚焦澳门摄影活动”，12月9日在澳门旅游活动中心开幕，来自内地及港澳台百余家媒体的摄影记者走进澳门，用镜头展现澳门的卓雅风姿。

# 和文化在台湾

## 传媒消息与评论

2011年2月22日 **天天新闻网讯 2011年台湾灯会展现"两岸同辉、和谐盛世"** 天黑,1524盏形状万千的彩灯,在台湾苗栗县竹南头份活动公园一齐闪亮。此中江苏省扬州市送展的11组彩灯,表示出瘦西湖美景与古城风情,凸起了"两岸同辉、乱世协调"的主题,惹起台湾不雅众稠密乐趣。此次在元宵节揭幕的"2011台湾灯会",约请著名导演赖声川作为总策划,设有客家创意主题馆、水光秀灯区、生果灯区、科技灯区、百兔灯区、比赛灯区、灯海迷宫等15个灯区,为台湾自1990年举行一年一度的灯会以来规模最年夜的一次。苗栗县65%为客家人,据灯会构造者引见,此次灯会将重点呈现苗栗本地的多元风韵,将本地的参不雅、文明及财产推向天下。估计为时12天的灯会时代,前来不雅灯的旅客将达500万人次。

**中新网2011年3月2日电据"中央社"报道 《为228致歉遭质疑 马英九澄清:只为有助台湾和谐》** 国民党1日下午举行中山会报,由于28日是"二二八"事件64周年,与会者会后转述,国民党主席马英九就28日再为"二二八"事件道歉表示,有人质疑他喜欢道歉,他要澄清,凡是有助台湾内部和谐与团结,他都愿意尽量去做,包括继续调查真相。

马英九28日出席"二二八"事件64周年"中枢"纪念仪式时,再次代表当局向"二二八"受难者、家属与社会鞠躬道歉。对此,与会者转述,马英九在中山会报中表示,有人质疑他是不是特别喜欢道歉。

马英九说,他不是喜欢道歉,而是认为有助于台湾内部和谐,或对于未来团结有所帮助的事情,他能做的,都会尽量去做,该调查的,就应该继续调查;该历史教育的,就应该继续历史教育。

与会者转述,马英九也提到许多他与"二二八"受难者家属互动的一些小故事。马英九重申,面对家属,将心比心;面对历史,就事论事。

马英九表示,"二二八"事件赔偿至今,共赔偿新台币71亿余元、9700多人。他说,对于受害人数至今仍有些争议,但他的理念认为,"这不是人数的问题,而是人道的问题"。不管多少人受害,就算是只有1个人,当局也必须诚恳反省、好好照顾。

2011年4月21日 **高雄讯 《台湾两岸医疗事务交流协会成立 保障两岸医疗技术交流和谐》** 集合台湾法界、医界及税务专家共同发起的"台湾两岸医疗事务交流协会",其宗旨在于期待能为两岸间医疗事务发展的标准模式,并开拓两岸间人民医疗的交流。另将授权大陆成立“海峡两岸医学美容技术交流基地”、与国内生产胶原蛋白大厂双美生物科技共同合作的“大中华医学美容医师培训中心”、“海峡两岸医学美容技术交流基地”为国内业界建立顺畅的沟通桥梁。

协会理事长吴一昌表示，两岸医疗事务交流日益频繁，一般的交流都是单打独斗，虽然凭借各人的关系，但有许多法令上的限制都未能充分了解，所以，经常产生纠纷，极需要有相当专业且具公正性的单位给予帮助。

吴一昌指出，协会上月初即与广州新时代医院集团筹组“两岸医学美容学术交流基地”，并成功将台湾106位医师合法在新时代医院集团中合法注册，为台湾医师换取中国大陆医师执照后，更奠定其在中国大陆被认同的重要性。

该协会为提升大陆医师针剂注射技术，与双美生物科技共同合作，且布局中国大陆市场已久，现正透过协会将台湾医师注射胶原蛋白技术与经验推广至大陆，让更多的消费者能享受另一种台湾生物科技的成就。欢迎有意合作之单位、厂商洽谈合作机会，共创双赢。

（杨镇州）

**2011年4月27日中国新闻网讯　两岸三地高僧谈佛法与世界和谐：和谐是共同心愿**

“同心同德同商讨，同道同行同愿坚。”26日，第三届世界佛教论坛隆重开幕。两岸三地高僧与来自世界数十个国家和地区的近千名佛教界人士、专家学者围绕"和谐社会同愿同行"主题，畅谈佛法。

——“世界大众同愿清淨和谐，同行利他众善，则和谐世界可成，人间淨土可期。”传印长老在开幕致辞时指出。

“和谐是人类共同心愿，世界乃众生共业所感。”传印长老表示，唯有大众同生无住清淨之心，同发自觉觉他之愿，教内人士同行上求佛道下化众生之六度万行，社会大众同行自利利他之众善义举，方能成就清淨和谐之世界。

他特别为此次世界佛教论坛拈偈语：“香海论坛殊胜缘，良辰嘉会聚高贤。同心同德同商讨，同道同行同愿坚。淑善觉音播四海，光华慧日丽中天。佛慈普被三千界，天下太平民永安。”

——“举办世界佛教论坛的目的，就是运用佛法的智慧来化解矛盾，克服困难，让佛法深入人心，让社会更加和谐。”香港佛教联合会会长觉光长老在致辞时说。

觉光长老认为，服务社会，构建和谐，缔造和平，是佛教徒应有的使命。当今世界，人类面对不少困难。第三届世界佛教论坛的主题“和谐世界，同愿同行”，不但顺应了时代发展的要求，同时契合了佛教的主张和理念。

他希望通过这次国际会议，向世界传达爱好和平、追求和谐的意愿。同时，佛教徒们统一思想，凝聚共识，为创造一个平等、和谐、繁荣、幸福的美好世界，贡献全部心力。

——"透过文化交流对话是化除对立心结的良方。"台湾中台禅寺惟觉长老在开幕主旨演讲时强调。

惟觉长老认为，知行必须合一，行愿更需要同步，小至家国，大至宇宙世界，都需要通过同愿同行对话的平台，实现同愿同行、相互理解。

他希望藉由此次论坛一再凝聚的共识与力量，为世界和谐、两岸和合，带来无穷尽的光明和希望。

世界佛教论坛于2005年由两岸三地佛教界共同发起，其宗旨是为世界佛教徒搭建一个交流、合作、对话的机制性的长效高层次平台，为中华佛教界提供一个宽阔的大有作为的舞台，为海峡两岸佛教交流提供良好契机。

**2011年5月20龙虎网新闻中心讯　淡江大学大陆研究所潘锡堂教授发表文章：台学者“文化兴台”马英九交亮丽成绩单**　马英九选在台湾的“文化古都”——台南举行就任3周年记

者会，饶富意义。由于受到金融海啸、八八水灾等因素的冲击，马英九主政的这3年可说是充满考验与挑战。

令人欣慰的是，在马英九沉稳坚定的引领下，台湾在文化建设上体现具体绩效，落实“文化兴台”的战略构想，也为打造台湾未来黄金10年奠定坚实基础。将文化融入施政理念

马英九在竞选“大位”时，就曾提出把“文化提升”作为台湾发展的首要战略，并在去年就职两周年记者会上，发表“文化兴台”主张，希望正确引领台湾的进步方向。因此，将“文化提升”汇聚成台湾整体的竞争力，将文化思想浸润于马当局各“部会”，使政策规划与推动时具有文化的概念，将文化思维引入重大政策的各层面，从而提升台湾的文化总体竞争力，正是“文化兴台”所要达成的目标。

其次，如何营造良好的生活文化环境，提升民众生活美学素养与文明教养，让台湾人民享受幸福和谐又温文尔雅的生活，也是马英九文化政策的关注重点。3年来，如何健全社会架构、体现社会正义、改善社会风气、重建社会伦理，将社会建设成一个相互扶持、相互关爱的文明净土，一直是马当局戮力以赴的目标。以文化构建公民社会

尤其，马英九以“文化是公民社会黏合剂”的看法，大大点燃民众的信心，并深信开阔、包容、同情及谅解、尊重与成全等价值信念，足以彰显人性光辉，弭平政治与社会纷争。更何况，此种文化价值可以建立一个平台，促进公共意识的增强、公共美学的创造与公共参与的投入，进而构成一个全面性的美学社会运动，激发艺术才情，让民众真正享有高质量的生活。

因文化建设除可使民众享受高质量文化生活外，更是台湾永续经营的关键要务。马英九也一直在具体规划、落实，如将观光列为台湾领航旗舰产业、筹设“文化与观光部”、提高文化预算、成立“文化创意研发中心”，设置“台湾电影中心”、发起华人世界的“台湾奖”，以及设置“台湾书院”等。

其涵盖面之广与配套措施的周详，应是3年来台湾的文化建设能交出亮丽成绩单的最主要原因。借文化推销台湾形象

兹以强化文化资产之活化再利用为例，马当局3年来积极推动以古迹、历史建筑为中心区域型再利用方案，对建构聚落及文化景观、遗址保存与活化机制，对内将文化与观光进行良好的结合，对外能以文化资产作为参与全球社会、提升台湾的全球参与度之目标。

尤其透过文化互动，可以突破限制因素，赢得全球友谊。因此，马当局相关单位秉持马英九以文化“软实力”深耕台湾、走入全球；以文化交流，创造台湾新形象的指导，将开拓文化创意产业，推动文化创意产业旗舰计划等，列为当务之急。尤其，近几年台湾艺术在全球社会频放异彩，不论世界大展、大赛、艺术节都有了不起的表现，更使台湾成功扮演受尊重的活跃角色。

总之，马英九就任3周年最值得称许肯定的，就是前瞻全球竞争潮流，将文化视为21世纪台湾首要发展策略，并以各种政策作为落实“文化兴台”的理念。

回顾这3年的心血努力，产业创新能力的提振，人与自然的和谐相处，以及维护两岸和平，让台湾成为全球社会受尊重的一员，都在表征着马英九的施政有成，也表示文化确实是台湾进步发展的真正实力，更将使台湾黄金年代早日到来。

**2011年12月10日《你好台湾网》讯　台湾知名文化人士发表诗意油画祈两岸和谐**

12月10日，台湾中华文化协会会长范光陵博士在台北发表诗意油画“两岸赞、台湾赞图”。油画上的诗作，巧妙纳入甫揭晓的2011台湾10大代表性汉字，期望两岸关系和平发展、两岸同胞和谐幸福。

## 出　版

**台海网 2011 年 6 月讯**　近日，国立台湾大学出版中心出版了《寻求自然秩序中的和谐：中国传统法律文化研究》一书，作者梁治平，现为中国艺术研究院中国文化研究所研究员，洪范法律与经济研究所所长。

内容简介如下：本书在习见的法制史研究方法之外，尝试以文化解释的方法讲述中国古代法律传统。作者认为，法律的理念与实践都是有意义的文化符号。法律所揭示的，不仅是特定时空中的生活样态，也是特定人群的心灵世界。而且，正像文化具有不同类型一样，作为特定社会与文化一部分的法律，也具有不同的性格和精神。

作者开篇即讨论中国古代国家形成的特殊路径，希望由中国人的早期经验入手，解释中国古代法上若干重要观念的由来。以下各章分别讨论古代法律传统或隐或显的不同方面，分析其所由来，探究制度后面的文化依据和行动的意义。作者相信，人类经验总是浓缩于概念、范畴和分类之中，因此其讨论常常由相关语词的辨析开始，透过对语词、观念、实践之间循环往复的解释求取对历史的了解。基于同样的认识，作者以反思的和批判的态度运用现代概念，有意识的利用古今中西概念之间的种种差异，在避免历史研究中常见的种族中心主义和现代中心主义的同时，达致对历史更切近真实的理解和解释。

## 演　讲

**北京理工大学新闻中心讯　台湾中原大学黄孝光教授解析全人教育**

2011 年 5 月 17、18 日应教务处邀请，台湾中原大学原人文与教育学院院长黄孝光教授访问该校，为综合班学生作了两场通识教育讲座，分别题为“吾国吾民——谈文化内涵与民族性格”、“取经之道——谈西游记的心灵世界兼看全人教育”。

在演讲中，黄孝光紧扣“天、人、物、我”的关系，从不同的论题、不同的角度阐发了全人教育过程中身、心、灵和谐的基本理念。在讲述文化内涵和民族性格时，黄孝光从“我与我”、“我与人”、“我与天”三个方面概括了中国文化注重和谐的内涵，通过生活空间、生活方式、生活单位三种影响因素剖析出勤劳、忍耐、务实等民族性格特点。在谈西游记的心灵世界时，黄孝光分析了唐三藏、孙悟空、猪悟能、沙悟净师徒四人的全人象征，比喻取经的人生至少应具备三个基本要件：承认自己没有经典；深信某处拥有经典；心动不如行动。

5 月 18 日，黄孝光还为理论部师生作了题为“和谐之道——认识全人教育”的学术报告。听取讲座的师生表示，黄孝光的讲座深入浅出、幽默风趣，现场师生受益匪浅。

黄孝光，1946 年生于福州，1984 年在台湾获文学博士学位。曾任台湾中原大学通识教育中心主任、人文与教育学院院长，现为中原大学通识教育中心专任教授。

**2011 年 1 月 25 日学佛网发表了台湾蔡礼旭的演讲《建立和谐的两性关系——相识、相知、相惜、相爱》，演讲共分为三集。现谨刊发第一集，以餐读者。**

蔡礼旭老师，1973 年出生于台湾，毕业于师范教育和信息专业，曾任小学教师，课余从事儿童经典教学。在教学相长中，有感于圣贤教育为人生首要教育，遂辞去公职，远赴澳洲净宗学院研习传统文化，并师承儒学者老徐醒民老师学习儒学，专精研修和推广中国传统文化。

**第一集**

●先从自己的修身做起,不要求他人

尊敬的诸位同学:

大家早上好!

我们这几天的课程,最重要的认识自己、相信自己、把握好自己。面对很多的欲望、诱惑要懂得去克服,懂得去格除物欲,进一步能够成就自己。而唯有成就自己,才能够帮助别人,利益他人,这个是非常重要的先后顺序。我们今天懂得自爱才能爱人,懂得自助才能助人。不然就像俗话讲的,泥菩萨过江,自身都难保。所以我们这几天一直在强调,人生要有智慧,智慧就在“知所先后”当中,可以彰显出我们到底有没有这种智慧的认知。所以真正治理天下之人,管理众人之人,他最重视的还是自我的修为、自我的管理。

《大学》当中最关键的一句话,“自天子以至于庶人,壹是皆以修身为本”。我们看到这一句话“天子”,现在又没有皇帝了,那这样去理解传统文化,很难得到实质的利益。我们要体会的是这个背后的义理。所以天子以前是皇帝的意思,但是用在现代,他可能是总理,他可能是总统,他可能是一个单位的领导者,都可以用这个天子的义理到现在来注解、来体会。也就是高到皇帝,还有一般的平民,其实这一句话就是各行各业的人,都应该要在家庭、要在事业当中有所成就,都必须要以个人的修身、修养为一个根本。

那我们听懂这一句话了,那个心境就不一样了,都是先从自己的修身,就不会去要求他人了。

●正己自然化人——先要求自己

而《中庸》当中又有一句话,“正己而不求于人,则无怨”。“正己化人”,后面这一句是《太上感应篇》,道家的一句教诲。我们来看到这些经典都把“正己”摆在前面,而这个心态就非常地重要。

我曾经听过一位长者,他有看过《幸福人生讲座》四十集的这个讲稿,那讲稿看一遍,那也不容易了。结果我们看到,他的书都已经是翻了好多遍了,看起来都已经很旧了,看了也很感人,这么用心在学习。结果他走上前来还对我们说,我这一本书还下了眉注,下眉批,每一段都有,后来越听越感佩。当他把书打开来的时候,我们看到了,他每一段道理看完以后,最后的眉批是什么呢?儿子要看;结果下一段说,太太要看;再下一段,可能是弟弟要看。所以整本书看下来,所有的人都得看,所有的人都得学,只有一个人不用学,大家想是谁啊?自己不用学。

那我们来感受一下,假如你是他的家人,你服不服气啊?铁定不服气。自己都还没学,还没做,就求人,要求别人一定会有怨。你自己不做好去要求人,他可能在那里听的时候,因为你现在有权力,他敢怒不敢言,可是边听,他在那里虽然头是“好、好、好”,但是心里面想:五十步还笑我百步,你又好不到哪里去。所以先要求别人铁定有反效果,那我们很冷静来看,我们的人生态度是先要求自己,还是要求别人呢?假如这个先后顺序倒过来了,很多事都会不如意的,因为没有道法自然。今天真的正己了,自然就能感化身边的人,为什么呢?因为每一个人都有“人之初,性本善”。

我们曾经看到一些小孩学得很认真。他就在自己的社区,开始主动地捡起底下的这个纸屑,结果捡起纸屑来的时候,别的小朋友也都笑他。但是他的心很正,他的母亲教导他也是循循善诱,所以他觉得应该做的事,也不怕人家笑,后来居然变成他社区的很多小朋友,都跟着他一起捡。

还有刚好大学联考期间,他看到这个考场外有一些警官,他们在那里服务,那看在大热天当下,这些警官在那里维持秩序,这个孩子看了很感动,也体恤这一些警官们的辛劳,就跟他的母亲讲,母亲,我们去买一些矿泉水,然后来一一送给这些叔叔。那他真的就拿着一个一个去送。当这些警官接到这个水的时候，那内心都是非常地感动。

才一个7岁的孩子，都能够体恤他人，而且他们的小学，就因为这个孩子，全校推展《弟子规》。这个孩子是在东北，他每一天都很早到学校，所以学校的那个校工都认识他了。而且他到了学校去，都是把自己的教室先打扫干净，看在这些长辈的眼里，都觉得很汗颜，所以正己确实可以化人。

●其身正，不令而行——“小人不入君子之国”

我们曾经跟很多企业界的这些领导人、管理人员交流，而我们去上的课都是管理的课程。这个时候我们问到了：诸位领导们，我们今天来上管理的课程，请问大家，我们的心境、我们的想法是首先管理谁？

诸位同学们，大家在坊间书局里面，看管理的书籍管理谁？你们都看的是管理自己。哇，你们都去翻《论语》是吧？《论语》里面讲“其身正，不令而行”，这一句你们也没听过？诸位同学们，你们现在有没有听到流眼泪的声音？孔夫子在流眼泪了，他把一生的智慧传承给我们这些子孙，我们应该好好珍惜。这每一句都直接相关于我们事业的成败、人生的成败。“其身正，不令而行；其身不正，虽令不从”。我们自己要求别人的事，首先自己先做到了，做出榜样来了，人家看了感动，起而效法，所以不用命令，跟着就做得好了。

这个在历史当中，像尧舜时代，人民以他们为榜样，都觉得羞耻不能效法尧舜的德行。这个时候根本不用法律去要求他了，他本身有道德感，而那个道德感，就是来自于这些领导者的榜样力量。在周文王的那个时代，刚好两个国家吵架了，吵得不可开交，虞国跟芮国这两个国家。那他们，其实人很有意思，虽然他们是在情绪当中，但是他们还知道要去找人评理，而且还找有德行的人评理。诸位同学们，曾经有同学来找你评理的，有没有？哇，怎么这么凄惨？好，人家同学来找你评理，代表对你的信任，觉得你这个人公正、有修养。

所以他们一发生这个冲突了，心里想，这个周文王很有德行，所以两个国家的国君就到了周文王的国度里面，要去找他。因为他们是因土地起争执，结果进入了那个国土以后……他们自己的国土都是这个田地互相争夺，争来争去争到最后，中间的田埂都快不能走了。但是看到人家周文王治理的地方，它这个田埂很宽，大家互相让、不争，光是看到这个田埂的状况，他们已经受到这个感动了。接着又走入城市里面，看到这个城市里的人们走路都是互相礼让，甚至于是“长者先，幼者后”，很有次序。所以，无形当中他们已经感觉到，那种和谐、礼让的氛围。对他们刚刚来以前那种争斗的情绪，都有很大的一种安抚作用，所以慢慢地，他们的气也消得差不多了。

然后一到朝堂，又看到这些文武百官，个个都很和善，也都站得很有次序、规矩。结果他们两个互相看一看，说道了，人家是君子之国，我们两个小人就不要多留了。然后两个人就回去了，觉得很羞耻，回去之后就不争了。还没见到周文王，他们就已经不争了，回去了，所以德行感人是很深的。也由于那一件事情以后，整个周文王那时候的天下，就很多的国家都非常佩服他，都一一投靠到他的国家里面来。所以“德之所在”，道德之所在，“天下归之”，天下都会很尊重这个人、这个国土。

所以，这个重点就是自己先做了，“其身正”，你不用命令他，他就会去力行。但自己没有做到去要求别人，纵使你的规定，规定得非常地严格，那也会变成上有政策下有对策。用德行去感，大家效法；用严格的法律去要求，大家的聪明就用到怎么钻法律漏洞去了。所以这一些经句真的对我们自身，还对我们的事业，都是息息相关的。

●自己心平了,家庭才能平,天下才能平

所以我们看到古代的这些榜样,汤王说到的“万方有罪,罪在朕躬”,所有各方、所有人民的过错都是我的过错,这是汤王之所以能为圣王的重要心境。他是要求自己不要求别人,他觉得人民不好,是他自己没有做好榜样,他自己没有好好地去教育人民。那他有这样的反思,自然能感得他的臣民都是这样的人生态度。所以我们今天要利益别人,最重要的是提升我们自己,我们心平了,家庭才能平,天下才能平。

好,而我们人是群居的生活,必然要跟他人相识、相处、相知,互相地团结友爱,这个是必然在团体、社会当中,我们要学习的一个人际关系。而我们要把五伦关系都能够相处得好,首先我们说到的要“欲知人者先自知”,了解了自己,才能够去了解他人。

●走入婚姻的心态——道义相交

那我们这几天的课程很强调人际关系,包含两性关系,而这个两性关系它不是很狭隘的,不是说一定就是夫妇、男女朋友,并不是那么狭隘的。我们大到男女这两个不同的人群,其实两性如何互相尊重、互相扶持,这个很重要,不能变成男女互相争权,那这个家就麻烦了,甚至于这个国家、社会就不好了。而要互相尊重,首先要互相了解。所以整个人与人相处的过程,它有整个不同的阶段:相识、相知、相惜、相互爱护,这是相爱。

好,这一段过程,大家不要很狭隘地,就是只有男女关系而已。其实告诉大家,男人跟男人之间也有真感情。你们怎么都没什么表情?你们没有遇过真情义的好朋友吗?是吧。想当年,我去当兵的时候,我去成功岭,第一次离开家,也很不习惯,人一不习惯就会很紧张,很怕做错什么事情。结果刚好有一天,我就有一些事情不明白,我就去问我们一个班长,军队里面一个班长。我就跟他说:班长,请教你一个事情。结果我是拍着他的肩膀,我轻轻地拍了,没有很重,就拍了两下。他马上眼睛瞪着我说:你敢拍我?把我吓得不行。所以那一段时间就是那种小朋友要哭,哭不出来的心情,大家可以体会吧。

结果就这样过了一个礼拜,人假如不哭出来,其实是会生病的,那时候感觉度日如年。突然有一天,我分配到工作,在自己这一连的前面走廊扫地。在那里扫啊扫啊,突然我的余光看到一个很熟悉的背影,结果我缓缓地看了,越看越觉得……哎呀,好熟悉的身影,结果是我高中最好的同学。我们两个在同一连,居然一个礼拜都不知道,因为那个时候刚好“兵荒马乱”,大家都紧张,根本都忽略掉了。结果一看到,他也看到我了,两个人突然放下扫把,大家看过这种电影情节没有?突然两个人抱在一起,哇,那个当下真的感觉什么叫……这个已经无法用言语来形容当时候的心情。从此以后,我们两个就坦诚相见,一起洗澡,每一次洗澡好难得,今天好不容易两个人又能聊聊天了。后来念了大学,他来找我的时候还是很怀念,还是一起洗澡。所以这个确确实实相知、相惜。这个男人跟男人之间还是有真感情。

那假如是抉择走入婚姻,这个男女的关系就变成所谓人生的大事,走入地毯的那一端,这个是走入婚姻。而其实很重要的不是走入婚姻就没事了,不是说,好啊,终于到手了。那这个心态都不对了,应该是以一种道义相交,要懂得去经营,怎么给彼此幸福,怎么给下一代幸福,以至于怎么给双边的父母、家人、长辈安心,这个非常重要。

●相识——朋友的相识从自己善心感来

好,那我们来看,现在第一个阶段——相识。其实人的相识都不是偶然的,今天我们在这个网吧里面……是网吧,没错吧?网咖(台湾用法)。对不起,我一次都没去过,所以有点陌生。网咖里面,或者你在电动玩具店里面,你就很难认识蔡老师。哦,不是了,就是俗话讲的“方以类聚,物以群分”。所以今天我们常常在那里:啊,我都是被坏朋友给害的!这个叫“牵拖”(找借口),不负责任。今天为什么会遇到这一些磁场的人,那跟我们自己有关系,你有这些欲望的念头,才会在那一些地方跟这些人相识。

假如我们的心境都是好好地充实自己、提升自己,以后能够利益社会、国家。甚至于你现在在大学里面,都想着如何利益我的学弟、学妹。我们很感动啊,这一次几天课程,就有同学们已经决定拿一些书回去给学弟、学妹看,决定回去以后能够把这些好的东西、圣贤的教诲,跟学弟妹、跟同学一起交流,有没有这样的期许?你们的眼神告诉我:有!那个时候大家可以参考我的经验,到泡沫红茶店,搬几张桌子,把那些学弟妹都找来,但是有一个经验不要承传,就是不要讲得他们口吐白沫就好了。要循循善诱,把这些善的种子,都种到我们生命当中有缘人的心田当中。

在这几年的岁月,有一个非常深的感受,就是认识的朋友可能只有半年,可能只有一年,但是在那种心灵的感受,都觉得是十年、二十年的好朋友。所以人与人相处,重在交心、重在惺惺相惜,而那份惺惺相惜就是对生命、对家庭、对社会的那一份责任心,让彼此互相提升、互相尊重。所以朋友的相识,要从我们的心去感来。我们起的是孝、悌、忠、信、礼、义、廉、耻的心,感来的都是君子。

●观察对方平常的状态

那今天我们跟异性认识了、相识了,而那个相识最好是什么状况呢?最好是很平常的状况,那这样子大家认识就会觉得很自然,你看到的是对方平常的表现,平常的表现最能看清楚一个人。假如第一次相识就是好像相亲一样,两个人 one - to - one,请问能不能看到他真实的样子?看你们的表情没什么经验,你们没有相亲过,我就不怪你们了。或者是说,男女认识都很刻意的时候,他一定是尽力地把他最好的表现出来。说实在的,最好的表现出来,那是不是真正的状况?那不是了,那是刻意的状况。所以因为这个刻意的状况,才会因误解而结合,因了解而……所以大家要了解到,要按兵不动。欣赏一个人,绝对不要打草惊蛇,这个比喻好像怪怪的,就是让他……你看到他是怎么样对待同学的。

大家要了解,一个有爱心的人,他怎么可能说对父母有爱心,对别人没爱心呢?“一真一切皆真”,今天他对你很好,结果走在路上,对那个清洁的环保人员,那个眼神非常地轻视,甚至于还骂他,这个就是傲慢,这个就是瞧不起人。当你看到这一幕了,你就要明白,他的心性还有要修正的部分。而今天要选择走入婚姻,那是大事,你要有把握确定他的德行是好的,不然都应该在这些生活的点滴当中,看清楚一个人。

所以看人就显得很重要。找对象要会看人;你找合作的伙伴,要会看人;甚至你往后启用干部,都要看对人。所以用错了人,很可能一个企业十年、二十年,甚至上百年的基业都会毁于一旦。我们曾经看到两百多年的英国的霸菱银行,就因为新加坡的一个期货员挪用公款,非常聪明哦,两百多年的全球企业毁于一旦,这个是发生在 1995 年的事情。

●过马路的价值观

这个相识、认识就很重要,那在哪一些机会点认识,以至于在生活当中去观察。刚好有一个留学生到美国去了,去留学,他在美国交了一个女朋友。刚好有一次要过马路,然后他就停在那里,结果这个女士她说:走啊走啊。这个男士说:红灯,不能走。然后他那个女朋友一直拉着他,他说:不行啊,我以前学生活与伦理说,红灯要停,不可以闯。结果他这个女朋友就翘着嘴巴有点不高兴,后来绿灯了,他们就走过去了。结果走到对面的时候,这个女士就对他说了:你连红灯都不敢闯,你还能干什么?我跟你分手了。哇,晴天霹雳,他就这样被打了个闷棒,无奈这个女朋友已经走了。

后来他回国来了,又交了一个女朋友。结果刚好又遇到红灯,这个时候他就拉着这个新的女朋友:走啊走啊。他女朋友说:红灯啊。他硬是把她给拉过去了,过了马路以后,这个女朋友说了:我要跟你分手。哦,这不是笑话,这是真实的故事。她说:你连红灯都敢闯,你还有什么事情干不出来?我们要分手了。再换个成语,天崩地裂。

诸位同学们,他两次谈朋友没有成功,对他是好事还是坏事?怎么都是我们女同学说好事,男同学已经落入悲伤之中了,是吧?

大家冷静来分析一下,你看第一个女朋友说,你连红灯都不敢闯,你还能干什么?显然这个女朋友的价值观怎么样?是偏颇掉的。所以逃过一劫,这样的女朋友继续交,那凶多吉少了。所以刘备交代后代是"勿以善小而不为,勿以恶小而为之",他只要做的是这些生活上的小的错事,不改过来,小的就会慢慢变成大的。然后第二次这个女朋友又提醒了他,因为他的价值观已经认知错误了,又提醒他赶快改过来。

●好婚姻好事业,要自己积累福分

所以诸位同学们,我们要了解一个道理:该是你的,跑都跑不掉;不是你的,强求不来。这个是很重要的人生认知,"命里有时终须有,命里无时莫强求"。一个人有没有好的婚姻,有没有好的事业,都跟他积累的福分有很大的关系。有福的人感来的就是好的对象,无福的人就麻烦了,那无福的人做什么事业都不顺。

我们曾经听一个真实的例子,一个人当天接到讯息,明天升他当少将。哇,明天从上校变少将,变将军。当天晚上高兴啊,宴请亲朋好友,吃得很痛快,回到家里当天晚上就死掉了。哇,你看,没有将军的命,坐不上去。

而我记得刚好好几年前,我参加代课老师的考试,那个时候高雄县录取 50 名,我考了 33 名。那个时候我另外一个同学考 34 名,我们两个站在那里排队,准备去填志愿。然后我就对着同学讲,我们两个一起到弥陀国小去当同事,因为那个弥陀国小还剩两个名额。我跟同学刚讲完,一回头,这个 32 名把弥陀国小填走了,剩一个。结果其他的学校,不是上山就是下海,因为比较市区的学校都填得差不多了。然后我这一个女同学,她的孩子才刚出生不到一年,假如她到这个偏远地方去教书,她就没法照顾她的小孩。所以当我站上台准备填的时候,真是人神交战……没那么严重啦。

诸位同学,这个时候你会怎么做?这个时候我们想到,要为同学着想,那当妈妈太不容易了,3 岁以前这孩子都没有独立行为的能力,那个真的是日夜都要担忧,很辛苦。所以我就站在台上,我也搞不清楚这个学校好不好了,我就给它"哗"填下去,龙渡国小,就把这个名额让给我的同学。

请问让了就吃亏了吗?让了,该是你的福还是你的福,跑不掉的。人之所以会痛苦,就是得失心太重了,患得患失。明明时间还没到,硬是要把它拿下来,最后呢?双方都痛苦。我们要从大自然当中得到启示,诸位同学们,水果要熟的时候摘才会甜啊,强摘的瓜不甜,而且是吃起来还很涩、很苦。明明是可以吃到甜果,因为太着急了,吃到苦果。所以凡是面对人与人的关系,以至于是事业,都应该遵循着"绳锯木断,水滴石穿,瓜熟蒂落,水到渠成",这样的人生很悠哉、很自在。每天想着要跟谁争,要跟谁抢,抢到了都没有快乐的日子。

所以当我填完以后,去学校报到,了解到龙渡国小是整个高雄县最漂亮的一所学校。所以诸位同学们,能舍能得,大舍大得,小舍小得,不舍就得不到了。这个手一定是随时放下了,就随时能再拿起来。不要去控制他人,不要去控制什么东西,自己会很累。那个学校漂亮到什么程度呢?漂亮到学校的范围之内还有一座山,大家有没有遇过哪一所小学有山的?不是寿山,那个是名字,我是说真的校园里面有一座山。每天教完书，还可以爬爬山，悠闲悠闲，所以人能舍了就有得。

●提升自己的道德学问最重要

刚刚跟诸位同学提到的就是说，今天你觉得有一个对象很好，但是现在这个时间不是我们追求的时候。这个时候你最重要的，提升自己的道德跟学问，让这个因缘能够水到渠成，这个非常重要。不然你的眼光很好，看到的都是很不错的对象，结果最后你被 fire(开除)掉了，因为你看她很好，但是你自己没有提升。走在这个婚姻的路上应该是门当户对，这个门当户对绝不是用外在的物质条件去看他，你有多高的权位、多大的财富，这个偏颇掉了。门当户对最重要的就是有相同的、正确的人生价值观，不然思想不一样，那两个人就变成双头马车了，这个家怎么可以兴旺得了呢？

所以这个相识，在生活细节当中认识一个人，去看他在与同学相处、与他人相处，甚至最好的，你还能够了解到他与家人相处。闽南话有一句话叫“选田要选好土质，娶妻要看好岳母”，听懂吗？今天这个买田地，一定要买那个它的土质非常肥沃的，有很好的底子的。你找对象，比方说找太太，要看她的母亲，因为她的母亲贤德了，她传下来，上行下效。假如她的母亲很凶，可能她就会受影响。所以能够从她的家庭状况去了解，那就更能看清楚一个人，这个是相识的状况。

●对父母都不孝顺的人，你敢嫁吗？

假如有一个男子，他追求一个女子，而且这个是追了三年，三年如一日，这个女子是有求，他就必应。半夜肚子饿了，打个电话给他，要吃蚵仔煎(台湾小吃)。不管是凌晨一点还是两点，这个男士马上骑上摩托车“咻—咻—”就到了这个女子的家里了，而且屡试不爽，已经三年了。这个时候男子跟她求婚，刚好这个祖宗有德，这个女子的一个长辈来跟她说：你自己考虑清楚，这个男子对他的父母都不恭敬、不孝顺，你自己考虑考虑，要不要嫁给他。

好，诸位女同学，要不要嫁？哇，你们还考虑这么久。现在就考虑半天了，那真遇到了，我看凶多吉少。现在你是旁观者，旁观者都不清了，那当局者更是不得了了，嫁不嫁？哦，终于清醒过来了。

这个时候突然……我曾经在一个企业演讲的时候，有一个女士说：“嫁！”她那种气势，我实在挡不下来了。接着这个时候挡不下来怎么办？挡不下来要效法大禹的精神，用疏导，你不要防堵她，一定跟她两败俱伤。你看以前武侠片“喝!”，两个人对掌会内伤，所以这个时候稍微缓和一下。这么一缓和下来，我说，请问您为什么要嫁？她说：他已经够可怜了，我要救他。嗯，果然是有母爱的精神，但是她可能没有读过那一句“古来征战几人回”。

我们做一个比喻，大家就容易了解。今天你看到一个人溺水了，这个时候首先第一个念头是什么？是救他吗？不是，是你会不会游泳。假如自己都不会游泳，一跳下去了，哇，这个时候可能就来不及了。所以我们现在有没有智慧去帮一个人？而且大家要再深入思考，今天你有能力帮人了，难道就能帮得成吗？今天你要帮一个人还要对方愿意接受。

有一句俚语，讲得也不能说完全对，可是也有它的道理，叫“牛牵到北京还是牛”，这个意思告诉我们“江山易改……”这句话讲错了，“习性难移”，不是本性，“人之初”都是“性本善”。这一句话没有在经典里面，这个要改过来。这一句话是谁讲的呢？是那个不愿意改的人说“本性难移”。

有一句话叫“英雄难过美人关”，大家知不知道谁讲的？我知道谁讲的，那个过不了还要把所有的男人统统拖下水，那个人讲的。还有一句话叫“人不为己，天诛地灭”，大家知道谁讲的了吧，就是那个自私得要死的人，还要把大家统统拖下水。所以这一些都不是经典的教诲。所以今天习性他已经养成好一段时间，除非他愿意改变，不然孔子来都没用。

●怎样判断对方愿不愿意提升德行

今天你要跟他结这一份终身的缘，一定要对方是愿意提升他的德行，愿意负责任。不然他本来是一个人糟蹋自己，之后他的这个好色、好赌，只要进入婚姻当中，这个家全部都被拖垮了。所以叫“女怕嫁错郎”，男也怕“娶錯妻”。我们看到很多不管是太太赌博，还是先生赌博，那个家真的每一个人都痛苦万分。所以条件是对方愿意改变，你才帮得上忙。

那怎么判断对方愿不愿意改变呢？有一个照妖镜很好，提供大家做参考。但是这一个照妖镜首先照谁啊？先要照自己，这个照妖镜名字叫做《弟子规》。

所以，你看看这个对象对你有意思，这个时候就把《弟子规》送给他，然后他翻了以后，他说：哎哟，这个都什么时代了。你就逃过一劫了，他对道德根本就不接受，你逃过一劫了。所以这个时候就三炷香给《弟子规》拜一下，好险好险。再来，给他《弟子规》了，他说：哇，你看做人就是要孝顺，做人就是要“凡是人，皆须爱”，这样人生才有意义。哇，他这么一讲了，怎么样？要不要跟他交往？等一下，现在讲一套做一套的人太多了，你不要几句话就被骗了，这样不好，要看到言行一致。所以这个时候还是要观察，他很欢喜这些道德，但他跟人相处有没有真正做出来。

你看孔老夫子跟颜回，跟颜回讲了这些做人的道理，看颜回都“好、好、好”。到底有没有听懂？“退而省其私”，私底下看看他有没有做，哇，“亦足以发”，真的都去做了。所以我们也是观察他说的跟做的完全一样，这个就很保险。

●了解对方整个家庭的状况

最好还能够了解一下他整个家庭的状况，这个孔老夫子的外公是我们的榜样。孔老夫子的外公要把女儿嫁出去的时候，是先去了解孔子父亲，他的爸爸、爷爷，以至于祖辈德行好不好。因为“积善之家，必有余庆”，他祖先有德，后世会出好子孙。所以孔子的外公一看，哇，他的祖宗都很好，就把女儿嫁给他，最后就生了一个圣人。好，那诸位同学们，知不知道怎么生圣人了？哇，现在一不小心就是败家子，所以这些都是太好的启发了。所以这个时候你找对象也要不只要看对方，还看看他的祖先好不好。哇，他爸爸是黑社会的，他爷爷是干什么坏事的，那这个不妥。

今天我已经是把所有知道的全告诉大家了，希望大家好自为之，这些都是很重要的关键。所以只要这些道理都明白了，要生一个圣贤人并不困难。首先先用德行感好的孩子，再来胎教做好，最后孩子“3 岁看 80，7 岁看终身”，这个时候 3 岁以前，父亲、母亲要给他最好的榜样。现在跟大家讲这个，会不会太早了一点？不会。你现在不先有一个基础，到时候遇到境界了，都茫茫然去了，就搞不清楚状况了。

●相知——先自知，了解自己的本分在哪里

相知，其实很重要的还是要先自知，而且不只了解自己以外，还要了解自己现在的本分在哪里，知所先后。请问是先谈恋爱，还是先完成好学业跟道德学问？你今天先恋爱了，自己的定性又不够，学业跟道业都学不好，我们拿什么去爱人？所以这个就是理智的人生态度。

我们自己很冷静来观察身边的同学、朋友，谈恋爱谈成什么样子了？一年还换好几个，真没有职业道德，是吧？你这么做了，我们人生都还没有造福，统统把福给折掉了。大家冷静去看，常常换女朋友的人，那个脸都没有福报，都是瘦瘦，眼睛小小的，鼻子小小的，大家有没有看过这样的人？你们往前面看就知道了，这个就是以前心性不对，福都给折光了。所以我自己的同学，国中就谈恋爱了，高中都念不毕业，智商本来是 150 多，我才 118，他那个先天都比我好，结果连高中都没念毕业，就是这个情欲之关没有过。

# 和谐家园

## 2011 感动中国十大人物

**编者按** 2012年2月3日晚,《感动中国2011年度颁奖盛典》在中央电视台综合频道播出,白岩松和敬一丹联手主持,2011感动中国人物榜单正式出炉。

当选的10位感动中国人物分别是:

中国核事业的领航人——朱光亚

坚守雪域高原12年的义务支教者——胡忠、谢晓君夫妇

让中国肝胆外科站到世界最前的医学泰斗——吴孟超

让全世界见证梦想奇迹的无臂钢琴师——刘伟

一生奉献清廉履职的好书记——杨善洲

烤羊肉串的善良慈善家——阿里木

跨越海峡为大陆添爱心的志愿者——张平宜

奋力救下坠楼婴儿的"最美妈妈"——吴菊萍

照顾养母12年的善良孝女——孟佩杰

两袖清风的公安部高官——刘金国

此外,走过10年的"感动中国"活动还向以白方礼老人为代表的长年热心公益事业而未能获得荣誉称号的所有爱心人士表示特别的致敬。

## 胡忠/谢晓君:怒放高原的并蒂雪莲

颁奖词:他们带上年幼的孩子,是为了更多的孩子。他们放下苍老的父母,是为了成为最好的父母。不是绝情,是极致的深情;不是冲动,是不悔的抉择。他们是高原上怒放的并蒂雪莲。

推选委员于丹说:

这两位老师让我们知道:人最大的富庶在于爱和信念的坚持,他们用生命提携了孤儿的成长,在一个物质繁盛的时代里,他们仍然让世界相信:精神无敌。

刚刚过去的龙年春节,胡忠留在福利学校照顾孤儿们,谢晓君带着女儿回成都探亲。"能够担的就多担一些,春节嘛,让老师们都回去,我来陪着。"作为校长,胡忠眼中的福利学校是另一个家,这里的孤儿都是他的孩子。进藏至今,一家三口很少有机会聚在一起过年。

"成都少了一个我这样的老师,没有任何损失;但对藏区的孤儿而言,我的到来或许能改变他们的命运。"在颁奖典礼现场的胡忠,比视频中看起来更显苍老。11 年前,这位成都中学的化学老师辞掉工作,告别妻子与刚出生的女儿,来到甘孜州康定县塔公乡支教,每个月仅有 300 多元的生活补助。

福利学校海拔 3800 米,甘孜州 13 个县、4 个民族的 143 名孤儿被安排在这里寄宿制读书。除了上课,胡忠每天清晨 5 点多打开校园广播,叫大家起床、做操,平时要照顾他们的生活起居。一听说哪里有孤儿,他立马赶过去接人。久而久之,当地百姓把胡忠叫作"菩萨老师"。

丈夫离家的前两年,谢晓君都是利用假期过去探望,教音乐的她偶尔还客串几回代课老师。与孤儿们接触的次数多了,川妹子动了留下来的念头。2003 年,谢晓君报名支教,在旁人不解的目光中,她抱着女儿,与丈夫在福利学校"会师"。

从盆地到高原,适应的过程充满了委屈。刚来的几个月,3 岁的女儿整晚咳嗽,谢晓君也因缺氧头疼,无法入睡。尽管也会抱怨,但不服输的性格让她迎难而上,"既然来了,说什么也不能打退堂鼓。"

通过自学朋友寄来的教材,谢晓君尝试过音乐老师以外的 4 种角色——数学、生物、生活老师以及图书管理员,顶替离开的支教同行。"这里只有老师适应孩子,只要对孩子有用,我就去学。"2006 年,谢晓君调去了位置更偏、条件更苦的学校"木雅祖庆"。她把工作关系转到康定县,许诺"一辈子待在这儿"。

## 张平宜:跨越海峡的希望之翼

颁奖词:蜀道难,蜀道难,台湾娘子上凉山。跨越海峡,跨越偏见,她抱起麻风村孤单的孩子,把无助的眼神柔化成对世界的希望。她看起来无比坚强,其实她的内心比谁都柔软。

推选委员彭长城说:

为了一个底层群体的生活和尊严,为了打破这个群体的宿命,她勇敢地去挑战去行动。她对人性的关怀和尊重,已到了捍卫的程度。

初见张平宜,打扮时髦,举止优雅,没有任何理由将她与四川麻风村的"疯婆娘"划上等号。唯有事实,才能颠覆印象。在凉山州越西县的大营盘村,当地人都认识这位台湾来的"张阿姨",她每年都会来:把辍学的孩子"抢"回学校、为征地与政府官员吵架……衣食无忧的张平宜,过着狼狈不堪的生活。

"我是一个金牛座的女人,热情固执,会为正义两肋插刀,为理想勇往直前。"张平宜曾是台湾《中国时报》的记者,1999 年进驻大凉山采访麻风村现状，目睹被遗弃的病人与无知的眼神，她决定亲手改变这个群体后代的命运。

在麻风村小学教了12年书的民办老师王文福打算转行了，因为日子过不下去了。张平宜出面挽留，“你千万别走，我来想办法。”为了筹款，她写文章、做演讲，甚至在圣诞夜的街头卖蜡烛。2002年，破落的麻风村小学盖起了6间砖木结构的教室与2间学生生活用房，这是张平宜用30万元善款换来的。

腼腆的孩子露出了笑容，她继而又萌生了更大胆的想法。2003年，张平宜辞去了报社的工作，在海峡对岸创办中华希望之翼服务协会，致力于打造大营盘村的希望工程。十余载的奔波与操劳，张平宜在大凉山当地建立了国内麻风村第一所正规学校，实现了九年制义务教育，大营盘也于2005年成为正式的行政村。

麻风村走出的初中毕业生越来越多，为了解决他们的出路，张平宜委托弟弟在青岛的工厂建立了职业培训中心。在那里，孩子们白天学技术，晚上学文化。张平宜最看重英语与电脑，以及完善的人格教育。

“在学校坡地高处兴建一座书香亭，亭子四周要种蔷薇，花季时蔷薇灿烂绽放”。这是张平宜的浪漫情怀，她想象自己坐在那里听孩子们的朗朗读书声，与友人诉说大营盘的前尘往事。

## 阿里木：烤羊肉串的爱心巴郎

颁奖词：快乐的巴郎，在烟火缭绕的街市上，大声放歌。苦难没有冷了他的热心，声誉不能改变他的信念。一个人最朴素的恻隐，在人群中激荡起向善的涟漪。

推选委员陈菊红说：

传说贵州晴天很少，阿里木的行动给这里带来了照亮人内心世界的热烈的阳光。

滴水之恩当涌泉相报。这辈子，阿里木都不会忘记刘老二，这位素昧平生的酒吧老板在他最困难的时候施以援手，借了100元给他。一次微不足道的义举，让阿里木在异乡站稳了脚跟，也成就了后来那位烤羊肉串的“慈善家”。

2001年，新疆青年阿里木只身来到贵州毕节，摆起地摊卖烤羊肉串。热情风趣的吆喝，使他的生意渐渐红火起来。收入增加了，但他的日子依旧过得寒酸：租每月100元的房子，每天花10元钱填饱肚子。

如此吝啬为那般？阿里木自有打算。刚到贵州时，他参与扑灭了一次山火，当地政府奖励他300元。他随后就找到毕节的妇联组织，连同自己身上的200元，全部捐给了一个因贫困而濒临辍学的学生。阿里木与“草根慈善”结缘后，烤羊肉串被赋予了新的意义。

得知大方县一所小学的学生没有书包，阿里木买了181个新书包，翻山越岭两个多小时，送到了孩子们的手中；另一所学校的41名学生交不起学杂费，他随即冒雨送去了5000元……

这么多年，究竟帮助了多少学生，阿里木已经记不清了。可以这么说，从小学、中学到大学，处处都有阿里木资助过的对象。这位“草根慈善家”还拿出积蓄，在贵州大学与毕节学院设立了助学金。据说每串羊肉串可以赚3毛钱，阿里木迄今捐出了15万元，相当于烤了50多万串羊肉串。

捐资助学并非阿里木事迹的全部。汶川地震与贵州雪灾，他都踊跃捐款。玉树地震发生后第三天，阿里木携带装有行军床、被褥以及锅碗瓢盆的两大包行李，从贵阳赶往西宁，购置了8000多元的牛肉与蔬菜送到灾区。

## 吴菊萍：托举生命的最美妈妈

颁奖词：危险裹胁生命呼啸而来，母性的天平容不得刹那摇摆。她挺身而出，接住生命，托

住了幼吾幼及人之幼的传统美德。她并不比我们高大，但那一刻，已经让我们仰望。

推选委员朱玉说：她有一双最柔弱的臂膀，也是2011年中国最有力的臂膀。

物质生活富足的时代，信仰迷茫、价值紊乱的新闻接踵而来，吴菊萍用柔弱的臂膀，托起了生命奇迹，唤醒了普罗大众对传统美德的自觉。

2011年7月2日下午，杭州滨江白金海岸小区。两岁的妞妞趁奶奶不注意，爬上了窗台，接着被窗沿挂住，随时都有坠落的可能。这可是在10楼，楼下的邻居都惊呆了。坚持了一分钟左右，妞妞还是掉了下来。说时迟那时快，刚好路过这里的吴菊萍踢掉高跟鞋，张开双臂，冲过去接住了妞妞。

被紧急送往医院后，吴菊萍被诊断为左手臂多处粉碎性骨折，尺桡骨断成三截，预计半年才能康复。逃过一劫的妞妞在10天后苏醒过来，开口叫了“爸爸、妈妈”。

“这是本能，是一个母亲应该做的事情。”躺在病床上，吴菊萍一脸平静。事件发生时，她的孩子只有七个月大，尚在哺乳期。

荣誉铺天盖地，吴菊萍保持了清醒的认识，“我只是普通人，问心无愧就好。”公司奖励了20万元，她留作自用，为此背负了不少压力。“我需要好好生活，好好工作，才有能力去帮助身边的人。”赡养父母、培养孩子、还房贷……任何普通人，都无法对这些现实问题视而不见。

“我会把重心调整回工作、家庭中来，减少媒体活动。”吴菊萍年后将重返工作岗位，她最大的心愿是看着妞妞与自家孩子健康长大。

## 孟佩杰：恪守孝道的平凡女孩

颁奖词：在贫困中，她任劳任怨，乐观开朗，用青春的朝气驱赶种种不幸；在艰难里，她无怨无悔，坚守清贫，让传统的孝道充满每个细节。虽然艰辛填满四千多个日子，可她的笑容依然灿烂如花。

推选委员王振耀说：童稚的年岁，她一力撑起几经风雨的家。她的存在，是养母生存的勇气，更是激起了千万人心中的涟漪。

命运对孟佩杰很残忍，她却用微笑回报这个世界。

五岁那年，爸爸遭遇车祸身亡，妈妈将孟佩杰送给别人领养，不久也因病去世。在新的家庭，孟佩杰还是没能过上幸福的生活，养母刘芳英在三年后瘫痪在床，养父不堪生活压力，一走了之。绝望中，刘芳英企图自杀，但她放在枕头下的40多粒止痛片被孟佩杰发现。“妈，你别死，妈妈不死就是我的天，你活着就是我的心劲，有妈就有家。”

从此，母女二人相依为命，家中唯一的收入来源是刘芳英微薄的病退工资。当别人家的孩子享受宠爱时，八岁的孟佩杰已独自上街买菜，放学回家给养母做饭。个头没有灶台高，她就站在小板凳上炒菜，摔了无数次却从没喊过疼。

在同学们的印象中，孟佩杰总是来去匆匆。她每天早上六点起床，替养母穿衣、刷牙洗脸、换尿布、喂早饭，然后一路小跑去上学。中午回家，给养母生火做饭、敷药按摩、换洗床单……有时来不及吃饭，拿个冷馍就赶去学校了。晚上又是一堆家务活，等服侍养母睡觉后，她才坐下来做功课，那时已经九点了。

“女儿身上最大的特点是有孝心、爱心和耐心。”刘芳英说，如果有来生，她要好好补偿女儿。为配合医院的治疗，孟佩杰每天要帮养母做200个仰卧起坐、拉腿240次、捏腿30分钟。碰上刘芳英排便困难，孟佩杰就用手指一点点抠出来。

2009年，孟佩杰考上了山西师范大学临汾学院。权衡之下，她决定带着养母去上大学，在学校附近租了间房子。大一那年暑假，孟佩杰顶着炎炎烈日上街发广告传单，拿到工资后的第一件事就是买养母最爱吃的红烧肉。

“我只不过做了每个女儿都会做的事。”不少好心人提出过帮助,都被孟佩杰婉拒了,她坚持自己照顾养母。孟佩杰的毕业愿望是当一名小学老师,安安稳稳,与养母简单快乐地生活。

## 刘伟:用灵魂演奏生命音符

颁奖词:当命运的绳索无情地缚住双臂,当别人的目光叹息生命的悲哀,他依然固执地为梦想插上翅膀,用双脚在琴键上写下:相信自己。那变幻的旋律,正是他努力飞翔的轨迹。

推选委员陆小华说:

脚下风景无限,心中音乐如梦。刘伟,用事实告诉人们,努力就有可能。今天的中国,还有什么励志故事能赶上刘伟的钢琴声。

当一名职业足球运动员是刘伟的青葱梦想,但10岁那年的一次触电事故,不仅让他失去了双臂,更剥夺了他在绿茵场奔跑的权利。

耽搁了两年学业,妈妈想让刘伟留级,他死活不干。在家教的帮助下,刘伟利用暑假将两年的课程追了回来,开学考试,他拿到班级前三名。重回人生轨道的刘伟,一直对体育念念不忘,足球不行,那就改学游泳。12岁那年,他进入北京残疾人游泳队,两年后在全国残疾人游泳锦标赛上夺得两金一银。

“在2008年的残奥会上拿一枚金牌。”刘伟跟母亲许诺。谁知厄运又来纠缠,过度的体能消耗导致免疫力下降,他患上了过敏性紫癜。医生警告说,必须停止训练,否则危及生命。无奈之下,刘伟与游泳说再见,走进了后来带给他成功的音乐世界。

练琴的艰辛超乎了常人的想象。由于大脚趾比琴键宽,按下去会有连音,并且脚趾无法像手指那样张开弹琴,刘伟硬是琢磨出一套“双脚弹钢琴”的方法。每天七八个小时,练得腰酸背疼,双脚抽筋,脚趾磨出了血泡。三年后,刘伟的钢琴水平达到了专业七级。

“我的人生中只有两条路,要么赶紧死,要么精彩地活着。”在《中国达人秀》的舞台上,刘伟演奏了一首《梦中的婚礼》,全场静寂,只闻优美的旋律。曲终,全场掌声雷动,他是当之无愧的生命强者。去年,刘伟又登上了维也纳金色大厅。

## 朱光亚:遥远苍穹中最亮的星

颁奖词:他一生就做了一件事,但却是新中国血脉中,激烈奔涌的最雄壮力量。细推物理即是乐,不用浮名绊此生。遥远苍穹,他是最亮的星。

推选委员阎肃说:肃然起敬,卓越功勋,他代表的群英,使我们的民族——自强,自信,自力,自尊!

2011年2月26日,“两弹一星”元勋、著名核物理学家朱光亚因病辞世。巨星陨落,德艺留芳,以他名字命名的“朱光亚星”在苍穹中绽放恒久的光芒,激励科学道路上的后人。

从上世纪50年代末开始,朱光亚在核领域奉献了大半辈子,直至2005年退休。

“祖国的父老们对我们寄存了无限的希望,我们还有什么犹豫呢?”——听到新中国成立的消息后,还在密执安大学读书的朱光亚组织起草了《给留美同学的一封公开信》,然后毅然选择回国,先进入北大教书,后转到核武器研究所。

1964年,我国自行研制的第一颗原子弹成功爆炸,朱光亚望着腾空跃起的蘑菇云,禁不住潸然泪下。筚路蓝缕,以启山林。当晚,作风严谨的他竟然喝得酩酊大醉。三年后,朱光亚与同事们又将中国带入了氢弹时代。

重要的核试验,朱光亚几乎都会亲临现场

指导，不解决问题不罢休。对待需要撰写或修改的文件，朱光亚力求深入浅出，字斟句酌，连一个外文字母、一个标点符号都保证准确无误。

淡泊名利，身边人喜欢用这个词来评价朱光亚。1996 年，朱光亚获得一笔 100 万元港币的奖金，转身就捐给了中国工程科技奖励基金会；1997 年，又将积攒的 4 万余元稿费捐给了中国科学技术发展基金会。解放军出版社曾策划出一套国防科学家传记丛书，报请审批时，他毫不犹豫地划掉了自己的名字。

## 刘金国：烈火锻造的铁血将帅

颁奖词：贼有未曾经我缚，事无不可对人言。是盾，就矗立在危险前沿，寸步不退。是剑，就向邪恶扬眉出鞘，绝不姑息。烈火锻造的铁血将帅，两袖清风的忠诚卫士。

推选委员陈小川这样评价刘金国：内心有道德追求的人，行为永远不会逾越内心的道德底线。当他的道德追求具有高尚物质时，他的内心会有无限的满足感。我想，刘金国完成了这种道德实现。

推选委员涂光晋说：正因为头顶有国徽，心中有人民，他才能如此清正廉洁，嫉恶如仇，临危不惧，知难而上。

回忆起“7·16”大连新港火灾事故，许多人心有余悸。

2010 年 7 月 16 日傍晚，大连新港的输油管线在油轮卸油作业时发生闪爆，造成管线内原油泄漏发生火灾，火势顺排污渠蔓延。火情就是命令。公安部副部长、纪委书记刘金国第一时间率领专家组赶赴现场，指导救灾。面对长达数千米的火线、数十个储量巨大的油罐随时爆炸的危险，刘金国在前沿连续指挥了七个小时，直至将大火扑灭。

每逢重大突发事件，刘金国都亲临一线指挥。2008 年的“5·12”汶川特大地震救援中，他担任公安部前线总指挥，紧急调集、指挥全国 2 万多名公安专业救援力量，从废墟中搜救出被埋压人员 8335 人。

铁血将帅的另一张面孔，是两袖清风的忠诚卫士。1995 年，刘金国调到河北省公安厅，搬家时他的全部家当只有半卡车旧家具，和一台黑白电视机。单位分给他一套房子，需要交 4.6 万元的集资款，但刘金国硬是拿不出这笔钱，最后只能找银行贷款。担任领导职务的几十年，刘金国亲手审批过近 20 万个“农转非”指标，可他自己的 38 个亲属无一跳出“农门”。

## 杨善洲：不负群众的草鞋书记

颁奖词：绿了荒山，白了头发，他志在造福百姓；老骥伏枥，意气风发，他心向未来。清廉，自上任时起；奉献，直到最后一天。60 年里的一切作为，就是为了不辜负人民的期望。

推选委员陈淮说：一个人能够给历史，给民族，给子孙留下些什么？杨善洲留下的是一片绿荫和一种精神！

杨善洲从事革命工作近 40 年，生前曾任保山地委书记。在任期间，面对家属“农转非”的多次机会，杨善洲要么直接推脱，要么将申请表藏进抽屉，直到去世后才被发现。“大家都去吃居民粮了，谁来种庄稼？我们全家都乐意和 8 亿农民同甘共苦建设家乡。”到了退休的年纪，组织上想安排杨善洲去昆明安享晚年，他又一次婉言谢绝。

长期乱砍滥伐，大亮山生态受到遭到破坏，水土流失严重。“我要为百姓做几件实实在在的事情。”冲着这句承诺，杨善洲在卸任后一头扎进了荒草丛生的大亮山，住竹篾搭的屋子、睡树桩搭的床，他希望给乡亲们再造山清水秀。

自那以后，杨善洲与林场职工同吃同住，每

天从早忙到晚，雨季植树造林，旱季巡山防火。创业初期资金短缺，老书记把平时种下的几十盆盆景全部移栽到大亮山上，他甚至跑到大街上去捡别人丢弃的果核，积少成多，用马驮上山。

担任林场负责人的20多年间，杨善洲不要分文报酬，只肯接受每月70元的伙食补助。他为林场争取了近千万资金，却从未私自动过一分钱。走了不知多少路，吃了不知多少苦，杨善洲带领工人植树造林7万多亩，林场林木覆盖率超过87%，修建18公里的林区公路，架设4公里多的输电线路。

## 吴孟超：坚守肝胆事业的医者

颁奖词：60年前，他搭建了第一张手术台，到今天也没有离开。手中一把刀，游刃肝胆，依然精准；心中一团火，守着誓言，从未熄灭。他是不知疲倦的老马，要把病人一个一个驮过河。

推选委员任卫新说：吴老以九十高龄，与患者肝胆相照。作为医生，作为军人，他都是一座丰碑。

在中国医学界，肝脏医学曾长期处于荒芜。上世纪50年代，从同济医学院毕业的吴孟超投入了肝脏外科研究，与同事做出了中国第一个肝脏解剖标本，提出了“五叶四段”肝脏解剖理论。1960年3月1日，他成功完成了我国首例肝癌切除手术。

半个多世纪的呕心沥血，吴孟超推动了中国肝脏医学的起步与发展。1999年建立的东方肝胆外科医院，每年收治逾万名患者，年均手术量达4000例。肝癌术后五年的生存率，从上世纪六七十年代的16%上升到今天的53%。

年近90岁，他依然坚守在一线。据统计，吴孟超做了1.4万余例肝脏手术，完成的肝癌切除手术9300多例，成功率达到98.5%。2006年1月，他获得“国家最高科学技术奖”。

吴孟超是医院院长，平时不但忙于院务，还要经常外出主持学术会议。即便如此，他仍坚持在每个星期二的上午看门诊，若是出差错过了，回来还得补上。

从医近70载，吴孟超始终认为医德比医术重要，“德”是他挑选弟子的首要标准。吴孟超定下规矩：在确保诊疗效果的前提下，尽量用便宜的药，尽量减少重复检查。据说这样做，每年能给病人节省7000多万元。

# 华夏和谐第一村——万庄

2009年底，一座占地30余亩，投资3200多万元的巨大工程——万和宫在邢台临西万庄建设完成。继而，以弘扬和谐文化为已任，以打造“华夏和谐文化第一村”为目标的二三期工程相继铺开。这样一个浩大的文化工程就是由王殿明这位民营企业家一手策划设计并投资建设的。

一时间“万和宫”、“万庄”、“王殿明”……受到社会各界和新闻媒体的广泛关注。省委宣传部副部长、省文明办主任白石曾讲到：“这个村成了远近闻名的文化之村、和谐之村、文明之村、生态之村，成为燕赵大地上一个社会主义精神文明建设的好典型。‘万庄现象’很值得我们研究探索，他们的经验值得我们学习和宣传。”

走进万和门，自西向东，从佛教文化、儒教文化到中外诸大教派文化，从中国民族传统文化到世界精英文化，万和宫均囊括其中，三教九流，诸子百家，无所不包，典故谏言，神话传说，无所不显。游走在一座座精雕细琢的雕像前，如同走进了“和”文化的历史长廊。

气势恢弘的“和“文化宫殿，为什么会选择在一个普通的万庄，它到底是一个什么样的村庄呢？万和宫的修建又为当地带来了哪些变化？上海社科院博士蔡丰明提出了”万庄模式”的概念，认为万庄现象形成了新农村建设的万庄模式，这种模式比政府动员群众、补贴群众建造新民居更具有时代意义和较强的可操作性，要动员更多的慈善家、企业家们向农村投入，向农村进行经济、文化、教育等多方面的投入。

王殿明说，我之所以选择这个有深刻和文化底蕴的地方建造万和宫，是希望创造一个与古今圣贤对话的地方，希望参观者在体味人类智慧的伟大的同时，真正地走近和文化。

## 沿袭千载的传统与“和”文化符号

临西万庄。一个美丽祥和的小村庄，一个有着诸多故事传说的地方。这里曾经叫万和庄，万和三圣的传说——和美、和睦、和顺，指得就是这个村庄。相传孔子曾经在这里讲学，深得儒家文化风气之先，村民间和衷共济蔚然成风文化；曾有一座香火旺盛的万通寺，始建于佛教文化繁盛的大唐贞观年间；这里还是文化融合之地，由于万庄位于冀鲁豫三省交汇处，齐鲁文化与燕赵文化在这里交融，黄河文化与运河文化在这里贯通，有着广泛的人脉资源和深厚的文化底蕴；然而，这里又是历朝历代古战场的一部分，兵家必争之地。

今天，这里依然是民风淳朴，村民们以孝为先，好善乐施，急人所难，助人所困。在这样一个刀光不断，战事频发的地域，最终沉淀下来的竟然是“万和”文化，这既是我们祖先数千年对美好生活的向往和追求，也是中华传统文化所迸发出来的力量。

河北省政协副主席刘健生说，万庄是一个和谐文化的典型，也是在燕赵乃至全国都少见的和谐文化村落。希望万庄人继续保护自己的优良村风，并且随着时代的发展而不断创新，努力把这个千年古村建设得更加和谐美好。

正是这里深厚的和文化底蕴，使得万和宫刚建成并投入使用，就被誉为“中国首座和谐文化宫”。

万和文化宫，游人可以把它看作是一座宫殿，一处建筑，但当你游完，你又发现，你无法把它简单地把它看作是一座宫殿和一处建筑。因为这是在华夏大地上，首次由我们淳朴憨厚的村里人创意设计的、容纳了他们对幸福、吉祥、和美、平安等诸多祈愿的一处福地。

“万和宫是当代中国农村有志之士、有谋之士创造的一个标志性文化符号，它凝结着中国农村、中国农民、中国农业当今文化现象的精髓，昭示着中国农村、中国农民、中国农业发展的素质的提升正在向质的深度进军，而进军之力在历史进程中所显现的必然是文化生产力。”国务院政府特殊津贴专家、全国优秀新闻工作者韩风鹏在华夏和谐文化第一村系列丛书《万庄神韵》中这样描述。

## 万和宫里的“和”故事

在万庄的民间，有这样一个传说，一个叫和谢的军旅药师，有三个孩子，心地纯美，乐善好施，他们走到那里就能把和谐、平安、幸福、欢乐带到那里。因此，人们尊称长男为“和美大圣”，尊称长女为“和睦仙子”，尊称次女为“和顺大师”。他们讲天地之规，指人间正道，惩恶扬善，顺天应人，倍受百姓景仰。

这就是万和三圣的故事。也是万和宫向人们讲述的一个故事。这个故事顺应了人们向和、向善、向美的淳朴愿望。

在万和宫里，这样的故事还有很多：

孝悌园区雕塑的是周恩来总理的夫人邓颖超像。旁边还张贴了当代中国评选出的十大爱心母亲事迹。让浏览的人在认识当代伟大的女性的同时，也深深体会到创建者的涓涓爱心。

“孝哉闵子，衣芦御车。感父救母，千古令誉。”中华德育故事孝篇之一的“闵损芦衣”的故事，闵损一句“母在一子寒，母去三子单。”虽使铁石人闻之，亦为恻恻心动。更可成为当今青年教育的典范故事之一。

名人园矗立着古今中外名人雕像，宏伟高大，庄严肃穆，形态各异，栩栩如生，记述了孔子、毕升、司马迁、关汉卿、李时珍等伟人在人类历史发展中做出的巨大贡献。还有当代农业科学家、“杂交水稻之父”袁隆平的塑像，感谢他为解决人类吃饭问题所做的卓越贡献。

师恩难忘园里，石碑上刻着的文字让人心头温暖：“教师的爱是滴滴甘露，即使枯萎了的心灵也能苏醒；教师的爱是融融春风，即使冰冻了的感情也会消融。”

还有孔融让梨，负荆请罪，岳母刺字，玄奘西游……一个个景点再现了脍炙人口的故事，也将中华民族的“和”文化诠释得淋漓尽致。

“老子骑牛，归去不知戏尘滚滚；庄生梦蝶，醒来谁见白衣翩翩。”骑牛而去的老子，带给人们的是无限的逍遥之意。

“为道三见：见山只是山，见山不是山，见山还是山”，“为道三观：观色、观心、观静”这些道家名言警句，无声地为人们揭示着人生的质朴真理。

这里的雕塑、碑刻、书法、绘画等艺术形式，都充分体现了崇尚和谐、追求和谐、弘扬和谐的理念，构成和而不同、包容多样的文化景观。这里集文化产业、教育基地、观光旅游、生态农业为一体，俨然是一座农民朋友安居乐业的生活家园，陶冶情操的精神家园。

## 中华尚和园海纳万和的愿景

精通儒学的王殿明对社会主义先进文化有自己深刻的理解。他认为，在农村兴起社会主义文化建设新高潮，激发全民族文化创造活力，提高国家文化软实力，就要从建设和谐文化着手。他在建造万和宫之初，就为自己描绘了一幅以此为龙头的，逐步实现海纳万和的中华尚和园的蓝图。

据他的构想，中华尚和园将以千米长卷《中华尚和图》为蓝图进行规划。将建设以中华尚和园标志性门景、《中华尚和图》展览馆、大型史伯塑像、中华祈和殿、“和文化”博物馆、万和宫为中轴，以和生区、和处区、和立区、和达区、和爱区、讲和堂、唐诗宋词元曲意境园、“和文化”产业区为侧翼的大型文化景观和产业区。

作为中华尚和园一期工程的万和宫，就以已经以它容纳了世界上各大宗教于一宫的特点而闻名。

以神明湖为中心的八大文化区可谓各类文化的大集合区，宫中立先贤圣哲名人雕像数百尊，藏古今中外精美画品千余幅，刻经史典籍箴言数万字，列当今名人文人英雄画像数十篇，有古有佛有道有儒，还有仙贤甚或时代名人楷模。

宗教文化区集基督教、伊斯兰教、天主教、犹太教、印度教、神道教、锡克教、摩尼教、耆那教等世界上影响最大的教派之精华，介绍了宗教文化的渊源、历史、发展与现状，是世界宗教艺术殿堂的大观园。

佛教文化区乃盛唐佛教圣地——万通寺留存遗址。一对高大的汉白玉石狮昂立桥头，小型群狮环绕其侧，栩栩如生的汉白玉十八罗汉排列在甬道两旁，铜铸的三面观世音菩萨站在莲花宝台之上，青铜地藏王菩萨面东而立，护佑着芸芸众生，茵茵草地上是形态各异的墨玉石板，镌刻着佛教的禅词、碣语、箴言和要义，阐释了“念慈悲，悟和谐”的人本理念。

儒家山是儒家文化区的中心景观，儒家学派的创史人孔子高蹬山巅之上，“讲学石”静卧在山麓东侧，孟子、董子、颜回、子路、曾参等围列在山周，山间青石上镌刻着儒家学派对“仁、义、礼、智、信”的诠释。

道家文化区以雕像、壁画、石刻、喷绘等数以百计生动、形象、直观的视觉传媒，展示了道家文化的精髓。

民族文化区以“弘扬民族文化、展示民族风采、增进民族团结”为主旨，展示各民族居住、生活、劳动等多彩逼真画卷，让游客置身于中华民族大家庭的氛围之中，欣赏源远流长、丰富多彩的民族艺术，领略广博绚丽、富趣迷人的民族风情，感受各民族间的团结与和睦。

民俗文化区以“源于生活，荟萃精华，有所取舍”的原则，从不同角度勾勒出中国民俗文化的概貌。游客在这里可以领略多姿多彩的民俗文化艺术，感悟民俗生活的美妙诗篇。

孝悌文化区主要是通过壁画的方式弘扬孝悌精神，振兴中华文化，促进家庭和睦，构建社会和谐。该区主要分为两大部分，一个是二十四孝果报图和忤逆不孝报应图，另一部分是通过全国十大杰出母亲的感人事迹宣扬伟大的母爱。

幽默文化区以“可意会而不可言传”的幽默表现手法，以幽默大师塑像、喜剧小品场景、经典人物漫画等形式，展现了各种幽默艺术，让游人在捧腹间感悟幽默是和谐文化的重要组成部分，感受那不可多得的和谐美。这里还有全国唯一一个专门纪念伟大的相声表演艺术大师侯宝林的地方——侯公亭。

从没有一个地方像万和宫这样集聚了世界上各大宗教于一宫，这个宫不古不佛不道不儒，却又有古有佛有道有儒，处处体现综合文化于一体的寓意，充分揭示了创建者追求创建和谐文化的韵律。

而这，只是王殿明中华尚和园这一文化工程的一个开端。王殿明现在最大的心愿就是在有生之年办好中华尚和园。中华尚和园作为一个和谐社会的实验区，初步规划的是占地十平方公里，把十几个村，和新农村建设结合起来。他希望从和谐村做到和谐乡，最后做成和谐经济开发区，在这里用和的文化来引导学校、医院、工厂、企业，建设共有的生活家园和精神家园。

在他的构想中，未来的中华尚和园，将演绎大“和”的神话。

## 一园一村一县的文化旅游鸿图

万和宫的建成,改写了万庄村的发展历史,填补了临西县文化旅游空白,为社会主义新农村建设注入了生机与活力,促进了经济繁荣,给广大农民带来了实惠——发展农家院旅游文化产业项目、建设高科技农业园区。

而同时,以万和宫为龙头,二三期工程相继拉开了文化旅游项目的帷幕。二期工程的农家院旅游文化产业项目正在进行中。它的主题是让和谐文化进入到每个家庭,一个家庭一个专题,从不同侧面和角度展示和谐文化,弘扬和谐文化。一个家庭也是一个旅馆,吸引更多的游客前来观光度假,享受田园生活,接受"和"文化熏陶。这种展示方式,通过邻里间的相互参观学习,对村民有很好的陶冶和教化作用,也便于农家院旅游项目进一步发展和壮大,增加村民的经济收入。

建设高科技农业园区作为三期工程,也是"华夏和谐文化第一村"的完善工程,重点是开通环村水系,建设高科技农业园区。围绕环村水系建设,改善村庄生态环境,发展养殖业和水浇地,美化村庄。同时,沿环村水系,在两岸建造唐诗、宋词、元曲意境苑,进一步扩大和谐文化展示内容,使之更具高品位的观赏性,更广泛地吸引游客,扩大农民增收的渠道。

万庄,一个集文化产业、教育基地、观光旅游和生态农业为一体的新农村正在崛起。"社会主义新农村建设中文化建设是重要的一块,光靠政府有些杯水车薪,我们万和宫就是要用一些文艺的形式作为载体,向附近的村子和村民们介绍和宣传一些文化和理念,使它成为农民心灵沟通的桥梁,形成和为真、和为善、和为美、和为贵的共识,形成城乡、村镇、邻里、家庭与人际和谐融洽的局面,使万和宫建设与社会主义市场经济相互应,与中华民族优良传统相承接,与和谐社会要求相吻合。"王殿明说,在自己的故乡着力打造中华特色"和"文化建设的实验基地,除了历史的原因,还是顺应时代的呼唤。党的十七大报告中指出:"建设和谐文化,培育文明风尚。"和谐文化成为社会主义先进文化的重要组成部分。

有专家称,"万庄现象"是当今新农村建设中富有时代特征的现象,是民营资本直接介入新农村建设的现象,是社会公益与产业化投入双重意义俱在的新苗头、新现象。

尽管作为投资方,目前的万和宫还没有为王殿明带来显著的经济效益。但王殿明依然在为他的中华尚和园做着一切该做的努力。

在记者的手上,放着三本厚厚的规划书:《万庄村旅游发展详细规划》、《中华尚和园旅游发展详细规划》、《临西县旅游发展总体规划》,记者注意到,三本规划总体实施时间都是20年,是由一村一园的文化旅游资源扩大到一县的文化旅游发展格局的总实施纲领。

《临西县旅游发展总体规划》中指出,该规划以打造"华夏和谐文化第一县"为主题,以改善旅游环境为目标,建设和谐文化旅游区,规划了中华尚和园、运河文化景观区、轴承企业文化展馆、沁馨园街心公园、金石广场等7个重点建设项目,做到了保护、开发、利用并重。它构建了以新型旅游景区中华尚和园为核心的旅游产业发展格局,给出了在旅游资源匮乏条件下发展旅游产业的新型途径。

可以想象,如果项目能够顺利实施并完成,如此庞大的、由民营资本介入的文化工程,将对临西县乃至河北省的旅游产业发展产生不可估量的影响。

"华夏和谐文化第一村,在全国社会主义新农村建设中要走在前列,我相信以'和'文化为中心的宗旨,一定会让它走向全国,走向世界。"王殿明展望未来,同时希望在"和"文化的传播上,能得到更多人的支持与帮助,尤其是政府的支持。

| ◆万和使者 | ◆万庄村口 |
| --- | --- |
| ◆万和门 | ◆万和宫 |

萬和宮
现代农业项目示范
临西县财政局
临西县水务局

萬和宫
万和宫
纵横八万里中外文化融贯新农村
华夏和谐文化第一村

◆万和碑廊

◆和生福

◆中华孝道园

◆古二十四孝雕塑群

◆万庄和文化长廊

孝經說孝

孝經說孝

# 万和新民居

◆万庄游泳池

◆秧歌一扭，扭出了自信、幸福和欢乐

◆和

◆福娃

◆姚明、潘长江雕塑

# 河北特色关爱教育学校

河北特色关爱教育学校总部座落在环境幽雅、文化氛围浓郁的河北师范大学汇华学院。在邢台临西万和宫设立特色关爱教育研修基地。总部主要以家长培训为主，临西万和宫研修基地主要针对过于依赖、不善交流、性格孤僻、自卑、自闭、厌学、贪玩、沉迷网络游戏、早恋、出走、打架斗殴、暴力倾向等不良行为习惯的中小学生进行科学有效的教育训练。

为保证特色关爱教育的顺利推行，学校把建设一支师德高尚，知识渊博，教艺精湛的现代化高素质教师队伍作为学校工作永恒不变的主题。办学多年来，学校以曹晓燕校长的“用爱的理由拒绝孩子错误的思想，只要教育方法得当，既是最普通的孩子，也能成为不平凡的人。”为指导思想，根据青少年认知特点，专门为孩子们量身定做了一套适合青春期孩子在较短时间内转变的“特色关爱教育的4S教育模式”。即独门秘笈的“三三制”教育训练法，通过特色关爱教育的4S教育模式的训练，让孩子们“学会做人、学会生活、学会学习”，交给孩子开启未来人生之门的“三把金钥匙”，让形式内化为心灵的震撼，形成强大的内在驱动力，昂首挺胸地走出校门，满怀自信地重回学校走向社会。

几年来，已有四千余名来自全国各地的中小学生接受了特色关爱教育训练。昔日的小网迷、打架大王、逃课、厌学，甚至离家出走的孩子，如今回校后走上了正常的学习轨道，成为知书达礼，文明守纪的优秀生。

中央电视台以及十几家省市新闻媒体分别报道了特色关爱教育学校的事迹，2008年曹晓燕校长被评为“石家庄市十大杰出青年”、“感动省城十大人物”、湖南《今日女报》称她为“中国关爱妈妈第一人”。学校成为“中国第五届教育家大会的理事单位”，被北京电视台称为“生产好孩子的加工厂”等。

鉴于特色关爱教育学校对社会做出的巨大贡献，2011年1月分别被中国关工委全国教育发展中心教育专家委员会批准成立特色关爱教育研究会、全国青少年道德培养组委会特色关爱教育专业委员会，校长曹晓燕任研究会理事长、专业委员会主任。

河北特色关爱学校曹晓燕校长、河北省和谐文化研究会王殿明会长等与《我们在一起》中美夏令营的孩子们

周恩来邓颖超纪念馆

★早操

★快速计算训练

★才艺展示

★静心训练

★整理内务

★学会生活

# 大事纪略

## 2010年

4月23-24日，“产业民主——构建和谐劳动关系”国际研讨会在中山大召开。这次研讨会由德国艾伯特基金会和中山大学政务学院共同主办，由中山大学社会保障研究所所长岳经纶教授主持。出席会议的中、德、韩、越4国学者，分别就产业民主作了主题发言，并针对如何构建和谐的劳动关系进行了面对面的深入探讨。

4月23-26日，由中国社会科学院道家与道教文化研究中心主办、浙江金华赤松黄大仙宫承办的“道教的经典与义理”学术研训会，在浙江金华召开。来自中国社会科学院、北京师范大学、华东师范大学、陕西省社会科学院、山东师范大学、浙江师范大学、深圳大学等高校和科研机构的专家学者，以及北京、浙江、江苏、吉林、广东、台北等地道教协会的道长，共计50余位学术界界和道教界人士参加了会议。

4月23-25日，由华东师范大学哲学系、觉群佛教研究所主办，普陀山佛学院协办的“佛教文化与西藏和谐社会建设学术研讨会”在浙江舟山普陀山佛学院开幕。本次会议由玉佛禅寺赞助。50余名专家学者参加了这次学术研讨会。

4月28-5月10日，华夏和谐文化第一村第二届和文化节隆重举行。

5月10-12日，由中国宗教界和平委员会承办的亚洲宗教和平会议2010年度执委会议在北京国际饭店召开。来自亚洲的印尼、韩国、朝鲜、日本、泰国、巴基斯坦、印度、新加坡、中国等17个国家的50名“亚宗和”成员出席了此次会议。

5月，青岛科技大学和文化研究院与和文化国际传播中心组织10多个省市书画家赴台湾彰化举办第二届和文化书画艺术展。

7月27日，“西南地区多民族和谐共生关系研究”国际学术会议的开幕式与《民族学刊》首发式在贵州大学举行。

8月4-5日，由全国台湾研究会、中华全国台湾同胞联谊会、中国社会科学院台湾研究所联合主办的第十九届海峡两岸关系学术研讨会在西安召开。

8月16－18日，由上海大学全球学研究中心与南京大学哲学与宗教学系联合主办的“全球化与宗教多元主义”国际学术研讨会在南京大学举行。这次会议特别邀请了来自阿根廷、乌拉圭、美国、埃及、埃塞俄比亚、尼日利亚、保加利亚、斯洛伐克、乌克兰、德国、印度尼西亚、印度、日本、香港等15个国家与地区的近40位学者出席，在地域上覆盖了北美、南美、非洲、东欧、西欧、东亚、南亚及东南亚，在宗教与文化上则涵盖了基督新教、天主教、东正教、犹太教、伊斯兰教、印度教、儒教、巴哈伊教。

8月31日，由全国台湾研究会主办的“两岸关系：共同利益与和谐发展”学术研讨会在北京举行。来自两岸的50余位专家学者齐聚一堂，为深入探讨增进两岸共同利益之方略、共谋两岸和谐发展之路径。

9月6－8日，由山西省政协民族宗教委员会主办的“宗教与和谐社会建设”座谈会在山西晋城市召开，来自山西省五大宗教的代表，以及委员出席了会议。

9月10－11日，作为“2010广东禅宗六祖文化节”的一部分，“六祖禅的传承与发展”学术研讨会在广州市东方宾馆隆重举行。出席研讨会的有来自两岸四地以及日韩等地的高僧、专家学者。

16－18日，由山东大学佛教研究中心、山东大学犹太教与跨宗教研究中心和山东大学哲学与社会发展学院主办，山东长清义净寺协办的“儒佛关系与佛教中国化学术研讨会”在山东大学学召开。

10月21－23日，由中国社会科学院世界宗教研究所、宁夏社会科学院回族伊斯兰教研究所、建道神学院基督教与中国文化研究中心三方共同主办的“文明的交融：第二届伊斯兰教与基督教对话”学术研讨会在北京召开。

10月23－24日，由教育部人文社会科学重点研究基地中国人民大学佛教与宗教学理论研究所主办的第四届中日佛学会议在中国人民大学隆重举行。

11月12日，由河北省和谐文化研究会牵头办的“万和宫”杯中华新二十四孝评选颁奖典礼在人民日报社举行。

## 2011年

1月15日，河北省和谐文化研究会会长王殿明出席在北京人民大会堂举行的“2010年度环球慈善奖表彰大会”。王殿明会长被授予“环球慈善人物奖”和“环球慈善民间奖”两个奖项。全国人大副委员长陈昌智出席大会并接见了获奖者和与会嘉宾。

2月25日，王殿明会长在北京钓鱼台国宾馆会见了韩国光州广域市姜云太市长，向姜云太市长介绍了和文化的研究、建设、宣传成果。在招待晚宴上，王殿明会长亲自向姜云太市长赠送了中国首部和学年鉴——《中国和学年鉴》，并邀请姜云太市长到和文化圣地——万和宫参观。同时，姜云太市长也盛情邀请王殿明会长到韩国光州广域市参观考察。

2月19日，烟台市建设和谐稳定模范城市工作会议召开。烟台市委书记、市人大常委主任孙永春在会上做重要讲话。

3月8日，中国新闻社隆重推出《中华尚和园报道专辑》，对正在规划建设中的中华尚和园及它的创建者——河北省和谐文化研究会会长王殿明进行了系统的、全面的、综合的报道。该专辑经过了详细的策划、全新的设计和认真的编辑,图文并茂,制作精美,兼备了宣传性和可读性,是全面了解中华尚和园、学习领悟和文化的第一手材料。

3月26日,华夏文化纽带工程执行委员会常务副主任李靖和副秘书长阮胜发等一行到中华尚和园参观考察。在王殿明会长的亲自陪同下,首先参观了中华孝道园,王殿明会长详细的介绍了中华孝道园的规划、设计和工程进展情况。接着一同参观了万和宫。参观之后,李靖主任表达了对王殿明会长的和文化的推崇和敬佩之心,并表示愿意尽全力促成双方的合作。

3月31日,浙江省召开建设“平安浙江”电视电话会议,会议主旨为“营造和谐稳定的良好社会环境”。

4月17日–18日,由建设创新型国家战略推进委员会、中国农村商业发展工作委员会牵头并会同河北省委组织部、省委宣传部、省委政策研究室以及河北省和谐文化研究会相关人员共同组成的联合调研组赴万和宫进行调研。

5月10–12日,由兰州大学宗教文化研究中心主办,香港文化更新研究中心、《兰州大学学报》编辑部协办的第三届“宗教对话与和谐社会”学术研讨会在兰州大学召开。来自中国社会科学院、北京大学、香港汉语基督教文化研究所等40多个学术单位的80余位专家、学者参加了会议。

5月17日至18日,创建中国“和谐三农示范区”联合调研组赴万和宫进行调研3月26日,华夏文化纽带工程执行委员会一行到中华尚和园考察。

6月20日由中央社会主义学院、中华文化学院主办,江苏省社会主义学院、江苏中华文化学院承办的第七次全国中华文化学院工作会议暨“中华文化与和谐社会”论坛在南京开幕。

6月24日–26日,王殿明会长在钓鱼台国宾馆参加中国公益事业发展大会,荣获“中国公益楷模奖”,同时河北省和谐文化研究会被授予“中国公益项目奖”。

6月下旬,教育部“和谐校园与和谐文化建设”理论研讨会在河南理工大学召开。来自清华大学、复旦大学、武汉大学、天津大学等30多所全国著名大学的马克思主义研究领域的专家、学者和河南理工大学的教师代表参加了开幕式。

7月15日,由中国社会科学院世界教研究所、中国宗教学会联合主办中国宗教学会第七次全国会议——“宗教与社会和谐”研讨会在北京国际饭店召开。会议由中国社会科学院世界宗教研究所副所长金泽研究员主持。

7月17日,为期两天的2011生态文明贵阳会议在圆满完成各项议程后落下帷幕。

7月23日–25日,王殿明会长赴北京国务院第二招待所——国家会议中心参加第八届感动中国十大新闻人物颁奖盛典。王殿明会长荣获“第八届感动中国十大新闻人物”,并在会上做精彩发言,阐述了和文化的价值和使命。

7月28–31日,由亚洲社会心理学会主办,中国社会心理学会、中国社会科学院社会学研究所、中国科学院心理研究所和云南师范大学联合承办的第九届亚洲社会心理学大会l(从(AASP2011)在云南昆明召开。会议主题为“社会和谐:亚洲社会心理学的新使命”。来自中国两岸三地及日本、韩国、新加坡、马来西亚、澳大利亚、新西兰等亚太地区国家和北美、欧美等国家的近800名代表与会。

8月1–3日,由华东师范大学哲学系、华东师范大学觉群佛教文化研究所、西藏民族学院民族研究院、西藏民族学院对外合作交流处共同主办的“佛教文化与西藏和谐社会建设”学术研讨会在西藏民族学院召开。来自国、中国香港和北京、上海、河南、陕西的20多名学者参加了学术研讨。

8月21-24日，世界华人性学家协会、四川省性学会、四川性社会学与性教育研究中心在四川成都举行了“性与和谐社会”学术交流会暨世界华人性学家协会第三届学术年会。

9月3日，第二届世界和谐文化论坛在中国洛阳举行，来自海内外200多名专家、学者与会。大会由世界刘氏宗亲会、世界弘扬关公文化协会主办，由世界和谐文化论坛组委会办。

9月22日，第十四届全国和谐德育年会暨中国伦理学会德育专业委员第七届学术研讨会在著名的华夏古都——西安隆重召开。

9月25日，江西省和谐文化研究会成立暨首届学术研讨会在南昌举行。省委常委、省委宣传部部长刘上洋，省人大副主任、省政法委副书记陈安众出席并发表重要讲话，省地矿局党委书记、局长彭泽洲主持大会。

9月27日下午，杭州市召开发展和谐劳动关系工作会议。

10月1-6日，由贵州大学、上海师范大学、上海交通大学共同举办的“贵州多民族文化复合和谐模式及其与东盟文化关系研究”项目研究人员培训会在贵州大学举行。法国著名哲学家克劳德·安贝尔(Claudelmbert)、人类学家安娜·C·泰勒(AnneChristine, Taylor)应邀参加了这次会议。

10月13日上午十点，品味和文化——第三届和文化节暨“万和宫杯”和文化摄影展在石家庄颐园宾馆一楼礼堂隆重举行。

10月21-24日，由中国科学院亚热带农业生态研究所承办的中国生态学学会2011年学术年会于在长沙召开。这次大会的主题是“创新生态科学，促进和谐发展”。来自我国31个省市区以及港澳台地区960位专家学者参加会议。

11月10日，中华和谐文化工程第三次代表会议暨“幸福广东、和谐文化”活动组委会第一次会议在深圳深华大厦举行。中华和谐文化工程执行主席陈泽民博士及北京、香港、广东和深圳地区的20多位代表、精英一起参加会议。

11月25-27日，江苏省哲学社会科学界第五届学术大会·学术聚焦活动暨江苏省心理学会2011年学术大会在江苏技术师范学院召开。这次学术聚焦的主题为“社会转型，心理和谐，幸福生活”。164名专家、学者与会。

11月30日-12月2日，2011“中国传统文化创新论坛”暨环境生态文明保护与和谐人居易学研讨交流会在中国广西巴马长寿之乡举行。这次会议由国际名人文化传播联合会、国际(香港)易经风水研究院、中国龙易环境风水策划院等联合主办。

12月20日，福建省深化和谐企业创建、促进劳动关系和谐工作会议在福州召开。福建省委副书记、省和谐企业创建工作领导小组组长陈文清出席会议并讲话。

12月28日，为积极贯彻党的十七届六中全会会议精神，“首届中国和谐文化报告会”暨广东民营企业协会迎春会在深圳市民中心隆重举行。国务院参事、九届和十届全国政协常委任玉岭作重要讲话，和谐中国网总编李耀君教授作《中华文化是人生幸福社会和谐的法宝》演讲。

12月，青岛科技大学“和文化研究”列为山东省文化艺术科学“十二·五”重点学科。山东省文化厅授予青岛科技大学和文化研究院常务副院长徐诚为山东省文化艺术科学“十二·五”重点学科带头人称号。

书　　名　中国和学年鉴(2012)
编 著 者　中国和学年鉴编辑委员会
出版发行　青岛出版社
社　　址　青岛市海尔路182号(266061)
本社网址　http://www.qdpub.com
责任编辑　张　潇
装帧设计　曲国先
印　　刷　青岛星球印刷有限公司
出版日期　2012年10月第2版　2012年10月第2次印刷
开　　本　16开(889mm×1194mm)
印　　张　19
字　　数　435千
书　　号　ISBN 978-7-5436-7749-4
定　　价　168.00元
**编校质量、盗版监督服务电话　4006532017　(0532)68068670**
**青岛版图书售后如发现质量问题,请寄回青岛出版社印刷印务部调换。**
**电话　(0532)68068629**